DIREITO INTERNACIONAL PRIVADO

Ensaios
III

DO AUTOR:

Da arbitragem comercial internacional. Direito aplicável ao mérito da causa, Coimbra, Coimbra Editora, 1990.

Comentário à Convenção de Bruxelas de 27 de Setembro de 1968 Relativa à Competência Judiciária e à Execução de Decisões em Matéria Civil e Comercial e Textos Complementares, Lisboa, Lex, 1994 (em colaboração com Miguel Teixeira de Sousa).

Da responsabilidade pré-contratual em Direito Internacional Privado, Coimbra, Almedina, 2001.

Direito Internacional Privado. Ensaios, Coimbra, Almedina, vol. I, 2002; vol. II, 2005.

Problemática internacional da sociedade da informação, Coimbra, Almedina, 2005.

Direito Comparado, vol. I, *Introdução e parte geral*, Coimbra, Almedina, 2008.

A tutela internacional da propriedade intelectual, Coimbra, Almedina, 2008.

La propriété intellectuelle en droit international privé, Leiden/Boston, Martinus Nijhoff Publishers, 2009.

O Direito Comparado após a Reforma de Bolonha, Lisboa, Coimbra Editora, 2009.

DÁRIO MOURA VICENTE
Professor da Faculdade de Direito da Universidade de Lisboa

DIREITO INTERNACIONAL PRIVADO

Ensaios
III

ALMEDINA

DIREITO INTERNACIONAL PRIVADO
ENSAIOS – III

AUTOR
DÁRIO MOURA VICENTE

EDITOR
EDIÇÕES ALMEDINA, SA
Av. Fernão Magalhães, n.º 584, 5.º Andar
3000-174 Coimbra
Tel.: 239 851 904
Fax: 239 851 901
www.almedina.net
editora@almedina.net

PRÉ-IMPRESSÃO I IMPRESSÃO I ACABAMENTO
G.C. – GRÁFICA DE COIMBRA, LDA.
Palheira – Assafarge
3001-453 Coimbra
producao@graficadecoimbra.pt

Janeiro, 2010

DEPÓSITO LEGAL
304217/10

Os dados e as opiniões inseridos na presente publicação
são da exclusiva responsabilidade do(s) seu(s) autor(es).

Toda a reprodução desta obra, por fotocópia ou outro qualquer
processo, sem prévia autorização escrita do Editor, é ilícita
e passível de procedimento judicial contra o infractor.

Biblioteca Nacional de Portugal – Catalogação na Publicação

VICENTE, Dário Moura

Direito internacional privado : ensaios
(Manuais universitários)
3º v.:   p. - ISBN 978-972-40-4092-9

CDU 341

I
A INTEGRAÇÃO ECONÓMICA
E AS SITUAÇÕES PRIVADAS INTERNACIONAIS

LIBERDADES COMUNITÁRIAS
E DIREITO INTERNACIONAL PRIVADO*

Sumário:

I. Introdução
1. Objecto da exposição
2. Justificação da escolha do tema. Âmbito e plano da exposição
II. A liberdade de circulação de pessoas
3. A livre circulação de trabalhadores e a lei reguladora do contrato individual de trabalho: posição do problema
4. Regras gerais sobre a determinação da lei aplicável ao contrato individual de trabalho. A competência da *lex loci laboris*
5. O destacamento internacional de trabalhadores e a aplicabilidade das normas imperativas da lei do país de acolhimento
6. Continuação: limites à aplicação das normas imperativas do país de acolhimento do trabalhador
7. A liberdade de circulação e permanência no território dos Estados-Membros e a lei aplicável ao estatuto pessoal das pessoas singulares
III. A liberdade de estabelecimento
8. A liberdade de estabelecimento e a determinação da lei pessoal das sociedades comerciais: posição do problema
9. A jurisprudência do Tribunal de Justiça das Comunidades Europeias sobre a matéria
10. Suas repercussões sobre o Direito Internacional Privado: a aplicabilidade das regras que sancionam a fraude à lei
11. Continuação: a lei pessoal das sociedades comerciais
12. Continuação: o reconhecimento num Estado-Membro de sociedades comerciais constituídas em outros Estados-Membros

---

* Texto, com pequenas correcções e aditamentos, da lição de agregação proferida na Universidade de Lisboa em 10 de Julho de 2009. Dedicado, em singela homenagem, à memória da Prof.ª Doutora Isabel de Magalhães Collaço.

13. Continuação: a transferência internacional da sede das sociedades comerciais
14. A liberdade de estabelecimento e a determinação da lei pessoal das pessoas singulares
IV. A liberdade de circulação de mercadorias e serviços
15. A afirmação jurisprudencial do princípio do reconhecimento mútuo em matéria de circulação de mercadorias e de serviços
16. O princípio do reconhecimento mútuo e a integração normativa na Comunidade Europeia
17. A liberdade de circulação de mercadorias e serviços e a lei aplicável às obrigações contratuais
18. Continuação: regras especiais sobre os contratos celebrados com consumidores
19. A liberdade de circulação de mercadorias e serviços e a lei aplicável às obrigações extracontratuais
20. A cláusula do mercado interno em matéria de radiodifusão televisiva, de serviços de acesso condicional e de comércio electrónico
21. Continuação: as práticas comerciais desleais
22. Continuação: a prestação de serviços no mercado interno
V. A liberdade de circulação de capitais
23. A livre circulação de capitais como pressuposto das demais liberdades comunitárias
24. O reconhecimento mútuo e a prestação de serviços ligados a movimentos de capitais
VI. Ensaio de uma construção dogmática
25. A unidade na diversidade: a integração europeia e a preservação do pluralismo jurídico
26. A autonomização de um Direito Internacional Privado do mercado interno
27. A referência à lei do país de origem
28. A excepção de reconhecimento mútuo
29. As liberdades comunitárias e a autonomia privada
30. A ideia de liberdade como fundamento do Direito Internacional Privado europeu contemporâneo

***

I
Introdução

1. Objecto da exposição

a) A acção da Comunidade Europeia implica, de acordo com o Tratado que a instituiu, a constituição de um *mercado interno*[1]. Este compreende, nos termos do mesmo Tratado, «um espaço sem fronteiras internas no qual a livre circulação das mercadorias, das pessoas, dos serviços e dos capitais é assegurada»[2]. Nele se deverão fundir, segundo o Tribunal de Justiça das Comunidades Europeias, os mercados nacionais dos Estados-Membros[3].

A liberdade de circulação constitui, assim, uma das traves mestras do Direito Comunitário europeu. As restrições ao seu exercício resultantes de disparidades entre legislações nacionais apenas podem ser aceites, de acordo com a jurisprudência constante daquele Tribunal, na medida em que sejam necessárias para satisfazer exigências imperativas atinentes, nomeadamente, à eficácia dos controlos fiscais, à protecção da saúde pública, à lealdade das transacções e à defesa dos consumidores[4].

Como fundamentos dessa liberdade, apontam-se geralmente o aumento do comércio e as economias de escala através dela proporcionadas[5]. Estas, por seu turno, induzem a redução dos preços, donde resulta potencialmente um acréscimo do bem-estar geral.

---

[1] Cfr. o art. 3.º, n.º 1, alínea *c)*, do Tratado da Comunidade Europeia.

[2] *Ibidem*, art. 14.º, n.º 2.

[3] Cfr., neste sentido, o acórdão de 9 de Fevereiro de 1982, caso *Polydor* (proc. 270/80).

[4] Veja-se, designadamente, o acórdão de 20 de Fevereiro de 1979, caso *Cassis de Dijon* (proc. 120/78).

[5] Cfr. Bela Balassa, *Teoria da integração económica,* tradução portuguesa por Maria Filipa Gonçalves e Maria Elsa Ferreira, Lisboa, 1964, especialmente pp. 39 ss. e 183 ss.; António Sousa Franco, *Os capitais e a integração económica*, separata da *Revista da Faculdade de Direito da Universidade de Lisboa* (doravante *RFDUL*), vol. XXIV, Lisboa, 1972, pp. 113 ss.; Paulo de Pitta e Cunha, «O conceito de integração económica internacional», *in Integração Europeia. Estudos de economia, política e Direito Comunitários,* Lisboa, 1993, pp. 65 ss.; *idem,* «Relações económicas internacionais – II (Uma perspectiva dos anos 70 e 80)», *RFDUL*, 1999, pp. 615 ss.; e Manuel Lopes Porto, *Teoria da integração e políticas comunitárias: face aos desafios da globalização,* 4.ª ed., Coimbra, 2009, pp. 234 ss.

Ao ampliar o leque de escolhas que proporciona ao consumidor, o mercado interno alarga reflexamente a esfera de liberdade de cada cidadão. É bem sabido, com efeito, que em regra a liberdade económica se repercute favoravelmente sobre as liberdades cívicas, na medida em que limita a intervenção do Estado na vida social[6]; e que, inversamente, a ausência de liberdade económica restringe aquelas liberdades, porquanto transfere para o Estado decisões que de outro modo caberiam aos consumidores e às empresas[7]. O fundamento das liberdades comunitárias não é, por isso, exclusivamente económico: elas são instrumentais relativamente ao *princípio democrático* em que assenta a União Europeia[8].

Compreende-se assim que, aquando da revisão do Tratado da Comunidade Europeia levada a cabo em 1992 através do Tratado de Maastricht, a liberdade de circulação e permanência no território dos Estados-Membros haja sido expressamente consignada como atributo da *cidadania europeia*; independentemente, portanto de qualquer finalidade económica[9]. Ficou deste modo patente que os bens jurídicos protegidos nesta matéria compreendem a *liberdade individual,* e não apenas a mobilidade dos factores de produção.

b) Ora, as liberdades comunitárias de circulação dizem respeito a situações jurídicas que transcendem as fronteiras de um Estado – *hoc sensu,* a *situações internacionais* ou *plurilocalizadas*[10].

---

[6] Cfr. Milton Friedman, *Capitalism and Freedom,* reimpressão, Chicago/Londres, 2002, p. 15.

[7] Tal a conhecida tese sustentada, entre outros, por Friedrich Hayek, em *O caminho para a servidão,* tradução portuguesa por Maria Ivone Serrão de Moura, Lisboa, 1977, especialmente pp. 147 ss.

[8] Cfr. o art. 6.º, n.º 1, do Tratado da União Europeia. Sobre esse princípio, veja-se, na literatura jurídica portuguesa, Fausto de Quadros, *Direito da União Europeia. Direito Constitucional e Administrativo da União Europeia,* Coimbra, 2004, pp. 99 ss.; *idem, Droit de l'Union européenne. Droit constitutionnel et administratif de l'Union européenne,* Bruxelas, 2008, pp. 77 ss.; João Mota de Campos e João Luiz Mota de Campos, *Manual de Direito Comunitário,* 5.ª ed., Coimbra, 2007, pp. 261 ss.

[9] Cfr. o actual art. 18.º do Tratado da Comunidade Europeia. Sobre a evolução referida no texto, veja-se Rui de Moura Ramos, «Les nouveaux aspects de la libre circulation des personnes. Vers une citoyenneté européenne», *in Das Comunidades à União Europeia. Estudos de Direito Comunitário,* 2.ª ed., Coimbra, 1999, pp. 249 ss.

[10] Ver, neste sentido, o acórdão do Tribunal de Justiça das Comunidades Europeias de 28 de Janeiro de 1992, caso *Steen* (proc. C-332/90).

A Integração Económica e as Situações Privadas Internacionais 11

Sucede que o Direito Comunitário não regula todos os aspectos destas situações, entre outras razões porque não suprime a pluralidade e a diversidade dos sistemas jurídicos nacionais, antes tem carácter subsidiário relativamente a estes[11].

Tal o motivo por que se suscitam muitas vezes conflitos de leis nas situações intracomunitárias, que compete ao Direito Internacional Privado resolver.

Mas em que sentido? E de acordo com que método ou métodos? Estas as interrogações fundamentais a que o presente estudo visa responder.

2. Justificação da escolha do tema. Âmbito e plano da exposição

a) O tema em exame ocupa hoje um lugar central na dogmática do Direito Internacional Privado.

Como se sabe, a «comunitarização» ou «europeização» desta disciplina, proporcionada pelos arts. 61.°, alínea *c),* e 65.°, alínea *b),* do Tratado da Comunidade Europeia, na redacção que lhes foi dada em 1997 pelo Tratado de Amesterdão, e traduzida na progressiva substituição das fontes internas por fontes comunitárias – de que são exemplos os recentes Regulamentos de Roma I[12] e Roma II[13], a que acrescerá futuramente o Regulamento de Roma III[14] –, tem conduzido a uma gradual redução do âmbito de aplicação das regras de conflitos emanadas dos Estados-Membros, em benefício das que foram adoptadas pelos órgãos da Comunidade Europeia[15]. Tudo indica que, no futuro, o Direito Internacional Privado

---

[11] Voltaremos a este ponto adiante, no n.° 16.

[12] Regulamento (CE) n.° 593/2008 do Parlamento Europeu e do Conselho, de 17 de Junho de 2008, sobre a lei aplicável às obrigações contratuais, publicado no *Jornal Oficial da União Europeia* (doravante *JOUE),* n.° L 177, de 4 de Julho de 2008, pp. 6 ss.

[13] Regulamento (CE) n.° 864/2007 do Parlamento Europeu e do Conselho, de 11 de Julho de 2007, sobre a lei aplicável às obrigações extracontratuais, publicado no *JOUE,* n.° L 199, de 31 de Julho de 2007, pp. 40 ss.

[14] Cfr. a *Proposta de Regulamento do Conselho que altera o Regulamento (CE) n.° 2201/2003 no que diz respeito à competência e introduz regras relativas à lei aplicável em matéria matrimonial,* documento COM (2006) 399 final, de 17 de Julho de 2006.

[15] Ver, sobre o tema, Pascal de Vareilles-Sommières, «Un droit international privé européen ?», *in eiusdem* (org.), *Le droit privé européen,* Paris, 1998, pp. 136 ss.; Christian Kohler, *Europäisches Kollisionsrecht zwischen Amsterdam und Nizza,* Viena, 2001; Karl Kreuzer, «Zu Stand und Perspektiven des Europäischen Internationalen Privatrechts. Wie

12   *Direito Intenacional Privado – Ensaios III*

vigente na Europa será essencialmente determinado pelas instituições comunitárias[16].

Não é, porém, desta *comunitarização directa* do Direito Internacional Privado que vamos tratar neste estudo. Interessa-nos antes o impacto da integração europeia, e em especial das liberdades comunitárias, sobre as soluções e os métodos próprios desta disciplina: mais precisamente, aquilo a que já se chamou a sua *comunitarização indirecta*[17]. Trata-se, em suma, de saber:

– Se as liberdades comunitárias reclamam a consagração de *regras de conflitos especiais*, *maxime* a que comanda a aplicação da *lei do país de origem* às situações intracomunitárias; e

– Se a tutela dessas liberdades postula, pelo que respeita às situações em apreço, a limitação, ou mesmo a superação, do *método clássico* de regulação das questões privadas internacionais (que, como se sabe, faz apelo a regras de conflitos de leis no espaço) pelo do *reconhecimento mútuo* de situações jurídicas constituídas no estrangeiro.

b) A temática de que nos vamos ocupar situa-se, pois, na confluência do Direito Comunitário e do Direito Internacional Privado.

São dois ramos do Direito que durante largo período de tempo operaram em isolamento recíproco[18]. Só recentemente essa situação começou a alterar-se[19].

---

europäisch soll das Europäische Internationale Privatrecht sein?», *Rabels Zeitschrift für ausländisches und internationales Privatrecht* (doravante *RabelsZ*), 2006, pp. 1 ss.; e Heinz-Peter Mansel, Karsten Thorn e Rolf Wagner, «Europäisches Kollisionsrecht 2008: Fundamente der Europäischen IPR-Kodifikation», *IPRax*, 2009, pp. 1 ss.

[16] Cfr., neste sentido, Jürgen Basedow, «EC Conflict of Laws – A Matter of Coordination», *in* Luís de Lima Pinheiro (org.), *Seminário internacional sobre a comunitarização do Direito Internacional Privado (Direito de Conflitos, competência internacional e reconhecimento de decisões estrangeiras)*, Coimbra, 2005, pp. 17 ss. (p. 19)

[17] Cfr. Marie-Noëlle Jobard-Bachelier, «La portée du test de compatibilité communautaire en droit international privé contractuel», *in Mélanges en l'honneur de Paul Lagarde,* Paris, 2005, pp. 475 ss. (p. 477).

[18] Ver, sobre o ponto, Christian Kohler, «Verständigungsschwierigkeiten zwischen europäischem Gemeinschaftsrecht und internationalem Privatrecht», *in* Heinz-Peter Mansel, Thomas Pfeiffer, Herbert Kronke, Christian Kohler e Rainer Hausmann (orgs.), *Festschrift für Erik Jayme,* vol. I, Munique, 2004, pp. 445 ss.

[19] Destacam-se, a este propósito, os trabalhos de Erik Jayme e Christian Kohler

O Direito Comunitário obriga, como já foi notado, a repensar o Direito Internacional Privado e a modificar alguns dos seus esquemas tradicionais de funcionamento[20]. Daí, a nosso ver, o especial interesse do tema.

Em rigor, os problemas aqui colocados não dizem, todavia, apenas respeito ao mercado interno europeu: eles suscitam-se em todas as situações de integração económica regional[21]. Trata-se, em última análise, de determinar como se compatibiliza esta última com o *pluralismo jurídico*. Também por isso o objecto da presente exposição se reveste, a nosso ver, de particular importância.

---

sobre o «Direito de Conflitos Europeu» (*Europäisches Kollisionsrecht*), publicados anualmente na *IPRax* desde 1994 (ver, por último, «Europäisches Kollisionsrecht 2007: Windstille im Erntefeld der Integration», *IPRax*, 2007, pp. 493 ss.) e os estudos recolhidos por Eckart Bröderman e Holger Iversen, em *Europäisches Gemeinschaftsrecht und Internationales Privatrecht*, Tubinga, 1994. Na doutrina portuguesa, Isabel de Magalhães Collaço ocupou-se de alguns aspectos da temática em apreço, no estudo *Os reflexos do movimento de integração económica no Direito Privado e no Direito Internacional Privado*, s.l., Instituto Hispano-Luso-Americano de Derecho Internacional, 1972. Posteriormente, o tema foi objecto de trabalhos de Rui de Moura Ramos («Direito Internacional Privado e Direito Comunitário. Termos de uma interacção», *in Estudos de Direito Internacional Privado e de Direito Processual Civil Internacional*, vol. II, Coimbra, 2007) e Luís de Lima Pinheiro («O Direito de Conflitos e as liberdades comunitárias de estabelecimento e de prestação de serviços», *in Estudos de Direito Internacional Privado*, vol. I, Coimbra, 2006, pp. 357 ss.; «Federalismo e Direito Internacional Privado – algumas reflexões sobre a comunitarização do Direito Internacional Privado», *in ibidem*, pp. 331 ss.; «Concorrência entre sistemas jurídicos na União Europeia e Direito Internacional Privado», *O Direito*, 2007, pp. 255 ss.). Nós próprios lhe dedicámos diversos ensaios, que versaram sobre o «Destacamento internacional de trabalhadores», *in Direito Internacional Privado. Ensaios*, vol. I, Coimbra, Almedina, 2002, pp. 85 ss.; a «Liberdade de estabelecimento, lei pessoal e reconhecimento das sociedades comerciais», *in ibidem*, vol. II, Coimbra, 2005, 91 ss., e «A comunitarização do Direito Internacional Privado e o comércio electrónico», *in ibidem*, pp. 171 ss.

[20] Cfr., neste sentido, Hélène Gaudemet-Tallon, «De nouvelles fonctions pour l'équivalence en droit international privé?», *in Mélanges en l'honneur de Paul Lagarde*, Paris, 2005, pp. 303 ss. Ver também, sobre o ponto, Julio González Campos, «La Cour de justice des Communautés européennes et le non-Droit international privé», *in* Heinz-Peter Mansel, Thomas Pfeiffer Herbert Kronke, Christian Kohler e Rainer Hausmann (orgs.), *Festschrift für Erik Jayme*, vol. I, Munique, 2004, pp. 263 ss.

[21] Ver António Perez, «The Impact of Economic Integration on Choice of Law Doctrine – Lessons from the Interaction of U.S. Federalism and Choice of Law for the Evolution of Private International Law Within the Context of EU Integration», *RFDUL*, 2003, p. 159.

c) Antes de prosseguirmos, importa notar que o exercício das liberdades comunitárias tem também relevantes incidências sobre o Direito Processual Civil Internacional, o Direito da Nacionalidade e o Direito dos Estrangeiros.

No tocante ao primeiro, porque a efectividade das liberdades comunitárias requer a consagração nos Estados-Membros da Comunidade Europeia de regras uniformes de competência internacional, bem como o reconhecimento das sentenças proferidas por tribunais judiciais de outros Estados-Membros – segundo alguns, a *quinta liberdade* comunitária.

Pelo que respeita ao segundo, dada a transcendência de que se reveste a delimitação, em razão da sua nacionalidade, dos beneficiários das liberdades comunitárias, designadamente nos casos de concursos de nacionalidades, e também em virtude do impacto que essas liberdades ultimamente assumiram sobre o regime destes últimos.

Relativamente ao terceiro, dada a diferenciação entre estrangeiros oriundos de outros Estados-Membros da Comunidade e os que são nacionais de terceiros países, que a integração europeia – e em especial a cidadania da União Europeia – veio introduzir.

A nossa exposição cingir-se-á, todavia, aos conflitos de leis no espaço, ou Direito Internacional Privado *stricto sensu*. Este, pese embora o nexo funcional que o liga àqueloutros domínios da nossa disciplina, possui autonomia relativamente a eles, na medida em que, ao menos no plano teórico, os problemas que tem por objecto podem ser equacionados e resolvidos com independência das normas de Direito Processual Civil Internacional, de Direito da Nacionalidade e de Direito dos Estrangeiros.

d) Procuraremos neste estudo, em primeiro lugar, fixar os dados que os instrumentos normativos em vigor e a jurisprudência do Tribunal de Justiça das Comunidades Europeias nos fornecem a respeito do tema. Analisaremos, a este propósito, as projecções das diferentes liberdades comunitárias sobre os conflitos de leis no espaço. Examinaremos assim, sucessivamente, a liberdade de circulação de pessoas, a liberdade de estabelecimento (que autonomizaremos da liberdade de circulação de pessoas, atentos os problemas especiais que suscita no plano do Direito Internacional Privado), a liberdade de circulação de mercadorias e serviços (que analisaremos conjuntamente, dada a similitude dos problemas que suscitam no tocante à regulação das situações privadas internacionais) e a liberdade de circulação de capitais.

A Integração Económica e as Situações Privadas Internacionais   15

Feita esta análise sectorial, ensaiaremos uma reconstrução dos dados previamente recolhidos, tendo em vista apurar se, e em que medida, as liberdades comunitárias podem ser configuradas, pelo que respeita à sua incidência sobre as situações privadas internacionais constituídas no âmbito do mercado interno europeu, como tendo implícitas novas regras de conflitos de leis ou um novo método de resolução dos conflitos de leis no espaço.

II
A liberdade de circulação de pessoas

3. A livre circulação de trabalhadores e a lei reguladora do contrato individual de trabalho: posição do problema

Consideremos, antes de mais, a liberdade de circulação de trabalhadores[22]. Esta constitui, segundo o Tribunal de Justiça das Comunidades Europeias[23], um dos fundamentos da Comunidade Europeia, estando consagrada no art. 39.° do Tratado da Comunidade Europeia[24]. Trata-se de

---

[22] Sobre a qual podem consultar-se: Hans von der Groeben e Jürgen Schwarze (orgs.), *Kommentar zum Vertrag über die Europäische Union und zur Gründung der Europäischen Gemeinschaft*, vol. I, 6.ª ed., Baden-Baden, 2003, pp. 1283 ss.; Rudolf Streinz (org.), *EUV/EGV. Vertrag über die Europäische Union und Vertrag zur Gründung der Europäischen Gemeinschaft,* Munique, 2003, pp. 564 ss.; Rudolf Geiger, *EUV/EGV. Vertrag über die Europäische Union und Vertrag zur Gründung der Europäischen Gemeinschaft,* 4.ª ed., Munique, 2004, pp. 286 ss.; Ulrich Becker, «Arbeitnehmerfreizügigkeit», *in* Dirk Ehlers (org.), *Europäische Grundrechte und Grundfreiheiten*, 2.ª ed., Berlim, 2005, pp. 257 ss.; Wolfgang Kilian, *Europäisches Wirtschaftsrecht,* 3.ª ed., Munique, 2008, pp. 110 ss.; Paul Craig e Gráinne de Búrca, *EU Law. Text, Cases and Materials,* 4.ª ed., Oxford, 2008, pp. 743 ss.; Jean-Louis Clergerie, Annie Gruber e Patrick Rambaud, *L'Union européenne,* 7.ª ed. Paris, 2008, pp. 346 ss.; e Jürgen Schwartze (org.), *EU Kommentar,* 2.ª ed., Baden-Baden, 2009, pp. 574 ss. Na doutrina portuguesa, podem consultar-se sobre o tema: José Carlos Moitinho de Almeida, *Direito Comunitário. A ordem jurídica comunitária. As liberdades fundamentais na C.E.E.,* Lisboa, 1985, pp. 399 ss.; Rui de Moura Ramos, *Direito Comunitário (Programa, conteúdos e métodos de ensino),* Coimbra, 2003, pp. 94 ss.; João Mota de Campos e João Luiz Mota de Campos, *Manual de Direito Comunitário,* cit., pp. 553 ss.

[23] Acórdão de 20 de Fevereiro de 1997, *Comissão c. Bélgica* (proc. C-344/95).

[24] As condições e as formalidades administrativas que regem o exercício dessa liberdade constam actualmente da Directiva 2004/38/CE do Parlamento Europeu e do Conse-

16 *Direito Intenacional Privado – Ensaios III*

uma das vertentes da liberdade de circulação de pessoas, que, como dissemos, é postulada pelo Tratado em ordem à criação do mercado interno europeu.

A livre circulação de trabalhadores implica o direito dos nacionais dos Estados-Membros da Comunidade de se deslocarem para outro Estado-Membro e de nele exercerem uma actividade profissional por conta de outrem nas mesmas condições dos nacionais desse Estado, bem como de nele permanecerem após a cessação dessa actividade[25].

Ora, não obstante diversas iniciativas tendentes à harmonização das condições laborais na Comunidade Europeia[26], o Direito do Trabalho con-

---

lho, de 29 de Abril de 2004, relativa ao direito de livre circulação e residência dos cidadãos da União e dos membros das suas famílias no território dos Estados-Membros, *in Jornal Oficial das Comunidades Europeias* (doravante *JOCE*), n.º L 158, de 30 de Abril de 2004, pp. 77 ss., que revogou diversos actos comunitários anteriores sobre a mesma matéria.

[25] Apesar da sua centralidade no Tratado, a liberdade de circulação de trabalhadores tem ainda um significado económico relativamente modesto. Em 2006, cerca de 3 milhões de estrangeiros estabeleceram-se nos 27 Estados-Membros da Comunidade Europeia; destes, apenas 1,2 milhões (40%) eram cidadãos de outros Estados-Membros da Comunidade, sendo 1,8 milhões (60%) nacionais de terceiros países (*vide* Anne Herm, «Recent migration trends: citizens of EU-27 Member States become ever more mobile while EU remains attractive to non-EU citizens», *Eurostat Statistics in Focus*, 98/2008, p. 1). Ao todo, em 1 de Janeiro de 2006, cerca de 8,2 milhões de cidadãos da União Europeia exerciam o seu direito de residir noutro Estado-Membro: cfr. Comissão Europeia, *Quinto relatório sobre a cidadania da União (1 de Maio de 2004 – 30 de Junho de 2007), doc. COM (2008) 85 final, p. 2. Por conseguinte, menos de dois por cento dos europeus vivem e trabalham actualmente num Estado-Membro diverso daquele de que são originários. A mobilidade de trabalhadores europeus – essencial à criação de um mercado europeu de emprego e à redução do desemprego na Comunidade – é, assim, ainda hoje relativamente limitada. A este facto não serão alheios os sistemas de segurança social instituídos pelos Estados-Membros após a II Guerra Mundial, a melhoria generalizada dos níveis de vida proporcionada pelo desenvolvimento económico registado na Comunidade ao longo das últimas décadas e as barreiras culturais que persistem à mobilidade das pessoas no seio da Comunidade, entre as quais avulta a diversidade das línguas europeias. Sobre o ponto, *vide*, numa perspectiva sociológica, Adrian Favell, «Immigration, Migration, and Free Movement in the Makings of Europe», *in* Jeffrey T. Checkel e Peter J. Katzenstein, *European Identity,* Cambridge, 2009, pp. 167 ss.

[26] Ver Maria Luísa Duarte, «Direito Comunitário do Trabalho. Tópicos de uma identificação», *in* Pedro Romano Martinez (org.), *Estudos do Instituto de Direito do Trabalho*, vol. I, Coimbra, 2001, pp. 153 ss.; Maria do Rosário Palma Ramalho, *Direito do Trabalho,* Parte I, *Dogmática geral,* Coimbra, 2005, pp. 167 ss.; Pedro Romano Martinez, *Direito do Trabalho,* 3.ª ed., Coimbra, 2006, pp. 204 ss.; e Luís Menezes Leitão, *Direito do Trabalho,* Coimbra, 2008, pp. 73 ss.

A Integração Económica e as Situações Privadas Internacionais   17

tinua a ser, nos Estados-Membros desta, essencialmente de fonte interna, sendo as respectivas normas em muitos aspectos acentuadamente divergentes entre si[27].

Este facto é atribuível, designadamente, às vastas implicações sociais e económicas do regime do contrato individual de trabalho e da contratação colectiva, à diversidade de modelos económicos que persiste na Comunidade (*maxime* entre os países anglo-saxónicos e os do continente europeu), e às diferenças de níveis de desenvolvimento que se registam, sobretudo após os últimos alargamentos, entre os antigos e os novos Estados-Membros.

A determinação da lei aplicável às condições de exercício da actividade laboral por trabalhadores migrantes, designadamente daqueles que são objecto de destacamento para a prestação intracomunitária de serviços, assume, por isso, o maior relevo.

Pergunta-se a este respeito, designadamente, se as condições laborais aplicáveis a esses trabalhadores devem ser fixadas pela lei do respectivo país de origem, pela lei do país de acolhimento ou por ambas. Tal o problema que importará dilucidar em seguida.

4. Regras gerais sobre a determinação da lei aplicável ao contrato individual de trabalho. A competência da *lex loci laboris*

A determinação da lei aplicável ao contrato individual de trabalho é objecto do art. 8.º do Regulamento de Roma I, que substituirá, a partir de 17 de Dezembro de 2009, a Convenção de Roma de 1980 Sobre a Lei Aplicável às Obrigações Contratuais[28].

---

[27] Como nota Pedro Romano Martinez, «[o]s actos comunitários em matéria social são relativamente numerosos, mas incidem, em especial, sobre aspectos de pormenor, razão pela qual, por esta via, não se tem obtido a harmonização da legislação no seio da comunidade» (cfr. *Direito do Trabalho,* cit., p. 207). A Comunidade Europeia caracteriza-se hoje, segundo o mesmo autor, pela existência de uniformização legislativa no tocante à liberdade de circulação de trabalhadores e ao princípio da igualdade; de uma harmonização tendencial em relação à higiene e segurança no trabalho, à protecção contra acidentes de trabalho e às condições de trabalho; e de desarmonia quanto ao Direito sindical, à negociação colectiva, ao regime do contrato de trabalho – em especial quanto à respectiva cessação – e à greve.

[28] Cuja versão consolidada se encontra publicada no *JOCE*, n.º C 27, de 26 de Janeiro de 1998, pp. 34 ss.

Consagra-se nesse preceito a liberdade de escolha pelas partes da lei aplicável, embora a designação desta lei não possa ter como consequência privar o trabalhador da protecção que lhe proporcionam as disposições não derrogáveis por acordo da lei que seria aplicável na falta de escolha.

A título subsidiário, prevê-se no mesmo preceito que o contrato de trabalho é regulado pela lei do país em que o trabalhador presta habitualmente o seu trabalho em execução do contrato (a *lex loci laboris*) ou, na sua falta, a do país a partir do qual o trabalhador presta habitualmente o seu trabalho em execução do contrato.

Assim se dá satisfação a três ordens de preocupações: a protecção do trabalhador enquanto parte mais fraca no contrato; a igualdade de tratamento entre trabalhadores nacionais e estrangeiros; e a igualdade de tratamento dos concorrentes que actuam em certo mercado pelo que respeita às condições de trabalho e remuneração que têm de proporcionar aos respectivos trabalhadores[29].

5. O destacamento internacional de trabalhadores e a aplicabilidade das normas imperativas da lei do país de acolhimento

a) A aplicação destas regras suscita dificuldades especiais sempre que estejam em causa contratos individuais de trabalho a executar por trabalhadores temporariamente destacados para um país estrangeiro ao serviço da empresa para que trabalham[30].

---

[29] Ver, sobre esta matéria, Rui de Moura Ramos, *Da lei aplicável ao contrato de trabalho internacional*, Coimbra, 1991, pp. 908 ss., com mais referências.

[30] O direito dos nacionais dos Estados-Membros da Comunidade de se deslocarem para outro Estado-Membro e de nele exercerem uma actividade profissional ao abrigo de um destacamento intracomunitário de trabalhadores foi primeiramente reconhecido pelo Tribunal de Justiça das Comunidades Europeias no acórdão *Rush Portuguesa,* de 27 de Março de 1990 (proc. C-113/89). Aí se afirmou: «Os artigos 59.° e 60.° do Tratado CEE e os artigos 215.° e 216.° do acto de adesão do Reino de Espanha e da República Portuguesa devem ser interpretados no sentido de que uma empresa estabelecida em Portugal, que efectua prestações de serviços no sector da construção e obras públicas noutro Estado-membro pode deslocar-se com o seu pessoal próprio, trazido de Portugal, pelo período de duração das obras em causa. Em tal caso, as autoridades do Estado-membro no qual devem ser realizados os trabalhos, não podem impor ao prestador de serviços condições que respeitem à contratação de mão-de-obra local ou à obtenção de uma autorização de trabalho para o pessoal português». Neste acórdão, a situação em apreço foi qualificada como per-

A Integração Económica e as Situações Privadas Internacionais   19

Conforme resulta do que dissemos acima, aplica-se nestes casos, na falta de escolha da lei reguladora do contrato, a lei do país onde é habitualmente devida a prestação do trabalho, o qual é o *país de origem* do trabalhador.

No regime do Regulamento e da Convenção de Roma, o destacamento temporário de trabalhadores não afecta, pois, a determinação da lei aplicável ao contrato individual de trabalho[31].

Esta solução assegura às empresas que destacam temporariamente os seus trabalhadores no âmbito de uma prestação intracomunitária de serviços uma *vantagem competitiva* relativamente às do país de acolhimento, sempre que a lei do país onde se acham estabelecidas (e onde esses trabalhadores prestam habitualmente o seu trabalho em execução dos respectivos contratos) consagre níveis de retribuição mínima e outras condições laborais menos exigentes.

Concomitantemente, porém, ela fomenta a afluência de mão-de-obra a baixo custo aos Estados-Membros onde vigoram níveis mais altos de remuneração (i. é, segundo alguns, o *dumping social*), com eventual pre-

---

tinente à liberdade de prestação de serviços, então regulada nos arts. 59.° e 60.° do Tratado, e não à liberdade de circulação de trabalhadores, prevista no art. 48.°, com base no argumento de que os trabalhadores em causa «regressam ao seu país de origem após a realização do seu trabalho, sem entrarem, em qualquer momento, no mercado de emprego do Estado-membro de acolhimento». Na realidade, porém, esta qualificação prendeu-se com a circunstância de ao tempo os trabalhadores em causa, de nacionalidade portuguesa, não beneficiarem ainda da liberdade de circulação conferida pelo Tratado, em virtude das restrições impostas ao exercício dessa liberdade no Acto de Adesão de Portugal à Comunidade, as quais não afectavam a liberdade de prestação de serviços. Foi a recondução do caso às disposições do Tratado relativas a esta última que permitiu assegurar a aplicação do Direito Comunitário, não obstante as referidas restrições. A jurisprudência *Rush* seria depois confirmada no acórdão *Vander Elst*, de 9 de Agosto de 1994 (proc. C-43/93).

[31] Paralelamente, o art. 14.° do Regulamento (CEE) n.° 1408/71, relativo à aplicação dos regimes de segurança social aos trabalhadores assalariados, aos trabalhadores não assalariados e aos membros da sua família que se deslocam no interior da Comunidade, na redacção dada pelo Regulamento (CEE) n.° 2001/83 (*in JOCE* n.° L 230, de 22 de Agosto de 1983, pp.6 ss), dispõe no seu n.° 1, alínea *a)*: «A pessoa que exerça uma actividade assalariada no território de um Estado-membro, ao serviço de uma empresa de que normalmente depende, e que seja destacada por esta empresa para o território de outro Estado-membro a fim de aí efectuar um trabalho por conta desta última, continua sujeita à legislação do primeiro Estado-membro, desde que o período previsível desse trabalho não exceda doze meses e que não seja enviada em substituição de outra pessoa que tenha terminado o período do seu destacamento».

juízo para os trabalhadores locais, cujas remunerações poderão ver-se reduzidas em consequência disso, bem como para a igualdade de condições de concorrência entre as empresas que competem entre si no mercado local (a *par conditio concurrentium*).

b) Foi esta circunstância que ditou a adopção da Directiva n.º 96/71/CE, do Parlamento Europeu e do Conselho, de 16 de Dezembro de 1996, relativa ao destacamento de trabalhadores no âmbito de uma prestação de serviços[32].

Pelo que respeita às condições de trabalho e emprego dos trabalhadores destacados, estabelece-se no art. 3.º, n.º 1, da Directiva que, independentemente da lei aplicável à relação laboral, serão garantidas aos trabalhadores destacados as condições estabelecidas por disposições legais, regulamentares ou convencionais do Estado-Membro de execução do trabalho relativas aos períodos máximos de trabalho, à duração mínima das férias anuais remuneradas, às remunerações salariais mínimas, às condições de disponibilização dos trabalhadores, à segurança, à saúde e à higiene no trabalho, às condições de trabalho e emprego das mulheres grávidas e das puérperas, das crianças e dos jovens e à igualdade de tratamento entre homens e mulheres.

Estas matérias constituem, pois, um *núcleo duro* de condições de trabalho e emprego, cuja observância é obrigatória para as empresas que destacam trabalhadores para outro Estado-Membro[33].

A Directiva visa, por conseguinte, resolver a questão acima suscitada, sujeitando certos aspectos das condições de trabalho e emprego dos trabalhadores temporariamente destacados às regras vigentes no *país de acolhimento ou de destino,* sem prejuízo de se aplicarem aos demais aspectos da relação laboral as regras da lei escolhida pelas partes ou as do país de origem do trabalhador.

---

[32] *In JOCE*, n.º L 18, de 21 de Janeiro de 1997, pp. 1 ss. Em Portugal, a Directiva n.º 96/71 foi transposta para a ordem jurídica interna pela Lei n.º 9/2000, de 15 de Junho, tendo os Códigos do Trabalho de 2003 e 2009 disciplinado a matéria, respectivamente, nos arts. 7.º a 9.º e 6.º a 8.º. Ver, sobre a Directiva, Marie-Ange Moreau, «Le détachement des travailleurs effectuant une prestation de services dans l'Union européenne», *Clunet,* 1996, pp. 889 ss.

[33] Cfr. a Comunicação da Comissão Europeia intitulada *Orientações relativas ao destacamento de trabalhadores no âmbito de uma prestação de serviços*, doc. COM (2006) 159 final, p. 2.

Consagra-se nela, segundo Jürgen Basedow, uma *excepção ao princípio da aplicação da lei do país de origem*[34].

6. Continuação: os limites à aplicação das normas imperativas do país de acolhimento do trabalhador

a) A Directiva 96/71/CE não harmonizou, porém, as regras de protecção mínima dos trabalhadores a que se refere. O seu conteúdo pode, pois, ser livremente definido pelos Estados-Membros[35].

Cedo se suscitaram, por isso, diversas questões atinentes à definição das situações em que é dado aos Estados-Membros da Comunidade limitarem, ao abrigo dessas regras, a prestação de actividade laboral por trabalhadores destacados para o seu território.

Foi o que sucedeu no caso *Arblade*[36]. Estava em causa um destacamento de trabalhadores ao serviço de duas empresas estabelecidas em França, que efectuaram trabalhos de construção civil na Bélgica e para aí transferiram trabalhadores seus. Essas empresas e os respectivos gerentes foram accionados na Bélgica por não terem cumprido diversas obrigações, previstas nas leis belgas, respeitantes à elaboração, manutenção e conservação de documentos sociais e de trabalho, à remuneração mínima no sector da construção civil e ao pagamento pela entidade patronal de quotizações para certos fundos de que eram beneficiários os trabalhadores. As disposições legais que consagravam essas obrigações eram consideradas leis de polícia e de segurança, na acepção do art. 3.°, primeiro parágrafo, do Código Civil belga, estando portanto sujeitos a elas todos os que se encontram em território belga.

No acórdão que proferiu sobre o caso, o Tribunal de Justiça das Comunidades Europeias sustentou que das liberdades comunitárias resultam certas limitações à eficácia das *lois de police* (também ditas normas

---

[34] Cfr. «European Private International Law of Obligations and Internal Market Legislation – A Matter of Coordination», *in* J. Erauw, V. Tomljenovic e P. Volken (orgs.), *Liber Memorialis Petar Sarcevic. Universalism, Tradition and the Individual*, Munique, 2006, pp. 13 ss. (pp. 16 s.).

[35] Neste sentido, veja-se o acórdão do Tribunal de Justiça das Comunidades Europeias de 18 de Julho de 2007, caso *Comissão c. RFA* (proc. C-490/04).

[36] Acórdão de 23 de Novembro de 1999 (procs. C-369/96 e C-376/96).

internacionalmente imperativas, de aplicação imediata ou necessária[37]) em matéria laboral. A fim de que os órgãos nacionais de aplicação do Direito possam conferir-lhes efeitos nas situações em que esteja em causa o exercício de alguma daquelas liberdades é necessário, de acordo com o Tribunal, que, mesmo na ausência de uma harmonização das regras aplicáveis nesta matéria:

- Isso se justifique por *«razões imperativas de interesse geral»*, que se apliquem a qualquer pessoa ou empresa que exerça uma actividade no território do Estado-Membro de acolhimento (entre as quais figura a protecção dos trabalhadores, mas não considerações de ordem meramente administrativa);
- O mesmo interesse não esteja salvaguardado por regras *«essencialmente comparáveis em razão da sua finalidade»*, i. é, *funcionalmente equivalentes*, a que o respectivo destinatário esteja sujeito no Estado-Membro em que se encontra estabelecido;
- A aplicação dessas regras seja *«adequada para garantir a realização do objectivo que as mesmas prosseguem»;* e
- *«Não ultrapasse o necessário para atingir esse objectivo»*, i.é, seja *proporcionada* a este.

Esta jurisprudência foi posteriormente desenvolvida em diversos outros arestos do Tribunal de Justiça[38].

b) Em suma, está em jogo nesta matéria a conciliação de duas ordens de objectivos prosseguidos pela Comunidade:

---

[37] I. é, no dizer do acórdão, as «disposições nacionais cuja observância foi considerada crucial para a salvaguarda da organização política, económica, social ou económica do Estado-Membro em causa, a ponto de impor o seu respeito a qualquer pessoa que se encontre no território nacional desse Estado-Membro ou a qualquer relação jurídica neste localizada».

[38] Haja vista, designadamente, aos acórdãos *Mazzoleni*, de 15 de Março de 2001 (proc. C-165/98), *Finalarte*, de 25 de Outubro de 2001 (procs. C-49/98, C-50/98, C-52/98 a C-54/98 e C-68/98 a C-71/98), *Portugaia*, de 22 de Janeiro de 2002 (proc. C-164/99), *Comissão c. República Italiana*, de 7 de Fevereiro de 2002 (proc. C-279/00), *Comissão c. Grão-Ducado do Luxemburgo*, de de 21 de Outubro de 2004 (proc. C-445/03), *Comissão c. RFA*, de 19 de Janeiro de 2006 (proc. C-244/04), e *Laval*, de 18 de Dezembro de 2007 (proc. C-341/05).

– Por um lado, a tutela de certos direitos sociais fundamentais e a garantia da igualdade das condições de concorrência no mercado, que pressupõem que as empresas estrangeiras sejam submetidas em cada Estado-Membro às mesmas condições que as empresas locais;
– Por outro lado, as liberdades económicas fundamentais e a concorrência que através delas se visa promover, as quais reclamam que as empresas estrangeiras possam tirar partido dos menores custos por si suportados em razão das regras materiais a que estão submetidas no respectivo Estado-Membro de estabelecimento[39].

O primeiro destes objectivos postula a aplicação da lei do Estado-Membro de acolhimento dos trabalhadores destacados; o segundo, a aplicação da lei do Estado-Membro de origem.

Na sua jurisprudência, o Tribunal de Justiça das Comunidades Europeias tem procurado conciliar estes objectivos, enunciando um conjunto de condições de que depende a aplicação das normas imperativas em matéria laboral do país de acolhimento. Não se verificando essas condições, a primazia é conferida às normas da lei do Estado-Membro onde o trabalhador presta habitualmente a sua actividade – *hoc sensu*, aquele de que é originário.

7. A liberdade de circulação e permanência no território dos Estados-Membros e a lei aplicável ao estatuto pessoal das pessoas singulares

Como já se referiu, o Tratado de Maastricht introduziu no art. 18.° do Tratado da Comunidade Europeia a *liberdade de circulação e permanência* no território dos Estados-Membros, a qual é reconhecida como um direito fundamental a todos os cidadãos da União Europeia, independentemente de exercerem qualquer actividade económica no Estado de acolhimento[40].

---

[39] Cfr. Marc Fallon, «Le détachement européen des travailleurs, à la croisée de deux logiques conflictualistes», *Revue Critique de Droit International Privé* (doravante *RCDIP*), 2008, pp. 781 ss. (pp. 817 s.).

[40] Cfr. Jürgen Schwartze (org.), *EU Kommentar*, cit., *sub* art. 18, nota 8. A liberdade de circulação dos trabalhadores configura-se, por conseguinte, como uma *lex specialis* relativamente à liberdade de circulação e permanência a que alude o art. 18.°: assim, Ulrich Wölker e Gerhard Grill, *in* Hans von der Groeben e Jürgen Schwartze (orgs.), *Kommentar*

24 *Direito Intenacional Privado – Ensaios III*

Em razão desse preceito do Tratado, a liberdade de circulação e permanência passou a poder ser também invocada por pessoas que não exercem uma actividade laboral num Estado-Membro, como fundamento da não aplicação da lei local às questões do seu estatuto pessoal e em prol do reconhecimento, por esse Estado-Membro, de situações jurídicas constituídas de acordo com a lei de outro Estado-Membro[41].

Assim sucedeu no caso *Garcia Avello*, que todavia foi examinado pelo Tribunal de Justiça das Comunidades Europeias sob o prisma da proibição de discriminações em razão da nacionalidade, consignada no art. 12.º do Tratado[42].

A questão colocou-se de novo, mais recentemente, no caso *Grunkin--Paul*. Discutia-se nele a compatibilidade com o Direito Comunitário da recusa de inscrição no registo civil, por um serviço de registo civil de Niebüll, na Alemanha, do apelido de uma criança de nacionalidade alemã, mas nascida na Dinamarca, onde residia, constituído pelos apelidos do pai, Stefan Grunkin, e da mãe, Dorothee Paul.

Essa recusa tinha como fundamento a circunstância de a lei alemã, ao contrário da dinamarquesa, não permitir semelhante composição do ape-

---

zum Vertrag über die Europäische Union und zur Gründung der Europäischen Gemeinschaft, cit., p. 1289. Sendo essa liberdade exercida para fins laborais, são os arts. 39.º e seguintes que devem ser aplicados, ainda que hajam de ser interpretados à luz do que se dispõe naquele preceito: cfr., neste sentido, o acórdão de 26 de Novembro de 2002, caso *Olazabal* (proc. C-100/01).

[41] Ver, sobre o ponto, Roberto Baratta, «Problematic elements of an implicit rule providing for mutual recognition of personal and family status in the EC», *IPRax*, 2007, pp. 4 ss.

[42] Cfr. o acórdão de 2 de Outubro de 2003 (proc. C-148/02). Segundo o Tribunal, o preceito referido no texto seria incompatível com a recusa das autoridades belgas em reconhecer o apelido de duas crianças, ambas de nacionalidade espanhola e belga e residentes na Bélgica, que lhes fora previamente atribuído nos termos da lei espanhola. O princípio da não discriminação proscreve, segundo o Tribunal, que situações idênticas sejam tratadas de modo diferente e que situações diferentes sejam tratadas de igual maneira. Ao tratarem bi-nacionais belgas e espanhóis da mesma forma que as pessoas que possuem apenas a nacionalidade belga, recusando-lhes, ao abrigo da lei belga, a possibilidade de usarem os apelidos do pai e da mãe, que a lei espanhola lhes reconhece, as autoridades belgas teriam incorrido numa violação do Tratado. Ver, sobre este aresto, a anotação de Elsa Dias Oliveira *in Cadernos de Direito Privado*, Abril/Junho de 2004, pp. 28 ss., e Rui de Moura Ramos, «O Tribunal de Justiça das Comunidades Europeias e a regulamentação do direito ao nome nas relações privadas internacionais», *in eiusdem, Estudos de Direito Internacional Privado e de Direito Processual Civil Internacional*, cit., vol. II, pp. 241 ss.

lido da criança, embora o mesmo houvesse previamente sido registado na Dinamarca nos termos requeridos pelos pais.

A lei alemã era aplicável ao caso segundo o art. 10 da Lei de Introdução ao Código Civil alemão (EGBGB), que, à imagem do Direito Internacional Privado de diversos Estados-Membros da Comunidade, entre os quais o português, bem como da Convenção de Munique de 1980 sobre a Lei Aplicável aos Nomes Próprios e Apelidos[43], atribui competência nesta matéria à lei da nacionalidade.

Num primeiro acórdão, *Grunkin-Paul I*[44], o Tribunal de Justiça das Comunidades Europeias considerou que o Amtsgericht de Niebüll, que conhecera do caso num processo de jurisdição voluntária (portanto sem ser chamado a decidir um litígio), actuara na qualidade de autoridade administrativa. Por esta razão o Tribunal comunitário declarou-se incompetente para decidir a questão que lhe fora colocada em sede de reenvio prejudicial.

Essa questão viria, porém, a ser de novo suscitada perante o Tribunal de Justiça das Comunidades Europeias pelo Amtsgericht de Flensburg, no âmbito do litígio que opôs Stefan Grunkin e Dorothee Paul ao serviço de registo civil de Niebüll, em virtude de este se ter recusado a reconhecer o apelido do seu filho Leonhard Matthias.

Em novo acórdão, *Grunkin-Paul II*[45], o Tribunal de Justiça salientou que o facto de o interessado ser obrigado a usar, no Estado-Membro de que tem a nacionalidade, um nome diferente do que lhe foi atribuído e registado no Estado-Membro de nascimento e residência pode entravar o exercício do direito de circular e permanecer livremente no território dos Estados-Membros, consagrado no artigo 18.º do Tratado da Comunidade Europeia. Com este fundamento, o Tribunal declarou:

> «Em condições como as do processo principal, o artigo 18.º CE opõe-se a que as autoridades de um Estado-Membro, em aplicação do direito

---

[43] Convenção n.º 19 da CIEC, aprovada para adesão pela Resolução da Assembleia da República n.º 8/84, de 8 de Novembro de 1983, *in Diário da República*, n.º 54, I série, de 3 de Março de 1984.

[44] Acórdão de 27 de Abril de 2006 (proc. C-96/04).

[45] Acórdão de 14 de Outubro de 2008 (proc. C-353/06). Ver, sobre este, Matthias Lehmann, «What's in a name? *Grunkin-Paul* and Beyond», *Yearbook of Private International Law* (doravante *YPIL*), 2008, pp. 135 ss.; María Dolores Ortiz Vidal, «El caso *Grunkin-Paul*: notas a la STJUE de 14 de Octubre de 2008», *Cuadernos de Derecho Transnacional* (doravante *CDT*), 2009, n.º 1, pp. 143 ss.; e Heinz-Peter Mansel, Karsten Thorn e Rolf Wagner, «Europäisches Kollisionsrecht 2008: Fundamente der Europäischen IPR-Kodifikation», *IPRax*, 2009, pp. 1 ss. (pp. 2 ss.).

26 *Direito Intenacional Privado – Ensaios III*

nacional, recusem o reconhecimento do apelido de um menor, tal como determinado e registado noutro Estado-Membro onde esse menor nasceu e reside desde essa data, que, como os seus pais, tem unicamente a nacionalidade do primeiro Estado-Membro.»

Da liberdade de circulação e permanência no interior da Comunidade resultou, assim, uma restrição de vasto alcance à aplicabilidade da lei do país da nacionalidade às questões compreendidas no estatuto pessoal de uma pessoa singular – restrição essa que operou, na espécie, em benefício da lei do país de nascimento e de residência habitual dessa pessoa, i. é, da lei do seu *país de origem*.

III
A liberdade de estabelecimento

8. A liberdade de estabelecimento e a determinação da lei pessoal das sociedades comerciais: posição do problema

Passemos à liberdade de estabelecimento[46]. Esta encontra-se consagrada no art. 43.º do Tratado da Comunidade Europeia em benefício dos nacionais dos Estados-Membros. O art. 48.º equipara a estes as sociedades constituídas em conformidade com a legislação de um Estado-Membro e que tenham a sua sede social, administração central ou estabelecimento principal na Comunidade.

Visa-se através destes preceitos assegurar a livre circulação dos trabalhadores independentes e das empresas através das fronteiras, reconhe-

---

[46] Cfr., a este respeito, Hans von der Groeben e Jürgen Schwarze (orgs.), *Kommentar zum Vertrag über die Europäische Union und zur Gründung der Europäischen Gemeinschaft*, cit., vol. I, pp. 1479 ss.; Rudolf Streinz (org.), *EUV/EGV*, cit., pp. 686 ss.; Rudolf Geiger, *EUV/EGV*, cit., pp. 310 ss.; Christian Tietje, «Niederlassungsfreiheit», *in* Dirk Ehlers (org.), *Europäische Grundrechte und Grundfreiheiten*, cit., pp. 284 ss.; Wolfgang Kilian, *Europäisches Wirtschaftsrecht*, cit., pp. 107 ss.; Paul Craig e Gráinne de Búrca, *EU Law*, cit., pp. 791 ss.; Jean-Louis Clergerie, Annie Gruber e Patrick Rambaud, *L'Union européenne,* cit., pp. 350 ss.; e Jürgen Schwartze (org.), *EU Kommentar*, cit., pp. 632 ss. Na literatura jurídica portuguesa, vejam-se: José Carlos Moitinho de Almeida, *Direito Comunitário*, cit., pp. 439 ss.; Rui de Moura Ramos, *Direito Comunitário (Programa, conteúdos e métodos de ensino)*, cit., pp. 94 ss.; João Mota de Campos e João Luiz Mota de Campos, *Manual de Direito Comunitário*, cit., pp. 573 ss.

A Integração Económica e as Situações Privadas Internacionais 27

cendo-se-lhes a faculdade de se instalarem num Estado-Membro para nele exercerem a respectiva actividade. Nesta medida, esses preceitos encontram-se estreitamente conexos com os que garantem a liberdade de circulação das pessoas singulares. As suas repercussões na regulação das situações privadas internacionais apresentam, no entanto, certas especificidades, pelo que os consideraremos aqui separadamente.

Avultam a este respeito, em primeiro lugar, as questões relacionadas com a determinação da lei pessoal das sociedades comerciais.

É bem sabido que, não obstante a adopção, desde 1968, de diversas Directivas em matéria de sociedades[47], não foi ainda lograda na Comunidade Europeia uma integral harmonização do respectivo regime. Ao que não será alheia a estreita ligação entre este tema, a organização económica prevalecente em cada país e o grau de controlo exercido pelo Estado sobre a actividade das empresas.

A determinação da lei pessoal reveste-se assim de grande importância sempre que uma sociedade comercial constituída num Estado-Membro, de acordo com a lei local, pretenda exercer a sua liberdade de estabelecimento noutro Estado-Membro.

Pergunta-se, nessas situações, se a sociedade em questão deverá ficar submetida, nos países que consagram a aplicabilidade da lei da sede da administração ao estatuto pessoal das pessoas colectivas, a essa lei, ainda que a mesma seja mais exigente do que aquela conforme a qual a sociedade se constituiu.

9. A jurisprudência do Tribunal de Justiça das Comunidades Europeias sobre a matéria

a) A relação entre a liberdade de estabelecimento e o estatuto pessoal das sociedades comerciais foi objecto, ao longo dos últimos vinte anos, de diversas decisões do Tribunal de Justiça das Comunidades Europeias[48].

---

[47] Sobre as quais podem consultar-se: Michel Menjunq, *Droit international et européen des sociétés,* Paris, 2001; Stefan Grundmann, *Europäisches Gesellschaftsrecht. Eine systematische Darstellung unter Einbeziehung des Europäischen Kapitalmarktrechts,* Heidelberga, 2004; e António Menezes Cordeiro, *Direito Europeu das Sociedades,* Coimbra, 2005.

[48] Ver, sobre esta matéria, o nosso «Liberdade de estabelecimento, lei pessoal e reconhecimento das sociedades comerciais», *in Direito Internacional Privado. Ensaios,* vol. II, Coimbra, 2005, pp. 91 ss., com mais referências.

28   *Direito Intenacional Privado – Ensaios III*

Avulta entre elas a que foi proferida no caso *Centros*[49]. O Tribunal considerou aí que a recusa por um serviço público dinamarquês de registar a sucursal de uma sociedade constituída no Reino Unido, ainda que esta tivesse como finalidade o exercício na Dinamarca de toda a actividade que integrava o seu objecto social, impedia o exercício da liberdade de estabelecimento. Lê-se, com efeito, nesse aresto:

> «Os artigos 52.º e 58.º [actuais artigos 43.º e 48.º] do Tratado CE opõem-se a que um Estado-Membro recuse o registo de uma sucursal de uma sociedade constituída em conformidade com a legislação de outro Estado-Membro, no qual aquela tem a sua sede, sem aí exercer actividades comerciais, quando a sucursal se destina a permitir à sociedade em causa exercer a totalidade da sua actividade no Estado em que esta sucursal será constituída, evitando constituir neste uma sociedade e eximindo-se assim à aplicação das normas de constituição de sociedades que aí são mais rigorosas em matéria de liberação de um capital social mínimo.»

Uma sociedade comercial validamente constituída segundo a lei de um Estado-Membro da Comunidade deve, pois, poder criar noutro Estado-Membro uma sucursal destinada a exercer toda a sua actividade.

---

[49] Acórdão de 9 de Março de 1999 (proc. C-212/97). Ver, sobre o mesmo, Peter Behrens, «Das Internationale Gesellschaftsrecht nach dem Centros-Urteil des EuGH», *IPRax*, 1999, pp. 323 ss.; *idem*, «International Company Law in View of the *Centros* Decision of the ECJ», *European Business Organization Law Review*, 2000, pp. 125 ss.; Francisco Garcimartín Alférez, «El Tratado CE y la Sitztheorie: – el TJCE considera – por fin – que son incompatibles», *Revista Española de Derecho Internacional*, 1999, pp. 295 ss.; Werner Ebke, «*Centros* – Some Realities and Some Mysteries», *American Journal of Comparative Law*, 2000, pp. 623 ss.; Karl Peter Puszkajler, «Luxemburg locuta, causa non finita? Anmerkungen aus der Praxis zu dem Centros-Urteil des EuGH», *IPRax*, 2000, pp. 79 s.; Wulf-Henning Roth, anotação ao ac. *Centros*, na *Common Market Law Review*, 2000, pp. 147 ss.; Karsten Thomas, «Das Centros-Urteil des EuGH im Spiegel der deutschen Rechtsprechung», *IPRax*, 2001, pp. 102 ss.; Marc-Philippe Weller, «Scheinauslandsgesellschaften nach Centros, Überseering und Inspire Art: Ein neues Anwendungsfeld für die Existenzvernichtungshaftung», *IPRax*, 2003, pp. 207 ss.; e Tito Ballarino, «Les règles de conflit sur les sociétés commerciales à l'épreuve du droit communautaire d'établissement. Remarques sur deux arrêts récents de la Cour de Justice des Communautés Européennes», *RCDIP*, 2003, pp. 373 ss. Na doutrina portuguesa, *vide* Luís de Lima Pinheiro, *Direito Internacional Privado*, vol. II, 2.ª ed., Coimbra, 2002, pp. 102 s.

b) Subsequentemente, no acórdão *Inspire Art*[50], o Tribunal entendeu que um Estado-Membro não pode impor, ao abrigo da sua lei, requisitos adicionais ao exercício da liberdade de estabelecimento por uma sociedade originária de outro Estado-Membro. Um tribunal de Amesterdão havia entendido que uma sociedade constituída no Reino Unido, sob a forma de uma *private company limited by shares*, mas cujo único administrador tinha domicílio nos Países-Baixos, onde a sociedade exercia toda a sua actividade, era uma «sociedade formalmente estrangeira» (ou «pseudo--estrangeira»), sujeita, como tal, a certas obrigações previstas na lei holandesa, relativas à matrícula, ao capital social mínimo, às publicações sociais, à responsabilidade dos administradores, etc. O Tribunal de Justiça considerou, porém, que a aplicação das normas da lei holandesa à sociedade em questão implicaria um entrave à liberdade de estabelecimento. Os arts. 43.º e 48.º do Tratado de Roma opunham-se, por isso, à aplicação dessa lei.

Uma sociedade validamente constituída segundo o Direito de um Estado-Membro, mas que exerce a sua actividade exclusivamente no território de outro Estado-Membro, não pode, por conseguinte, ficar subordinada às normas imperativas deste último sobre a constituição de sociedades.

10. Suas repercussões sobre o Direito Internacional Privado: a aplicabilidade das regras que sancionam a fraude à lei

a) Desta jurisprudência, e em particular do acórdão *Centros,* infere--se que, em matéria de sociedades, uma situação jurídica constituída num Estado-Membro com o intuito de evitar a aplicação da lei de outro Estado--Membro que normalmente seria competente não é susceptível de ser qualificada como fraude à lei em Direito Internacional Privado desde que se funde no exercício de uma liberdade comunitária.

Bem se compreende que assim seja. De outro modo, os Estados--Membros da Comunidade Europeia poderiam restringir as liberdades

---

[50] Acórdão de 3 de Setembro de 2003 (proc. C-167/01). Ver Daniel Zimmer, «Nach "Inspire Art": Grenzlose Gestaltungsfreiheit für deutsche Unternehmen?», *Neue Juristische Wochenschrift* (doravante *NJW*), 2003, pp. 3585 ss.; Eva-Maria Kieninger, «Internationales Gesellschaftsrecht nach "Centros", "Überseering" und "Inspire Art"», *Zeitschrift für Europäisches Privatrecht* (doravante *ZEuP*), 2004, pp. 685 ss.

comunitárias mediante regras de fonte interna, obstando à concorrência entre as ordens jurídicas nacionais no tocante às condições de constituição das sociedades comerciais.

Nos domínios em que as regras nacionais de Direito das Sociedades foram harmonizadas em virtude de actos de Direito Comunitário, estas devem considerar-se *funcionalmente equivalentes* entre si, sendo por isso indiferente, sob o prisma dos interesses acautelados por esses actos, a lei aplicável às situações plurilocalizadas.

Há, nesta medida, que reconhecer que o Direito Comunitário restringe, no tocante às situações intracomunitárias, o âmbito de aplicação das regras que sancionam a fraude à lei em Direito Internacional Privado[51].

b) Ressalva-se, é certo, no acórdão *Centros*, a possibilidade de um Estado-Membro tomar medidas adequadas (inclusive de carácter legislativo), a fim de prevenir ou sancionar situações em que se demonstre quererem os sócios, mediante o procedimento referido, eximir-se às suas obrigações perante credores estabelecidos nesse Estado-Membro.

Mas tais medidas terão de ser, à semelhança do que sucede em matéria de destacamento de trabalhadores, não discriminatórias, justificadas por razões imperativas de interesse geral, adequadas aos objectivos que prosseguem e proporcionadas.

Dentro destes limites, haverá, que consentir que os nacionais dos Estados-Membros da Comunidade Europeia exerçam a liberdade de estabelecimento que o Tratado de Roma lhes confere, tirando partido, se for caso disso, da diversidade das regras de Direito das Sociedades vigentes nesses Estados[52].

---

[51] Ver Klaus Schurig, «Unilateralistische Tendenzen im europäischen Gesellschaftskollisionsrecht, oder: Umgehung als Regelungsprinzip», *in* Hilmar Krüger e Heinz--Peter Mansel (orgs.), *Liber Amicorum Gerhard Kegel*, Munique, 2002, pp. 199 ss. (especialmente pp. 219 s.); Rui de Moura Ramos, «O Tribunal de Justiça das Comunidades Europeias e a Teoria Geral do Direito Internacional Privado. Desenvolvimentos recentes», *in Estudos de Direito Internacional Privado e de Direito Processual Civil Internacional*, vol. II, cit., pp. 39 ss. (especialmente pp. 65 ss.).

[52] A liberdade de estabelecimento, escreveu o Advogado-Geral Antonio La Pergola nas suas conclusões sobre o caso *Centros* (n.º 20), «compreende seguramente, para qualquer interessado, o direito de criar uma sociedade em conformidade com a legislação de um Estado-Membro para operar nesse mesmo Estado ou, *nos mesmos termos em qualquer outro Estado-Membro»*.

Este *modelo liberal* de integração, assente na competição legislativa, suscita a questão de saber se existe na Europa uma suficiente homogeneidade entre os regimes nacionais das sociedades que permita evitar que ele redunde em prejuízo dos interesses de terceiros protegidos através de normas imperativas do país de acolhimento[53].

Só a doutrina da sede real permite, com efeito, assegurar que as sociedades comerciais que tenham a sua sede no território de determinado país não se subtraem às regras locais que visam proteger os interesses dos credores e dos sócios.

Ora, como notámos acima, em ordem a tutelar estes interesses foram adoptadas pela Comunidade Europeia diversas Directivas, com particular incidência no regime das sociedades de capitais e, dentre estas, das sociedades anónimas. Na medida, por conseguinte, em que os Estados-Membros as hajam transposto para as respectivas ordens jurídicas internas, não será hoje necessária a aplicação da lei do país da sede, pelo que respeita às matérias reguladas nessas Directivas, a fim de proteger os interesses por elas tutelados[54].

11. Continuação: a lei pessoal das sociedades comerciais

De acordo com o acórdão *Centros*, uma sociedade constituída em conformidade com a lei de um Estado-Membro da Comunidade Europeia, onde tenha a sua sede estatutária, pode criar uma sucursal no território de outro Estado-Membro, e registá-la nele, ainda que possua a sua sede efectiva no território deste.

Enquanto Estado-Membro de acolhimento de uma sucursal, esse Estado vê deste modo inevitavelmente limitado o seu poder de conformação jurídica dessa sociedade.

Por exemplo, uma sociedade comercial constituída noutro Estado--Membro da Comunidade Europeia, de acordo com a lei desse Estado, que queira exercer em Portugal a sua actividade através de um estabelecimento

---

[53] Cfr. Horatia Muir-Watt, «Aspects économiques du droit international privé (Réflexions sur l'impact de la globalisation économique sur les fondements des conflits de lois et de juridictions)», *Recueil des Cours de l'Académie de La Haye de Droit International* (doravante *Rec. Cours*), t. 307 (2004), pp. 29 ss. (pp. 113 ss.).

[54] Neste sentido, Wulf-Henning Roth, «Der Einfluss des europäischen Gemeinschaftsrechts auf das Internationale Privatrecht», *RabelsZ,* 1991, pp. 623 ss. (p. 649).

secundário e que aqui tenha a sua sede efectiva, ficará submetida à lei segundo a qual se constituiu, no tocante a questões como o capital social mínimo, os deveres de publicidade e a responsabilidade dos administradores, e não à lei portuguesa, como resultaria do artigo 3.°, n.° 1, do Código das Sociedades Comerciais, sempre que da aplicação desta lei resulte um entrave à liberdade de estabelecimento e essa aplicação não possa justificar-se com base em «exigências imperativas de interesse geral»[55].

A liberdade de estabelecimento, na interpretação que lhe deu o acórdão *Centros*, tem, nesta medida, uma *projecção negativa* sobre a regra de conflitos que sujeita o estatuto pessoal das sociedades comerciais à lei do país da sede real e efectiva da sua administração, limitando o seu alcance em benefício da lei do país de acordo com a qual essas sociedades se constituíram – i.é, da lei do seu país de origem.

Estes desenvolvimentos da jurisprudência comunitária levaram o Ministério da Justiça alemão a publicar, em 2008, um projecto de lei sobre o Direito Internacional Privado das Sociedades, Associações e Pessoas Jurídicas, que altera a EGBGB, acolhendo expressamente a *teoria da incorporação* pelo que respeita à determinação da lei aplicável ao estatuto pessoal dessas entidades[56].

---

[55] Ver, em sentido análogo, perante o art. 25 da Lei Italiana de Direito Internacional Privado, Massimo Benedetelli, «Libertà comunitarie di circolazione e diritto internazionale privato delle società», *Rivista di Diritto Internazionale Privato e Processuale* (doravante *RDIPP*), 2001, pp. 592 ss. (pp. 619 s.); e Giulia Rossolillo, *Mutuo riconoscimento e tecniche conflittuali*, Pádua, 2002, p. 277.

[56] Cfr. *Referentenentwurf für ein Gesetz zum Internationalen Privatrecht der Gesellschaften, Vereine und juristischen Personen*. Dispõe o art. 10 da EGBGB, na redacção dada por este projecto de lei: «As sociedades, associações e pessoas jurídicas de Direito Privado estão sujeitas ao Direito do Estado em que se encontram inscritas num registo público. Se não estiverem inscritas num registo público, estão sujeitas ao Direito do Estado de acordo com o qual se encontram organizadas». Ver, sobre este projecto, Rolf Wagner e Birte Timm, «Der Referententwurf eines Gesetzes zum Internationalen Privatrecht der Gesellschaften, Vereine und juristische Personen», *IPRax,* 2008, pp. 81 ss. Este texto praticamente reproduz a proposta de um regulamento comunitário e de lei de alteração da EGBGB publicada em 2007 pelo Conselho Alemão de Direito Internacional Privado, que consagrava igualmente nesta matéria a doutrina da incorporação. Cfr. Hans-Jürgen Sonnenberger e Frank Bauer, «Proposition du Deutscher Rat für Internationales Privatrecht en vue de l'adoption d'une réglementation du droit international des sociétés au niveau européen/national», *RCDIP*, 2006, pp. 712 ss.; Hans-Jürgen Sonnenberger (org.), *Vorschläge und Berichte zur Reform des europäischen und deutschen internationalen Gesellschaftsrechts. Vorgelegt im Auftrag der zweiten Kommission des Deutschen Rates für Internatio-*

12. Continuação: o reconhecimento num Estado-Membro de sociedades comerciais constituídas em outros Estados-Membros

As limitações assim impostas à aplicação da lei do país da sede real e efectiva da administração das sociedades comerciais são um reflexo do *dever de reconhecimento*, nos Estados-Membros da Comunidade Europeia, das sociedades regularmente constituídas noutros Estados-Membros em conformidade com o Direito destes – dever esse que, conforme resulta da jurisprudência comunitária, se estende aos casos em que a sede da sociedade em causa se situe no território do próprio Estado onde o reconhecimento é reclamado, i. é, às sociedades ditas «pseudo-estrangeiras» ou «formalmente estrangeiras»[57].

Funda-se esse dever na presunção de que, sendo as garantias oferecidas pelo Direito Societário dos Estados-Membros da Comunidade, em razão da harmonização de legislações neles empreendida, *fundamentalmente equivalentes* entre si, nenhuma razão existe para que um ente constituído de acordo com o Direito de um desses Estados não possa desenvolver a sua actividade no território dos demais, *maxime* estabelecendo-se nele.

---

nales Privatrecht, Spezialkommission Internationales Gesellschaftsrecht, Tubinga, 2007. No mesmo sentido, a *Lei de Modernização do Direito das Sociedades de Responsabilidade Limitada e de Combate aos Abusos (Gesetz zur Modernisierung des GmbH-Rechts und zur Bekämpfung von Missbräuchen),* de 23 de Outubro de 2008, suprimiu a exigência de que a sede estatutária e a sede da administração das sociedades de responsabilidade limitada e das sociedades por acções coincidam, permitindo assim que as sociedades desse tipo constituídas na Alemanha estabeleçam originariamente ou transfiram a sede da respectiva administração para o estrangeiro, à imagem do que os acórdãos *Überseering* e *Inspire Art* haviam permitido no tocante a sociedades constituídas noutros Estados-Membros da Comunidade Europeia. O que, segundo os autores que se pronunciaram sobre esta alteração legislativa, implicou a consagração no Direito alemão da *doutrina da incorporação:* cfr. Bernd von Hoffmann e Karsten Thorn, *Internationales Privatrecht,* Munique, 2007, p. 293; Jörn Fingerhuth e Joachim Rumpf, «MoMiG und die Grenzüberschreitende Sitzverlegung – Die Sitztheorie ein (lebendes) Fossil?», *IPRax,* 2008, pp. 90 ss. Esta doutrina já tinha, aliás, sido acolhida na jurisprudência do Tribunal Federal alemão desde pelo menos 2004 (neste sentido, Kindler, *in Münchener Kommentar zum Bürgerlichen Gesetzbuch,* 4.ª ed., Munique, 2006,vol. 11, *Internationales Wirtschaftsrecht. Einführungsgesetz zum Bürgerlichen Gesetzbuche (Art. 50-245),* pp. 62 s.; e Palandt, *Bürgerliches Gesetzbuch,* 66.ª ed., Munique, 2007, pp. 2517 s.).

[57] Cfr., sobre o ponto, Paul Lagarde, «Rapport de synthèse», *in* Angelika Fuchs, Horatia Muir Watt e Étienne Pataut (orgs.), *Les conflits de lois et le système juridique communautaire,* Paris, 2004, pp. 283 ss. (p. 288).

34 Direito Intenacional Privado – Ensaios III

13. Continuação: a transferência internacional da sede das sociedades comerciais

Em caso de transferência internacional da sede efectiva de uma sociedade constituída de acordo com a lei de um Estado-Membro da Comunidade, o Direito Comunitário exige também o reconhecimento da personalidade jurídica e da capacidade judiciária de que essa sociedade goza segundo aquela lei (ainda que sob a condição de a lei do país de incorporação não determinar, em tal caso, a dissolução da sociedade).

Eis por que, no acórdão *Überseering*[58], foi tida como contrária ao Tratado da Comunidade Europeia a recusa de reconhecimento de capacidade jurídica, num Estado-Membro (a Alemanha), a uma sociedade constituída de acordo com a lei de outro Estado-Membro (os Países-Baixos). Sustentou, para tanto, o Tribunal:

> «1. Os artigos 43.° CE e 48.° CE opõem-se a que, quando uma sociedade constituída em conformidade com a legislação de um Estado-Membro no território do qual tem a sua sede social é considerada, segundo o direito de outro Estado-Membro, como tendo transferido a sua sede efectiva para este Estado, este último não reconheça à referida sociedade a capacidade jurídica e, portanto, a capacidade judiciária perante os seus órgãos jurisdicionais nacionais para invocar os direitos resultantes de um contrato celebrado com uma sociedade estabelecida no referido Estado. 2. Quando uma sociedade constituída em conformidade com a legislação de um Estado-Membro no território do qual tem a sua sede social exerce a sua liberdade de estabelecimento noutro Estado-Membro, os artigos 43.° CE e 48.° CE impõem a este último que respeite a capacidade jurídica e, portanto, a capacidade judiciária que esta sociedade possui nos termos do direito do seu Estado de constituição.»

Uma sociedade pode, pois, transferir a sua sede social de um Estado-Membro para outro sem que lhe possa ser oposta a perda da sua personalidade jurídica em aplicação do critério da sede real.

---

[58] Acórdão de 5 de Novembro de 2002 (proc. C-208/00). Ver Wulf-Henning Roth, «From *Centros* to *Ueberseering*: Free Movement of Companies, Private International Law, and Community Law», *ICLQ*, 2003, pp. 177 ss.; Peter Behrens, «Das Internationale Gesellschaftsrecht nach dem Überseering-Urteil des EuGH und den Schlussanträgen zu Inspire Art», *IPRax*, 2003, pp. 193 ss.

Por outro lado, no acórdão *Cartesio*[59], o Tribunal, retomando um princípio já enunciado no caso *Daily Mail*[60], julgou que um Estado-Membro (na espécie, a Hungria) pode recusar a uma sociedade que transferiu a sua sede para outro Estado-Membro (concretamente, a Itália) a conservação da sua qualidade de sociedade de Direito nacional. Mas, explicitou o Tribunal, o Estado-Membro de origem não pode impor a dissolução e liquidação da sociedade, impedindo-a de se transformar em sociedade de Direito nacional de outro Estado-Membro, visto que isso constituiria uma restrição ilícita à liberdade de estabelecimento[61].

---

[59] Acórdão de 16 de Dezembro de 2008 (proc. C-210/06). Ver Francisco Martinez Rivas, «Traslado internacional de sede internacional en la Unión Europea: del caso *Daily Mail* al caso *Cartesio*. Veinte años no son nada», *CDT*, 2009, n.º 1, pp. 132 ss.; Heinz-Peter Mansel, Karsten Thorn e Rolf Wagner, est. cit. na *IPRax*, 2009, pp. 4 s.

[60] Acórdão de 17 de Setembro de 1988 (proc. 81/87). Discutia-se nesse caso a compatibilidade com o Direito Comunitário da exigência, formulada pela legislação do Reino Unido, de uma autorização prévia, a fim de que uma sociedade constituída de acordo com o Direito desse país pudesse transferir a sede da sua administração para outro Estado-Membro da Comunidade Europeia, conservando a sua personalidade jurídica. O Tribunal considerou que os actuais arts. 43.º e 48.º do Tratado devem ser interpretados no sentido de que não conferem, no presente estádio do Direito Comunitário, nenhum direito a uma sociedade constituída em conformidade com a legislação de um Estado-Membro e que neste tenha a sua sede estatutária, de transferir a sede da sua administração para um outro Estado-Membro. Os Estados-Membros seriam assim fundamentalmente livres de disciplinarem conforme entendessem a conexão exigível entre uma sociedade e o território nacional, a fim de serem tidas como existentes e sujeitas ao Direito local. Nesta ordem de ideias, o Estado-Membro da sede de uma sociedade poderia determinar a sua dissolução em caso de transferência da sede da sua administração para outro Estado-Membro.

[61] O Direito Comunitário não se opõe a que, uma vez concretizada a transferência da sede da sociedade, se passe a aplicar a lei do país da nova sede às matérias compreendidas no seu estatuto pessoal, nem à exigência de que a sociedade conforme o seu contrato social com a lei do país de acolhimento. Daqui poderá resultar a necessidade de um procedimento de *transposição,* em ordem a determinar, à luz da lei do país da nova sede, qual o tipo societário equivalente àquele conforme o qual a sociedade se constituiu no país da sua sede originária. Cfr., neste sentido, Kurt Lipstein, «The Law relating to the movement of companies in the European Community», *in* Heinz-Peter Mansel, Thomas Pfeiffer, Herbert Kronke, Christian Kohler e Rainer Hausmann (orgs.), *Festschrift für Erik Jayme,* vol. I, Munique, 2004, pp. 527 ss. (p. 530).

14. A liberdade de estabelecimento e a determinação da lei pessoal das pessoas singulares

Também no tocante ao estatuto pessoal das pessoas singulares a diversidade dos Direitos nacionais pode limitar o exercício do direito de estabelecimento nos Estados-Membros por nacionais de outros Estados--Membros.

Assim, analogamente ao que sucede em matéria de sociedades comerciais, um Estado-Membro não deve impor a um nacional de outro Estado-Membro, que nele se tenha estabelecido para exercer uma profissão liberal, a aplicação da lei local às questões do seu estatuto pessoal, na medida em que isso possa restringir o exercício da liberdade de estabelecimento.

Neste sentido se pronunciou o Tribunal de Justiça das Comunidades Europeias no caso *Konstantinidis*[62]. Segundo o Tribunal, seria incompatível com o actual art. 43.º do Tratado da Comunidade Europeia a regra vigente no Estado-Membro de estabelecimento que obrigasse um cidadão de outro Estado-Membro a utilizar, no exercício da sua profissão, uma grafia do seu nome, resultante da respectiva transliteração no registo civil, que provocasse uma deformação da pronúncia do mesmo, com o risco de confusão junto da sua potencial clientela.

Também nesta matéria a liberdade de estabelecimento opera, pois, como um limite à aplicação da lei do Estado-Membro de acolhimento e em benefício, uma vez mais, da lei do país de origem.

IV
A liberdade de circulação de mercadorias e serviços

15. A afirmação jurisprudencial do princípio do reconhecimento mútuo em matéria de circulação de mercadorias e de serviços

a) Consideremos agora as repercussões da liberdade de circulação de mercadorias e da liberdade de prestação de serviços sobre o Direito Internacional Privado dos Estados-Membros da Comunidade.

---

[62] Acórdão de 30 de Março de 1993 (proc. C-168/91).

A primeira destas liberdades comunitárias foi consignada, como se sabe, nos arts. 23.º e seguintes do Tratado da Comunidade Europeia, nos termos dos quais são proibidos entre os Estados-Membros os direitos aduaneiros de importação ou exportação, bem como as restrições quantitativas à importação e à exportação e as medidas de efeito equivalente[63].

A segunda, consta do art. 49.º, conforme o qual as restrições à livre prestação de serviços na Comunidade são proibidas em relação aos nacionais dos Estados-Membros estabelecidos num Estado da Comunidade que não seja o do destinatário da prestação[64]. Consideram-se serviços, para este efeito, as prestações realizadas normalmente mediante remuneração, na medida em que não sejam reguladas pelas disposições relativas à livre circulação de mercadorias, de capitais e de pessoas (art. 50.º).

b) Da liberdade de circulação de mercadorias resulta, segundo o acórdão proferido pelo Tribunal de Justiça das Comunidades Europeias no caso *Cassis de Dijon*, já citado, que qualquer mercadoria legalmente produzida e comercializada num Estado-Membro da Comunidade deve, em princípio, ser admitida no mercado de qualquer outro Estado-Membro,

---

[63] Ver Rudolf Streinz (org.), *EUV/EGV*, cit., pp. 432 ss.; Rudolf Geiger, *EUV/EGV*, cit., pp. 241 ss.; Astrid Epiney, «Freiheit des Warenverkehrs», *in* Dirk Ehlers (org.), *Europäische Grundrechte und Grundfreiheiten*, cit., pp. 177 ss.; Wolfgang Kilian, *Europäisches Wirtschaftsrecht*, cit., pp. 94 ss.; Paul Craig e Gráinne de Búrca, *EU Law*, cit., pp. 637 ss.; Jean-Louis Clergerie, Annie Gruber e Patrick Rambaud, *L'Union européenne*, cit., pp. 333 ss.; e Jürgen Schwartze (org.), *EU Kommentar*, cit., pp. 439 ss. Entre nós, cfr. José Carlos Moitinho de Almeida, *Direito Comunitário*, cit., pp. 265 ss.; Rui de Moura Ramos, *Direito Comunitário (Programa, conteúdos e métodos de ensino)*, cit., pp. 91 ss.; João Mota de Campos e João Luiz Mota de Campos, *Manual de Direito Comunitário*, cit., pp. 529 ss.

[64] *Vide* Rudolf Streinz (org.), *EUV/EGV*, cit., pp. 693 ss.; Rudolf Geiger, *EUV/EGV*, cit., pp. 333 ss.; Eckhard Pache, «Dienstleistungsfreiheit», *in* Dirk Ehlers, ob. cit., pp. 315 ss.; Wolfgang Kilian, *Europäisches Wirtschaftsrecht*, cit., pp. 112 ss.; Paul Craig e Gráinne de Búrca, *EU Law*, cit., pp. 813 ss.; Jean-Louis Clergerie, Annie Gruber e Patrick Rambaud, *L'Union européenne*, cit., pp. 356 ss.; e Jürgen Schwartze (org.), *EU Kommentar*, cit., pp. 703 ss. Na doutrina portuguesa, o tema é analisado por José Carlos Moitinho de Almeida, *Direito Comunitário*, cit., pp. 439 ss.; Rui de Moura Ramos, *Direito Comunitário (Programa, conteúdos e métodos de ensino)*, cit., pp. 101 ss.; João Mota de Campos e João Luiz Mota de Campos, *Manual de Direito Comunitário*, cit., pp. 573 ss.; e Margarida Salema d'Oliveira Martins, «A construção do mercado interno e a liberalização da prestação de serviços», *Revista de Estudos Europeus*, 2008, pp. 179 ss.

38   *Direito Intenacional Privado – Ensaios III*

ainda que haja sido produzida de acordo com regras diversas das que são impostas às mercadorias de origem nacional[65].

O *princípio do reconhecimento mútuo,* deste modo enunciado, comporta uma vertente positiva e outra negativa:

> – Por um lado, cada Estado-Membro deve *reconhecer* as regras dos demais, admitindo que a sua observância é suficiente para a comercialização no seu território dos bens postos em circulação noutro Estado-Membro da Comunidade;
>
> – Por outro, o país de destino dos produtos deve *abster-se de aplicar as suas próprias disposições legais* às situações que sejam conformes com a lei do respectivo país de origem[66].

Originariamente afirmado no tocante às mercadorias, o princípio do reconhecimento mútuo foi depois estendido aos serviços[67].

c) A diversidade das legislações nacionais no tocante a estas matérias não é, pois, em si mesma proscrita pelo Direito Comunitário. Este apenas se opõe a que os operadores económicos fiquem sujeitos, cumulativa-

---

[65] Cfr. *Communication de la Commission sur les suites de l'arrêt rendu par la Cour de justice des Communautés européennes, le 20 février 1979, dans l'affaire 120-78 (Cassis de Dijon), JOCE* n.º C 256 de 3 de Outubro de 1980, pp. 2 s., em que se pode ler: «Tout produit légalement fabriqué et commercialisé dans un État membre doit être, en principe, admis sur le marché de tout autre État membre».

[66] Neste sentido, Matteo Ortino, «The Role and Functioning of Mutual Recognition in the European Market of Financial Services», *International and Comparative Law Quarterly,* 2007, pp. 309 ss. (pp. 312 s.).

[67] Cfr. o acórdão *Sager,* de 25 de Julho de 1991 (proc. C-76/90), em que o Tribunal de Justiça declarou: «O artigo 59 do tratado exige não só a eliminação de qualquer a discriminação relativamente ao prestador de serviços em razão da sua nacionalidade, mas também a supressão de qualquer restrição, ainda que aplicável indistintamente aos prestadores nacionais e aos dos outros Estados membros, que seja susceptível de proibir ou a afectar de outro modo as actividades do fornecedor estabelecido noutro Estado membro, onde presta legalmente serviços análogos. Em particular, um Estado membro não pode subordinar a prestação de serviços no seu território à observância de todas as condições nele exigidas para um estabelecimento, sob pena de privar de qualquer efeito útil as disposições do tratado destinadas precisamente a assegurar a livre prestação de serviços. Uma tal restrição é ainda menos admissível quanto o serviço seja prestado, diversamente da situação visada no artigo 60, última alínea, do tratado, sem que o prestador se desloque ao território do Estado membro da prestação».

mente, a exigências díspares das legislações dos diferentes países em que pretendem comercializar os respectivos produtos. Sempre que essas exigências sejam *funcionalmente equivalentes*, a sua aplicação cumulativa constitui um entrave injustificado à livre circulação.

d) Mas qual a justificação económica do princípio do reconhecimento mútuo?

Em abono dele, pode dizer-se que só assim as mercadorias livremente comercializadas no respectivo país de origem manterão as suas vantagens competitivas ao serem comercializadas noutros países.

Num quadro normativo harmonizado, os operadores económicos devem poder tirar partido da diversidade das legislações nacionais. Estimula-se assim a concorrência entre as legislações sob a égide das quais os produtos oferecidos no mercado interno foram produzidos[68]. O que, a termo, contribui para a evolução dessas legislações no sentido de uma maior eficiência económica.

e) Agora pergunta-se: será o reconhecimento mútuo aplicável em matéria de Direito Privado?

Não falta quem entenda que ele apenas vale quanto a regras de Direito Público, *maxime* as que versam sobre autorizações administrativas, supervisão prudencial e a qualidade dos produtos[69]. A liberdade de circulação dos factores de produção não poderia, diz-se, ser afectada por normas de Direito Privado, as quais se limitariam a arbitrar conflitos de interesses privados[70]. Essa liberdade comunitária seria, também por isso, desprovida de incidência sobre os conflitos de leis.

O certo, porém, é que o Direito Privado não pode considerar-se subtraído a uma exigência de conformidade com o Direito Comunitário[71].

---

[68] Horatia Muir Watt, «Aspects», cit., p. 185.

[69] Ver, neste sentido, Vincent Heuzé, «De la compétence de la loi du pays d'origine en matière contractuelle ou l'antidroit européen», *in Mélanges en l'honneur de Paul Lagarde*, Paris, 2005, pp. 393 ss. (p. 412).

[70] *Idem, ibidem*, p. 413.

[71] Afirmou-o expressamente o Tribunal de Justiça no caso *Hubbard*: cfr. o acórdão de 1 de Julho de 1993 (proc. C-20/92), em que se pode ler: «A eficácia do direito comunitário não pode variar consoante os diferentes domínios do direito nacional no âmbito dos quais o mesmo pode fazer sentir os seus efeitos. A circunstância de um litígio de mérito relevar do direito sucessório não permite afastar a aplicação do direito à livre prestação de

40   *Direito Intenacional Privado – Ensaios III*

Na verdade, as liberdades comunitárias contendem potencialmente com quaisquer normas jurídicas que restrinjam a faculdade de os agentes económicos celebrarem transacções no espaço comunitário e de estipularem as condições a que as mesmas obedecem.

Essas liberdades colidem, além disso, com os direitos subjectivos de cujo exercício resulte a repartição de mercados. Estão neste caso os direitos de propriedade intelectual: o «esgotamento comunitário» desses direitos, afirmado pelo Tribunal de Justiça nos casos *Centrapharm* e *Pharmon*, é justamente um exemplo da repercussão negativa das liberdades comunitárias sobre os direitos intelectuais[72].

Mas o problema pode também pôr-se relativamente a outras regras de Direito Privado de que resultem restrições à livre circulação de produtos ou serviços[73].

---

serviços consagrado pelo direito comunitário». Na doutrina, vejam-se no sentido do texto: Wulf-Henning Roth, «Der Einfluss des europäischen Gemeinschaftsrechts auf das Internationale Privatrecht», cit., p. 641; *idem*, «Die Freiheiten des EG-Vertrages und das nationale Privatrecht. Zur Entwicklung internationaler Sachnormen für europäische Sachverhalte», *ZEuP*, 1994, pp. 5 ss.; *idem*, «Der Einfluss der Grundfreiheiten auf das internationale Privat- und Verfahrensrecht», *in* Jürgen F. Baur e Heinz-Peter Mansel (org.), *Systemwechsel im europäischen Kollisionsrecht. Fachtagung der Bayer-Stiftung für deutsches und internationals Arbeits- und Wirtschaftsrecht am 17. und 18. Mai 2001*, Munique, 2002, pp. 45 ss. (p. 51); Luca G. Radicati di Brozzolo, «L'influence sur les conflits de lois des principes de droit communautaire en matière de liberté de circulation», *RCDIP*, 1993, pp. 401 ss. (p. 407); François Rigaux e Marc Fallon, *Droit international privé*, 3.ª ed., Bruxelas, 2005, p. 66; Jan Kropholler, *Internationales Privatrecht*, 6.ª ed., Tubinga, 2006, p. 74.

[72] Acórdãos de 31 de Outubro de 1974 (proc. 15/74) e de 9 de Julho de 1985 (proc. 19/84). No mesmo sentido pode aduzir-se a decisão proferida pelo Tribunal do Luxemburgo no caso *Clinique,* em 2 de Fevereiro de 1994 (proc. C-315/92), em que esta instância considerou incompatível com o Direito Comunitário a proibição da comercialização de certos produtos na Alemanha ao abrigo de uma marca, quando os mesmos eram comercializados dessa forma nos demais Estados-Membros. Tornar-se-iam, assim, inviáveis as estratégias comunitárias de *marketing* e publicidade levadas a cabo pelas empresas.

[73] Admitiu-o o Tribunal de Justiça, pelo que respeita às normas sobre publicidade, no acórdão *GB-INNO*, de 7 de Março de 1990 (proc. 362/88), em que considerou contrárias aos arts. 30.º e 36.º do Tratado das Comunidades Europeias certas normas luxemburguesas que proibiam a indicação, na publicidade comercial relativa a uma oferta especial, a duração deste e o preço anteriormente praticado pelo vendedor. E também no acórdão *Alpine Investments*, de 10 de Maio de 1995 (proc. C-384/93), em que declarou ocorrer uma restrição à livre prestação de serviços resultante da proibição pela lei holandesa de os intermediários financeiros contactarem por telefone clientes potenciais, que não tivessem manifestado previamente a sua anuência a essa forma de promoção (*cold calling*). A mesma

A globalização e a mobilidade sem precedentes dos factores de produção que lhe está associada tornaram, de resto, menos nítida a fronteira entre o Direito Público e o Direito Privado na disciplina das situações privadas internacionais, dando frequentemente origem a «conflitos de regulação económica», em que estão em causa normas de ambos os ramos do Direito[74].

Uma *noção funcional* de entrave à livre circulação leva, assim, a considerar que também o Direito Privado se encontra submetido às regras do mercado interno[75].

Aliás, se assim não fosse, não se justificaria a aproximação das regras do Direito Privado dos Estados-Membros através de actos de Direito Comunitário, como tem tantas vezes sucedido com fundamento no art. 95.° do Tratado das Comunidades Europeias[76]; nem, tão-pouco, que o art. 65.° do Tratado, na redacção dada pelo Tratado de Amesterdão, houvesse previsto a adopção de actos comunitários tendentes a promover a compatibilidade das normas aplicáveis nos Estados-Membros em matéria de conflitos de leis, «na medida do necessário ao bom funcionamento do mercado interno».

O fundamento precípuo do reconhecimento mútuo é a *equivalência* entre normas de diferentes Estados-Membros; e esta é essencialmente uma consequência da harmonização de legislações levada a cabo pela Comunidade Europeia. Todos os domínios em que essa harmonização tem tido lugar – incluindo, portanto, o Direito Privado – estão, assim, potencialmente abrangidos pelo princípio do reconhecimento mútuo[77].

---

orientação fundamental está subjacente ao acórdão *Alsthom Atlantique SA*, de 24 de Janeiro de 1991 (proc. C-339/89), em que o Tribunal examinou a conformidade da jurisprudência francesa relativa à venda de coisas defeituosas com o Tratado das Comunidades Europeias (se bem que tivesse concluído pela inexistência, no caso concreto, de uma violação deste último).

[74] Cfr. Horatia Muir Watt, «The Challenge of Market Integration for European Conflicts Theory», *in* Arthur Hartkamp e outros (orgs.), *Towards a European Civil Code*, 3.ª ed., Nijmegen, 2004, pp. 191 ss. (p. 194).

[75] Cfr. Marc Fallon, «Libertés communautaires et règles de conflit de lois», *in* Angelika Fuchs, Horatia Muir Watt e Étienne Pataut (orgs.), *Les conflits de lois et le système juridique communautaire*, Paris, 2004, pp. 31 ss. (p. 42).

[76] Vejam-se, a este propósito, os estudos coligidos por Maria Helena Brito e Rui Pinto Duarte em *Direito Privado e Direito Comunitário. Alguns Ensaios*, s.l., 2007.

[77] Na comunicação da Comissão ao Conselho e ao Parlamento Europeu intitulada *Uma estratégia do Mercado Interno para os Serviços,* de 29 de Dezembro de 2000, doc. COM

16. O princípio do reconhecimento mútuo e a integração normativa na Comunidade Europeia

a) A consagração jurisprudencial do princípio do reconhecimento mútuo teve, por outro lado, um impacto significativo sobre a harmonização de legislações.

Em 1985, foi publicado o *Livro branco sobre a realização do mercado interno*[78], no qual a Comissão Europeia preconizou um novo *approach* sobre esta matéria[79]. Aí se enunciou a opção por uma *harmonização mínima* combinada com o *princípio do reconhecimento mútuo*, nos termos da qual os bens legalmente manufacturados e comercializados num Estado-Membro deveriam ser autorizados a entrar nos outros Estados-Membros[80]. É esta, na verdade, a solução que melhor permite eliminar as barreiras à livre circulação dos factores de produção sem prejudicar a autonomia normativa dos Estados-Membros.

b) Em seguida, o Tratado de Maastricht acolheu o *princípio da subsidiariedade* do Direito Comunitário. O Tratado da Comunidade Europeia passou, desde então, a restringir a intervenção da Comunidade, nos domínios que não sejam das suas atribuições exclusivas, aos casos em que:

(2000) 888 final, que deu origem à Directiva sobre os serviços, identificam-se seis fases do processo empresarial e, relativamente a cada uma delas, diversas categorias de regras que podem interferir com a livre prestação no interior da Comunidade: constituição da empresa (regras sobre autorização, planeamento e qualificações profissionais); utilização de contributos externos (regras respeitantes às condições de emprego ou de acesso ao mercado de capitais); actividades promocionais (regras sobre publicidade ou promoção de vendas); actividades de distribuição (regras de transporte rodoviário ou relativas ao horário de funcionamento); actividades de venda (regras sobre períodos de venda, cálculo de preços fixos, sistemas de pagamento, de contratação e facturação); e actividades de assistência pós-venda (regras sobre garantias e responsabilidade). Como é bom de ver, várias destas regras são de Direito Privado. Relativamente a todas elas se pode colocar o problema do reconhecimento mútuo.

[78] Doc. COM (85) 310 final.

[79] Cfr., sobre o ponto, Paul Craig e Gráinne de Búrca, *EU Law*, cit., pp. 148 ss. e 620 ss.

[80] Cfr. o n.º 77: «goods lawfully manufactured and marketed in one Member State must be allowed free entry into other Member States. In cases where harmonisation of regulations and standards is not considered essential from either a health/safety or an industrial point view immediate and full recognition of differing quality standards, food composition rules, etc., must be the rule».

«os objectivos da acção encarada não possam ser suficientemente realizados pelos Estados-Membros, e possam pois, devido à dimensão ou aos efeitos da acção prevista, ser melhor alcançados ao nível comunitário.»[81]

Visou-se deste modo possibilitar, como observa Fausto de Quadros, «a preservação da identidade e das características específicas de cada Estado e de cada Nação»: uma «Europa natural» e não uma «Europa artificial»[82]. Assegurou-se, por outro lado, o respeito pela cultura e pelas tradições dos povos europeus postulado pelo Tratado da União Europeia[83].

Do princípio da subsidiariedade e da concorrência dos sistemas jurídicos nacionais por ele propiciada decorre, pois, uma certa preferência pela regulação das questões privadas internacionais por via de regras de conflitos de leis no espaço[84].

c) O próprio Tribunal de Justiça reconheceu, no acórdão *Keck e Mithouard*[85], que a proscrição pelo Tratado da Comunidade Europeia de restrições quantitativas à importação, bem como de medidas de efeito equivalente, não suprime a autonomia normativa dos Estados-Membros, nem se opõe à subsistência de certas divergências entre os Direitos destes, como as que resultam da vigência na ordem interna de disposições legais que limitem ou proíbam determinadas modalidades de venda de produtos (*v.g.* a revenda com prejuízo), desde que as mesmas não tenham carácter discriminatório.

---

[81] Art. 5.º, 2.º parágrafo.

[82] Cfr. *O princípio da subsidiariedade no direito comunitário após o Tratado da União Europeia*, Coimbra, 1995, p. 77. Sobre este princípio, vejam-se ainda: Maria Luísa Duarte, *Direito da União Europeia e das Comunidades Europeias*, vol. I, tomo I, Lisboa, 2001, pp. 214 s.; Margarida Salema de Oliveira Martins, *O princípio da subsidiariedade em perspectiva jurídico-política*, Coimbra, 2003; Fausto de Quadros, *Direito da União Europeia*, cit., pp. 102 ss. e 198 ss.; idem, *Droit de l'Union européenne. Droit constitutionnel et administratif de l'union européenne*, cit., pp. 169 ss.; João Mota de Campos e João Luiz Mota de Campos, *Manual de Direito Comunitário*, cit., pp. 272 ss.; Paul Craig e Gráinne de Búrca, *EU Law*, cit., pp. 100 ss.; Wolfgang Kilian, *Europäisches Wirtschaftsrecht,* cit., pp. 126 ss.; Jean-Louis Clergerie, Annie Gruber e Patrick Rambaud, *L'Union européenne,* cit., pp. 250 ss.

[83] Haja vista ao 5.º considerando do preâmbulo.

[84] Ver, neste sentido, Mathias Rohe, «Binnenmarkt oder Interessenverband? Zum Verhältnis von Binnenmarktziel und Subsidiaritätsprinzip nach dem Maastricht-Vertrag», *RabelsZ*, 1997, pp. 1 ss. (p. 60).

[85] Acórdão de 24 de Novembro de 1993 (procs. C-267/91 e C-268/91).

44   *Direito Intenacional Privado – Ensaios III*

d) Desta orientação se afastou um tanto o projecto de um *Código Civil Europeu*[86], a que o Parlamento Europeu deu reiteradamente o seu aval entre 1989 e 2002[87] e para cuja concretização foram levados a cabo diversos trabalhos preparatórios[88].

Esse projecto viria, porém, a ceder o lugar a outro, de alcance mais limitado: o denominado *Quadro Comum de Referência* («*Common Frame of Reference*»), publicado em 2008[89]. Contêm-se neste último princípios,

---

[86] Sobre o qual podem consultar-se, na literatura jurídica nacional, Jorge Sinde Monteiro, «Direito Privado Europeu. Assinatura electrónica e certificação (a Directiva 1999/93/CE e o Decreto-Lei n.º 290-D/99, de 2 de Agosto), *Revista de Legislação e Jurisprudência*, ano 133.º (2000/2001), pp. 261 ss.; *idem,* «Manuel de Andrade, a "europeização" do Direito Privado e o desafio de um Código Civil europeu», *in Ciclo de Conferências em homenagem póstuma ao Prof. Doutor Manuel de Andrade*, Coimbra, 2002, pp. 43 ss.; José Simões Patrício, *Do Euro ao Código Civil Europeu. Aspectos da convergência legislativa*, Coimbra, 2001; Manuel Lopes Porto e outros, *Um Código Civil para a Europa. A Civil Code for Europe. Un Code Civil pour l'Europe*, Coimbra, 2002; Dário Moura Vicente, «Um Código Civil para a Europa? Algumas reflexões», *in Direito Internacional Privado. Ensaios*, vol. I, Coimbra, 2002, pp. 7 ss.; António Menezes Cordeiro, *Tratado de Direito Civil português*, I, *Parte geral*, Coimbra, tomo I, 3.ª ed., 2005, pp. 280 ss. (todos com mais referências). Vejam-se ainda os estudos recolhidos por Arthur Hartkamp e outros em *Towards a European Civil Code*, 3.ª ed., Nijmegen, 2004.

[87] Cfr. «Resolução sobre um esforço de harmonização do direito privado dos Estados-membros», *JOCE*, n.º C 158, de 26 de Junho de 1989, pp. 400 s.; «Resolução sobre a harmonização de certos sectores do direito privado dos Estados-membros», *in ibidem*, n.º C 205, de 25 de Julho de 1994, pp. 518 s.; e «Resolução do Parlamento Europeu sobre a aproximação do direito civil e comercial dos Estados-Membros», *in ibidem*, n.º C 140 E, de 13 de Junho de 2002, pp. 538 ss.

[88] Entre os quais avultam os *Princípios de Direito Europeu dos Contratos*, publicados entre 1995 e 2003 pela Comissão de Direito Europeu dos Contratos. Cfr. Ole Lando e outros (orgs.), *Principles of European Contract Law. Parts I and II Combined and Revised*, Haia/Londres/Boston, 2000; *Part III*, Haia/Londres/Nova Iorque, 2003.

[89] Cfr. Christian von Bar e outros (orgs.), *Principles, Definitions and Model Rules on EC Private Law. Draft Common Frame of Reference. Interim Outline Edition*, Munique, 2008. Sobre o *Quadro Comum de Referência*, vejam-se: Christian von Bar, «Working Together Toward a Common Frame of Reference», *Juridica International*, 2005, pp. 17 ss.; *idem*, «A Common Frame of Reference for European Private Law – Academic Efforts and Political Realities», *Electronic Journal of Comparative Law*, 2008, vol. 12.1 (disponível em http://www.ejcl.org); Stefan Leible, «Europäisches Privatrecht am Scheideweg», *NJW*, 2008, pp. 2558 ss.; *idem*, «Was tun mit dem Gemeinsamen Referenzrahmen für das Europäische Vertragsrecht? – Plädoyer für ein optionales Instrument», *Der Betriebs-Berater*, 2008, pp. 1469 ss.; e Martin Schmidt-Kessel (org.), *Der Gemeinsame Referenzrahmen. Entstehung, Inhalte, Anwendung*, Munique, 2009.

definições e «regras-modelo» em matéria de obrigações contratuais e extracontratuais (resultantes, estas, da causação de danos a terceiros, do enriquecimento sem causa e da gestão de negócios). Prevê-se ainda nesse texto que a respectiva versão final abrangerá também a propriedade sobre bens móveis.

Segundo os seus autores, o projecto de *Quadro Comum de Referência* visa servir de fonte de inspiração aos legisladores nacionais e coadjuvar a melhoria do acervo comunitário existente, bem como a adopção de futuros actos comunitários no domínio do Direito Privado. Nesta medida, constitui um *guia legislativo*, desprovido de eficácia normativa. Esse texto foi ainda redigido tendo em mente a possível elaboração, no futuro, de um *instrumento jurídico opcional*, que as partes poderão escolher a fim de reger as respectivas relações obrigacionais, inclusive no domínio do consumo.

Seja como for, esse projecto não elimina a necessidade de regras de conflitos de leis no espaço em matéria de obrigações contratuais e extracontratuais. Nesse pressuposto assenta, aliás, a adopção dos Regulamentos de Roma I e Roma II[90].

e) A pluralidade e a diversidade dos sistemas jurídicos dos Estados-Membros da Comunidade não são, portanto, postas em causa pelas liberdades comunitárias nem pela integração normativa prevista no Tratado da Comunidade Europeia. Pelo contrário: pese embora a importância conferida a esta última, os princípios do reconhecimento mútuo e da subsidiariedade restringem significativamente o seu escopo[91]. O *mercado único europeu* não implica, em suma, uma *norma única europeia*[92].

---

[90] Neste sentido, veja-se o *Livro verde relativo à transformação da Convenção de Roma de 1980 sobre a lei aplicável às obrigações contratuais num instrumento comunitário e sua modernização,* doc. COM (2002) 654 final, p. 13.

[91] Daquele primeiro princípio resultará mesmo, segundo Pedro De Miguel Asensio, «Integración», cit., p. 12, uma certa *revalorização* do Direito Internacional Privado.

[92] Neste sentido, Lucia Serena Rossi, «L'incidenza dei principi del diritto comunitario sul diritto internazionale privato: dalla "communitarizzazione" alla "costituzionalizzazione"», *RDIPP*, 2004, pp. 75 ss. (p. 84).

17. A liberdade de circulação de mercadorias e serviços e a lei aplicável às obrigações contratuais

Vejamos agora como se projecta a liberdade de circulação de mercadorias e serviços sobre a determinação da lei aplicável às obrigações contratuais.

A Convenção de Roma Sobre a Lei Aplicável às Obrigações Contratuais e o Regulamento de Roma I consagram, como se sabe, a possibilidade de escolha pelas partes da lei aplicável (art. 3.°).

Tanto o Regulamento (pelo que respeita aos contratos não abrangidos pelo n.° 1 do art. 4.°) como a Convenção (como presunção da conexão mais estreita) mandam aplicar subsidiariamente a lei do país em que o contraente que deve efectuar a prestação característica do contrato tem a sua residência habitual (art. 4.°, n.° 2). Este é, no tocante às sociedades e outras entidades dotadas ou não de personalidade jurídica, o país onde se situa a sua administração central e, pelo que respeita às pessoas singulares que exerçam uma actividade profissional, o país onde se situa o seu estabelecimento principal (Regulamento, art. 19.°, n.° 1).

Ambas estas regras estão em sintonia com as liberdades comunitárias:

– Por um lado, porque a consagração do princípio da autonomia da vontade permite às partes, dentro de certos limites, afastarem os eventuais obstáculos legais à livre circulação de produtos ou mercadorias que resultem das regras mais exigentes de Direito Privado de certo ou certos países (*v.g.* no tocante à responsabilidade do fornecedor desses produtos ou mercadorias)[93]; além disso, no caso de contratos celebrados por empresas que forneçam produtos ou serviços em diferentes Estados-Membros, esse princípio permite-lhes evitar a aplicação de uma multiplicidade de leis nacionais[94].

– Por outro lado, porque o princípio da aplicação da lei do devedor da prestação característica (de que várias regras consagradas no n.° 1 do art. 4.° do Regulamento constituem expressão) submete os contratos e a responsabilidade contratual das empresas e dos profissionais liberais que exportam produtos ou serviços para outros

---

[93] Conforme o admitiu o Tribunal de Justiça das Comunidades Europeias, no acórdão *Alsthom Atlantique*, cit. *supra*.

[94] Neste sentido, veja-se Peter von Wilmowsky, «EG-Vertrag und kollisionsrechtliche Rechtswahlfreiheit», *RabelsZ*, 1998, pp. 1 ss. (p. 5).

A *Integração Económica e as Situações Privadas Internacionais*   47

Estados-Membros à sua própria lei, evitando desse modo os custos e os riscos inerentes à aplicação de leis estrangeiras. Este preceito estabelece, assim, uma repartição do risco da aplicação da lei estrangeira inteiramente conforme com as liberdades comunitárias de circulação.

18. Continuação: regras especiais sobre os contratos celebrados com consumidores

Tanto a Convenção de Roma como o Regulamento de Roma I consagram, é certo, regras de conflitos especiais sobre os contratos celebrados com consumidores, que estabelecem restrições à liberdade de escolha da lei aplicável, tendo em vista garantir ao consumidor um *standard* mínimo de protecção: aquele que lhe é conferido pelas disposições imperativas da lei da sua residência habitual[95].

Mas, por força do art. 5.º da Convenção e do art. 6.º do Regulamento, sempre que as regras da lei escolhida sejam, sob o ponto de vista da protecção do consumidor, *funcionalmente equivalentes* às da lei do país da residência habitual deste, as primeiras prevalecem sobre as segundas.

Tendo em conta que na Comunidade Europeia as regras de protecção do consumidor se encontram hoje em larga medida harmonizadas, é essa a solução que deve vingar sempre que a lei escolhida seja a de um Estado--Membro da Comunidade (*v.g.* a lei do Estado-Membro em que se encontra sedeado ou estabelecido ou profissional que contrata com o consumidor).

Pode dizer-se, nesta medida, que a comparação do grau de favorecimento do consumidor (*Günstigkeitsvergleich*) reclamada pelas disposições citadas da Convenção e do Regulamento não é incompatível com a ideia de *reconhecimento mútuo*.

Tal como em matéria de destacamento internacional de trabalhadores, também no tocante aos contratos celebrados por consumidores o princípio do reconhecimento mútuo tem, assim, um campo próprio de aplicação[96].

---

[95] Haja vista aos arts. 5.º da Convenção e 6.º do Regulamento.

[96] A protecção do consumidor subjaz ainda às regras constantes de certos actos comunitários relativos a categorias especiais de contratos de consumo. Estão neste caso as Directivas relativas à venda de bens de consumo (Directiva 1999/44/CE, de 25 de Maio de 1999, *in JOUE*, n.º L 171, de 7 de Julho de 1999, pp. 12 ss.), à comercialização à distância de serviços financeiros prestados a consumidores (Directiva 2002/65/CE, de 23 de

48   *Direito Intenacional Privado – Ensaios III*

19. A liberdade de circulação de mercadorias e serviços e a lei aplicável às obrigações extracontratuais

a) A respeito das possíveis projecções conflituais das liberdades comunitárias, coloca-se agora estoutro problema: estará o Estado-Membro de destino dos produtos ou serviços fornecidos por uma empresa estabelecida num Estado-Membro da Comunidade Europeia obrigado a reconhecer e aplicar o regime de responsabilidade civil extracontratual aplicável nesse Estado-Membro, pelo que respeita aos danos causados mediante esse fornecimento?

O considerando 35 do preâmbulo do Regulamento de Roma II declara, com interesse para este ponto, que:

> «A aplicação das disposições da lei aplicável designada pelas regras do presente regulamento não deverá restringir a livre circulação de bens e serviços regulada por instrumentos comunitários como a Directiva 2000/31/CE do Parlamento Europeu e do Conselho.»

Todavia, a resposta àquele quesito parece dever ser negativa, atenta a consagração, no art. 4.º do Regulamento de Roma II, da aplicabilidade da *lei do país do dano*.

Por outro lado, no tocante à responsabilidade por produtos defeituosos remete-se em primeira linha nesse Regulamento para a *lei da residência habitual do lesado* no momento em que ocorre o dano, se o produto tiver sido comercializado nesse país (art. 5.º, n.º 1, alínea *a)*). Os padrões de segurança do *país de destino* têm assim primazia sobre os do país de origem[97].

Setembro de 2002, *in JOUE, n.º* L 271, de 9 de Outubro de 2002, pp. 16 ss.), aos contratos de crédito a consumidores (Directiva 2008/48/CE, de 23 de Abril de 2008, *in JOUE,* n.º L 133, de 22 de Maio de 2008, pp. 66 ss.) e aos contratos de utilização periódica de bens, de aquisição de produtos de férias de longa duração, de revenda e de troca (Directiva 2008/122/CE, de 14 de Janeiro de 2009, *in JOUE,* n.º L 33, de 3 de Fevereiro de 2009, pp. 10 ss.) Traço comum a estas Directivas é a circunstância de procurarem assegurar a aplicação imperativa das disposições nacionais resultantes da respectiva transposição a todas as relações de consumo que apresentem uma conexão suficientemente estreita com a Comunidade Europeia. O seu fundamento precípuo não radica, por isso, na garantia das liberdades comunitárias. Em vez de assegurarem a concorrência legislativa entre leis nacionais, essas Directivas visam limitá-la pelo que respeita às relações com terceiros Estados. São, por assim dizer, a expressão conflitual da denominada *fortaleza europeia.*

[97] Ver, sobre esta matéria, Jochen Taupitz, «Das internationale Produkthaftungsrecht im Zugriff der europäischen Warenverkehrsfreiheit: Abschied vom favor laesi?», *ZEuP,* 1997, pp. 986 ss.

A Integração Económica e as Situações Privadas Internacionais 49

Por seu turno, o art. 6.º do Regulamento de Roma II consagra a aplicabilidade da *lei do país do mercado* afectado pelo acto de concorrência
desleal[98].

b) No entanto, o Regulamento ressalva, no art. 17.º, as *regras de
segurança e de conduta* em vigor no lugar do facto, que devem ser atendidas «a título de matéria de facto e na medida em que for apropriado».
A sua relevância está aí prevista no tocante à avaliação da licitude do comportamento do alegado responsável. Cuida-se nesse preceito, por conseguinte, não propriamente do regime de responsabilidade, mas antes das
regras cuja inobservância determina essa responsabilidade.

Manda-se no art. 17.º do Regulamento, por outro lado, «ter em
conta» essas regras, e não aplicá-las. Contudo, sempre que tenha lugar a
valoração de uma conduta como lícita ou ilícita à luz de regras imperativas vigentes no lugar do facto (ainda que para aferir a responsabilidade do
agente de acordo com as regras de outro sistema jurídico) parece-nos que
estaremos, *hoc sensu,* perante uma *verdadeira aplicação* daquelas primeiras regras[99]. É antes a situação jurídica decorrente da aplicação dessas
regras que deverá ser subsequentemente *tomada em consideração* como

---

[98] Esta solução não é isenta de riscos sob o ponto de vista das liberdades comunitárias: uma campanha publicitária levada a cabo em vários Estados-Membros, por exemplo,
pode, por força dela regra, sujeitar-se a uma pluralidade de regras distintas, cumulativamente aplicáveis (cfr. Gaetano Vittelino, «Rome II from an Internal Market Perspective»,
in Alberto Malatesta (org.), *The Unification of Choice of Law Rules on Torts and Other
Non-Contractual Obligations in Europe. The «Rome II» Proposal,* Pádua, 2006, pp. 271
ss. Daí que o *Hamburg Group for Private International Law* haja proposto nesta matéria a
aplicação da lei do país de origem (cfr. «Comments on the European Commission's Draft
Proposal for a Council Regulation on the Law Applicable to Non-Contractual Obligations», *RabelsZ,* 2003, pp. 1 ss. (p. 19). A norma em apreço justifica-se, no entanto, sob o
prisma da *par conditio concurrentium.* A aplicação da *lex originis* daria a um dos concorrentes uma vantagem competitiva sobre os demais nos países onde vigorassem condições
de concorrência (*v.g.* em matéria de publicidade) mais estritas do que as estabelecidas por
aquela lei. A aplicação dessa lei poderia também redundar em prejuízo dos consumidores.
Cfr. o nosso *A tutela internacional da propriedade intelectual,* Coimbra, 2008, pp. 340 ss.

[99] Em sentido convergente, pelo que respeita às «regras de conduta da lei do lugar
do facto que reclamam aplicação numa base estritamente territorial (i.e, a todas as condu-
tas que tenham lugar no território do Estado que as edita), por exemplo, regras do trânsito»,
veja-se Luís de Lima Pinheiro, «O Direito de Conflitos das obrigações extracontratuais
entre a comunitarização e a globalização – uma primeira apreciação do Regulamento
Comunitário Roma II», *O Direito,* 2007, pp. 1027 ss. (p. 1061).

50 *Direito Intenacional Privado – Ensaios III*

elemento determinante do preenchimento da hipótese legal das normas da *lex causae* sobre a responsabilidade civil do agente[100].

As referidas regras devem, assim, valer «territorialmente», não se encontrando a sua eficácia subordinada à competência geral da lei do país do dano. Protege-se deste modo a liberdade de actuação que é garantida ao agente pela *lex loci*.

Esta ressalva pode ter certa relevância para garantir a liberdade de circulação de produtos e serviços, sempre que um acto de concorrência tendente a promover esses produtos ou serviços seja praticado a partir de certo país e se conforme com as regras locais.

Há assim uma limitada aceitação, no Regulamento de Roma II, da competência da *lei do país de origem*, enquanto pressuposto da aplicação das regras sobre responsabilidade civil extracontratual do país do dano.

20. A cláusula do mercado interno em matéria de radiodifusão televisiva, de serviços de acesso condicional e de comércio electrónico

a) A livre prestação de serviços no mercado interno foi objecto de regras especiais nas Directivas respeitantes à radiodifusão televisiva[101], aos serviços de acesso condicional[102] e ao comércio electrónico[103].

---

[100] Neste sentido nos pronunciámos já em *Da responsabilidade pré-contratual em Direito Internacional Privado*, Coimbra, 2001, pp. 664 s. Sobre a distinção entre aplicação («Anwendung») e tomada em consideração («Berücksichtigung») de regras jurídicas estrangeiras, veja-se Erik Jayme, «Identité culturelle et intégration: le droit international privé postmoderne. Cours général de droit international privé», *Rec. Cours*, t. 251 (1995), pp. 9 ss. (pp. 87 s.); e, na doutrina portuguesa, Isabel de Magalhães Collaço, *Da compra e venda em Direito Internacional Privado. Aspectos fundamentais*, vol. I, Lisboa, 1954, pp. 318 ss., António Marques dos Santos, *As normas de aplicação imediata no Direito Internacional Privado. Esboço de uma teoria geral*, Coimbra, 1991, vol. II, pp. 985 ss., Rui de Moura Ramos, *Da lei aplicável ao contrato de trabalho internacional*, cit., pp. 699 ss., Maria Helena Brito, *A representação nos contratos internacionais. Um contributo para o estudo do princípio da coerência em direito internacional privado*, Coimbra, 1999, pp. 711 ss., Dário Moura Vicente, *Da responsabilidade pré-contratual em Direito Internacional Privado*, cit., pp. 630 s., e Luís de Lima Pinheiro, *Direito Internacional Privado*, vol. I, *Introdução e Direito de Conflitos. Parte Geral*, 2.ª ed., Coimbra, 2008, pp. 281 ss., todos com mais referências.

[101] Directiva 89/552/CEE, de 3 de Outubro de 1989, relativa à coordenação de certas disposições legislativas, regulamentares e administrativas dos Estados-Membros relati-

A Integração Económica e as Situações Privadas Internacionais 51

Estas Directivas estabelecem que os Estados-Membros não podem, por razões que relevem do domínio coordenado, restringir a livre circulação dos serviços por elas abrangidos provenientes de outros Estados--Membros[104].

Além disso, a Directiva sobre a radiodifusão televisiva estabelece, no art. 2.º, n.º 1, que cada Estado-Membro deve assegurar que os serviços de comunicação social audiovisual prestados por fornecedores de serviços «sob a sua jurisdição» respeitem as suas regras sobre esses serviços. Consideram-se «sob a jurisdição» de um Estado-Membro, para os efeitos desta Directiva, os fornecedores de serviços de comunicação social nele estabelecidos e os que utilizem uma ligação ascendente terra-satélite situada nesse Estado-Membro ou uma capacidade de satélite pertencente a esse Estado-Membro (art. 2.º, n.os 2 e 4).

---

vas ao exercício de actividades de radiodifusão televisiva («Directiva televisão sem fronteiras»), publicada no *JOCE* n.º L 298, de 3 de Outubro de 1989, pp. 23 ss. Foi subsequentemente alterada pela Directiva 97/36/CE do Parlamento Europeu e do Conselho, de 30 de Junho de 1997, publicada no *JOCE* n.º L 202, de 30 de Julho de 1997, pp. 60 ss., e pela Directiva 2007/65/CE do Parlamento Europeu e do Conselho, de 11 de Dezembro de 2007, publicada no *JOUE* n.º L 332, de 18 de Dezembro de 2007, pp. 27 ss. A Directiva 89/552/CEE, com as alterações introduzidas pela Directiva 97/36/CE, foi parcialmente transposta para a ordem jurídica portuguesa pela Lei n.º 27/2007, de 30 de Julho (Lei da Televisão).

[102] Directiva 98/84/CE, de 20 de Novembro de 1998, relativa à protecção jurídica dos serviços que se baseiem ou consistam num acesso condicional, publicada no *JOCE* n.º L 320, de 28 de Novembro de 1998, pp. 54 ss. Foi transposta para a ordem jurídica portuguesa pelo Decreto-Lei n.º 287/2001, de 8 de Novembro.

[103] Directiva 2000/31/CE, de 8 de Junho de 2000, relativa a certos aspectos legais dos serviços da sociedade de informação, em especial do comércio electrónico, no mercado interno, publicada no *JOCE*, n.º L 178, de 17 de Julho de 2000, pp. 1 ss. Foi transposta, em Portugal, pelo D.L. n.º 7/2004, de 7 de Janeiro de 2004.

[104] Cfr. os arts. 2.º-A, n.º 1, da Directiva 89/552/CEE, na redacção dada pela Directiva 2007/65/CE (nos termos do qual: «Os Estados-Membros devem assegurar a liberdade de recepção e não colocar entraves à retransmissão nos seus territórios de serviços de comunicação social audiovisual provenientes de outros Estados-Membros por razões que relevem dos domínios coordenados pela presente directiva); 3.º, n.º 2, da Directiva 98/84/CE (segundo o qual: «[…] os Estados-membros não podem limitar: a) A prestação de serviços protegidos ou serviços conexos provenientes de outros Estados-membros; b) A livre circulação de dispositivos de acesso condicional, por motivos abrangidos pelo domínio coordenado pela presente directiva»); e 3.º, n.º 2, da Directiva 2000/31/CE (de acordo com o qual: «Os Estados-Membros não podem, por razões que relevem do domínio coordenado, restringir a livre circulação dos serviços da sociedade da informação provenientes de outro Estado-Membro»).

52   *Direito Intenacional Privado – Ensaios III*

Analogamente, a Directiva sobre o comércio electrónico dispõe, no art. 3.º, n.º 1, que cada Estado-Membro assegurará que os serviços da sociedade da informação[105] prestados por um prestador estabelecido no seu território cumpram as disposições nacionais aplicáveis nesse Estado--Membro que se integrem no «domínio coordenado». Este compreende, em ambas as Directivas, não apenas para a definição das condições de acesso e exercício das actividades económicas neles disciplinadas, mas também a actuação do prestador de serviços, nomeadamente a publicidade por ele feita, os contratos por ele celebrados e a sua responsabilidade[106].

Os princípios do reconhecimento mútuo e da aplicação da lei do país de origem obtiveram, assim, consagração nestes actos comunitários.

b) A interpretação da *cláusula do mercado interno* consignada no art. 3.º da Directiva sobre o Comércio Electrónico tem, no entanto, suscitado muitas dúvidas[107].

De acordo com certa orientação, essa cláusula da Directiva não afecta o Direito de Conflitos dos Estados-Membros[108]. O art. 3.º limitar-se-ia a comandar o afastamento das regras de Direito material do país de destino dos serviços da sociedade da informação que restrinjam, no caso concreto, a livre prestação desses serviços[109].

---

[105] I. é, nos termos do art. 1.º, n.º 2, da Directiva 83/34/CEE, na redacção dada pela Directiva 98/48/CE, publicada no *JOCE* n.º L 217, de 5 de Agosto de 1998, pp. 18 ss., «qualquer serviço prestado normalmente mediante remuneração, à distância, por via electrónica e mediante pedido individual de um destinatário de serviços».

[106] Cfr. os arts. 1.º, alínea *i),* da Directiva 89/552/CEE, na redacção dada pela Directiva 2007/65/CE, e 2.º, alínea *h),* subalínea *i),* segundo travessão, da Directiva 2000/31/CE.

[107] Veja-se, sobre o ponto, que não podemos desenvolver aqui, o nosso estudo «A comunitarização do Direito Internacional Privado e o comércio electrónico», *in Direito Internacional Privado. Ensaios,* vol. II, Coimbra, 2005, pp. 171 ss.

[108] Cfr. Karl-Heinz Fezer e Stefan Koos, «Das gemeinschaftsrechtliche Herkunftslandprinzip und die e-commerce-Richtlinie. Zur dringenden Notwendigkeit einer Harmonisierung des Wettbewerbsrechts in den Mitgliedstaaten der Europäischen Union als einer gemeinschaftsrechtlichen Aufgabe», *IPRax,* 2000, pp. 352 s.; e Luís de Lima Pinheiro, «O Direito de Conflitos e as liberdades comunitárias de estabelecimento e de prestação de serviços», cit., pp. 382 ss.

[109] Cfr. Michel Wilderspin e Xavier Lewis, «Les relations entre le droit communautaire et les règles de conflits de lois des États membres», *RCDIP,* 2002, pp. 1 ss.; Marc Fallon e Johan Meeusen, «Le commerce électronique, la directive 2000/31/CE et le droit international privé», *RCDIP,* 2002, pp. 435 ss. (p. 485); Horatia Muir Watt, «L'entrave à la libre prestation de services: réflexions sur l'impact des libertés économiques sur le droit inter-

A Integração Económica e as Situações Privadas Internacionais   53

Para outro ponto de vista, a referência à lei do país de origem contida no art. 3.º visaria antes as respectivas normas internacionalmente imperativas (*Eingriffsrecht*)[110].

Segundo um último entendimento, o art. 3.º impõe aos Estados-Membros a consagração de uma verdadeira regra de conflitos de Direito Internacional Privado, que submeta o fornecimento de serviços da sociedade da informação, no que respeita às matérias compreendidas no domínio coordenado, à lei do país de estabelecimento do prestador desses serviços[111].

Nenhuma destas orientações é isenta de dificuldades.

A primeira, não permite explicar a sujeição dos prestadores de serviços da sociedade da informação às disposições nacionais do Estado-Membro de estabelecimento, prevista no n.º 1 do art. 3.º da Directiva sobre o comércio electrónico. Como veremos a seguir, as Directivas sobre as práticas comerciais desleais e a prestação de serviços no mercado interno não consagram regra semelhante[112]. Tão-pouco se coaduna a mencionada

---

national privé des États membres», *in Études offertes à J. Béguin. Droit et actualité,* Paris, 2005, pp. 545 ss. (p. 558).

[110] Cfr. Hans-Jürgen Sonnenberger, «Europarecht und Internationales Privatrecht», *ZVglRWiss,* 1996, pp. 1 ss.; *idem, in Münchener Kommentar zum Bürgerlichen Gesetzbuch,* 4.ª ed., Munique, 2006, vol. 10, *Einführungsgesetz zum Bürgerlichen Gesetzbuche (Art. 1-46). Internationales Privatrecht,* pp. 125 s.

[111] Cfr. Alexander Thünken, «Die EG-Richtlinie über den elektronischen Geschäftsverkehr und das internationale Privatrecht des unlauteren Wettbewerbs», *IPRax,* 2001, pp. 15 ss.; Peter Mankowski, «Herkunftslandprinzip und deutsches Umsetzungsgesetz zur e-commerce-Richtlinie», *IPRax,* 2002, pp. 257 ss. (p. 258); Gerald Spindler, «Herkunftsprinzip und Kollisionsrecht – Binnenmarktintegration ohne Harmonisierung?», *RabelsZ,* 2002, pp. 633 ss. (p. 651); e Wolfgang Kilian, *Europäisches Wirtschaftsrecht,* cit., p. 336.

[112] Limitam-se estes actos comunitários, com efeito, a acolher disposições análogas à do art. 3.º, n.º 2, da Directiva sobre o comércio electrónico. Outro tanto sucede na Directiva sobre o acesso condicional. Para que o preceito citado no texto tenha algum sentido útil, tem, pois, de se admitir que ele representa um *plus* relativamente à mera proscrição de restrições à prestação de serviços no Estado do foro. Esse *plus* consiste na atribuição de competência, em princípio exclusiva, à lei do país de origem para reger os aspectos relativos à prestação dos serviços em questão compreendidos no domínio coordenado, dispensando-se assim qualquer comparação entre a lei do país de origem e a do país de destino tendente a avaliar se esta última pode ou não, no caso concreto, ser aplicada. Nesta base se poderia distinguir, segundo Julia Hörnle, a simples liberdade de prestação de serviços, consignada no Tratado e nas Directivas por último referidas, da competência da lei do país de origem Cfr. «Country of Origin Regulation in Cross-Border Media: One Step Beyond the Freedom to Provide Services?», *ICLQ,* 2005, pp. 89 ss. (pp. 113 e 125).

orientação com a ressalva, constante do anexo à Directiva, da liberdade de as partes escolherem a lei aplicável ao contrato e das obrigações contratuais relativas aos contratos celebrados pelos consumidores, bem como da propriedade intelectual. Esta apenas se compreende se o sentido do art. 3.º, n.º 1, da Directiva for o de determinar aos Estados-Membros a consagração nesta matéria de uma verdadeira regra de conflitos, e não de uma mera excepção à aplicação das regras de Direito material do país de destino.

A segunda orientação referida não tem qualquer apoio no texto da Directiva, que não restringe a referência às disposições nacionais do Estado-Membro de estabelecimento, constante do art. 3.º, n.º 1, às normas internacionalmente imperativas, antes a estende a todas as disposições que se integrem no «domínio coordenado», com ressalva das que são referidas no anexo. Ora, a análise do preceito da Directiva que define o domínio coordenado revela que estão em causa muitas outras disposições para além das que são caracterizáveis como internacionalmente imperativas.

A terceira orientação apontada parece corresponder melhor ao sentido da disposição em causa, tal como este se infere, designadamente, do considerando 22 da Directiva: a limitação do risco da aplicação de uma lei estrangeira e dos custos a ela associados, em ordem a garantir a livre circulação dos serviços da sociedade da informação no interior da Comunidade e a segurança jurídica dos respectivos prestadores e destinatários. É que, dada a ubiquidade das redes electrónicas internacionais, aquele risco, assim como os custos mencionados, são particularmente acentuados no tocante a estes serviços. A aplicação da lei do país de origem parece, assim, especialmente justificada nestes casos.

Há, é certo, uma incongruência entre o disposto no art. 3.º, n.º 1, e o art. 1.º, n.º 4, da Directiva, segundo o qual esta «não estabelece regras adicionais de direito internacional privado». Mas este preceito, inserido no texto da Directiva numa fase tardia da sua elaboração, não parece decisivo na interpretação da cláusula do mercado interno. O máximo que se pode extrair dele é uma determinada qualificação pelo legislador da regra constante do art. 3.º; ora, as qualificações legais, como é bem sabido, não vinculam o intérprete.

Foi o entendimento aqui exposto em último lugar que prevaleceu nos diplomas de transposição da Directiva para as ordens jurídicas portuguesa[113] e alemã[114].

---

[113] Cfr. os arts. 4.º, n.º 1, e 5.º, n.º 1, do D.L. n.º 7/2004, de 7 de Janeiro, por força

21. Continuação: as práticas comerciais desleais

Outro domínio em que a liberdade de circulação de mercadorias e serviços levou a equacionar a consagração expressa da aplicabilidade da lei do país de origem foi o das práticas comerciais desleais. A diversidade dos regimes nacionais nesta matéria é, com, efeito, susceptível de inibir a publicidade e o *marketing* de produtos e serviços através das fronteiras[115].

Esta a razão por que a proposta de Directiva relativa às práticas comerciais desleais, apresentada em 2003 pela Comissão Europeia, determinava expressamente no art. 4.°, n.° 1, a aplicação exclusiva, no domínio coordenado, das disposições da lei do país de estabelecimento do profissional ou da empresa[116].

---

dos quais são aplicáveis aos provedores de serviços da sociedade da informação estabelecidos em Estados-Membros da Comunidade as regras relativas à contratação electrónica, bem como as que os isentam de responsabilidade pelos danos causados pela informação que transportam e armazenam, vigentes no respectivo país de estabelecimento.

[114] Cfr. o § 3 da *Telemediengesetz,* de 26 de Fevereiro de 2007 (*in Bundesgesetzblatt*, parte I, n.° 6, de 28 de Fevereiro de 2007, pp. 179 ss.).

[115] Reconheceu-o o Tribunal de Justiça das Comunidades Europeias no mencionado caso *Clinique,* em que considerou que a proibição de distribuição de cosméticos na Alemanha ao abrigo da marca «Clinique» constituía um obstáculo ao comércio intra-comunitário, visto que, por força dela, uma empresa seria obrigada a comercializar os seus produtos num Estado-Membro sob uma marca diferente da que utilizava nos restantes Estados-Membros, com todos os custos a isso inerentes.

[116] Cfr. o documento COM (2003) 356 final, de 18 de Junho de 2003. Era o seguinte o teor esse preceito: «1. Os profissionais apenas deverão cumprir as disposições, no domínio sujeito a uma aproximação por força da presente directiva, da ordem jurídica nacional do Estado-Membro em que se encontrarem estabelecidos. O Estado-Membro de estabelecimento do profissional deverá zelar pelo referido cumprimento. 2. Os Estados-Membros não deverão restringir a livre prestação de serviços nem a livre circulação de mercadorias por razões ligadas ao domínio que é objecto de aproximação por força da presente directiva». Mais longe ia a proposta, formulada pelo *Hamburg Group for Private International Law,* de uma disposição do Regulamento de Roma II relativa à concorrência desleal, na qual se atribuía competência à lei do país do principal estabelecimento da empresa anunciante pelo que respeita às obrigações extracontratuais decorrentes de actos de concorrência desleal exclusivamente conexos com os Estados-Membros da Comunidade Europeia. Cfr. «Comments on the European Commission's Draft Proposal for a Council Regulation on the Law Applicable to Non-Contractual Obligations», *RabelsZ*, 2003, pp. 1 ss. (pp. 19 s.). Dispunha o art. 6.°, n.° 2, desse texto: «Where the elements relevant to the situation at the time of publication are exclusively connected with one or more Member States of the European Union and subject to article 7, non-contractual obligations arising from unfair advertising are governed by the law of the Member State where the advertising company has its principal place of business».

56   *Direito Intenacional Privado – Ensaios III*

A verdade, porém, é que a proposta da Comissão, caso tivesse sido adoptada, se encontraria em manifesta oposição com a competência da *lex mercatus* consignada, em matéria de concorrência desleal, no art. 6.º Regulamento de Roma II.

A Directiva 2005/29/CE, de 11 de Maio de 2005, relativa às práticas comerciais desleais[117], consagrou uma solução diferente no seu art. 4.º. Aí se dispõe, com efeito:

> «Os Estados-Membros não podem restringir a livre prestação de serviços nem a livre circulação de mercadorias por razões ligadas ao domínio que é objecto de aproximação por força da presente Directiva.»

Esta disposição inibe os Estados-Membros Comunidade Europeia de invocarem a sua legislação em matéria de práticas comerciais desleais a fim de obstarem à importação de produtos ou serviços fornecidos por empresas estabelecidas noutros Estados-Membros. Mas não pode retirar--se dela a aplicação exclusiva da *lex originis* às práticas comerciais alegadamente desleais desses agentes económicos. À luz de quanto se dispõe nela, não está, com efeito, excluído que os tribunais e autoridades administrativas apliquem a *lex mercatus* às situações abrangidas pela Directiva, contanto que daí não resulte qualquer restrição à livre circulação de serviços e mercadorias no mercado. Na formulação constante da Directiva 2005/29/CE, a cláusula do mercado interno tem, por conseguinte, *alcance material*, e não conflitual[118].

22. Continuação: a prestação de serviços no mercado interno

a) A tentativa de maior fôlego de consagrar legislativamente a competência da lei do país de origem surgiu, contudo, na proposta de Directiva do Parlamento Europeu e do Conselho relativa aos serviços no mercado interno («Directiva Bolkestein»)[119], integrada na «Estratégia de Lisboa Para o Crescimento e o Emprego» aprovada pelo Conselho Europeu em 2000. Dispunha o art. 16.º, n.º 1, dessa proposta, com a epígrafe «princípio do país de origem»:

---

[117] *In JOUE*, n.º L 149, de 11 de Junho de 2005, pp. 22 ss.

[118] Veja-se, sobre o ponto, o nosso *A tutela internacional da propriedade intelectual*, cit., pp. 351 s.

«Os Estados-Membros diligenciam para que os prestadores estejam submetidos apenas às disposições nacionais do seu Estado de origem que digam respeito ao domínio coordenado. São abrangidas pelo primeiro parágrafo as disposições nacionais relativas ao acesso à actividade de um serviço e o seu exercício, nomeadamente aquelas que regem o comportamento do prestador, a qualidade ou o conteúdo do serviço, a publicidade, os contratos e a responsabilidade do prestador.»

b) É bem conhecida a contestação suscitada por esta regra[120].

Dado que em muitos domínios o regime da prestação de serviços não se encontra harmonizado na Comunidade Europeia, a aplicação, com a referida amplitude, da lei do país de origem gerou o receio de que fosse colocada em risco a actividade das empresas e dos profissionais estabelecidos em Estados-Membros dotados de regras mais exigentes perante a concorrência de profissionais estabelecidos noutros Estados-Membros[121].

Além disso, essa solução favoreceria injustificadamente os interesses dos oferentes de serviços relativamente aos dos respectivos adquirentes, comprometendo assim a neutralidade do Direito Internacional Privado.

Foi, por outro lado, posta em dúvida a compatibilidade da referida regra com a unificação do Direito de Conflitos visada através dos Regulamentos de Roma I e II.

Compreende-se assim que a Directiva 2006/123/CE, do Parlamento Europeu e do Conselho, de 12 de Dezembro de 2006, relativa aos serviços no mercado interno[122], se haja limitado a consagrar, no seu art. 16.°, n.° 1, o princípio do *reconhecimento mútuo*. Segundo esse preceito:

---

[119] Documento COM (2004) 2 final, de 13 de Janeiro de 2004.

[120] Ver Peter Mankowski, «Wider ein Herkunftslandprinzip im Binnenmarkt», *IPRax,* 2004, pp. 385 ss.; Hans-Jürgen Sonnenberger, «Kommissions-Vorschlag für eine Rahmenrichtlinie des Europäichen Parlaments und des Rates über Dienstleistungen im Binnenmarkt, KOM (2004) 2», *RIW,* 2004, pp. 321 ss.; Olivier de Schutter e Stéphanie Francq, «La proposition de directive relative aux services dans le marché intérieur: reconnaissance mutuelle, harmonisation et conflits de lois dans l'Europe élargie», *Cahiers de droit européen,* 2005, pp. 603 ss.; Lars Albath e Martina Giesler, «Das Herkunftslandprinzip in der Dienstleistungsrichtlinie – eine kodifizierung der Rechtssprechung?», *Europäische Zeitschrift für Wirtschaftsrecht,* 2006, pp. 38 ss.

[121] Personificou esse receio a figura do «canalizador polaco», amplamente difundida em França e noutros países europeus aquando da discussão pública da proposta de Directiva.

[122] *In JOUE* n.° L 376, de 27 de Dezembro de 2006, pp. 36 ss. Sobre as implicações desse acto comunitário no domínio dos conflitos de leis no espaço, vejam-se Achim Kampf,

58 Direito Intenacional Privado – Ensaios III

«Os Estados-Membros devem respeitar o direito de os prestadores prestarem serviços num Estado-Membro diferente daquele em que se encontram estabelecidos. O Estado-Membro em que o serviço é prestado deve assegurar o livre acesso e exercício da actividade no sector dos serviços no seu território.»

Parece, assim, que o princípio do reconhecimento mútuo, embora possa ter uma componente conflitual, traduzida numa remissão para a *lex originis*, não a tem necessariamente. Uma coisa é, com efeito, a aplicabilidade exclusiva da lei do país de origem dos serviços, que foi rejeitada na versão final da Directiva. Outra, a tomada em consideração da lei do país de origem pelas autoridades do país de destino, em ordem a verificar se existe um grau suficiente de equivalência entre essa lei e a do país onde são oferecidos certos serviços, que justifique o afastamento das normas desta última de que resulte um entrave à livre prestação de serviços[123].

V

A liberdade de circulação de capitais

23. A livre circulação de capitais como pressuposto das demais liberdades comunitárias

A liberdade de circulação de capitais é um pressuposto das demais liberdades comunitárias, que não podem tornar-se efectivas sem ela[124].

«EU-Dienstleistungsrichtlinie und Kollisionsrecht», *IPRax*, 2008, pp. 101 ss.; Martin Schmidt-Kessel, «Europäisches Kollisionsrecht für Dienstleistungen?», *in* Brigitta Jud, Walter H. Rechberger e Gerte Reichelt (orgs.), *Kollisionsrecht in der Europäischen Union. Neue Fragen des internationalen Privat- und Zivilverfahrensrechtes*, Viena, 2008, pp. 97 ss.

[123] Voltaremos a este ponto adiante: ver *infra*, n.º 28.

[124] Cfr., sobre o tema, Rudolf Streinz (org.), *EUV/EGV*, cit., pp. 757 ss.; Peter v. Wilmowsky, «Freiheit des Kapital- und Zahlungsverkehrs», *in* Dirk Ehlers (org.), *Europäische Grundrechte und Grundfreiheiten*, cit., pp. 343 ss.; Wolfgang Kilian, *Europäisches Wirtschaftsrecht*, cit., pp. 117 ss.; Paul Craig e Gráinne de Búrca, *EU Law*, cit., pp. 723 ss.; Jean-Louis Clergerie, Annie Gruber e Patrick Rambaud, *L'Union européenne*, cit., pp. 364 ss.; e Jürgen Schwartze (org.), *EU Kommentar*, cit., pp. 764 ss. Na doutrina nacional, *vide* José Carlos Moitinho de Almeida, *Direito Comunitário*, cit., pp. 493 ss.; João Calvão da Silva, *Direito Bancário*, Coimbra, 2001, pp. 127 ss.; *idem, Banca, Bolsa e Seguros. Direito Europeu e Português*, tomo I, *Parte Geral*, Coimbra, 2005, pp. 229 ss.; Rui de

A Integração Económica e as Situações Privadas Internacionais 59

Encontra-se actualmente consagrada no art. 56.º do Tratado, que proíbe todas as restrições aos movimentos de capitais e aos pagamentos entre Estados-Membros e entre Estados-Membros e países terceiros[125]. Esse preceito foi complementado pela Directiva 88/361/CEE[126], que estabeleceu o princípio da liberalização completa dos movimentos de capitais na Comunidade a partir de 1 de Julho de 1990. Em virtude destas disposições, as empresas e os particulares podem hoje efectuar investimentos, transferências e pagamentos transfronteiras no seio da Comunidade Europeia sem autorização prévia e sem sujeição a limites de valor.

Não raro, estas transacções envolvem também o exercício de outras liberdades comunitárias, ficando por isso igualmente sujeitas às regras que as disciplinam[127]. Assim, por exemplo, a uma transferência de capitais que vise a prestação de um serviço (*v.g.* por um banco) são cumulativamente aplicáveis as regras sobre a liberdade de circulação de capitais e a liberdade de prestação de serviços[128]. A conexão entre as duas matérias é claramente estabelecida pelo art. 51.º, n.º 2, do Tratado da Comunidade Europeia, nos termos do qual a prestação de serviços bancários e de seguros ligados a movimentos de capitais deve efectuar-se de harmonia com a liberalização da circulação dos capitais.

24. O reconhecimento mútuo e a prestação de serviços ligados a movimentos de capitais

a) Também no tocante à prestação de serviços ligados a movimentos de capitais a salvaguarda da liberdade de circulação levou à consagração jurisprudencial do princípio do reconhecimento mútuo[129].

Moura Ramos, *Direito Comunitário (Programa, conteúdos e métodos de ensino)*, cit., p. 102; João Mota de Campos e João Luiz Mota de Campos, *Manual de Direito Comunitário,* cit., pp. 679 ss.

[125] No tocante aos movimentos de capitais de e para terceiros Estados os arts. 57.º e 59.º do Tratado introduzem, todavia, importantes limitações ao disposto no art. 56.º.

[126] *JOCE,* n.º L 178, de 8 de Julho de 1988, pp. 5 ss.

[127] Neste sentido, Dirk Ehlers, «Allgemeine Lehren», *in eiusdem, Europäische Grundrechte und Grundfreiheiten,* cit., pp. 177 ss. (p. 204).

[128] Cfr., neste sentido, o acórdão do Tribunal de Justiça das Comunidades Europeias de 14 de Novembro de 1995, caso *Svensson* (proc. C-484/93).

[129] Assim, no acórdão *Parodi,* de 9 de Julho de 1997 (proc. C-222/95), o Tribunal de Justiça declarou: «O artigo 59.º do Tratado CEE [actual art. 49.º] deve ser interpretado

Subsequentemente, diversos actos comunitários acolheram de modo expresso os princípios do reconhecimento mútuo e da vigilância dos prestadores de serviços financeiros pelas autoridades do respectivo Estado--Membro de origem («*home country control*»)[130].

Está neste caso a Directiva 2006/48/CE, de 14 de Junho de 2006, relativa ao acesso à actividade das instituições de crédito e ao seu exercício[131], cujo art. 23.° dispõe:

> «Os Estados-Membros devem estabelecer que as actividades referidas na lista do Anexo I possam ser exercidas nos respectivos territórios, nos termos do artigo 25.°, dos n.os 1 a 3 do artigo 26.°, dos n.os 1 e 2 do artigo 28.° e dos artigos 29.° a 37.°, através do estabelecimento de uma sucursal ou por meio de prestação de serviços, por qualquer instituição de crédito autorizada e supervisionada pelas autoridades competentes de outro Estado-Membro, desde que tais actividades estejam abrangidas pela autorização.»

Uma entidade que obtenha autorização para exercer actividade bancária num Estado-Membro pode, assim, operar em toda a Comunidade, sem necessidade de novas autorizações, em regime de liberdade de estabelecimento ou de prestação de serviços e «do mesmo modo que no Estado-Membro de origem»[132].

Consagra-se deste modo o princípio do *reconhecimento mútuo* das legislações nacionais e das autorizações necessárias ao acesso e ao exercí-

---

no sentido [de] que se opõe a que um Estado-Membro exija a uma instituição de crédito já autorizada noutro Estado-Membro a obtenção de uma autorização para poder conceder um empréstimo hipotecário a um residente no seu território [...]». Tais autorizações, acrescentou o Tribunal, apenas podem ser validamente exigidas se se verificarem três condições: que essa autorização «se imponha a qualquer pessoa ou sociedade que exerça tal actividade no território do Estado-Membro de destino»; que a mesma «seja justificada por razões ligadas ao interesse geral, tais como a protecção dos consumidores»; e que seja «objectivamente necessária para assegurar o cumprimento das regras aplicáveis no sector em causa e para proteger os interesses que estas regras têm por objectivo salvaguardar, sendo certo que o mesmo resultado não poderia ser alcançado com regras menos rigorosas». Cfr. Riccardo Luzzatto, «Il principio del mutuo riconoscimento degli enti creditizi nel mercato interno della C.E.E.», *Diritto del Commercio Internazionale*, 1989, pp. 193 ss.

[130] Ver, sobre esta matéria, Luca G. Radicati di Brozzolo, «L'ambito di applicazione della legge del paese di origine nella libera prestazione dei servizi bancari nella Cee», *Il Foro Italiano*, 1990, parte IV, pp. 454 ss.

[131] *In JOUE*, n.° L 177, de 30 de Junho de 2006, pp. 1 ss.

[132] Cfr., neste sentido, o considerando 18 da Directiva.

cio desta actividade económica. A responsabilidade principal pela regulação e pelo controlo da actividade dessas entidades cabe, por força dele, ao Estado-Membro de origem. O Estado-Membro de acolhimento pode, é certo, nos termos do art. 31.º da mesma Directiva, tomar «medidas adequadas, destinadas a evitar ou reprimir as irregularidades cometidas no seu território que sejam contrárias às disposições legais por ele adoptadas por *razões de interesse geral*». Essa possibilidade inclui, segundo o mesmo preceito, a de «impedir as instituições de crédito faltosas de iniciarem novas operações no seu território». Mas essas medidas não podem ser discriminatórias ou desproporcionadas, nem duplicar medidas já adoptadas pelo Estado-Membro de origem.

Por seu turno, a Directiva 2004/39/CE, de 21 de Abril de 2004, relativa aos mercados de instrumentos financeiros[133], dispõe no art. 31.º, n.º 1:

> «Os Estados-Membros devem assegurar que qualquer empresa de investimento autorizada e sujeita à supervisão das autoridades competentes de outro Estado-Membro nos termos da presente directiva e, no que diz respeito às instituições de crédito, da Directiva 2000/12/CE, possa prestar livremente serviços e/ou actividades de investimento, bem como serviços auxiliares, no respectivo território, desde que esses serviços ou actividades sejam abrangidos pela sua autorização. Os serviços auxiliares só podem ser prestados conjuntamente com um serviço e/ou actividade de investimento. Os Estados-Membros não devem impor quaisquer requisitos adicionais a essas empresas de investimento ou instituições de crédito no que diz respeito às matérias abrangidas pela presente directiva.»

O regime comunitário desta matéria assenta, em suma, numa *repartição de competências* entre os reguladores do país de origem e os do país de acolhimento, com predomínio dos primeiros[134]. Por força dela, podem ser aplicadas regras diferentes à prestação de serviços financeiros no mesmo Estado, consoante a origem da instituição em causa.

Nisto se traduz o fenómeno dito da concorrência regulatória («*regulatory competition*»). Em virtude desta, os reguladores nacionais podem ser levados a modificar os seus próprios padrões de regulação, em ordem a proporcionar igualdade de condições de concorrência às instituições

---

[133] *In JOUE*, n.º L 145, de 30 de Abril de 2004, pp. 1 ss.

[134] Cfr. Jan Dalhuisen, *Dalhuisen on Transnational and Comparative Commercial, Financial and Trade Law*, 3.ª ed., Oxford/Portland, 2007, p. 1290.

62 *Direito Intenacional Privado – Ensaios III*

financeiras nacionais. Esse fenómeno envolve, pois, o risco de uma certa redução das exigências legais aplicáveis nesta matéria (por alguns apodada de «*race to the bottom*»). Mas esta não se verificou até hoje – ao que não será estranha a harmonização de legislações neste domínio entretanto empreendida na Comunidade.

b) A incidência das liberdades comunitárias nesta matéria não se limita, porém, à definição das condições de acesso e exercício da prestação de serviços financeiros e da entidade competente para controlar as entidades que prestam esses serviços: ela estende-se à determinação da própria lei reguladora do serviço prestado[135].

Por exemplo, em matéria de contratos bancários que transcendam as fronteiras de um único Estado-Membro, as regras de conflitos vigentes na Comunidade Europeia conduzem, num largo número de situações, à aplicação da *lei do banco*[136].

Assim sucede, desde logo, quando as partes escolham essa lei ao abrigo do art. 3.° da Convenção de Roma ou do Regulamento de Roma I, visto que estes textos não impõem, nos contratos que apresentem conexões com dois ou mais Estados-Membros, qualquer limitação a essa escolha.

Ao mesmo resultado conduzem o art. 4.°, n.° 2, da Convenção, em razão da aplicabilidade, aí consignada, da lei do país do devedor da prestação característica, e, de forma mais nítida, o art. 4.°, n.° 1, alínea *b)*, do Regulamento, por força da remissão nele feita para a lei do país em que o prestador de serviços tem a sua residência habitual.

---

[135] Ver Apostolos Gkoutzinis, «Free Movement of Services in the EC Treaty and the Law of Contractual Obligations Relating to Banking and Financial Services», *Common Market Law Review*, 2004, pp. 119 ss.

[136] Cfr. Jean-Pierre Mattout, *Droit bancaire international*, 3.ª ed., Paris, 2004, pp. 31 ss.; Dieter Martiny, «Banverträge», *in* Christoph Reithmann e Dieter Martiny (orgs.), *Internationales Vertragsrecht. Das internationale Privatrecht der Schuldverträge,* 6.ª ed., Colónia, 2004, pp. 950 ss. (p. 955). Na literatura jurídica portuguesa, vejam-se, no mesmo sentido, Maria Helena Brito, «Os contratos bancários e a Convenção de Roma de 19 de Junho de 1980 sobre a Lei Aplicável às Obrigações Contratuais», *Revista da Banca*, 1993, pp. 75 ss. (p. 103); António Marques dos Santos, «A Convenção de Roma e as operações bancárias», *in Estudos de Direito Internacional Privado e de Direito Público*, Coimbra, Almedina, 2004, pp. 227 ss. (p. 239); e Luís de Lima Pinheiro, «Direito aplicável às operações bancárias internacionais», *in Estudos de Direito Internacional Privado*, vol. II, Coimbra, 2009, pp. 233 ss. (p. 250).

A regra mencionada vale igualmente para as transferências bancárias transfronteiras efectuadas no seio da Comunidade Europeia[137], às quais deve, em princípio, ter-se como aplicável a lei escolhida pelas partes e, subsidiariamente, a lei do banco receptor da ordem de pagamento[138].

Bem se compreende que assim seja. No sector dos serviços financeiros, as características e o conteúdo dos serviços prestados dependem em larga medida das regras que lhes forem aplicáveis. A aplicação da lei do país de origem desses serviços tem, por isso, especial razão de ser: uma vez que a identidade do serviço é indissociável da lei aplicável, a sua sujeição à lei do país de destino poderia afectar a própria possibilidade da respectiva prestação[139]. Assim sucederia, por exemplo, se a lei do país de destino não conhecesse, ou não permitisse, a figura da garantia bancária autónoma, admitida pelo sistema jurídico do Estado-Membro da sede ou do estabelecimento principal de um banco que se propusesse prestá-la a uma entidade estabelecida noutro Estado-Membro.

A liberdade de prestação de serviços ligados a movimentos de capitais através das fronteiras reclama, assim, a possibilidade de aplicar a esses serviços a lei do respectivo país de origem.

---

[137] É matéria em que a Comunidade Europeia tem também procurado levar a cabo uma certa harmonização de legislações. Regem-na, designadamente, a Directiva 97/5/CE, do Parlamento Europeu e do Conselho, de 27 de Janeiro de 1997, relativa às transferências transfronteiras, *in JOCE,* n.° L 43, de 14 de Fevereiro de 1997, pp. 25 ss. (transposta para a ordem jurídica portuguesa pelo D.L. n.° 41/2000, de 17 de Março) e o Regulamento (CE) n.° 2560/2001, do Parlamento Europeu e do Conselho, de 19 de Dezembro de 2001, relativo aos pagamentos transfronteiras em Euros, *in JOCE,* n.° L 344, de 28 de Dezembro de 2001, pp. 13 ss.

[138] É, aliás, esta a solução consagrada na Lei-Modelo da CNUDCI sobre as Transferências Internacionais de Crédito, de 1992: cfr. o artigo Y, n.° 1, dessa Lei-Modelo, segundo o qual: «The rights and obligations arising out of a payment order shall be governed by the law chosen by the parties. In the absence of agreement, the law of the State of the receiving bank shall apply». Para os efeitos desta disposição, o conceito de «banco receptor» («receiving bank») deve ser entendido, em conformidade com o estabelecido no art. 2 da Lei-Modelo, nos seguintes termos: «"receiving bank" means a bank that receives a payment order» (alínea *f*)).

[139] Cfr., no sentido do texto, Luca Radicati di Brozzolo, «L'influence sur les conflits de lois des principes de droit communautaire en matière de liberté de circulation», est. cit. na *RCDIP,* 1993, p. 407.

VI
Ensaio de uma construção dogmática

25. A unidade na diversidade: a integração europeia e a preservação do pluralismo jurídico

a) Do que dissemos até aqui resulta que, a fim de assegurar as liberdades comunitárias de circulação, a Comunidade Europeia não enveredou por uma assimilação dos sistemas jurídicos nacionais, mas tão-só, de um modo geral, por uma harmonização mínima.

Desde, pelo menos, 1985, a preferência dos órgãos comunitários tem sido por uma produção normativa descentralizada, associada ao princípio de reconhecimento mútuo, recentemente definido pela Comissão Europeia como a *pedra angular* das políticas da União[140].

Aliás, uma tal assimilação, além de desnecessária (e em parte inviável), seria contrária à preservação da *diversidade cultural*, inerente ao próprio conceito de Europa: esta é, desde sempre, um espaço geográfico caracterizado por uma pluralidade de línguas, de usos e costumes e de tradições políticas e jurídicas. Na Comunidade Europeia, a liberdade de circulação tem, por isso, de ser articulada com a preservação dessa diversidade[141].

b) Ora, esta *unidade na diversidade* postula a adopção de regras de conflitos de leis no espaço que possibilitem uma *coordenação* dos sistemas jurídicos nacionais compatível com as liberdades comunitárias[142].

Vem daqui o principal impulso no sentido da unificação do Direito Internacional Privado na Comunidade Europeia. Só através de regras de

---

[140] Cfr. a *Comunicação da Comissão ao Conselho e ao Parlamento Europeu. Aplicação do Programa da Haia: o rumo a seguir*, doc. COM (2006) 331 final, p. 8.

[141] Eis por que há quem afirme que ao Tratado das Comunidades Europeias subjaz a concepção de um *mercado interno imperfeito* («*unvollkommener Binnemarkt*»), em que coexistem diferentes sistemas jurídicos nacionais: assim, Stefan Bruinier, *Der Einfluss der Grundfreiheiten auf das Internationale Privatrecht,* Frankfurt a.M., etc., 2003, p. 205.

[142] Veja-se, nesta linha fundamental de orientação, Horatia Muir Watt, «European Integration, Legal Diversity and the Conflict of Laws», *Edinburgh Law Review,* 2005, pp. 6 ss. (p. 9), que escreve: «where pluralism tends to emerge as a foundational value in the complex, multi-level structure that Europe represents, the conflict of laws may appear as a convincing alternative to centralised decision-making in an integrated market».

conflitos uniformes parece, na verdade, possível conciliar a preservação da pluralidade e da diversidade dos Direitos nacionais, enquanto expressões de cultura, com a livre circulação dos factores de produção no mercado interno europeu. O plano supranacional é hoje, por isso, o indicado para a elaboração de regras de conflitos[143]. Os recentes regulamentos comunitários sobre os conflitos de leis em matéria de obrigações contratuais e extracontratuais correspondem justamente a esta orientação.

26. A autonomização de um Direito Internacional Privado do mercado interno

Desponta, segundo alguns, um Direito Internacional Privado do mercado interno, ou Direito de Conflitos de mercado interno (*«Binnenmarkt- -IPR»* ou *«Binnenmarktkollisionsrecht»)*[144].

Este seria integrado pelas regras de conflitos que se ocupam da determinação do regime aplicável às relações privadas internacionais exclusivamente conexas com o mercado interno europeu.

Seria, pois, através dessas regras que a Comunidade levaria a cabo a coordenação dos sistemas jurídicos dos Estados-Membros, tendo em vista assegurar o exercício das liberdades comunitárias num quadro de pluralismo jurídico.

Talvez não se possa falar ainda, a este respeito, de um verdadeiro *sistema* de regras de conflitos de leis. Mas não podem deixar de ver-se, em algumas das decisões judiciais e dos actos normativos que mencionámos

---

[143] Neste sentido, vejam-se também Helge Johan Thue, «European Private International Law as the European Solution, and the European Economic Area (EEA/EWR) Problem», *in* Gerte Reichelt (org.), *Europäisches Gemeinschaftsrecht und IPR. Ein Beitrag zur Kodifikation der allgemeinen Grundsätze des Europäischen Kollisionsrechts*, Viena, 2007, pp. 93 ss. (p. 95); e Jürgen Basedow, «Federal Choice of Law in Europe and in the United States – A Comparative Account of Interstate Conflicts», *Tulane Law Review*, 2008, pp. 2119 ss. (p. 2145). Em sentido diverso, cfr. Luís de Lima Pinheiro, «Federalismo e Direito Internacional Privado – algumas reflexões sobre a comunitarização do Direito Internacional Privado», cit., *passim*.

[144] Ver Stefan Grundmann, «Binnenmarktkollisionsrecht – vom klassischen IPR zur Integrationsordnung», *RabelsZ*, 2000, pp. 457 ss.; Peter Mankowski, «Binnenmarkt-IPR – Eine Problemskizze», *in* Jürgen Basedow e outros (orgs.), *Aufbruch nach Europa. 75 Jahre Max-Planck-Institut für Privatrecht*, Tubinga, 2001, pp. 595 ss.; Katrin Schilling, *Binnenmarktkollisionsrecht*, Berlim, 2006.

66   *Direito Intenacional Privado – Ensaios III*

atrás, regras de Direito Internacional Privado privativas de relações intra-comunitárias: a contratação de trabalhadores temporariamente destacados de um Estado-Membro para outro no âmbito de uma prestação de serviços; o reconhecimento de sociedades comerciais constituídas de acordo com o Direito de um Estado-Membro; o direito ao nome de pessoas oriundas de outro Estado-Membro; a prestação de serviços de radiodifusão televisiva e da sociedade da informação por empresas estabelecidas na Comunidade; etc.

Os próprios Regulamentos de Roma I e Roma II, apesar do seu carácter universal, apresentam como seu fundamento precípuo o bom funcionamento do mercado interno[145]. Ambos contêm, aliás, regras específicas das situações intracomunitárias[146] e ressalvam as disposições especiais de Direito Comunitário sobre as matérias inseridas no respectivo âmbito de aplicação[147].

Ora, há entre estas regras um *fio condutor,* uma coerência intrínseca, que lhes é dada pela referência a princípios comuns, entre os quais sobressai a salvaguarda das liberdades comunitárias. O Direito Internacional Privado do mercado interno apresenta, assim, certa autonomia, não apenas do ponto de vista das suas fontes, mas também dos valores em que se funda.

A ênfase deste modo conferida pelo Direito Internacional Privado às liberdades comunitárias reflecte a permeabilidade desta disciplina às opções valorativas gerais do sistema jurídico em que se insere: a sua «Justiça» é, como notámos noutro lugar, tributária dessas opções, e não um domínio à parte delas[148].

A *dualidade («Zweispurigkeit»)*, ou o *desdobramento («Spaltung»)*, do Direito Internacional Privado, daqui resultante, é uma consequência da

---

[145] Veja-se o considerando 6 de ambos esses actos comunitários.

[146] Haja vista, por exemplo, aos arts. 3.º, n.º 4, e 7.º, n.º 1, do Regulamento de Roma I (relativos, respectivamente, à escolha da lei de um Estado terceiro quando todos os elementos de conexão relevantes se situem num ou mais Estados-Membros e aos contratos de seguro que cubram riscos situados no território dos Estados-Membros) e aos arts. 8.º, n.º 2, e 14.º, n.º 3, do Regulamento de Roma II (sobre a violação de direitos de propriedade intelectual comunitários e a escolha da lei de um terceiro Estado quando a situação em apreço apenas apresente conexões com a Comunidade).

[147] Regulamento de Roma I, art. 23.º; Regulamento de Roma II, art.27.º.

[148] Ver os nossos estudos *Da responsabilidade pré-contratual em Direito Internacional Privado,* cit., pp. 80 ss.; e «Sources and General Principles of Portuguese Private International Law: An Outline», *YPIL,* 2007, pp. 257 ss.

A Integração Económica e as Situações Privadas Internacionais 67

constituição no seio da Comunidade Europeia de um mercado interno, regido por princípios que não se estendem às relações económicas com terceiros Estados, e da necessidade de coordenar os sistemas jurídicos dos Estados-Membros em conformidade com esses princípios.

Como fundamento da autonomização de um Direito Internacional Privado do mercado interno pode ainda apontar-se a circunstância de, nos domínios abrangidos pelas respectivas normas, ter ocorrido uma certa harmonização de legislações, que pode justificar, pelo que respeita às situações intracomunitárias, um Direito de Conflitos mais liberal do que aquele que vale para as relações com terceiros Estados[149].

Mas qual exactamente o conteúdo do Direito Internacional Privado do mercado interno? Poderão considerar-se integrantes dele a aplicação às situações privadas internacionais da lei do país de origem e o princípio do reconhecimento mútuo?

Estas as questões de que nos ocuparemos em seguida.

27. A referência à lei do país de origem

a) Segundo uma corrente doutrinal que se afirmou na Europa sobretudo a partir do início dos anos 90, seria aplicável às situações plurilocalizadas conexas com dois ou mais Estados-Membros da Comunidade a lei do país do estabelecimento do fornecedor de produtos ou serviços postos em circulação no mercado interno europeu («*Herkunftslandprinzip*»)[150].

Esta regra constituiria como que a *projecção conflitual* do princípio do reconhecimento mútuo. Este teria implícita uma remissão para a lei do país de origem, ainda que restringida de várias formas[151].

---

[149] Cfr. Karl Kreuzer, «Zu Stand und Perspektiven des Europäischen Internationalen Privatrechts. Wie europäisch soll das Europäische Internationale Privatrecht sein?», cit., p. 84.

[150] Ver, sobre o tema, em especial, Wolfgang Drasch, *Das Herkunftslandprinzip im internationalen Privatrecht. Auswirkungen des europäischen Binnenmarktes auf Vertrags- und Wettbewerbsrecht*, Baden-Baden, 1997; Alexander Thünken, *Das kollisionsrechtliche Herkunftslandprinzip*, Frankfurt a.M., 2003.

[151] Cfr. Jürgen Basedow, «Der kollisionsrechtliche Gehalt der Produktfreiheiten im europäischen Binnenmarkt: favor offerentis», *RabelsZ*, 1995, pp. 1 ss. (p. 14); *idem*, «Europäisches Internationales Privatrecht», *NJW*, 1996, pp. 1921 ss. (pp. 1927 s.); Miguel Gardeñes Santiago, *La aplicación de la regla de reconocimiento mutuo y su incidencia en el comercio de mercancías y servicios en el ámbito comunitário e internacional*, Madrid,

68   *Direito Intenacional Privado – Ensaios III*

As liberdades comunitárias conteriam, por outras palavras, uma «regra de conflitos oculta» («*versteckte Kollisionsnorm*») com o referido conteúdo, a qual primaria sobre o Direito de Conflitos de fonte interna[152].

b) Contra a existência de uma regra de conflitos com o referido teor, implícita nas normas do Tratado da Comunidade Europeia relativas à livre circulação de mercadorias e serviços, pronunciou-se entretanto uma parte considerável da doutrina.

Para certos autores, não poderia resultar das regras de conflitos de leis no espaço qualquer ofensa às liberdades comunitárias; esta apenas poderia decorrer de normas materiais. A fim de que o Direito Privado possa afectar as liberdades de circulação e estabelecimento, diz-se, não basta a diversidade das regras nacionais: é ainda necessário que da aplicação dele resulte um *entrave* a essas liberdades; só neste caso intervém o Direito Comunitário. As liberdades comunitárias não se oporiam à aplicação de determinada ordem jurídica, no todo ou em parte, mas tão-só a concretas restrições ao comércio intracomunitário, as quais apenas podem resultar do Direito material. O Direito Comunitário não imporia, assim, nenhuma regra de conflitos[153]. De acordo com este ponto de vista, as

---

1999, pp. 34 e 177 ss. Para uma construção do reconhecimento mútuo como um princípio de conflitos de leis, veja-se também Christian Joerges, «Democracy and European Integration: A Legacy of Tensions, a Re-Conceptualisation and Recent True Conflicts», *in* Paulo de Pitta e Cunha e Luís Silva Morais (orgs.), *A Europa e os desafios do século XXI,* Coimbra, 2008, pp. 111 ss.

[152] Jürgen Basedow, est. cit., pp. 14 s. No entanto, essa regra apenas funcionaria, segundo este autor, quando a *lex originis* se mostre mais favorável ao oferente de produtos ou serviços do que a lei do país de destino. De contrário (como sucede, *v.g.,* se a lei do país de destino permite a publicidade comparativa e a lei do país de origem não), aplicar-se-ia a lei do país de destino (*ibidem*, p. 16). Haveria, assim, uma *conexão alternativa* em benefício do oferente de produtos ou serviços no mercado interno (*Günstigkeitsprinzip* ou *favor offerentis*), fundada nas liberdades comunitárias.

[153] Cfr. Harry Duintjer Tebbens, «Les conflits de lois en matière de publicité déloyale à l'épreuve du droit communautaire», *RCDIP,* 1994, pp. 451 ss. (pp. 476 ss.); Mathias Rohe, «Binnenmarkt oder Interessenverband? Zum Verhältnis von Binnenmarktziel und Subsidiaritätsprinzip nach dem Maastricht-Vertrag», *RabelsZ,* 1997, pp. 1 ss. (pp. 58 ss.); Karl-Heinz Fezer e Stefan Koos, est. cit. na *IPRax*, 2000, pp. 349 s. (pp. 350 s.); Bruinier, ob. cit., pp. 55, 156 s. e 205; Stefania Bariatti, «Prime considerazioni sugli effetti dei principi generali e delle norme materiali del trattato CE sul diritto internazionale private comunitario», *RDIPP,* 2003, pp. 697 ss. (pp. 677).

A Integração Económica e as Situações Privadas Internacionais   69

regras comunitárias relativas à liberdade de circulação têm, quando muito, uma *função correctiva*[154].

Segundo outra formulação da mesma ideia fundamental, a referência à lei do país de origem não deve ser entendida como uma referência conflitual, que exclua a aplicação da lei do país de destino. Na realidade, esta última só não deveria ser aplicada quando os produtos importados satisfaçam exigências equivalentes da lei do país de origem[155]. Mesmo quando serve de base à resolução de casos concretos, a lei do país de origem não seria, por conseguinte, aplicada enquanto tal. Quando muito, poderia dizer-se que o facto de o fornecedor ou oferente de produtos ou serviços se ter conformado com essa lei o exonera da observância de certas normas do país de destino[156] (ou, *rectius,* da *lex causae*[157]). Os preceitos da *lex originis* seriam, assim, tomados em consideração como *meros factos*, a valorar à luz da lei reguladora da questão em apreço segundo as regras de conflitos comuns; não como verdadeiras normas jurídicas[158].

c) A nosso ver, não é legítimo rejeitar toda e qualquer relevância das liberdades comunitárias no plano dos conflitos de leis. Por duas razões.

Em primeiro lugar, porque o Direito Internacional Privado opera uma repartição do risco e dos custos da aplicação da lei estrangeira, que não pode ser indiferente às liberdades comunitárias. Se um exportador de pro-

---

[154] «Na realidade», escreve Pedro de Miguel Asensio, «o princípio do reconhecimento mútuo não se traduz numa regra conflitual que, partindo da igualdade dos diversos ordenamentos materiais implicados, imponha a aplicação, relativamente ao conjunto das relações jurídicas afectadas pelas liberdades comunitárias, da lei do Estado de origem (incluindo a totalidade do Direito privado). A jurisprudência mostra que nestes casos a actuação conforme ao TCE só reclama a não aplicação das regras da lei aplicável contrárias ao Direito Comunitário (que podem ser substituídas, nessa medida, pela lei do Estado de origem, em virtude do princípio de reconhecimento mútuo)». Cfr. «Integración europea y Derecho internacional privado», *Revista de Derecho Comunitario Europeo,* 1997, pp. 413 ss.

[155] Wulf-Henning Roth, «Der Einfluss der Grundfreiheiten auf das internationale Privat- und Verfahrensrecht», cit., p. 54.

[156] Cfr. Wilderspin e Lewis, est. cit., p. 21.

[157] Bernd von Hoffman e Karsten Thorn, *Internationales Privatrecht,* cit., pp. 27 s. e 38 s.

[158] Wulf-Henning Roth, «Der Einfluss der Grundfreiheiten auf das internationale Privat- und Verfahrensrecht», cit., pp. 54 e 63; *idem,* «Methoden der Rechtsfindung und der Rechtsanwendung im Europäischen Kollisionsrecht», *IPRax,* 2006, pp. 338 ss. (p. 341).

dutos ou serviços, além de ter de se conformar com a lei do país onde se encontra estabelecido, deve ainda subordinar-se às dos países para onde exporta, encontrar-se-á, dados os riscos e os custos inerentes à obtenção de informação acerca da lei estrangeira e à adaptação da sua prestação às regras desta, numa situação de desvantagem relativamente às empresas locais – e isto, independentemente do teor dessas leis[159]. A necessidade de os agentes económicos adaptarem os seus produtos ou serviços, ou a forma da sua comercialização, às leis dos países para onde os mesmos são exportados pode, pois, por si só cercear a sua livre circulação[160].

O mesmo pode dizer-se a respeito da liberdade de estabelecimento, sempre que uma sociedade comercial validamente constituída de acordo com a lei de certo Estado-Membro tenha de se conformar com a de outro Estado-Membro, onde pretenda sedear a sua administração. Foi este, como vimos, o problema subjacente ao caso *Centros*.

Nestas hipóteses, uma regra de conflitos que imponha a aplicação de certa lei a uma situação privada internacional constituída de acordo com outra lei traduz-se potencialmente num entrave às liberdades comunitárias[161].

Ora, também este tipo de entraves é visado pelo princípio do reconhecimento mútuo. Não está em causa, como se disse, a solução material consagrada pela lei do país de destino dos produtos ou serviços em questão, ou de estabelecimento de uma sociedade, mas tão-só a sua aplicabilidade a produtos ou serviços ou a sociedades comerciais provenientes de outros Estados-Membros. O problema coloca-se, assim, no plano do Direito Internacional Privado.

---

[159] Veja-se, nesta linha de orientação, a *Comunicação da Comissão ao Conselho e ao Parlamento Europeu sobre o Direito Europeu dos Contratos,* doc. COM (2001) 398 final, n.os 30 e ss.

[160] Neste sentido, vejam-se Marc Fallon, «Les conflits de lois et de juridictions dans un espace économique intégré. L'expérience de la Communauté européenne», *Rec. Cours,* t. 253 (1995), pp. 13 ss. (pp. 83 s.); Hans-Jürgen Sonnenberger, «Europarecht und Internationales Privatrecht», *Zeitschrift für Vergleichende Rechtswissenschaft,* 1996, pp. 1 ss. (pp. 24 s.); Wulf-Henning Roth, «Die Grundfreiheiten und das Internationale Privatrecht – das Beispiel der Produkthaftung», *in* Haimo Schack (org.), *Gedächtnisschrift für Alexander Lüderitz,* Munique, 2000, pp. 635 ss. (p. 639); e Ulrich Klinke, «Kollisionsnormen und Gemeinschaftsrecht. Zur Architektur des europäischen Vaterhauses», *in* Hilmar Krüger/ /Heinz-Peter Mansel (orgs.), *Liber Amicorum Gerhard Kegel,* Munique, 2002, pp. 1 ss. (p. 20).

[161] Cfr. Ortino, est. cit., p. 321.

Em segundo lugar, porque as regras de conflitos podem violar as liberdades comunitárias, sempre que confiram ao Direito material de certo Estado um âmbito espacial de aplicação excessivamente vasto, de que resulte um entrave à livre circulação de produtos ou serviços (por exemplo, por determinarem a aplicação imperativa de normas nacionais de protecção dos consumidores a contratos celebrados no estrangeiro, por consumidores aí domiciliados, ou por imporem a aplicação de normas nacionais de protecção dos trabalhadores a contratos integralmente executados no estrangeiro por trabalhadores estrangeiros) e bem assim quando consagrem conexões discriminatórias em razão da nacionalidade[162].

É interessante notar que, neste ponto, o debate em apreço apresenta certa analogia com o que foi travado em diversos países europeus (incluindo o nosso), na segunda metade do século XX, a respeito do impacto do Direito Constitucional sobre o Direito Internacional Privado. Também a este propósito se começou por negar que o Direito Constitucional pudesse ter qualquer repercussão sobre a nossa disciplina, atento o carácter supostamente formal das suas regras; para se concluir mais tarde que as regras de conflitos, apesar do seu carácter «indirecto» ou «remissivo», não podiam eximir-se a um juízo de constitucionalidade[163].

As normas de Direito Comunitário que consagram as liberdades de circulação não são decerto regras de conflitos. Mas delas resultam directrizes importantes para o Direito Internacional Privado, nomeadamente no sentido de que este não pode discriminar em razão da nacionalidade nem pode estabelecer restrições injustificadas à livre circulação de mercadorias e serviços[164].

d) Há, em todo o caso, que reconhecer que uma genérica derrogação das regras de conflitos comuns por uma regra de conflitos implícita, dedu-

---

[162] Cfr. Wulf-Henning Roth, «Der Einfluss der Grundfreiheiten auf das internationale Privat- und Verfahrensrecht», cit., pp. 58 e 63.

[163] É matéria que não podemos desenvolver aqui. Ver, por todos, Rui de Moura Ramos, *Direito Internacional Privado e Constituição. Introdução a uma análise das suas relações*, Coimbra, 1980.

[164] Há, por isso, quem entenda que elas consubstanciam um «Direito-Quadro de Conflitos» («*Kollisionsrahmenrecht*»): cfr. Christiane Wendehorst, «Internationales Privatrecht», *in* Katja Langenbucher (org.), *Europarechtliche Bezüge des Privatrechts*, 2.ª ed., Baden-Baden, 2008, p. 396.

zida das normas do Tratado da Comunidade Europeia que consagram as liberdades comunitárias, não é aceitável.

A existência de regras de conflitos implícitas em normas de Direito material não será, decerto, fenómeno desconhecido na teoria do Direito Internacional Privado: a doutrina das normas internacionalmente imperativas, ou de aplicação imediata, assenta em boa parte nesse pressuposto[165].

Trata-se, porém, de um fenómeno excepcional. Fazer assentar o Direito Internacional Privado do mercado interno sobre tais normas seria conferir-lhe uma base excessivamente frágil, geradora de grande insegurança jurídica.

e) À tese de que o Tratado da Comunidade Europeia contém uma regra de conflitos oculta, remetendo para a *lex originis* opõe-se ainda o pronunciamento do Tribunal de Justiça no caso *República Federal da Alemanha contra Parlamento Europeu e Conselho da União Europeia*[166], em que o Tribunal declarou que a aplicação dessa lei não corresponde a um princípio consagrado no Tratado, pelo que o legislador comunitário se pode afastar dela, desde que tal não viole a confiança legítima dos interessados.

No estado actual de evolução do Direito Comunitário, há, assim, que reconhecer que não existe, pelo que respeita às situações privadas internacionais, uma genérica competência da *lex originis*.

f) Mas reclamarão as liberdades comunitárias a consagração, no futuro, de regras de Direito Internacional Privado que remetam para a *lex originis*?

A este propósito, importa ter presente que na base do sistema vigente de regras de conflitos há uma ponderação de valores e interesses, que não se coaduna com a consagração de regras de conflitos que apenas atendam à posição dos oferentes de produtos e serviços no mercado interno.

A livre circulação de produtos e serviços não é, com efeito, o único interesse atendível na regulação das relações intracomunitárias: também os interesses ligados à paridade dos concorrentes, à protecção dos consumidores e das vítimas de actos danosos, etc. (que o próprio Direito Comu-

---

[165] Cfr. António Marques dos Santos, *As normas de aplicação imediata no Direito Internacional Privado. Esboço de uma teoria geral*, cit., vol. II, pp. 829 s. e 971.

[166] Acórdão de 13 de Maio de 1997 (proc. C-233/94).

A *Integração Económica e as Situações Privadas Internacionais*   73

nitário tutela), têm de ser acautelados neste domínio; e estes podem mostrar-se incompatíveis com a aplicação sistemática da *lex originis*[167]. Assim se explica a omissão de uma tal regra em diversos actos comunitários recentes, entre os quais o Regulamento de Roma II.

Na Comunidade Europeia, o *favor offerentis* não leva, pois, necessariamente a melhor sobre o *favor laesi* ou a *par conditio concurrentium*[168].

g) À medida, porém, que forem sendo harmonizadas as legislações nacionais sobre as matérias em apreço, a necessidade de acautelar os mencionados interesses na determinação da lei aplicável ir-se-á desvanecendo, pois esta tornar-se-á indiferente sob esse prisma; avultará então o interesse na livre circulação dos factores de produção, ao qual poderá ser dada primazia.

Os domínios de eleição da lei do país de origem são, pois, aqueles em que tenha havido uma harmonização de legislações, que assegure a *equivalência funcional* das normas materiais aplicáveis, por estarem ao serviço dos mesmos interesses fundamentais. Esta nos parece ser a chave do problema.

Nestes casos, os interesses que justificam a aplicação da lei do país de destino dos produtos ou serviços oferecidos no mercado interno (v.g. os dos consumidores, das vítimas e dos concorrentes) encontrar-se-ão, em princípio, suficientemente acautelados pelas normas harmonizadas. Esses interesses terão, assim, menor relevância na definição da lei aplicável. Em contrapartida, sobressairá o interesse na integração dos mercados, cuja realização é facilitada pela aplicação da lei do país de origem.

É esta a solução que melhor assegura a liberdade de circulação dos factores de produção e, consequentemente, a realização do mercado interno sem comprometer os outros interesses prosseguidos pelo Direito Internacional Privado[169].

---

[167] Cfr. Bernd von Hoffman e Karsten Thorn, *Internationales Privatrecht*, cit., p. 27; Sonnenberger, *in Münchener Kommentar,* cit., p. 88.

[168] Eis por que mesmo um autor, como Jürgen Basedow, que vê na competência da lei do país de origem um corolário das liberdades comunitárias, se pronunciou contra a sua consagração na proposta de Directiva sobre os serviços. Cfr. «Dienstleistungsrichtlinie, Herkunftslandprinzip und Internationales Privatrecht», *EuZW*, 2004, pp. 423 ss.

[169] Foi o que sucedeu em matéria de comércio electrónico. Um dos objectivos centrais da Directiva 2000/31/CE consistiu em assegurar a exoneração de responsabilidade dos provedores de serviços de Internet nas situações em que não lhes seja exigível que contro-

No tocante às relações intracomunitárias dever-se-á, em suma, evoluir para a aplicação da lei do país de origem, mas apenas se e na medida em que se concretize a harmonização de legislações[170].

h) Seja como for, a regra da aplicação da lei do país de origem sempre se subordinará a certos limites. Estes resultam designadamente das *normas internacionalmente imperativas* do país de destino, como as que visam acautelar a ordem e a saúde públicas deste país.

A aplicação destas normas tem, em todo o caso, carácter excepcional. A jurisprudência do Tribunal de Justiça das Comunidades Europeias tem justamente procurado circunscrever as hipóteses em que são aplicáveis tais normas às relações intracomunitárias.

Avulta nesta matéria a exigência de que as normas em questão correspondam a exigências imperativas do interesse geral, não sejam discriminatórias, se mostrem adequadas à consecução dos objectivos visados e sejam proporcionadas. Não serão, por isso, admissíveis se houverem outras medidas que permitam alcançar o mesmo resultado, afectando menos intensamente o comércio sobre-fronteiras[171].

---

lem os conteúdos que veiculam ou armazenam em rede. Essa exoneração é essencial à própria viabilidade económica da sua actividade e, reflexamente, ao funcionamento da Internet. A cláusula do mercado interno, consignada naquele acto comunitário, garante que um prestador de serviços estabelecido num Estado-Membro da Comunidade beneficia do regime de responsabilidade consagrado na respectiva legislação. A não ser assim, esses agentes económicos ficariam submetidos às leis de qualquer dos Estados-Membros onde os seus serviços sejam prestados, o que seria potencialmente inibidor da sua actividade. Em contrapartida, como notou o Grupo Europeu de Direito Internacional Privado, na posição que assumiu em 2004 sobre a proposta de Directiva relativa aos serviços no mercado interno (cfr. *Position du Groupe européen de droit international privé relative à la proposition de directive du Parlement européen et du Conseil relative aux services dans le marché intérieur*, disponível em http://www.gedip-egpil.eu), nos domínios não harmonizados, bem como naqueles em que as Directivas comunitárias não foram integralmente transpostas, a aplicação da lei do país de origem conduz a distorções no mercado de cada Estado-Membro, expondo os consumidores e os comerciantes locais a uma multiplicidade de regimes diferentes consoante a origem do prestador de serviços.

[170] Assim também, Jürgen Basedow, «EC Conflict of Laws – A Matter of Coordination», cit., p. 30; *idem*, «European Private International Law of Obligations and Internal Market Legislation», cit., p. 24.

[171] Cfr. Basedow, est. cit. na *RabelsZ*, 1995, p. 21; Sonnenberger, *Münchener Kommentar*, cit., p. 93.

28. A excepção de reconhecimento mútuo

a) E qual o papel do reconhecimento mútuo na regulação das situações privadas internacionais?

Já se tem dito que, nos casos apontados, a aplicação da *lex originis* e o reconhecimento mútuo constituem como que as duas faces da mesma moeda. O reconhecimento mútuo não seria, na verdade, senão o resultado da aplicação da lei do país de acordo com a qual a situação se constituiu validamente[172].

Vejamos se efectivamente assim é.

b) A noção de reconhecimento é bem conhecida no Direito Internacional Privado. Através dela quer-se significar, nesta disciplina, a extensão a determinado país dos efeitos que pertencem a uma situação jurídica constituída segundo a lei de outro país[173].

O reconhecimento é muitas vezes a consequência da aplicação da lei designada pelas regras de conflitos do Estado do foro, à luz da qual se determina se certo direito subjectivo se constituiu, extinguiu ou transmitiu validamente. O reconhecimento de um direito constituído ao abrigo de uma lei estrangeira não é, nesses casos, coisa diferente da própria aplicação dessa lei[174].

O reconhecimento pode, no entanto, ter como objecto uma situação jurídica constituída por instrumento negocial ou acto público, de acordo com uma lei distinta da que seria aplicável segundo as regras de conflitos do país onde a mesma é invocada.

Nestes casos, em homenagem à estabilidade e à continuidade dessas situações através das fronteiras, que se entende deverem prevalecer sobre os interesses subjacentes à aplicabilidade da lei designada pelas regras de conflitos comuns, admite-se que produzam efeitos nele situações validamente constituídas num país estrangeiro, ainda que não o pudessem ser localmente.

---

[172] Assim, Mankowski, «Binnenmarkt-IPR – Eine Problemskizze», p. 602.

[173] Ver Ulrich Drobnig, «Skizzen zur internationalprivatrechtlichen Annerkennungsproblematik», *in* Hans Claudius Ficker e outros (orgs.), *Festschrift für Ernst von Caemmerer,* Tubinga, 1978, pp. 687 ss.

[174] Cfr., neste sentido, Leo Raape e Fritz Sturm, *Internationales Privatrecht,* vol. I, *Allgemeine Lehren,* 6.ª ed., Munique, 1977, p. 6.

O reconhecimento dessas situações jurídicas pode, nesta medida, ser uma forma de superar a diversidade das regras de conflitos nacionais numa época de integração económica caracterizada pela intensificação do tráfico jurídico sobre-fronteiras.

c) Na Comunidade Europeia, fala-se de reconhecimento mútuo, como vimos, para aludir ao imperativo, decorrente da liberdade de circulação dos factores de produção, de que cada Estado-Membro admita a comercialização no respectivo território de mercadorias ou serviços licitamente introduzidos no mercado do Estado-Membro de origem, bem como de que cada Estado-Membro admita o estabelecimento no respectivo território de sociedades validamente constituídas de acordo com a lei de outro Estado-Membro.

Além desta vertente positiva, o reconhecimento mútuo possui uma outra, de natureza diversa, na medida em que pode operar como um *limite*, ou um *desvio*, à aplicação das regras da *lex causae*. Este limite pode intervir, designadamente, quando a aplicação desta lei implique uma restrição à livre circulação de produtos ou serviços ou à liberdade de estabelecimento.

Nestes casos, o princípio do reconhecimento mútuo deve ser construído, por conseguinte, não como uma «regra de conflitos oculta», mas antes como um mecanismo destinado a corrigir, nas relações intracomunitárias, os resultados da aplicação das regras de conflitos comuns[175].

Não falta por isso quem aluda, nestes casos, a uma *excepção de reconhecimento mútuo*[176]. Esta não se substitui às regras de conflitos, antes

---

[175] Foi o que sucedeu nos casos *Centros, Überseering* e *Inspire Art*, em que o Tribunal de Justiça das Comunidades Europeias decidiu que certos Estados-Membros deveriam reconhecer sociedades comerciais constituídas validamente noutros Estados-Membros, apesar de a sua sede real se situar no território dos primeiros, ficando inibidos de lhes aplicar certas regras imperativas locais, salvo por razões de interesse geral (concebido este último de forma muito restritiva). É também uma cláusula deste tipo que encontramos no art. 4.º da Directiva sobre as práticas comerciais desleais. Cfr., no sentido do texto, Michael Bogdan, *Concise Introduction to EU Private International Law*, Groningen, 2006, p. 27.

[176] Cfr. Marc Fallon, «Libertés communautaires et règles de conflit de lois», cit., 79; Marc Fallon e Johan Meeusen, «Private International Law in the European Union and the Exception of Mutual Recognition», *YPIL*, 2002, pp. 37 ss.; Horatia Muir Watt, «L'entrave à la libre prestation de services: réflexions sur l'impact des libertés économiques sur le droit international privé des États membres», cit., p. 546; e Mathias Audit, «Régulation du marché intérieur et libre circulation des lois», *Clunet*, 2006, pp. 1333 ss. (pp. 1345 ss.)

possibilita tão-só a evicção de certas normas da lei do país de destino de uma mercadoria, serviço ou pessoa, ou das da lei designada pelas regras de conflitos locais, quando a sua aplicação envolva uma restrição à liberdade de circulação.

Essa excepção poderia ter a seguinte formulação:

> «Não são aplicáveis os preceitos da lei designada pela regra de conflitos quando essa aplicação conduza a um resultado contrário às disposições do Direito da União Europeia relativas à liberdade de circulação de pessoas, mercadorias, serviços e capitais.»[177]

O reconhecimento mútuo tem, nesta medida, autonomia relativamente à aplicação da lei do país de origem.

d) A actuação desta excepção pressupõe, em todo o caso, que os preceitos evictos sejam *funcionalmente equivalentes* aos do Direito do Estado--Membro em conformidade com o qual a situação jurídica em apreço se constituiu: a equivalência funcional é, como já dissemos, o fundamento do reconhecimento mútuo.

Se, por conseguinte, tais preceitos estabelecerem um nível de protecção superior para certa categoria de pessoas, deles resultando um *benefício real*, por exemplo, para o consumidor ou o trabalhador por conta de outrem, não se justificará o seu afastamento.

Em contrapartida, esta excepção opera com independência do título a que a regra a afastar é aplicável (pois tanto pode sê-lo por força de uma regra de conflitos como por constituir uma norma internacionalmente imperativa), da proveniência da regra a afastar (que pode ser de Direito nacional ou estrangeiro, assim se distinguindo da excepção de ordem pública internacional) e da sua natureza (podendo, como já notámos, ser de Direito Público ou Privado)[178].

---

[177] Baseamo-nos aqui na formulação proposta por Marc Fallon, em «Libertés communautaires et règles de conflit de lois», cit., pp. 77 s.

[178] Assim, se as disposições legais do Estado-Membro de acolhimento, aplicáveis ao destacamento de trabalhadores nos termos da Directiva 96/71/CE, formularem certa exigência quanto à duração dos tempos de trabalho, à remuneração dos trabalhadores, às condições da respectiva disponibilização ou à segurança, saúde ou higiene no trabalho, mas tiverem sido cumpridas pela entidade patronal exigências equivalentes constantes da lei do país de origem dos trabalhadores, o princípio do reconhecimento mútuo opor-se-á à aplicação daquelas disposições sempre que daí resulte um entrave à livre prestação de servi-

78 Direito Intenacional Privado – Ensaios III

e) Outra questão que se pode colocar é a de saber se o reconhecimento mútuo, entendido nos termos acabados de expor, constitui uma alternativa metodológica – ou, como pergunta Coester-Waltjen[179], um «substituto» (*«Ersatz»*) – das regras de conflitos.

Por outras palavras: serão todas as situações validamente constituídas ao abrigo do Direito de outro Estado-Membro susceptíveis de beneficiar do reconhecimento mútuo independentemente de qual seja esse Direito?

Reencontramos aqui uma questão há muito debatida no Direito Internacional Privado: a autonomia do reconhecimento de direitos adquiridos perante o Direito de Conflitos.

A doutrina que sustenta essa autonomia remonta, como se sabe, à escola estatutária holandesa do séc. XVII e a Ulrich Huber[180]. Este partiu do princípio da territorialidade das leis: no território de cada Estado apenas se aplicariam as leis locais. Mas, por «cortesia internacional» (*«ex comitas gentium»*), admitiu o reconhecimento de direitos adquiridos no estrangeiro. Aquilo a que se deveria conferir efeitos no Estado do foro não seriam, todavia, as leis estrangeiras propriamente ditas, mas tão-só os *direitos adquiridos* no estrangeiro à sombra dessas leis. Esse reconhecimento não dependeria do livre arbítrio dos tribunais locais, antes derivaria do costume internacional (*«ex tacito populorum consensu»*). O fundamento da solução dada aos conflitos de leis radicaria, assim, numa fonte supra-estadual: o Direito Internacional Público (no dizer de Huber, *«quid diversi populi inter se servare debeant, ad juris Gentium rationes pertinere manifestum est»*).

Da Holanda, as ideias de Huber passaram para a Inglaterra, nos meados do século XVIII, através dos juristas escoceses que realizaram os seus estudos em universidades holandesas (em especial na de Leida). Mais tarde, a influência de Huber far-se-ia sentir também nos Estados Unidos. Os conflitos de leis surgiram aí do facto de as treze antigas colónias ingle-

---

ços. Não é outra, se bem cuidamos, a orientação subjacente às decisões do Tribunal de Justiça das Comunidades sobre esta matéria, de que demos conta *supra*, no n.º 6. Cfr., no sentido do texto, Horatia Muir Watt, «L'entrave à la libre prestation de services», cit., p. 546, n. 6; *idem,* «Aspects», cit., p. 199, n. 502.

[179] Cfr. «Anerkennung im Internationalen Personen-, Familien- und Erbrecht und das Europäische Kollisionsrecht», *IPRax,* 2006, pp. 392 ss.

[180] Cfr. *De Conflictu Legum diversarum in diversis imperiis*, 1.ª ed., 1689 (há tradução inglesa, por Llewelyn Davies, *in British Yearbook of International Law,* 1937, pp. 49 ss.).

sas terem mantido a sua autonomia legislativa. A doutrina territorialista holandesa de seiscentos adequava-se ao espírito independentista dos norte-americanos. Foi justamente em Huber que Joseph Story, juiz do Supremo Tribunal dos Estados Unidos e professor em Harvard, bebeu a principal inspiração da sua tese segundo a qual a «*comity of nations*» seria a expressão mais apropriada a fim de definir o fundamento e o alcance da eficácia das leis de um país no território de outro[181].

Devem-se, pois, a Huber as bases da teoria que se tornou conhecida em Inglaterra e nos Estados Unidos sob a designação de *vested rights* e que fez sentir a sua influência até ao século XX. Inscreveu-a Albert Dicey na sua obra fundamental, como primeiro princípio dos conflitos de leis: «Qualquer direito devidamente adquirido ao abrigo da lei de um país civilizado é reconhecido e, em geral, é feito feito valer (*enforced*) pelos tribunais ingleses»[182]. A mesma doutrina foi posteriormente sustentada nos Estados Unidos por Joseph Beale, relator do primeiro *Restatement* norte-americano sobre os conflitos de leis, que aliás a consagrou[183].

A doutrina dos direitos adquiridos exerceu ainda larga influência em França, através de Pillet[184], e em Portugal, por via do ensino de Machado Villela, que considerou o reconhecimento dos direitos adquiridos como um problema cientificamente autónomo relativamente ao dos conflitos de leis[185].

No domínio que aqui nos interessa, a autonomia do reconhecimento de direitos adquiridos fundar-se-ia, segundo a doutrina que a preconiza, na salvaguarda das liberdades comunitárias[186].

---

[181] Cfr. *Commentaries on the Conflict of Laws: Foreign and Domestic*, 5.ª ed., Boston, 1857, p. 44.

[182] Cfr. *Conflict of Laws*, 3.ª ed., Londres, 1922, pp. 23 s. (texto reproduzido *in* Paolo Picone e Wilhelm Wengler, *Internationales Privatrecht,* Darmstadt, 1974, p. 53).

[183] Cfr. *A Treatise on the Conflict of Laws*, vol. III, pp. 1968 ss.: «A right having been created by the appropriate law, the recognition of its existence should follow everywhere. Thus an act valid where done cannot be called in question anywhere» (texto reproduzido *in* Paolo Picone e Wilhelm Wengler, *Internationales Privatrecht,* cit., p. 53).

[184] Cfr. *Traité Pratique de Droit International Privé*, t. I, Grenoble/Paris, 1923, pp. 119 ss., e «La théorie générale des droits acquis», *Rec. Cours*, t. 8 (1925-II), pp. 485 ss., especialmente pp. 489 ss.

[185] Cfr. *Tratado elementar (teórico e prático) de Direito Internacional Privado*, livro I, Coimbra, 1921, pp. 610 ss.

[186] Cfr. Erik Jayme e Christian Kohler, «Europäisches Kollisionsrecht 2004: Territoriale Erweiterung und methodische Rückgriffe», *IPRax,* 2004, pp. 481 ss. (p. 484); Ralph

80   Direito Intenacional Privado – Ensaios III

Essa autonomia foi, no entanto, largamente rejeitada pela doutrina contemporânea[187]. Para esta, apenas se deve admitir o reconhecimento de direitos adquiridos no estrangeiro se e na medida em que estes se hajam constituído validamente de acordo com a lei ou as leis designadas pelas regras de conflitos do Estado do foro; são estas regras, com efeito, que hão-de indicar se a lei ao abrigo da qual a situação jurídica *sub judice* se constituiu era competente para criá-la[188]. Nesta medida, o reconhecimento de direitos adquiridos não teria autonomia dogmática relativamente aos conflitos de leis.

f) Recentemente, porém, Erik Jayme e Christian Kohler[189] deram conta de uma tendência, que estaria subjacente aos planos de acção comunitários neste domínio, para a substituição do Direito Internacional Privado pelo reconhecimento mútuo, ou, como escreveu Christian Kohler[190], para o «renascimento» do reconhecimento mútuo como princípio de solução dos problemas de Direito Internacional Privado. Tendência essa, aliás,

---

Michaels, «EU Law as Private International Law? Reconceptualizing the Country-of-Origin Principle as Vested Rights Theory», *Journal of Private International Law*, 2006, pp. 195 ss.; Kurt Siehr, «Kollisionen des Kollisionsrechts», *in* Dietmar Baetge, Jan von Hein e Michael von Hinden (orgs.), *Die richtige Ordnung. Festschrift für Jan Kropholler zum 70. Geburtstag,* Tubinga, 2008, pp. 211 ss. (p. 218).

[187] Na Alemanha, por exemplo, por Leo Raape e Fritz Sturm, *Internationales Privatrecht,* cit., e por Jan Kropholler, *Internationales Privatrecht,* cit., pp. 147 ss.; e, em Portugal, por Isabel de Magalhães Collaço, *Direito Internacional Privado*, vol. I, Lisboa, 1966, pp. 52 ss.; João Baptista Machado, *Lições de Direito Internacional Privado*, 2.ª edição, Coimbra, 1982, pp. 21 ss.; e António Ferrer Correia, *Lições de Direito Internacional Privado,* vol. I, Coimbra, 2000, pp. 387 ss.

[188] Nesta linha fundamental de orientação se pronunciou já Savigny, que, referindo-se ao princípio do reconhecimento dos direitos adquiridos, escreveu: «Este princípio conduz a um puro círculo. Pois apenas podemos saber quais os direitos adquiridos se soubermos em primeiro lugar de acordo com que Direito local devemos apreciar essa aquisição» («Dieser Grundsatz führt auf einen blossen Zirkel. Denn welche Rechte wohlerworben sind, können wir nur erfahren, wenn wir zuvor wissen, nach welchem örtlichen Rechte wir den vollzogenen Erwerb zu beurtheilen haben»). Cfr. *System des heutigen Römischen Rechts*, vol. VIII, Berlin, 1849, 2.ª reimpressão, Aalen, 1981, p. 132.

[189] Cfr. «Europäisches Kollisionsrecht 2001: Anerkennungsprinzip statt IPR?», *IPRax,* 2001, pp. 501 ss. Ver também Erik Jayme, «Il Diritto internazionale privato nel sistema comunitario e i suoi recenti sviluppi normativi nei rapporti con stati terzi», *RDIPP,* 2006, pp. 353 ss. (p. 355).

[190] Cfr. «Das Prinzip der gegenseitigen Anerkennung in Zivilsachen im europäischen Justizraum», *Zeitschrift für Schweizerisches Recht,* 2005, II, pp. 263 ss.

A Integração Económica e as Situações Privadas Internacionais   81

censurada por esses autores – o que não será surpreendente na pátria de Savigny[191].

Não falta mesmo quem caracterize os desenvolvimentos recentes do Direito Internacional Privado europeu, em particular pelo acolhimento nele dado aos princípios do país de origem e do reconhecimento mútuo, como uma «*revolução*» e uma «*mudança de paradigma*»[192]. A um método assente na ideia de conexão mais estreita contrapor-se-ia agora um outro, que visa resolver os conflitos de leis no espaço na base das liberdades comunitárias.

g) Perguntamos, pois: deverá, em homenagem às liberdades comunitárias, prescindir-se do controlo da lei à sombra da qual se constituiu uma situação jurídica a reconhecer?

Um princípio de reconhecimento mútuo assim entendido facilitaria porventura a resolução dos casos concretos e promoveria até a segurança jurídica e a previsibilidade das decisões[193].

Contudo, nos domínios em que não houve ainda uma harmonização das legislações dos Estados-Membros da Comunidade e em que, por con-

---

[191] Um ponto de vista mais aberto ao desenvolvimento deste método foi todavia sustentado por Paul Lagarde, para quem o mesmo teria sido acolhido nas Convenções da Haia de 1978 sobre a celebração e o reconhecimento da validade do casamento e de 1985 sobre a lei aplicável ao *trust* e ao seu reconhecimento, bem como na Convenção da CIEC de 2003 sobre o reconhecimento do nome (cfr. «Développements futurs du droit international privé dans une Europe en voie d'unification: quelques conjectures», *RabelsZ*, 2004, pp. 225 ss. (pp. 232 ss.). Por seu turno, Paolo Picone vê no reconhecimento mútuo uma manifestação do método, por ele autonomizado, da *referência ao ordenamento jurídico estrangeiro competente*, que no seu entender complementa o método clássico da conexão. Assim, no Direito Comunitário, a referência ao Estado de origem não serviria para aplicar a lei deste, mas antes para verificar a existência no respectivo ordenamento, globalmente considerado, de uma situação jurídica atinente a um bem ou a um serviço, a qual é tomada em consideração qualquer que seja a fonte de que deriva. Cfr., deste autor, «Diritto internazionale privato comunitário e pluralità dei metodi di coordinamento tra ordinamenti», *in eisudem* (org.), *Diritto internazionale privato e diritto comunitario*, Pádua, 2004, pp. 485 ss. (p. 495).

[192] Cfr. Ralf Michaels, «Die europäische IPR-Revolution. Regulierung, Europäisierung, Mediatisierung», *in* Dietmar Baetge, Jan von Hein e Michael von Hinden (orgs.), *Die richtige Ordnung. Festschrift für Jan Kropholler zum 70. Geburtstag,* Tubinga, 2008, pp. 151 ss. (p. 171).

[193] Cfr., neste sentido, Dagmar Coester-Waltjen, «Das Annerkennungsprinzip im Dornröschenschlaf?», *in* Heinz-Peter Mansel, Thomas Pfeiffer, Herbert Kronke, Christian Kohler e Rainer Hausmann (orgs.), *Festschrift für Erik Jayme,* vol. I, Munique, 2004, pp. 121 ss. (p. 123).

seguinte, se registam diferenças de vulto entre os respectivos sistemas jurídicos (como é o caso do Direito da Família e dos direitos de personalidade), parece-nos muito duvidosa a admissibilidade de semelhante orientação.

De facto, a inserção na ordem jurídica nacional, por via do reconhecimento mútuo, de quaisquer situações constituídas noutros Estados-Membros da Comunidade Europeia, independentemente da lei ao abrigo da qual se deu a sua constituição e da existência de uma harmonização mínima de legislações que assegure a *equivalência funcional* das soluções nelas consignadas, comprometeria seriamente a repartição da competência legislativa entre aqueles Estados levada a cabo pelo Direito Internacional Privado e a realização, pelo que respeita às situações constituídas no seio da Comunidade, dos valores por este prosseguidos – logo, a *unidade da ordem jurídica*.

O reconhecimento de uma situação jurídica constituída no estrangeiro envolve, por via de regra, a *renúncia* a regular essa situação, i. é, a definir os pressupostos da sua válida constituição, ainda que esteja estreitamente conexa com o Estado onde o reconhecimento é invocado. Ora, essa renúncia pressupõe, a nosso ver, uma ligação suficientemente estreita entre o país de acordo com cuja lei a situação se constituiu e os factos. Sendo esse país, por exemplo, o da residência habitual do interessado, parece que nada deve opor-se ao reconhecimento, desde que a lei local se tenha a si própria como aplicável (como sucedia no caso *Grunkin-Paul*). É esta, como se sabe, a orientação adoptada entre nós no art. 31.°, n.° 2, do Código Civil. Mas já assim não sucederá se a situação em apreço se constituiu de acordo com a lei de um país sem qualquer conexão substancial com os factos (como, por exemplo, o país onde os interessados se encontravam de passagem).

A simples invocação das liberdades comunitárias ou de qualquer outro princípio de Direito Comunitário não se afigura, assim, suficiente para o funcionamento da excepção de reconhecimento mútuo.

Por outras palavras, este não deve ter lugar à margem de uma ideia de *proximidade*. A intervenção daquela excepção deve depender, quanto a nós, de um juízo sobre a legitimidade, sob o ponto de vista das conexões espaciais que possui com a situação em apreço, da aplicação da lei ao abrigo da qual a situação se constituiu.

Em suma, o reconhecimento mútuo de situações jurídico-privadas fundado nos princípios do Direito Comunitário deve subordinar-se a crité-

A *Integração Económica e as Situações Privadas Internacionais*　　83

rios próprios do Direito Internacional Privado, controláveis pelos órgãos jurisdicionais do país onde o reconhecimento é invocado. O mesmo é dizer – o reconhecimento mútuo não deve operar com total autonomia relativamente ao método tradicional de resolução dos conflitos de leis, nem constitui uma verdadeira alternativa metodológica relativamente a ele[194].

De facto, um princípio de reconhecimento mútuo de quaisquer situações constituídas num Estado-Membro da Comunidade poderia colocar em crise a coordenação dos sistemas jurídicos nacionais levada a cabo pelo Direito Internacional Privado e os valores por este prosseguidos. Neste, o reconhecimento de situações constituídas no estrangeiro depende de um *controlo da legitimidade* da lei à sombra da qual essas situações se constituíram[195]. Não sendo essa lei aplicável segundo o Direito Internacional Privado do Estado foro, o reconhecimento é recusado. O reconhecimento de situações constituídas no estrangeiro admitido pelo Direito de Conflitos contemporâneo é, nesta medida, um *reconhecimento selectivo*[196].

---

[194] Cfr., nesta linha de orientação, Dieter Henrich, «Anerkennung statt IPR: Eine Grundsatzfrage», *IPRax*, 2005, pp. 422 ss., que, reportando-se ao primeiro acórdão proferido no caso *Grunkin-Paul*, adverte para os riscos da orientação criticada no texto. No limite, ela levaria, em seu entender, a que qualquer situação jurídica validamente constituída segundo o Direito de um Estado-Membro (um nome, um casamento entre pessoas do mesmo sexo, uma *Lebenspartnershaft*, o parentesco resultante de uma maternidade «de aluguer») tivesse de ser reconhecida pelos demais Estados-Membros, sem que estes pudessem controlar os pressupostos da sua constituição à luz da lei por eles tida como competente.

[195] Observe-se, a este propósito, que no caso *Grunkin-Paul II* o Tribunal de Justiça das Comunidades Europeias, embora não haja explicitado a necessidade de um controlo da competência da lei com base na qual a situação se constituiu, não deixou de declarar que a limitação imposta pelo art. 18.º do Tratado da Comunidade Europeia à aplicação do Direito nacional à composição do apelido de um menor apenas tem lugar quando daí resulte a recusa do reconhecimento desse apelido, *tal como o mesmo foi determinado e registado no Estado-Membro onde o menor nasceu e reside*. O desvio à aplicação da lei da nacionalidade só se verifica, assim, de acordo com esta jurisprudência, em benefício de uma situação jurídica constituída de acordo com a *lei do país de nascimento e residência habitual*.

[196] Assim, Ferrer Correia, ob. e loc. cits. Ver também Rui de Moura Ramos, «Dos direitos adquiridos em Direito Internacional Privado», *in Das Relações Privadas Internacionais. Estudos de Direito Internacional Privado*, Coimbra, 1995, pp. 11 ss., especialmente p. 47.

29. As liberdades comunitárias e a autonomia privada

Seja como for, parece inequívoco que da articulação da competência da lei do país de origem com o princípio do reconhecimento mútuo, nas hipóteses em que estas são admitidas pela jurisprudência e pelos actos comunitários a que fizemos referência, resulta um certo *alargamento da autonomia privada* na regulação das situações plurilocalizadas.

Na verdade, num quadro de integração económica em que se mantenha a diversidade dos Direitos nacionais, mas em que haja uma harmonização mínima de legislações, por força da qual os regimes resultantes dessa harmonização sejam tidos como funcionalmente equivalentes entre si, as liberdades comunitárias implicam a possibilidade de os interessados escolherem, com maior amplitude, o sistema nacional com base no qual pretendem constituir as situações jurídicas de que são partes; há assim um certo alargamento do âmbito da autonomia privada, posto que por via indirecta.

É o que já se verifica, por exemplo, em matéria de Direito das Sociedades. A liberdade de estabelecimento, no entendimento do Tribunal de Justiça, implica a possibilidade de os fundadores de uma sociedade comercial a constituírem de acordo com a lei de um Estado-Membro cujas normas sejam tidas como mais favoráveis, ainda que tenham em vista que a sociedade exerça a sua actividade exclusivamente noutro Estado-Membro[197].

Assim se assegura, além do mais, algum grau de competição entre esses sistemas jurídicos, que é benéfica sob o ponto de vista do desenvolvimento do Direito.

30. A ideia de liberdade como fundamento do Direito Internacional Privado europeu contemporâneo

a) Os elementos normativos e jurisprudenciais examinados permitem-nos, assim, concluir que Direito Internacional Privado europeu contemporâneo está ao serviço de um ideal de liberdade: aquele que subjaz ao processo de integração europeia e que o Tratado da Comunidade Europeia consagra.

---

[197] Cfr. o acórdão *Centros,* cit. *supra*, n.º 9.

A *Integração Económica e as Situações Privadas Internacionais*   85

Há, no entanto, quem aponte a esse Direito Internacional Privado europeu uma *discrepância valorativa* relativamente às regras comuns desta disciplina, as quais assentariam antes no princípio da proximidade ou da conexão mais estreita[198].

Mas a ideia de liberdade já aflorava no pensamento dos fundadores do Direito Internacional Privado moderno.

É bem sabido, com efeito, que Savigny, distanciando-se da territorialidade das leis que dominara a escola estatutária dos conflitos de leis no espaço, preconizou que «para cada relação jurídica se procure o domínio jurídico a que, segundo a sua natureza própria, essa relação pertence ou se encontra sujeita (onde possui a sua sede)»[199].

Isto, segundo Savigny, independentemente de o Direito assim aplicável ser o do próprio juiz a que a causa se encontre afecta ou o de um Estado estrangeiro[200].

Deste modo se asseguraria, segundo aquele autor, que, em caso de conflito de leis, as relações jurídicas fossem valoradas do mesmo modo, independentemente do Estado onde a sentença fosse proferida[201].

A harmonia de julgados foi assim erigida em finalidade precípua do Direito Internacional Privado. O que bem se compreende, pois a estabilidade e a continuidade das relações jurídicas através das fronteiras, dessa forma tornadas possíveis, eram condições essenciais ao exercício pelos particulares da livre iniciativa económica para além das fronteiras dos Estados onde se encontravam estabelecidos.

Na base da construção de Savigny está, por conseguinte, também um *ideal de liberdade*[202].

---

[198] Ver Peter Mankowski, «Binnenmarkt-IPR – Eine Problemskizze», cit.; Wilderspin e Lewis, est. cit.

[199] «Dass bei jedem Rechtsverhältniss dasjenige Rechtsgebiet aufgesucht werde, welchem dieses Rechtsverhältniss seiner eigenthümlichen Natur nach angehört oder unterworfen ist (worin dasselbe seinen Sitz hat)»: cfr. *System des heutigen Römischen Rechts*, vol. VIII, cit., pp. 28 e 108.

[200] «[O]hne Unterschied, ob dieses örtliche Recht das einheimische Recht dieses Richters, oder das Recht eines fremden Staates sein mag» (*ibidem*, p. 32).

[201] «Die Rechtsverhältnisse, in Fällen einer Collision der Gesetze, dieselbe Beurtheilung zu erwarten haben, ohne Unterschied, ob in diesem oder jenem Staate das Urtheil gesprochen werde» (*ibidem*, p. 27).

[202] Bem patente, de resto, na sua construção das relações jurídicas patrimoniais como expressões da liberdade individual: cfr. *System*, cit., vol. I, p. 370. Sobre o paralelismo entre a construção de Savigny no domínio do Direito Internacional Privado e a «mão

86　　Direito Intenacional Privado – Ensaios III

Outro dos pais fundadores do Direito Internacional Privado contemporâneo, Pascoale-Stanislao Mancini, sublinhou igualmente a relevância de uma solução uniforme dos conflitos de leis no espaço[203].

Mas o mesmo autor acrescentou a este desiderato aquilo a que chamou o *princípio da liberdade*: em todas as matérias que não contendessem com a pessoa, a família, a sucessão, a constituição política e a ordem pública, seria de admitir, em seu entender, a escolha pelos interessados da lei aplicável aos seus actos jurídicos[204].

As construções de os autores são, assim, orientadas para a efectivação da liberdade económica nas relações internacionais.

O Direito Internacional Privado europeu contemporâneo permanece fiel, nesta medida, às suas raízes históricas.

---

invisível» de Adam Smith, *vide* António Marques dos Santos, *As normas de aplicação imediata no Direito Internacional Privado*, cit., vol. I, p. 327, nota 1087.

[203] Como o inculca o próprio título do seu célebre ensaio «De l'utilité de rendre obligatoires pour tous les Etats, sous la forme d'un ou de plusieurs traités internationaux, un certain nombre de règles générales du Droit international privé, pour assurer la décision uniforme des conflits entre les différentes législations civiles et criminelles», *Clunet*, 1874, pp. 221 ss. e 285 ss.

[204] *Ibidem*, p. 298.

PERSPECTIVAS DA HARMONIZAÇÃO E UNIFICAÇÃO INTERNACIONAL DO DIREITO PRIVADO NUMA ÉPOCA DE GLOBALIZAÇÃO DA ECONOMIA*

> *«Il y a de certaines idées d'uniformité qui saisissent quelquefois les grands esprits (car elles ont touché Charlemagne), mais qui frappent infailliblement les petits. Ils y trouvent un genre de perfection qu'ils reconnoissent, parce qu'il est impossible de ne le pas découvrir : les mêmes poids dans la police, les mêmes mesures dans le commerce, les mêmes lois dans l'État, la même religion dans toutes ses parties. Mais cela est-il toujours à propos sans exception? Le mal de changer est-il toujours moins grand que le mal de souffrir? Et la grandeur du génie ne consisteroit-elle pas mieux à savoir dans quel cas il faut l'uniformité et dans quel cas il faut des différences? A la Chine, les Chinois sont gouvernés par le cérémonial chinois, et les Tartare par le cérémonial tartare: c'est pourtant le peuple du monde qui a le plus la tranquillité pour objet. Lorsque les citoyens suivent les lois, qu'importe qu'ils suivent la même?»*

> Montesquieu, *De l'esprit des lois*, Genebra, 1749,
> Livro XXIX, capítulo 18.

1. **Introdução**

A crescente integração dos mercados, a que se convencionou chamar «globalização» ou «mundialização» da economia, veio repor na ordem do

---

* Texto, com actualizações pontuais, que serviu de base à conferência proferida em 5 de Outubro de 2007 na Universidade Carlos III de Madrid. Originariamente publicado nos *Estudos em honra do Prof. Doutor José de Oliveira Ascensão*, Coimbra, 2008, vol. II, pp. 1653 ss.

dia a temática da harmonização e da unificação internacional do Direito Privado[1].

Na doutrina, anuncia-se uma «convergência gradual» dos sistemas jurídicos nacionais (ou, pelo menos, daqueles que integram as famílias jurídicas romano-germânica e de *Common Law*)[2]. Retoma-se deste modo a hipótese, avançada há mais de quatro décadas, da formação de um *Direito ocidental*, que congregaria os sistemas integrados nessas famílias jurídicas[3]. E a criação de um novo *Ius Commune*, adaptado às necessidades do mundo moderno, é apontado como o ideal a prosseguir[4]. Assiste-se assim ao renascimento da *concepção universalista do Direito*, que teve grande influência na Europa até ao início do século XIX.

É das manifestações actuais dessa concepção que nos propomos tratar no presente estudo. Existirá – pergunta-se – um Direito da globalização? A fim de respondermos a esta questão, procuraremos, em primeiro lugar, traçar um breve panorama das principais iniciativas contemporâneas de harmonização e unificação do Direito Privado material, no plano mundial e regional. Indagaremos depois das razões que as justificam e dos limites a que se subordinam. Tentaremos, por fim, determinar se e em que medida a coordenação dos Direitos nacionais através dos métodos próprios do Direito Internacional Privado constitui uma alternativa à harmonização e à unificação internacional do Direito Privado.

A fim de delimitarmos o objecto da exposição subsequente, importa precisar os conceitos de harmonização e de unificação de Direitos a que aludimos acima.

---

[1] Cfr. Jürgen Basedow, «The Effects of Globalization on Private International Law», *in* Jürgen Basedow e Toshiyuki Kono (orgs.), *Legal Aspects of Globalization. Conflict of Laws, Internet, Capital Markets and Insolvency in a Global Economy*, Haia/Londres/Boston, 2000, pp. 1 ss.; Pedro Alberto de Miguel Asensio, «El Derecho Internacional Privado ante la globalización», *Anuario Español de Derecho Internacional Privado*, t. I, 2001, pp. 37 ss.

[2] Neste sentido, Basil Markesinis, «Learning from Europe and Learning in Europe», *in eiusdem, The Gradual Convergence: Foreign Ideas, Foreign Influences, and English Law on the Eve of the 21st Century*, reimpressão, Oxford, 2001, pp. 1 ss. (p. 30).

[3] Assim René David, «Existe-t-il un droit occidental?», *in* Kurt H. Nadelmann, Arthur T. von Mehren e John N. Hazard (orgs.), *XXth Century Comparative and Conflicts Law. Essays in Honor of Hessel E. Yntema*, Leida, 1961, pp. 56 ss.

[4] Cfr. René David, «The International Unification of Private Law», *in International Encyclopedia of Comparative Law*, vol. II, cap. 5, Tubinga, s.d.

Por *harmonização* de Direitos entendemos a redução das diferenças que os separam quanto a certas matérias, tendo em vista assegurar um certo grau de *equivalência funcional* entre as soluções neles consagradas, mas sem que seja inteiramente suprimida a diversidade das respectivas regras. A harmonização pode ser conseguida de diferentes formas, entre as quais avultam, na Comunidade Europeia, as Directivas, que vinculam os Estados-Membros quanto aos resultados a alcançar na disciplina jurídica de certas matérias, deixando no entanto às instâncias nacionais a competência quanto à forma e aos meios de o conseguirem; e no âmbito mundial as *Leis-Modelo* emanadas da Comissão das Nações Unidas Para o Direito Comercial Internacional (CNUDCI) e do Instituto Internacional Para a Unificação do Direito Privado (UNIDROIT).

Já a *unificação* de Direitos tem por objectivo a supressão das diferenças entre os sistemas jurídicos considerados, o que pressupõe a identidade das suas regras jurídicas e porventura mesmo a atribuição a um único órgão da competência para decidir em última instância as questões suscitadas pela respectiva interpretação e integração. Também a unificação pode ser levada a efeito através de diferentes categorias de instrumentos, entre os quais sobressaem, para além das convenções e dos tratados de Direito Internacional Público, os Regulamentos (na Comunidade Europeia) e os Actos Uniformes (na Organização Para a Harmonização do Direito dos Negócios em África ou OHADA).

2. Breve panorama das principais iniciativas contemporâneas de harmonização e unificação do Direito Privado: *a)* De âmbito mundial

I – Modernamente, contam-se entre as primeiras manifestações do fenómeno em apreço as iniciativas de unificação que, no final do século XIX, tiveram por objecto a propriedade intelectual. Duas convenções internacionais, ainda em vigor, instituíram então um *standard* mínimo de protecção dos direitos intelectuais, hoje de aplicação quase universal: a *Convenção de Paris para a Protecção da Propriedade Industrial*, de 20 de Março 1883, revista por diversas vezes[5]; e a *Convenção de Berna para a*

---

[5] Aprovado para ratificação pelo Decreto n.° 22/75, de 22 de Janeiro (publicado no 1.° suplemento ao *Diário da República* dessa data).

90   *Direito Intenacional Privado – Ensaios III*

Protecção das Obras Literárias e Artísticas, celebrada em 9 de Setembro de 1886 e também objecto de diversas revisões[6].

Ainda hoje é essencialmente por força destes instrumentos internacionais que nos respectivos Estados membros se afere, em situações plurilocalizadas, a protecção devida aos direitos autorais e aos direitos privativos da propriedade industrial. Em virtude do Acordo, celebrado em 1994, sobre os Aspectos dos Direitos da Propriedade Intelectual Relacionados com o Comércio (ADPIC ou TRIPS)[7], anexo ao acordo que instituiu a Organização Mundial de Comércio, essas convenções vigoram hoje em todos os Estados partes desta organização internacional.

Cumpre todavia reconhecer o alcance relativamente limitado desses instrumentos: pese embora o enorme progresso que representaram face à situação pretérita, deixaram por regular um vastíssimo número de questões, como por exemplo a titularidade do direito de autor nos casos de obras feitas por conta de outrem, o esgotamento desse direito e os respectivos meios de tutela.

II – Nos anos 20 do século passado, foi lançado pelo então professor em Berlim Ernst Rabel o apelo a uma empresa mais ambiciosa: a unificação internacional do regime da compra e venda. Foi na sequência desse apelo que se procedeu à elaboração, sob a égide do UNIDROIT, de um projecto de Lei Uniforme Sobre a Compra e Venda, publicado em 1935[8]. Interrompidos durante a II Guerra Mundial, os esforços de unificação legislativa neste domínio viriam a ser retomados após a cessação das hostilidades, tendo sido apresentado na Haia, em 1951, um novo projecto de lei uniforme sobre a matéria. Em 1964, foram aprovadas, também na Haia,

---

[6] Em vigor em Portugal na versão do Acto de Paris de 24 de Julho de 1971, por força do Decreto n.º 73/78, de 26 de Julho, que o aprovou para adesão.

[7] Aprovado para ratificação pela Resolução da Assembleia da República n.º 75-B/94, de 15 de Dezembro de 1994, *in Diário da República,* I série A, n.º 298, de 27 de Dezembro de 1994, 5.º suplemento.

[8] Podem consultar-se as versões francesa e alemã do projecto, com um comentário de Ernst Rabel, na *Rabels Zeitschrift für ausländisches und internationales Privatrecht*, 1935, pp. 8 ss. Consultem-se ainda, do mesmo autor, *Das Recht des Warenkaufs. Eine rechtsvergleichende Darstellung*, vol. I, Berlim/Leipzig, 1936, vol. II, Berlim, 1957; e «L'unification du droit de la vente internationale. Ses rapports avec les formulaires ou contrats-types des divers commerces», *in* AAVV, *Introduction à l'étude du Droit Comparé. Recueil d'Études en l'honneur d'Édouard Lambert*, vol. II, Paris, 1938, pp. 688 ss. (traduzido do alemão por H. Mankiewicz).

duas convenções tendo em anexo, respectivamente, a Lei Uniforme Sobre a Compra e Venda Internacional de Mercadorias e a Lei Uniforme Sobre a Formação dos Contratos de Compra e Venda Internacional de Mercadorias, que os Estados celebrantes se obrigavam a incorporar no seu Direito interno[9]. Mas estas convenções não tiveram acolhimento favorável por parte de vários Estados com participação relevante no comércio internacional, tendo sido objecto de um número muito restrito de ratificações. Eis por que a CNUDCI, criada em 1966 por uma Resolução da Assembleia--Geral da Organização das Nações Unidas, estabeleceu como uma das suas prioridades a revisão do Direito uniforme da compra e venda internacional. A sua actividade culminou numa conferência diplomática realizada em Viena, em 1980, na qual foi aprovada a *Convenção das Nações Unidas Sobre os Contratos de Compra e Venda Internacional de Mercadorias*, em vigor desde 1 de Janeiro de 1988[10].

Outros tipos contratuais assumiram entretanto grande relevo nas relações internacionais. Está neste caso a *locação financeira* (*leasing* ou *crédit-bail*), particularmente importante como instrumento de financiamento da aquisição de equipamentos por parte dos países em vias de desenvolvimento. Ocupou-se dela o UNIDROIT, por iniciativa do qual foi concluída em Otava, em 1988, a *Convenção Sobre o Leasing Financeiro Internacional*, em vigor desde 1995, que unifica as regras materiais aplicáveis a esse contrato[11].

---

[9] Vejam-se os respectivos textos em http://www.unidroit.org.

[10] Disponível em http://www.uncitral.org. Portugal ainda não aderiu à Convenção de Viena, de que são presentemente partes 70 Estados; mas ela pode, não obstante isso, ser aplicada pelos tribunais portugueses quando as regras de conflitos nacionais remetam para o Direito de um Estado parte da Convenção. Ver sobre a Convenção, na literatura nacional, Maria Ângela Bento Soares/Rui Moura Ramos, *Contratos internacionais. Compra e venda. Cláusulas penais. Arbitragem*, Coimbra, 1986; Dário Moura Vicente, «A Convenção de Viena Sobre a Compra e Venda Internacional de Mercadorias: características gerais e âmbito de aplicação», *in* AAVV, *Estudos de Direito Comercial Internacional*, Coimbra, 2004, pp. 271 ss.; e Luís de Lima Pinheiro, *Direito Comercial Internacional*, Coimbra, 2005, pp. 259 ss.

[11] Disponível em http://www.unidroit.org. Existe tradução portuguesa, com notas, por Rui Pinto Duarte, *in Escritos sobre Leasing e Factoring,* Cascais, 2001, pp. 211 ss. Cfr. também Sánchez Jiménez, «El contrato de leasing», *in* Alfonso Calvo Caravaca e outros (orgs.), *Contratos internacionales*, Madrid, 1997, pp. 933 ss. Portugal não é, por enquanto, parte deste instrumento internacional.

92   *Direito Intenacional Privado – Ensaios III*

Paralelamente, foi objecto de unificação o regime jurídico aplicável ao chamado *factoring*, ou *cessão financeira*, que desempenha igualmente papel de relevo no comércio internacional como instrumento destinado, nomeadamente, a facilitar as exportações pelas pequenas e médias empresas, normalmente dotadas de menor capacidade financeira e por isso mesmo impossibilitadas de concederem crédito aos adquirentes dos seus produtos ou serviços. Também ele é objecto de uma Convenção do UNIDROIT: a *Convenção Sobre o Factoring Internacional*, concluída em Otava em 1988 e em vigor desde 1995[12].

III – Um domínio em que é há muito igualmente reconhecida a necessidade de uma unificação do regime jurídico aplicável é o do transporte internacional.

Foi esse reconhecimento que esteve na origem da celebração, a 25 de Agosto de 1924, por iniciativa do Comité Marítimo Internacional, da *Convenção de Bruxelas Relativa à Unificação de Certas Regras em Matéria de Conhecimentos de Carga* (também conhecida por «Regras da Haia»)[13], alterada pelo *Protocolo de Visby* de 23 de Fevereiro de 1968 e pelo *Protocolo SDR*[14]; bem como da *Convenção das Nações Unidas Sobre o Transporte de Mercadorias por Mar*, concluída em Hamburgo a 31 de Março de 1978 («Regras de Hamburgo»)[15].

No domínio do transporte aéreo, destaquem-se a *Convenção de Varsóvia Para a Unificação de Certas Regras Relativas ao Transporte Aéreo Internacional*, de 12 de Outubro de 1929[16] e a *Convenção Para a Unificação de Certas Regras Relativas ao Transporte Aéreo Internacional*,

---

[12] Disponível em http://www.unidroit.org. Ver Sánchez Jiménez, «El contrato de factoring», *in* Alfonso Calvo Caravaca e outros (orgs.), ob. cit., pp. 978 ss.; Maria Helena Brito, *O factoring internacional e a Convenção do Unidroit*, Lisboa, 1998, pp. 83 ss.; e Rui Pinto Duarte, ob. cit. Portugal também não é parte deste instrumento internacional.

[13] A que Portugal aderiu pela Carta de 5 de Dezembro de 1931, publicada no *D.G.*, I série, n.º 128, de 2 de Junho de 1932. Veja-se o estado das ratificações em http://www.comitemaritime.org.

[14] Em vigor, respectivamente, desde 23 de Junho de 1977 e 14 de Fevereiro de 1984; não foram ainda ratificados por Portugal.

[15] Disponível em http://www.uncitral.org. Em vigor desde 1 de Novembro de 1992; não foi ainda ratificada por Portugal.

[16] Publicada no *Diário do Governo*, I série, n.º 185, de 10 de Agosto de 1948. São partes dela 151 Estados e territórios. Veja-se o estado das ratificações em http://www.icao.int.

celebrada em Montreal a 28 de Maio de 1999[17], que visa modernizar e consolidar o denominado *Sistema de Varsóvia* constituído pela convenção do mesmo nome e pelos instrumentos que a completaram e modificaram.

Não menos relevantes nesse domínio são a *Convenção de Genebra de 1956 Relativa ao Contrato de Transporte Internacional de Mercadorias por Estrada* (CMR)[18] e a *Convenção Relativa aos Transportes Internacionais Ferroviários*, feita em Berna em 1980 (COTIF)[19].

IV – Mais recentemente, surgiram diversos instrumentos internacionais respeitantes aos meios de pagamento e às garantias das transacções: a *Convenção das Nações Unidas Sobre Letras de Câmbio e Livranças Internacionais*, de 1988; a *Convenção das Nações Unidas Sobre a Cessão de Créditos no Comércio Internacional*, de 2001; e a *Convenção do UNI-DROIT Relativa às Garantias Internacionais Sobre Elementos de Equipamentos Móveis*, de 2001[20].

Por outro lado, o crescente recurso a meios electrónicos na contratação internacional e a necessidade de esclarecer certas dúvidas suscitadas quanto à validade e eficácia dos contratos assim celebrados levaram a CNUDCI a promover a *Convenção das Nações Unidas Sobre a Utilização das Comunicações Electrónicas nos Contratos Internacionais*, concluída em Nova Iorque em 2005[21].

V – Numa outra categoria de instrumentos de harmonização e unificação internacional do Direito Privado inserem-se os *Princípios Relativos aos Contratos Comerciais Internacionais*, originariamente publicados em 1994 pelo UNIDROIT[22].

---

[17] Em Portugal, a Convenção foi aprovada para ratificação pelo Decreto n.° 39/2002, de 27 de Novembro. São actualmente partes desta Convenção 70 Estados, além da Comunidade Europeia, que a aprovou por Decisão do Conselho de 5 de Abril de 2001. O estado das ratificações está disponível em http://www.icao.int.

[18] Aprovada para adesão pelo Decreto-Lei n.° 46.235, de 18 de Março de 1965.

[19] Aprovada para ratificação pelo Decreto do Governo n.° 50/85, de 27 de Novembro. Foi alterada pelos Protocolos 1990, aprovado, para adesão, pelo Decreto do Governo n.° 10/97, de 19 de Fevereiro, de 1999, aprovado pelo Decreto n.° 3/2004, de 25 de Março.

[20] Textos disponíveis nos sítios Internet da CNUDCI e do UNIDROIT citados nas notas anteriores.

[21] Disponível em *ibidem*.

[22] Cfr. International Institute for the Unification of Private Law, *Unidroit Principles of International Commercial Contracts*, Roma, 1994 (existe tradução portuguesa, publi-

94   *Direito Intenacional Privado – Ensaios III*

Contêm-se nesse texto disposições uniformes relativas, nomeadamente, à formação, à validade e à interpretação dos contratos, à determinação das obrigações deles emergentes e aos direitos de terceiros, ao cumprimento e ao incumprimento, bem como à cessão do contrato ou dos direitos dele emergentes e à transferência de obrigações para terceiros[23]. Trata-se porém de um texto sem carácter vinculativo, que se destina a ser aplicado fundamentalmente quando as partes o escolham, e não enquanto fonte de verdadeiras regras jurídicas[24].

Alguns reconduzem-no à categoria a que se convencionou chamar «Direito flexível», ou *soft law*[25], conceito através do qual se têm geralmente em vista certos instrumentos reguladores de relações internacionais de índole económica, sem carácter normativo, mas nem por isso desprovidos de eficácia. Esta última derivaria, além do mais, de os sujeitos dessas relações obedecerem espontaneamente ao que se prescreve em tais instrumentos, *v.g.* por receio de perderem certas vantagens (como a protecção diplomática ou a concessão de créditos à exportação) ou de a sua observância ser conforme à boa fé[26]. Parece duvidoso, no entanto, que se possa com propriedade falar de Direito a este respeito.

cada pelo Ministério da Justiça, com o título *Princípios relativos aos Contratos Comerciais Internacionais*, Lisboa, 2000). Em 2004, foi publicada nova edição actualizada.

[23] Ver, sobre esse texto, Michael Joachim Bonell, *An International Restatement of Contract Law. The UNIDROIT Principles of International Commercial Contracts*, 3.ª ed., Ardsley, Nova Iorque, 2005.

[24] Veja-se o preâmbulo dos *Princípios*, segundo o qual: «Os Princípios seguintes enunciam regras gerais destinadas a reger os contratos comerciais internacionais. Serão aplicáveis quando as partes acordem em submeter o seu contrato a estes Princípios. Podem aplicar-se quando as partes convencionem submeter o contrato aos princípios gerais do direito, à lex mercatoria ou fórmula semelhante. Podem ser aplicados quando as partes não hajam escolhido qualquer lei a fim de reger o seu contrato. Podem ser utilizados para interpretar ou integrar instrumentos internacionais de direito uniforme. Podem ser utilizados para interpretar o direito nacional. Podem servir de modelo aos legisladores nacionais e internacionais».

[25] Ver Ulrich Drobnig, «Vereinheitlichung von Zivilrecht durch soft law: neuere Erfahrungen und Einsichten», *in* Jürgen Basedow e outros (orgs.), *Aufbruch nach Europa. 75 Jahre Max-Planck-Institut für Privatrecht*, Tubinga, 2001, pp. 745 ss.

[26] Cfr. Ignaz Seidl-Hohenveldern, «International Economic "Soft Law"», *Recueil des Cours de l'Académie de La Haye de Droit International*, t. 163 (1979-II), pp. 165 ss. (especialmente pp. 182 ss.); Ulrich Ehricke, «"Soft Law" – Aspekte einer neuen Rechtsquelle», *NJW*, 1989, pp. 1906 ss.; António Marques dos Santos, *Direito Internacional Privado*, vol. I, Lisboa, 2001, pp. 41 s.; e Paulo Otero, *Legalidade e administração pública. O sentido da vinculação administrativa à juridicidade*, Coimbra, 2003, pp. 172 ss. e 908 ss.

Outro tanto deve dizer-se das referidas *Leis-Modelo* emanadas da CNUDCI e do UNIDROIT; bem como dos *Guias Legislativos* que nos últimos anos a primeira destas organizações tem adoptado em crescente número[27]; e dos instrumentos normativos emanados das organizações de Direito Privado, como a Câmara de Comércio Internacional, que têm procurado compilar os usos do comércio internacional, actualizando e aperfeiçoando regularmente a sua formulação. São fruto deste labor, por exemplo, os denominados *Incoterms*[28], as *Regras Uniformes Sobre Garantias Contratuais*[29] e as *Regras e Usos Uniformes Relativos ao Crédito Documentário*[30], emanados daquela entidade, que os interessados podem adoptar, incorporando-os por remissão nos respectivos contratos.

3. Continuação: *b)* De âmbito regional

I – A harmonização e a unificação do Direito Privado ganharam também grande relevância no contexto dos movimentos de integração económica regional[31].

No âmbito da Comunidade Europeia, por exemplo, são hoje muito numerosos os actos de Direito Comunitário que incidem sobre matérias de Direito Privado, visando harmonizar os Direitos dos Estados-Membros. Entre esses actos destacam-se as Directivas relativas à responsabilidade decorrente dos produtos defeituosos[32]; às cláusulas abusivas nos contratos

---

[27] Vejam-se designadamente os Guias Legislativos da CNUDCI sobre Transferências Electrónicas de Fundos (1986), Projectos de Infra-estruturas com Financiamento Privado (2001) e Direito da Insolvência (2005).

[28] Cfr. *Incoterms 2000. ICC Official Rules for the Interpretation of Trade Terms*, Paris, 2000.

[29] Cfr. *ICC Uniform Rules for Contract Guarantees*, reimpressão, Paris, 2002.

[30] Cfr. *ICC Uniform Customs and Practice for Documentary Credits. 2007 Revision*, Paris, 2007.

[31] Ver, sobre esta matéria, os estudos recolhidos sob o título *Worldwide Harmonisation of Private Law and Regional Economic Integration. Acts of the Congress to Celebrate the 75th Anniversary of the Founding of the International Institute for the Unification of Private Law (UNIDROIT)/ Harmonisation mondiale du droit privé et intégration économique régionale. Actes du Congrès pour célébrer le 75ème anniversaire de la fondation de l'Institut international pour l'unification du droit privé (UNIDROIT)*, vol. VIII (2003, n.os 1 e 2) da *Uniform Law Review*.

[32] Directiva 85/374/CEE, de 25 de Julho de 1985, *in Jornal Oficial das Comunidades Europeias* (doravante *JOCE*), n.º L 210, de 7 de Agosto de 1985, pp. 29 ss.

96   *Direito Intenacional Privado – Ensaios III*

celebrados com os consumidores[33]; à protecção dos adquirentes quanto a certos aspectos dos contratos de aquisição de um direito de utilização a tempo parcial de bens imóveis (*time-sharing*)[34]; à protecção dos consumidores em matéria de contratos à distância[35]; à venda de bens de consumo e às garantias a ela relativas[36]; ao comércio electrónico[37]; aos atrasos de pagamento nas transacções comerciais[38]; aos acordos de garantia financeira[39]; à comercialização à distância de serviços financeiros[40]; e às práticas comerciais desleais das empresas face aos consumidores no mercado interno[41].

Já se tem visto neste conjunto de actos comunitários a expressão embrionária de um novo *Ius Commune* europeu. Importa contudo notar que, ao passo que o *Ius Commune* medieval vigorou na Europa devido ao reconhecimento da sua superioridade perante qualquer outra fonte de regulação jurídica da vida social (i. é, *imperio rationis*), o Direito Comunitário vigora porque é estabelecido pelas instituições competentes da Comunidade Europeia, em vista de um ideal de unificação do Direito dos Estados-Membros (*hoc sensu, ratione imperii*)[42].

Seja porém como for, é inequívoco que o acervo comunitário no domínio do Direito Privado não logrou eliminar as divergências entre os sistemas jurídicos nacionais quanto às matérias por ele abrangidas. Trata-

---

[33] Directiva 93/13/CEE, de 5 de Abril de 1993, *in JOCE* n.º L 95, de 21 de Abril de 1993, pp. 29 ss.

[34] Directiva 94/47/CE, de 26 de Outubro de 1994, *in JOCE* n.º L 280, de 29 de Agosto de 1994, pp. 83 ss.

[35] Directiva 97/7/CE, de 20 de Maio de 1997, *in JOCE* L 144, de 4 de Junho de 1997, pp. 19 ss.

[36] Directiva 1999/44/CE, de 25 de Maio de 1999, *in JOCE*, n.º L 171 de 7 de Julho de 1999, pp. 12 ss.

[37] Directiva 2000/31/CE, de 8 de Junho de 2000, *in JOCE* n.º L 178, de 17 de Julho de 2000, pp. 1 ss.

[38] Directiva 2000/35/CE, de 29 de Junho de 2000, *in JOCE* n.º L 200, de 8 de Agosto de 2000, pp. 35 ss.

[39] Directiva 2002/47/CE, de 6 de Junho de 2002, *in JOCE* n.º L 168, de 27 de Junho de 2002, pp. 43 ss.

[40] Directiva 2002/65/CE, de 23 de Setembro de 2002, *in JOCE* n.º L 271, de 9 de Outubro de 2002, pp. 16 ss.

[41] Directiva 2005/29/CE do Parlamento Europeu e do Conselho, de 11 de Maio de 2005, *in JOCE* n.º L 149 de 11 de Junho de 2005, pp. 22 ss.

[42] Ver, nesta linha de orientação, Peter Stein, *Roman Law in European History*, Cambridge, reimpressão, 2004, p. 130.

A Integração Económica e as Situações Privadas Internacionais

-se, como resulta do enunciado de actos comunitários acima feito, de uma regulamentação muito fragmentária; e contêm-se nela, além disso, certas incoerências, que afectam designadamente o regime dos deveres pré-contratuais de informação, dos prazos de retractação pelo consumidor e da responsabilidade contratual do fornecedor de bens ou serviços.

É esta uma das principais razões por que foi preconizada por alguns a elaboração de um *Código Civil Europeu*, ideia a que o Parlamento Europeu deu reiteradamente o seu aval[43]. Nesse sentido foram levados a cabo nos últimos anos diversos trabalhos preparatórios, entre os quais sobressaem os *Princípios de Direito Europeu dos Contratos*, publicados entre 1995 e 2003 pela Comissão de Direito Europeu dos Contratos[44]; o anteprojecto de um *Código Europeu dos Contratos*, da iniciativa da *Academia dos Jusprivatistas Europeus*, com sede em Pavia, que teve como coordenador Giuseppe Gandolfi[45]; e os *Princípios de Direito Europeu da Responsabilidade Civil*, publicados em 2005 pelo *Grupo Europeu de Direito da Responsabilidade Civil*[46].

De um modo geral, todos estes textos se filiam na técnica jurídica e nas soluções dos sistemas jurídicos romano-germânicos. A sua adopção como base de um futuro Código Civil europeu apenas poderia por isso fazer-se, como foi salientado por Pierre Legrand, à custa da tradição jurídica de *Common Law*[47]. Não falta aliás entre os adeptos da referida codi-

---

[43] Cfr. «Resolução sobre um esforço de harmonização do direito privado dos Estados-membros», *JOCE*, n.º C 158, de 26 de Junho de 1989, pp. 400 s.; «Resolução sobre a harmonização de certos sectores do direito privado dos Estados-membros», *in ibidem*, n.º C 205, de 25 de Julho de 1994, pp. 518 s.; e «Resolução do Parlamento Europeu sobre a aproximação do direito civil e comercial dos Estados-Membros», *in ibidem*, n.º C 140 E, de 13 de Junho de 2002, pp. 538 ss.

[44] Cfr. Ole Lando e outros (orgs.), *Principles of European Contract Law. Parts I and II Combined and Revised,* Haia/Londres/Boston, 2000; *Part III*, Haia/Londres/Nova Iorque, 2003.02, pp. 538 ss.

[45] Cfr. Accademia dei Giusprivatisti Europei, *Code européen des contrats. Avant-projet*, 2.ª ed., Milão, 2004.

[46] Cfr. European Group on Tort Law, *Principles of European Tort Law. Text and Commentary*, Viena/Nova Iorque, 2005.

[47] Cfr. «Against a European Civil Code», *The Modern Law Review*, 1997, pp. 44 ss. (p. 55), onde se pode ler: «[t]he communion assumed to be epitomised by a European Civil Code would in fact represent, beyond the sum of words, the excommunication of the common law way of understanding the world and the relegation to obsolescence of its particular insights».

98   *Direito Intenacional Privado – Ensaios III*

ficação quem preconize expressamente o recurso para o efeito aos materiais do Direito Romano[48].

Em 1998, foi constituído o *Grupo de Estudos Sobre um Código Civil Europeu*, dirigido pelo professor de Osnabrück Christian von Bar, com vista a preparar uma codificação do Direito Civil patrimonial (excluindo o regime dos bens imóveis) destinada a ser posteriormente incorporada num Regulamento comunitário[49]. Mas este projecto, inicialmente acalentado pela Comunidade Europeia, foi entretanto preterido, tanto pela Comissão Europeia[50] como pelo Conselho Europeu[51], em benefício de um instrumento de alcance mais limitado, a que se deu a designação de *Quadro Comum de Referência* (*Common Frame of Reference*). Este último visa tão-somente, segundo o *Plano de Acção* da Comissão Europeia intitulado *Maior Coerência no Direito Europeu dos Contratos*[52], estabelecer «princípios e uma terminologia comuns no âmbito do direito europeu dos contratos», constituindo também «um passo importante para melhorar o acervo [comunitário] em matéria de direito dos contratos»; admite-se em todo o caso que «se esse quadro comum de referência beneficiar de uma ampla aceitação como modelo do direito europeu dos contratos que melhor corresponde às necessidades dos operadores económicos, é possível que seja aceite também como critério de referência pelos poderes legislativos nacionais da UE».

---

[48] Ver Rolf Knütel, «Rechtseinheit in Europa und römisches Recht», *Zeitschrift für Europäisches Privatrecht*, 1994, pp. 244 ss. (p. 269).

[49] Ver Christian von Bar, «Le Groupe d'Études sur un Code Civil Européen», *Revue Internationale de Droit Comparé*, 2001, pp. 127 ss.

[50] Veja-se o discurso proferido pelo Comissário Europeu Marcos Kyprianou, em 26 de Setembro de 2005, na abertura da Conferência sobre Direito Europeu dos Contratos, realizada em Londres por iniciativa da Comissão Europeia e do Governo do Reino Unido. Aí se lê: «I can indeed categorically state that we are not working on a European Civil Code. As early as 2001, in the first consultation round, it was very clear from the responses that this was not the favoured option. So, no Civil Code» (texto disponível em http://ec.europa.eu/consumers/cons_int/safe_shop/fair_bus_pract/cont_law/conference26092005_en.htm).

[51] Vejam-se as conclusões do Conselho Europeu de 28 e 29 de Novembro de 2005, n.º 10: «The Council of the European Union [...] welcomes [...] the Commission's repeated assurance that it does not intend to propose a "European Civil Code" which would harmonise contract laws of Member States, and that Member States' differing legal traditions will be fully taken into account» (texto disponível em http://www.europa.eu).

[52] *In JOCE* C63, de 15 de Março de 2003, pp. 1 ss. (n.ᵒˢ 59 e 60).

O projecto desse *Quadro Comum* foi divulgado em 2008[53]. Contêm-se nele princípios, definições e «regras-modelo» em matéria de obrigações contratuais e extracontratuais (resultantes, estas, da causação de danos a terceiros, do enriquecimento sem causa e da gestão de negócios). Prevê-se ainda, na introdução a esse texto, que a respectiva versão final abrangerá também a propriedade sobre bens móveis. Em parte, os princípios e regras dele constantes incorporam os que já figuravam nos aludidos *Princípios de Direito Europeu dos Contratos* elaborados pela Comissão de Direito Europeu dos Contratos. Segundo os seus autores, o projecto de *Quadro Comum de Referência* visa, além de promover o conhecimento do Direito Privado dos Estados-Membros da Comunidade Europeia, servir de possível fonte de inspiração aos legisladores nacionais e coadjuvar a melhoria do acervo comunitário existente e a adopção de futuros actos comunitários no domínio do Direito Privado. Nesta medida, constitui um *guia legislativo*, desprovido de eficácia normativa. Mas o projecto em apreço foi ainda redigido tendo em mente a possível elaboração, no futuro, de um *instrumento jurídico opcional*, que as partes poderão escolher a fim de reger as respectivas relações obrigacionais, inclusive no domínio das relações de consumo[54].

II – Também noutros continentes têm tido lugar importantes iniciativas no sentido da harmonização e da unificação do Direito Privado.

Assim sucede em África, onde a experiência mais frutuosa neste domínio é a da OHADA, que adoptou vários Actos Uniformes com incidência no denominado «Direito dos Negócios». Tal o caso, nomeadamente, dos Actos Uniformes relativos às garantias, ao transporte de mer-

---

[53] Cfr. Christian von Bar *et al.* (orgs.), *Principles, Definitions and Model Rules on EC Private Law. Draft Common Frame of Reference. Interim Outline Edition*, Munique, 2008. Sobre o *Quadro Comum de Referência*, vejam-se: Christian von Bar, «Working Together Toward a Common Frame of Reference», *Juridica International*, 2005, pp. 17 ss.; e Nils Jansen, «European Civil Code», *in* Jan M. Smits (org.), *Elgar Encyclopedia of Comparative Law*, Cheltenham, Reino Unido/Northampton, Estados Unidos, 2006, pp. 247 ss. (pp. 254 s.).

[54] Esta conclusão é reforçada pelo facto de a proposta de Regulamento Sobre a Lei Aplicável às Obrigações Contratuais («Roma I»), apresentada pela Comissão Europeia em 2005, prever no art. 3.°, n.° 2: «As partes podem igualmente escolher como lei aplicável os princípios e regras de direito material dos contratos, reconhecidos a nível internacional ou comunitário».

100   *Direito Intenacional Privado – Ensaios III*

cadorias por estrada, ao Direito das Sociedades Comerciais e do Agrupamento Complementar de Empresas e ao Direito Comercial Geral (no qual se compreende o regime da venda comercial, que em parte incorpora a Convenção de Viena de 1980)[55]. Está ainda em preparação um Acto Uniforme sobre o Direito dos Contratos, para o qual foi elaborado um anteprojecto baseado nos *Princípios Unidroit*[56].

Na América Latina, a Comissão da Comunidade Andina adoptou também diversas decisões no domínio do Direito Privado, entre as quais sobressaem as respeitantes ao transporte de pessoas e mercadorias, aos seguros e à propriedade intelectual[57].

4. Razões que as justificam: *a)* A certeza do Direito aplicável

Agora pergunta-se: que razões justificam as iniciativas de harmonização e unificação de legislações até aqui referidas?

Em primeiro lugar, depõem a favor delas a *certeza do Direito e a segurança das transacções internacionais*, proporcionadas pela aplicabilidade a estas de regras uniformes ou pelo menos harmonizadas[58].

Mas este argumento não pode ser aceite desprevenidamente.

Por um lado, porque a harmonização ou unificação, através de instrumentos normativos supra – e internacionais, das regras formais que

---

[55] Textos disponíveis em http://www.ohada.com.

[56] Cfr. *Acte Uniforme OHADA Sur le Droit des Contrats. Avant-projet,* s.l., 2004. Sobre esse anteprojecto, veja-se Marcel Fontaine*, Acte Uniforme OHADA sur le Droit des Contrats. Note explicative à l'avant-projet* (disponível em http://www.unidroit.org); *idem,* «Le projet d'Acte Uniforme OHADA sur les contrats et les Principes d'Unidroit Relatifs aux Contrats du Commerce International», *ULR/RDU,* 2004, pp. 253 ss.; Félix Onana Etoundi, «Les Principes d'Unidroit et la sécurité juridique des transactions commerciales dans l'avant-projet d'Acte uniforme OHADA sur le droit des contrats», *ULR/RDU,* 2005, pp. 683 ss.; e Dário Moura Vicente, «A unificação do Direito dos Contratos em África: seu sentido e limites» (em curso de publicação no *Boletim da Faculdade de Direito de Bissau*).

[57] Cujos textos podem ser consultados em http://www.comunidadandina.org. Ver também Ruben B. Santos Belandro, *Bases fundamentales de la Comunidad Andina y el Tratado de Libre Comercio de America del Norte (T.L.C. o N.A.F.T.A.),* Montevideu, 2002.

[58] Cfr. Michael Joachim Bonell, «Comparazione giuridica e unificazione del diritto», *in* Guido Alpa/Michael Joachim Bonell/Diego Corapi/Luigi Moccia/Vicenzo Zeno-Zencovich/Andrea Zoppini, *Diritto privato comparato. Istituti e problemi,* 5.ª ed., Roma/Bari, 2004, pp. 3 ss. (pp. 26 s.).

regem o comércio internacional muitas vezes não elimina por si só a diversidade das regras efectivamente aplicadas pelos tribunais dos países onde tais instrumentos vigoram. Isto sobretudo quando tais regras, não raro resultantes de compromissos arduamente negociados nos *fora* internacionais, se socorrem de cláusulas gerais e conceitos indeterminados, como é o caso das que constam de várias disposições constantes da Convenção de Viena de 1980[59], e não se encontra prevista qualquer jurisdição internacional com competência para fornecer uma interpretação uniforme das mesmas.

Por outro lado, porque a recente proliferação de agências internacionais que se propõem elaborar e aprovar instrumentos de harmonização e unificação dos Direitos nacionais, frequentemente sobrepostos uns aos outros, favorece afinal a desarmonia desses Direitos. Paradoxalmente, a harmonização e a unificação do Direito postulam hoje, em certos domínios, a harmonização ou unificação das normas emanadas das organizações internacionais encarregadas de as promoverem.

5. Continuação: *b)* A integração dos mercados e a igualdade de condições entre concorrentes

Em segundo lugar, figuram entre as razões mais frequentemente aduzidas a favor das iniciativas de harmonização e unificação do Direito Privado a *integração dos mercados* e a necessidade, que lhe é inerente, de assegurar a *igualdade de condições* entre os operadores económicos que neles concorrem entre si[60].

Afirma-se a este respeito que as disparidades do regime jurídico dos contratos vigente, por exemplo, nos Estados-Membros da Comunidade Europeia (*v.g.* em matéria de prazos de garantia, de responsabilidade por defeitos dos bens ou serviços prestados, de validade de certas cláusulas

---

[59] Vejam-se designadamente os arts. 7, n.º 1, e 8, n.º 2, onde se consagram, respectivamente, o princípio da boa fé no comércio internacional e um critério de razoabilidade em matéria de interpretação das declarações e outros comportamentos das partes.

[60] Sobre este tema, veja-se, na doutrina portuguesa, o estudo de Isabel de Magalhães Collaço, *Os reflexos do movimento de integração económica no Direito Privado e no Direito Internacional Privado*, s.l., Instituto Hispano-Luso-Americano de Derecho Internacional, 1972.

102 *Direito Intenacional Privado – Ensaios III*

contratuais gerais, etc.) operam como uma barreira não alfandegária à livre circulação de produtos e serviços e geram desigualdades nas condições a que se encontram submetidos os concorrentes no mercado único, as quais apenas podem ser superadas através da uniformização desse regime jurídico[61]. A integração económica implicaria, pois, a unificação do Direito Privado[62].

Mas já se tem posto em dúvida que seja efectivamente assim[63].

Não se contesta, evidentemente, que os regimes de Direito Privado têm incidência relevante nas condições em que os agentes económicos

---

[61] Cfr. o preâmbulo da citada Directiva 93/13/CEE do Conselho, de 5 de Abril de 1993, relativa às cláusulas abusivas nos contratos celebrados com os consumidores, no qual se pode ler: «Considerando que as legislações dos Estados-membros respeitantes às cláusulas dos contratos celebrados entre, por um lado, o vendedor de bens ou o prestador de serviços e, por outro, o consumidor, revelam numerosas disparidades, daí resultando que os mercados nacionais de venda de bens e de oferta de serviços aos consumidores diferem de país para país e que se podem verificar distorções de concorrência entre vendedores de bens e prestadores de serviços nomeadamente aquando da comercialização noutros Estados-membros [...]». Neste sentido, veja-se ainda Jürgen Basedow, «Un droit commun des contrats pour le marché commun», *Revue Internationale de Droit Comparé*, 1998, pp. 7 ss.

[62] Vejam-se, nesta linha fundamental de orientação, Ole Lando, «European Contract Law», *in* P. Sarcevic (org.), *International Contracts and Conflicts of Law*, London, etc., 1990, pp. 1 ss. (p. 6); *idem*, «Principles of European Contract Law. An Alternative or a Precursor of European Legislation», *Rabels Zeitschrift*, 1992, pp. 261 ss. (p. 264); *idem*, «Does the European Union need a Civil Code?», *Recht der Internationalen Wirtschaft*, 2003, pp. 1 ss.; Ulrich Drobnig, «Ein Vertragsrecht für Europa», *in Festschrift für Ernst Steindorff*, Berlin, 1990, pp. 1140 ss. (pp. 1145 ss.); Denis Tallon, «Vers un droit européen du contrat?», *in Mélanges Colomer*, Paris, 1993, pp. 485 ss. (p. 485); Wienfried Tilmann, «Eine Privatrechtskodifikation für die Europäische Gemeinschaft?», *in* P.C. Müller-Graff (org.), *Gemeinsames Privatrecht in der Europäischen Gemeinschaft*, Baden-Baden, 1993, pp. 485 ss. (p. 490); Giuseppe Gandolfi, «Verso il tramonto del concetto di "obbligazione" nella prospettiva di un codice único per l'Europa?», *Rivista di Diritto Civile*, 1995, I, pp. 203 ss. (p. 204); Hein Kötz, *Europäisches Vertragsrecht*, vol. I, Tübingen, 1996, p. v; Guido Alpa, «Nouvelles frontières du droit des contrats», *Revue Internationale de Droit Comparé*, 1998, pp. 1015 ss. (p. 1020); e Claude Witz, «Rapport de synthèse», *in* Christophe Jamin/Denis Mazeaud (orgs.), *L'harmonisation du droit des contrats en Europe*, Paris, 2001, pp. 161 ss. (pp. 167 ss.). Cfr. ainda os estudos coligidos *in* Arthur Hartkamp e outros (orgs.), *Towards a European Civil Code*, 3.ª ed., Nijmegen, 2004.

[63] Exprimem essa dúvida Arthur S. Hartkamp, «Modernisation and Harmonisation of Contract Law: Objectives, Methods and Scope», *Uniform Law Review*, 2003, pp. 81 ss. (pp. 82 ss.); e Jan Smits, «Convergence of Private Law in Europe: Towards a New *Ius Commune?*», *in* Esin Örücü/David Nelken (orgs.), *Comparative Law. A Handbook*, Oxford/Portland, Oregon, 2007, pp. 219 ss. (pp. 221 ss. e 236).

operam num espaço economicamente integrado. Tão-pouco se questiona a necessidade, num mercado único, de uma certa harmonização desses regimes mediante o estabelecimento de regras *funcionalmente equivalentes entre si*, que supram as denominadas *falhas de mercado*[64], impondo designadamente a prestação aos consumidores de certas informações nos preliminares e na formação dos contratos, em ordem a remediar as assimetrias de informação que geralmente ocorrem nos contratos por eles celebrados.

Porém, na medida em que as regras de conflitos de leis no espaço sejam igualmente aplicadas em cada país a nacionais e estrangeiros, não parece que da diversidade do Direito substantivo vigente nos Estados partes de um espaço economicamente integrado resulte necessariamente uma distorção das condições concorrenciais a que aqueles sujeitos se encontram submetidos. É que através dessas regras é geralmente dado aos interessados escolherem, dentro de certos limites, a lei aplicável às questões suscitadas pelos contratos internacionais de que sejam partes[65]. Assim podem os contraentes excluir, nas situações internacionais, os regimes de Direito Privado menos favoráveis aos seus interesses e definir antecipadamente a lei de acordo com a qual hão-de determinar-se as responsabilidades em que incorrem por força do contrato ou do seu incumprimento e, consequentemente, os riscos associados à sua actividade económica.

Por outro lado, o *reconhecimento mútuo* das situações jurídicas validamente constituídas ao abrigo dos regimes jurídicos instituídos nos diferentes Estados membros do mercado único quanto ao exercício de certas actividades económicas, que possam ter-se por funcionalmente equivalentes, consagrado na jurisprudência do Tribunal de Justiça das Comunidades Europeias[66] e, mais recentemente, na legislação comunitária[67] – mesmo

---

[64] Ver, sobre este conceito, Fernando Araújo, *Introdução à Economia*, 3.ª ed., Coimbra, 2005, pp. 65 ss.

[65] Trata-se do princípio da autonomia da vontade em Direito Internacional Privado, consagrado designadamente no art. 3.º, n.º 1, da Convenção de Roma de 1980 Sobre a Lei Aplicável às Obrigações Contratuais.

[66] Haja vista, nomeadamente, ao acórdão do Tribunal de Justiça das Comunidades Europeias de 20 de Fevereiro de 1979, proferido no caso *Rewe-Zentral AG c. Bundesmonopolverwaltung für Branntwein* (*Cassis de Dijon*), *Colectânea de Jurisprudência do Tribunal de Justiça das Comunidades Europeias*, 1979, pp. 649 ss., em que aquele Tribunal declarou não haver qualquer motivo válido para impedir que as bebidas alcoólicas legalmente produzidas e comercializadas num dos Estados-Membros fossem introduzidas em qualquer outro Estado-Membro («il n'y a donc aucun motif valable d'empêcher que des

104 Direito Intenacional Privado – Ensaios III

em matéria de Direito Privado[68] –, torna possível que os produtos e serviços oriundos de um país, licitamente produzidos e comercializados no respectivo território, sejam introduzidos nos demais países que compõem esse espaço sem terem de se conformar com as disposições da lei local e, por conseguinte, sem perderem as suas vantagens competitivas[69].

Quando aplicado às sociedades comerciais, esse reconhecimento permite, além disso, que as empresas constituídas em determinado país, em conformidade com o respectivo Direito, desenvolvam a sua actividade

---

boissons alcoolisées, à condition qu'elles soient légalement produites et commercialisées dans l'un des États membres, soient introduites dans tout autre État membre»).

[67] Cfr., por último, o art. 16.°, n.° 1, da Directiva 2006/123/CE, do Parlamento Europeu e do Conselho, de 12 de Dezembro de 2006, relativa aos serviços no mercado interno, *in JOCE* n.° L 376, de 27 de Dezembro de 2006, pp. 36 ss., de acordo com o qual: «Os Estados-Membros devem respeitar o direito de os prestadores prestarem serviços num Estado-Membro diferente daquele em que se encontram estabelecidos. O Estado-Membro em que o serviço é prestado deve assegurar o livre acesso e exercício da actividade no sector dos serviços no seu território».

[68] É o que resulta, por exemplo, do disposto quanto ao comércio electrónico no art. 3.°, n.° 2, da Directiva 2000/31/CE (com a epígrafe «mercado interno»), *in JOCE* n.° L 178, de 17 de Julho de 2000, pp. 1 ss., em que se pode ler: «Os Estados-Membros não podem, por razões que relevem do domínio coordenado, restringir a livre circulação dos serviços da sociedade da informação provenientes de outro Estado-Membro». O «domínio coordenado» a que se refere esta disposição corresponde, de acordo com o art. 2.°, alínea *h)*, da mesma Directiva, às «exigências fixadas na legislação dos Estados-Membros, aplicáveis aos prestadores de serviços da sociedade da informação e aos serviços da sociedade da informação» e inclui, segundo a subalínea *i)* da mesma disposição, os requisitos respeitantes aos contratos e à responsabilidade civil do prestador de serviços. Sobre o alcance desta regra, veja-se o nosso *Problemática internacional da sociedade da informação*, Coimbra, 2005, pp. 203 ss. Consagra uma disposição paralela o art. 4.° da Directiva 2005/29/CE do Parlamento Europeu e do Conselho, de 11 de Maio de 2005, relativa às práticas comerciais desleais das empresas face aos consumidores no mercado interno, *in JOCE* n.° L 149 de 11 de Junho de 2005, pp. 22 ss., segundo o qual: «Os Estados-Membros não podem restringir a livre prestação de serviços nem a livre circulação de mercadorias por razões ligadas ao domínio que é objecto de aproximação por força da presente directiva».

[69] *Vide* sobre o princípio do reconhecimento mútuo, por último, Heinz-Peter Mansel, «Anerkennung als Grundprinzip des Europäischen Rechtsraums. Zur Herausbildung eines europäischen Annerkennungs-Kollisionsrechts: Anerkennung statt Verweisung als neues Strukturprinzip des Europäischen internationalen Privatrechts?», *Rabels Zeitschrift für ausländisches und internationales Privatrecht*, 2006, pp. 651 ss.; Mathias Audit, «Régulation du marché intérieur et libre circulation des lois», *Clunet*, 2006, pp. 1333 ss.; e Alfonso-Luis Calvo Caravaca/Javier Carrascosa González, *Derecho Internacional Privado*, vol. I, 8.ª ed., Granada, 2007, pp. 322 s.

noutro ou noutros países sem terem de se ajustar às exigências da lei destes últimos, *v.g.*, sobre o capital mínimo a liberar pelos sócios, a competência dos respectivos órgãos ou a responsabilidade dos seus titulares perante terceiros[70].

Finalmente, a circunstância de em certos países onde existe um mercado único vigorarem simultaneamente diferentes sistemas jurídicos locais, válidos para distintas parcelas do respectivo território (como é o caso do Canadá, da Espanha, dos Estados Unidos da América e do Reino Unido[71]), sem que tal contenda com o regular funcionamento do mercado, reforça a ideia de que a diversidade dos Direitos não afecta necessariamente a livre circulação dos produtos e serviços e a paridade dos concorrentes.

Mais relevantes como barreiras não alfandegárias ao comércio transfronteiras serão porventura a diversidade linguística, as dificuldades de comunicação à distância e as formalidades burocráticas impostas em certos países à entrada de pessoas, mercadorias, serviços e capitais.

6. Continuação: *c)* A redução dos custos de transacção

Em terceiro lugar, aduz-se que a diversidade dos Direitos nacionais aumenta os *custos de transacção*, nomeadamente sob a forma de custos de informação, que só a harmonização ou a unificação dos Direitos permitiria reduzir ou eliminar[72].

---

[70] Veja-se sobre o ponto o acórdão proferido pelo Tribunal de Justiça das Comunidades Europeias em 9 de Março de 1999, no caso *Centros Ltd. contra Ehvervs- og Selskabsstyrelsen, Colectânea de Jurisprudência do Tribunal de Justiça das Comunidades Europeias*, 1999-I, pp. 1459 ss., e, a respeito deste, o nosso estudo «Liberdade de estabelecimento, lei pessoal e reconhecimento das sociedades comerciais», *in Estudos em memória do Professor Doutor António Marques dos Santos*, Coimbra, 2005, vol. I, pp. 135 ss., bem como a demais bibliografia aí citada.

[71] Cujos ordenamentos jurídicos se dizem *complexos* ou *plurilegislativos*: cfr. o art. 20.º do Código Civil.

[72] Cfr. Ugo Mattei, «A transaction costs approach to the European Code», *European Review of Private Law*, 1997, pp. 537 ss.; Gerhard Wagner, «The Virtues of Diversity in European Contract Law», *in* Jan Smits (org.), *The Need for a European Contract Law. Empirical and Legal Perspectives*, Groningen, 2005, pp. 3 ss.; e Helmut Wagner, «Economic Analysis of Cross-Border Legal Uncertainty: The Example of the European Union», *in ibidem*, pp. 27 ss.

Com efeito, diz-se, as empresas que pretendam exportar os seus produtos ou serviços incorrem em custos acrescidos por força da informação que têm de obter acerca dos regimes jurídicos dos países de destino desses bens, em ordem a poderem avaliar as suas potenciais responsabilidades; e os consumidores incorrem também nesses custos sempre que pretendem reclamar do carácter defeituoso dos produtos ou serviços que adquirem a empresas estabelecidas em países diferentes do do respectivo domicilio. Tais custos decorrem ainda da impossibilidade de as empresas utilizarem os mesmos tipos contratuais (e porventura até a mesma estrutura societária) em todos os países onde oferecem os seus produtos ou serviços.

Estes custos, na medida em que são geralmente repercutidos sobre os adquirentes de produtos ou serviços oferecidos por essas empresas, significam preços mais elevados e são por conseguinte um freio ao comércio transfronteiras, perdendo-se em consequência deles as economias de escala proporcionadas por este e as oportunidades de crescimento económico a ele associadas. Por outro lado, não é de excluir que na avaliação do risco envolvido nas transacções comerciais internacionais, tendo em vista a concessão de créditos de que as mesmas carecem, seja tomada em linha de conta pelas instituições financeiras a incerteza quanto ao Direito aplicável decorrente da diversidade das legislações em presença, o que igualmente encarece essas transacções.

A importância destes aspectos não carece de ser enaltecida. Importa todavia notar que mais importante do que a existência de custos de transacção associados à diversidade dos sistemas jurídicos nacionais (os quais estão, aliás, longe de terem sido rigorosamente calculados) é a questão de saber se tais custos sobrelevam os benefícios que, como veremos a seguir, se podem extrair dessa diversidade.

Observe-se, por outro lado, que as regras supletivas que mandam aplicar, na falta de escolha pelas partes, a lei do devedor da *prestação característica do contrato* – que é geralmente o exportador dos produtos ou serviços em causa[73] – ou a *lei do país de origem* dos serviços ou mer-

---

[73] Cfr. o art. 4.°, n.° 2, da citada Convenção de Roma: «Sem prejuízo do disposto no n.° 5, presume-se que o contrato apresenta uma conexão mais estreita com o país onde a Parte que está obrigada a fornecer a prestação característica do contrato tem, no momento da celebração do contrato, a sua residência habitual ou, se se tratar de uma sociedade, associação ou pessoa colectiva, a sua administração central [...]». Para uma análise desta disposição numa perspectiva económica, *vide* Hans-Bernd Schäfer/Katrin Lantermann, «Choice of Law from an Economic Perspective», *in* Jürgen Basedow/Toshiyuki Kono

cadorias em causa (*home country rule; Herkunftslandprinzip*)[74] reduzem efectivamente, em benefício desse sujeito, os custos e riscos inerentes à aplicação de uma lei estrangeira.

7. Limites a que se subordinam: *a)* A preservação do pluralismo jurídico

Não é porém só a justificação das iniciativas de harmonização ou de unificação do Direito Privado que é hoje questionada na doutrina; também a sua necessária sujeição a certos limites tem sido salientada de diversos quadrantes.

A unificação dos Direitos nacionais conflitua, na verdade, com a preservação, no plano internacional, do *pluralismo jurídico*. E esta afigura-se desejável, mesmo numa época de globalização da economia, como a presente. Por três ordens de razões.

Em primeiro lugar, porque a identidade nacional dos diferentes povos compreende a sua *identidade cultural* (a qual corresponde a um direito constitucionalmente garantido, em Portugal[75] e noutros países[76]); e dela faz parte a *identidade jurídica*.

A pluralidade dos Direitos é, com efeito, inerente à diversidade de culturas – ou seja, à diversidade dos costumes e das instituições que constituem a herança social da comunidade – e à diversa valoração dos mesmos problemas nos diferentes sistemas jurídicos locais[77]. Isto, mesmo em

---

(orgs.), *An Economic Analysis of Private International Law*, Tubinga, 2006, pp. 87 ss. (pp. 98 ss.).

[74] Veja-se o art. 3.º, n.º 1, da Directiva Sobre o Comércio Electrónico, cit. *supra*, segundo o qual: «Cada Estado-Membro assegurará que os serviços da sociedade da informação prestados por um prestador estabelecido no seu território cumpram as disposições nacionais aplicáveis nesse Estado-Membro que se integrem no domínio coordenado».

[75] Cfr. Jorge Miranda, «Notas sobre cultura, Constituição e direitos culturais», *O Direito*, pp. 751 ss. (p. 762).

[76] Cfr. Peter Häberle, *Verfassungslehre als Kulturwissenschaft*, 2.ª ed., Berlim, 1998, pp. 10 s.

[77] Reconhecem-no, por exemplo, Hugh Collins, «European Private Law and the Cultural Identity of States», *European Review of Private Law*, 1995, pp. 353 ss.; Pierre Legrand, «Le primat de la culture», *in* Pascal Vareilles-Sommières, *Le droit privé européen*, Paris, 1998, pp. 1 ss. (pp. 10 ss.); *idem, Droit Comparé*, 2.ª ed., Paris, 2006, *passim*; e Alfonso-Luis Calvo Caravaca/Javier Carrascosa González, *Derecho Internacional Pri-*

108 *Direito Intenacional Privado – Ensaios III*

domínios que por vezes se supõem axiologicamente neutros ou desprovidos de referências culturais, como o dos contratos[78]: pense-se, por exemplo, na diferente relevância atribuída pelos sistemas jurídicos nacionais aos vícios da vontade que afectam a decisão de contratar e aos deveres pré--contratuais de conduta, no que se reflecte a diversa permeabilidade das comunidades nacionais a valores como a liberdade individual e a solidariedade[79]; e ainda na diferente eficácia reconhecida por esses sistemas jurídicos aos contratos verbais, na qual ressuma a diversa relevância social que neles possui a confiança recíproca entre as partes contratantes[80].

Ora, a diversidade cultural é, como reconheceu a *Convenção da UNESCO Sobre a Protecção e a Promoção da Diversidade das Expressões Culturais*[81], adoptada em 2005, um *património comum da humanidade*, que importa preservar – mesmo em espaços geográficos política e economicamente integrados, como é o caso dos que existem na Europa[82] e em África[83].

---

vado, cit., p. 50. Entre nós, *vide* António Menezes Cordeiro, para quem «o Direito privado corresponde à expressão cultural mais profunda de cada sociedade»: cfr. *Tratado de Direito Civil português*, I, *Parte geral*, tomo I, 3.ª ed., Coimbra, 2005, p. 45.

[78] Ver, porém, em sentido diverso Ole Lando, «Culture and Contract Laws», *European Review of Contract Law*, 2007, pp. 1 ss.

[79] Sobre o ponto, que não podemos desenvolver aqui, veja-se o nosso estudo «A formação dos contratos internacionais», *in Direito Internacional Privado. Ensaios*, vol. II, Coimbra, 2005, pp. 117 ss., e a bibliografia aí citada.

[80] Ver Volkmar Gessner, «Global Legal Interaction and Legal Cultures», *Ratio Iuris*, 1994, pp. 132 ss. (p. 140).

[81] Ratificada pelo Decreto do Presidente da República n.º 27-B/2007, de 16 de Março; entrou em vigor para Portugal em 16 de Junho de 2007.

[82] Consoante observou George Steiner, «[o] génio da Europa [...] é o génio da diversidade linguística, cultural e social, de um mosaico pródigo que muitas vezes percorre uma distância trivial, separado por vinte quilómetros, uma divisão entre mundos [...]. A Europa morrerá efectivamente, se não lutar pelas suas línguas, tradições locais e autonomias sociais. Se se esquecer que "Deus reside no pormenor"». Cfr. *A ideia de Europa* (tradução portuguesa de Maria de Fátima St. Aubyn com um prefácio de José Manuel Durão Barroso, Lisboa, 2004, pp. 49 s.). Numa diversa perspectiva, já anteriormente Martim de Albuquerque colocara em evidência entre nós que a *ideia de Europa*, superando a de *Nação*, não é incompatível com esta, antes se articula com ela na nossa História: cfr. *Primeiro Ensaio sobre a História da «Ideia de Europa» no pensamento português*, Lisboa, 1980, pp. 14 e 31 e *passim*. Sobre o tema, *vide* ainda José Duarte Nogueira, *Direito europeu e identidade europeia. Passado e futuro*, Lisboa, 2007.

[83] «África», escreve Mia Couto, «não pode ser reduzida a uma entidade simples, fácil de entender. O nosso continente é feito de profunda diversidade e de complexas mes-

Em segundo lugar, recorde-se que o pluralismo jurídico é o garante da observância do *princípio da adequação* do Direito às necessidades reais da sociedade em que se destina a vigorar e ao sentimento ético-jurídico dos seus destinatários. A sua preservação é, reflexamente, condição da própria eficácia do Direito: este, a fim de ser uma realidade viva, tem de reflectir a *alma* da sociedade que pretende conformar normativamente; de contrário, é por ela repelido[84].

Em terceiro lugar, importa ter presente que a competição entre diferentes modelos de regulação jurídica dos mesmos problemas sociais (*regulatory competition*) é em si mesma desejável, visto que favorece a adaptação do Direito às necessidades da vida e a correcção de eventuais erros legislativos, constituindo nessa medida um factor de progresso[85]. Esta é,

---

tiçagens. Longas e irreversíveis misturas de culturas moldaram um mosaico de diferenças que são um dos mais valiosos patrimónios do nosso continente». Cfr. *Pensatempos. Textos de opinião*, Maputo, 2005, p. 19.

[84] Algo semelhante se passa, aliás, com a língua: como é sabido, fracassaram as tentativas de criar um *esperanto* supostamente destinado a facilitar a comunicação entre pessoas de línguas maternas diversas.

[85] Neste sentido nos pronunciámos já em *Da responsabilidade pré-contratual em Direito Internacional Privado*, Coimbra, 2001, p. 357, e em «Ofertas públicas de aquisição internacionais», *in* Alfonso-Luis Calvo Caravaca/Javier Carrascosa González (orgs.), *Estudios sobre contratación internacional*, Madrid, 2006, pp. 373 ss. (republicado, com actualizações, *in Direito dos Valores Mobiliários,* vol. VII, Coimbra, 2007, pp. 465 ss.). Vejam-se ainda sobre o tema: Hein Kötz, «Rechtsvereinheitlichung – Nutzen, Kosten, Methoden, Ziele», *Rabels Zeitschrift*, 1986, pp. 1 ss; Claus Canaris, «Theorienrezeption und Theorienstruktur», *in Wege zum japanischen Recht. Festschrift für Zentaro Kitagawa*, Berlim, 1992, pp. 59 ss. (pp. 93 s.); Norbert Reich, «Competition between legal orders: a new paradigm of EC law?», *Common Market Law Review*, 1992, pp. 861 ss.; Anthony Ogus, «Competition Between National Legal Systems: A Contribution of Economic Analysis to Comparative Law», *The International and Comparative Law Quarterly*, 1999, pp. 405 ss.; *idem*, «The Economic Approach: Competition between Legal Systems», *in* Esin Örücü/David Nelken (orgs.), *Comparative Law. A Handbook*, Oxford/Portland, Oregon, 2007, pp. 153 ss.; Paul B. Stephan, «The Futility of Unification and Harmonization in International Commercial Law», *Virginia Journal of International Law*, 1999, pp. 788 ss.; Rodolfo Sacco, «La diversità nel diritto (a proposito dei problemi di unificazione)», *Rivista di Diritto Civile*, 2000, pp. 15 ss. (pp. 21 s.); Horatia Muir Watt, «The Challenge of Market Integration for European Conflicts Theory», *in* Arthur Hartkamp e outros (orgs.), *Towards a European Civil Code*, 3.ª ed., Nijmegen, 2004, pp. 191 ss. (pp. 197 s.); *idem,* «Concurrence d'ordres juridiques et conflits de lois de droit privé», *in* AAVV, *Le droit international prive: esprit et méthodes. Mélanges en l'honneur de Paul Lagarde*, Paris, 2005, pp. 615 ss.; Gerhard Wagner, est. cit., pp. 177 ss.; Mathias Audit, «Régulation du

aliás, apenas uma das manifestações possíveis do valor da competição como processo de descoberta, que Friedrich A. Hayek colocou em evidência[86]. Dir-se-ia, nesta medida, que a diversidade dos Direitos nacionais é *fonte de eficiência*[87]. Em contrapartida, a sua uniformização restringe a concorrência entre soluções alternativas e tem associados certos custos (inerentes, *v.g.*, à adaptação do Direito não uniformizado, à formação dos juristas, à tradução de textos legais, etc.), que podem exceder qualquer benefício económico que dela se pretenda extrair.

A pluralidade e a diversidade dos Direitos têm, pelo exposto, um valor intrínseco[88]. A esta luz se compreende a consagração no Tratado da Comunidade Europeia do *princípio da subsidiariedade*, por força do qual a intervenção legislativa da Comunidade nos domínios que não sejam das suas atribuições exclusivas apenas deve ter lugar «se e na medida em que os objectivos da acção encarada não possam ser suficientemente realizados pelos Estados-Membros, e possam pois, devido à dimensão ou aos

---

marché intérieur et libre circulation des lois», *Clunet*, 2006, pp. 1333 ss.; Jonathan Mance, «Is Europe Aiming to Civilise the Common Law?», *European Business Law Review*, 2007, pp. 77 ss.; Luís de Lima Pinheiro, «Concorrência entre sistemas jurídicos na União Europeia e Direito Internacional Privado», *O Direito*, 2007, pp. 255 ss.; e Jan Smits, «Convergence of Private Law in Europe: Towards a New *Ius Commune*?», cit., pp. 234 ss.

[86] Cfr. *Law, Legislation and Liberty*, reimpressão, Londres, 1993, vol. III, *The Political Order of a Free People*, pp. 67 ss.; e «Competition as a Discovery Procedure», *The Quarterly Journal of Austrian Economics*, 2002, pp. 9 ss.

[87] Admite-o, por exemplo, Ugo Mattei, est. cit. *supra*, p. 538. Na mesma linha fundamental de orientação, veja-se o discurso proferido pelo *Lord Chancellor* inglês, em 26 de Setembro de 2005, na abertura da conferência sobre Direito Europeu dos Contratos, realizada em Londres por iniciativa da Comissão Europeia e do Governo do Reino Unido (cujo texto se encontra disponível em http://www.europa.eu). Aí declarou aquele magistrado: «uma harmonização integral do Direito dos Contratos ou de qualquer outro domínio jurídico em toda a EU não funcionará. Uma única lei imposta em toda a UE, por regulamento ou directiva, não é uma forma eficiente e eficaz de resolver os problemas do direito e da justiça civil» («blanket harmonization across the EU of contract law, or any other sphere of law, will not work. A single law imposed across the whole of the EU, whether by regulation or directive, is not an efficient and effective way to resolve problems in civil law and justice»).

[88] Reconhecem-no vários autores contemporâneos, entre os quais se destaca Erik Jayme, que vê na descoberta do pluralismo jurídico uma das notas distintivas do que chama o Direito pós-moderno. Ver, do autor, por último, «Zum Jahrtausendwechsel: Das Kollisionsrecht zwischen Postmoderne und Futurismus», *IPRax*, 2000, pp. 165 ss. (p. 168).

A Integração Económica e as Situações Privadas Internacionais　　111

efeitos da acção prevista, ser melhor alcançados ao nível comunitário»[89]. O que envolve o reconhecimento de que aquele Tratado não dá ao legislador comunitário uma competência geral para regular o mercado interno[90] e de que, por conseguinte, algum campo de aplicação tem de ficar reservado aos regimes de Direito Privado estabelecidos pelos Estados-Membros, mesmo nas relações jurídicas conexas com dois ou mais desses Estados.

8. Continuação: *b)* Divergências de cariz axiológico e ideológico

A própria viabilidade de uma integral unificação do Direito Privado é duvidosa. Porquanto, como é hoje amplamente reconhecido[91], muitas das diferenças que separam os Direitos de vários países neste domínio não relevam meramente da técnica jurídica, antes radicam em factores metajurídicos, nomeadamente axiológicos e ideológicos, que o legislador é por si só incapaz de erradicar.

---

[89] Cfr. o art. 5.° do Tratado. Sobre o referido princípio, ver entre nós Fausto de Quadros, *O princípio da subsidiariedade no direito comunitário após o Tratado da União Europeia*, Coimbra, 1995; e Margarida Salema d'Oliveira Martins, *O princípio da subsidiariedade em perspectiva jurídico-política*, Coimbra, 2003.

[90] Veja-se, neste sentido, o acórdão do Tribunal de Justiça das Comunidades Europeias de 5 de Outubro de 2000, *República Federal da Alemanha contra Parlamento Europeu e Conselho da União Europeia* (*in Colectânea de Jurisprudência do Tribunal de Justiça das Comunidades Europeias,* 2000-I, pp. 8419 ss.), que anulou a Directiva 98/43/CE do Parlamento Europeu e do Conselho, de 6 de Julho de 1998, respeitante à aproximação das disposições legislativas, regulamentares e administrativas dos Estados-Membros em matéria de publicidade e patrocínio de produtos de tabaco. Para tanto, aduziu ainda o Tribunal que se a simples verificação de disparidades entre os regimes nacionais, assim como do risco abstracto de entraves às liberdades fundamentais ou de distorções da concorrência susceptíveis de decorrer delas fosse suficiente para justificar a harmonização de legislações, o controlo jurisdicional do respeito pela base jurídica dos actos comunitários poderia ficar privado de qualquer eficácia (§ 84). O recurso ao art. 100.°-A do Tratado (actual art. 95.°) como base jurídica é decerto possível, segundo o Tribunal, com vista a prevenir o aparecimento de obstáculos futuros às trocas, resultantes da evolução heterogénea das legislações nacionais; todavia, o aparecimento de tais obstáculos deve ser provável e a medida em causa deve ter por objecto a sua prevenção (§ 86). Por outro lado, no quadro do controlo da legalidade de uma Directiva adoptada com base no art. 100.°-A do Tratado, o Tribunal não se dispensa de verificar se as distorções da concorrência que o acto visa suprimir são «sensíveis» (§ 106).

[91] Cfr., por último, Peter de Cruz, *Comparative Law in a Changing World,* 3.ª ed., Londres/Nova Iorque, 2007, p. 43.

112   *Direito Intenacional Privado – Ensaios III*

Isso é muito nítido pelo que respeita, por exemplo, ao instituto da responsabilidade pré-contratual[92]. O princípio da boa fé nos preliminares e na formação dos contratos, em que o mesmo se funda, assim como os deveres acessórios de conduta que dele se retiram entre nós, e de um modo geral a *concepção solidarista* das obrigações que lhes subjaz, não têm até hoje acolhimento em vários sistemas de *Common Law*. Daí que a imputação de danos com fundamento no rompimento arbitrário de negociações tendentes à conclusão do contrato não seja presentemente admitida pela jurisprudência inglesa. Mesmo nos sistemas jurídicos francófonos a sua aceitação é mais restrita do que, *v.g.*, em Portugal e na Alemanha. E ainda que todos os sistemas jurídicos nacionais o adoptassem, ele não teria certamente o mesmo significado nem o mesmo impacto em cada um deles.

Das dificuldades experimentadas pelas iniciativas internacionais tendentes à unificação do Direito Privado dá igualmente testemunho, no domínio dos contratos, a mencionada Convenção Sobre a Compra e Venda Internacional de Mercadorias, cujo processo de formação se estendeu por mais de meio século sem que tivesse logrado uma integral uniformização do regime jurídico da matéria a que diz respeito[93].

9. Continuação: *c)* A conexão com o processo

Não é, por outro lado, inequívoco que uma unificação legislativa do Direito Privado dos Estados partes de uma organização de integração económica regional suprima nesse âmbito a diversidade dos Direitos.

Com efeito, na falta de um sistema judiciário único no seio dessas organizações[94], as disparidades entre os Direitos nacionais ressurgiriam

---

[92] Ver, sobre esta matéria, o nosso *Da responsabilidade pré-contratual em Direito Internacional Privado*, cit., pp. 239 ss.

[93] *Vide* o nosso estudo «A Convenção de Viena Sobre a Compra e Venda Internacional de Mercadorias: características gerais e âmbito de aplicação», *in Estudos de Direito Comercial Internacional*, Coimbra, 2004, pp. 271 ss. (reproduzido *in Direito Internacional Privado. Ensaios*, vol. II, Coimbra, 2005, pp. 39 ss.) e a bibliografia aí citada.

[94] Que não existe por exemplo na União Europeia. Sobre o ponto, veja-se o nosso estudo «Cooperação judiciária em matéria civil na Comunidade Europeia», *in Estudos em comemoração do 10.º aniversário da Licenciatura em Direito da Universidade do Minho*, Coimbra, 2004, pp. 251 ss. (reproduzido em *Direito Internacional Privado. Ensaios*, vol. II, Coimbra, 2005, pp. 235 ss.), e a bibliografia aí citada.

muito provavelmente por via da interpretação do Direito uniforme levada a cabo pelos tribunais nacionais, sobretudo quando referida a cláusulas gerais ou a conceitos indeterminados que não têm tradição nalguns desses Direitos (como é o caso da boa fé nos sistemas de *Common Law*) ou remetem para as normas da moral (como sucede com os bons costumes).

Por outro lado, importa não ignorar o impacto que as diferenças entre os Direitos processuais nacionais inevitavelmente têm sobre a solução material dada aos litígios submetidos aos tribunais judiciais. A consagração de figuras como as *class actions*, a *pre-trial discovery* e o júri, assim como a diferente repartição de tarefas entre juízes e advogados decorrente do acolhimento dado ao princípio dispositivo, são largamente responsáveis pela diversidade das soluções a que muitas vezes chegam os tribunais americanos e europeus no julgamento das mesmas questões fundamentais. Também sob este prisma se afigura, pois, um tanto ilusória a uniformidade de soluções que se tem em vista conseguir através da unificação internacional do Direito Privado.

10. A coordenação dos Direitos nacionais como alternativa

Resulta do exposto que, a nosso ver, a globalização da economia não reclama uma unificação integral do Direito Privado, nem a ela conduz necessariamente, antes coloca em evidência a importância – diríamos mesmo, em muitos casos, a inelutabilidade – do pluralismo jurídico[95].

Um dos maiores desafios que aquele fenómeno coloca aos juristas consiste, por isso, em encontrar o desejável ponto de equilíbrio entre a *unidade* e a *diversidade* dos Direitos nacionais. Há, é certo, que eliminar entraves desnecessários à circulação de pessoas e bens e ao investimento estrangeiro; mas sem que esses Direitos percam, por esse facto, a sua individualidade.

---

[95] Neste sentido, veja-se, por último, Werner Menski, *Comparative Law in a Global Context*, 2.ª ed., Cambridge, 2006, pp. 3 ss. Na mesma linha geral de orientação se inserem as obras de Duncan Fairgrieve/Horatia Muir Watt, *Common Law et tradition civiliste*, Paris, 2006, especialmente pp. 57 s., e de H. Patrick Glenn, *Legal Traditions of the World*, 3.ª ed., Oxford, 2007, especialmente pp. 344 ss.

Mas como assegurar a *unidade na diversidade* (ou o *pluralismo ordenado*, como prefere chamar-lhe Mireille Delmas-Marty[96]), que assim se preconiza?

Aqui somos, a nosso ver, remetidos para o domínio do Direito Internacional Privado. Pois esse desiderato postula uma regulação do comércio internacional que assegure ao mesmo tempo a coexistência das diferentes tradições jurídicas nacionais e a fluidez do tráfico jurídico sobre-fronteiras, o que só é possível através da *coordenação* dos sistemas jurídicos nacionais através de regras de conflitos de leis no espaço, e não da sua *unificação*.

Não se questionam as vantagens que se podem colher da unificação do Direito em certos domínios, mormente no plano económico. Mas ela deve, quanto a nós, constituir um *último recurso*. Não raro, bastarão a fim de assegurar a constituição e o funcionamento de um mercado sem fronteiras uma *harmonização mínima de legislações*, conjugada com a *liberdade de escolha* pelas partes da lei aplicável aos contratos internacionais e o *reconhecimento mútuo* das situações jurídicas validamente constituídas ao abrigo daquelas legislações.

Onde a referida coordenação não for por si só suficiente a fim de satisfazer as necessidades do comércio internacional, hão-de a harmonização e a unificação dos Direitos nacionais, tanto quanto possível, ser levadas a cabo deixando aos interessados a opção por se sujeitarem ou não aos instrumentos em causa, como têm feito nos últimos anos a CNUDCI e o UNIDROIT em diversos domínios. Assim se possibilitará que o Direito uniforme se imponha pelos seus méritos intrínsecos.

---

[96] Cfr. *Critique de l'intégration normative*, Paris, 2004, p. 19; *Les forces imaginantes du droit*, vol. II, *Le pluralisme ordonné*, Paris, 2006.

OFERTAS PÚBLICAS DE AQUISIÇÃO INTERNACIONAIS*

Sumário:

1. As ofertas públicas de aquisição de valores mobiliários: conceito e justificação económica e social.
2. Continuação: interesses em jogo na sua regulação.
3. Continuação: modos possíveis de regulação.
4. As ofertas públicas de aquisição internacionais: noção e relevância actual.
5. A diversidade das leis nacionais em matéria de ofertas públicas de aquisição.
6. Harmonização de legislações ou competição entre regimes?
7. A Directiva 2004/25/CE, de 21 de Abril de 2004, relativa às ofertas públicas de aquisição.
   a) Justificação.
   b) Traços fundamentais do seu regime.
   c) Âmbito espacial de aplicação.
8. Continuação: autoridade de supervisão competente e regras aplicáveis às ofertas públicas internacionais.
   a) Posição do problema.
   b) Soluções possíveis.
   c) Autoridade de supervisão competente.
   d) Regras aplicáveis.
   e) Balanço.
9. O regime do Código dos Valores Mobiliários: a competência da CMVM.
   a) Problemas suscitados pela transposição da Directiva.
   b) O regime instituído pelo Decreto-Lei n.° 219/2006, de 2 de Novembro.

---

* Texto, com actualizações, da conferência proferida em 19 de Abril de 2005, no *9.° Curso de Pós-Graduação em Direito dos Valores Mobiliários*, promovido pelo Instituto dos Valores Mobiliários da Faculdade de Direito de Lisboa. Originariamente publicado *in Direito dos Valores Mobiliários*, vol. VII, Coimbra, 2007, pp. 465 ss.

116 *Direito Intenacional Privado – Ensaios III*

10. Continuação: regras aplicáveis às ofertas públicas internacionais.
a) Antecedentes.
b) Regime resultante da transposição da Directiva.

1. As ofertas públicas de aquisição de valores mobiliários: conceito e justificação económica e social

A obtenção do controlo de uma sociedade comercial mediante a aquisição de acções representativas de uma parte ou da totalidade do seu capital, a que frequentemente se chama «tomada de sociedades» («*corporate takeover*», «*Unternehmensübernahme*», «*prise de contrôle d'une société*»)[1], pode ser conseguida de diferentes formas.

Pode o interessado, para o efeito, adquirir individualmente, nos mercados onde se encontrem admitidas à negociação, acções da sociedade visada; o que, além de moroso e dispendioso (visto que à medida que o número de acções adquiridas aumenta, sobe também o seu valor de mercado), pode revelar-se infrutífero sob o ponto de vista do almejado controlo da sociedade, se o capital desta se encontrar disperso por um elevado número de accionistas[2].

E pode também dirigir-se aos titulares das acções emitidas pela sociedade visada uma proposta de aquisição da totalidade ou de uma parte desses valores, por determinado preço, porventura condicionando a eficácia dessa proposta à respectiva aceitação por titulares de dada proporção do capital da sociedade – ou seja, lançando sobre esta uma *oferta pública de aquisição* de valores mobiliários (doravante OPA)[3].

---

[1] Sobre o tema, veja-se, na doutrina nacional, António Menezes Cordeiro, «Da tomada de sociedades (*takeover*): efectivação, valoração e técnicas de defesa», *Revista da Ordem dos Advogados*, 1994, pp. 761 ss., com mais referências bibliográficas.

[2] Cfr. Alfred Conard, «Fundamental Changes in Marketable Share Companies», *in International Encyclopaedia of Comparative Law*, vol. XIII, capítulo 5, Tubinga, s/d, p. 66.

[3] Cfr. sobre o conceito de OPA, na literatura jurídica nacional, António Menezes Cordeiro, «Ofertas públicas de aquisição», *in* AAVV, *Direito dos Valores Mobiliários*, Lisboa, 1997, pp. 267 ss.; João Cunha Vaz, *As OPA na União Europeia face ao novo Código dos Valores Mobiliários*, Coimbra, 2000, p. 21; Raúl Ventura, «Ofertas públicas de aquisição e de venda de valores mobiliários», *in* AAVV, *Estudos em homenagem ao Professor Doutor Manuel Gomes da Silva*, Lisboa, 2001, pp. 265 ss. (pp. 270 ss.); e Luís Menezes Leitão, «A responsabilidade civil no âmbito da O.P.A.», *in* AAVV, *Estudos em homenagem ao Prof. Doutor Raúl Ventura*, vol. II, Lisboa, 2003, pp. 181 ss.

A Integração Económica e as Situações Privadas Internacionais   117

Em rigor, cumpre notá-lo, a aquisição ou o reforço do controlo da sociedade visada não é um elemento essencial do conceito de OPA, pois esta pode destinar-se tão-somente à aquisição de uma parte do capital que não confira ao adquirente esse controlo.

As OPAs desempenham hoje funções sociais muito diversas.

Por um lado, possibilitam a reestruturação das empresas, criando sinergias entre elas. A conjugação dos esforços do oferente e da sociedade visada pode, com efeito, conferir-lhes uma capacidade económica que não possuíam individualmente, assim como pode permitir-lhes tirar partido mais eficazmente da integração dos mercados. As OPAs desempenham, nesta medida, uma *função sinergética*.

Por outro lado, as OPAs estimulam a eficiência na gestão das empresas, visto que a susceptibilidade da sua tomada por terceiros obriga os órgãos competentes a administrá-las o melhor possível, maximizando o retorno do investimento realizado pelos accionistas. É a *função disciplinadora* das OPAs[4].

A concentração de empresas possibilitada pelas OPAs proporciona, além disso, economias de escala e consequentemente a redução dos preços dos produtos e serviços oferecidos no mercado; o que, em última análise, reverte em benefício dos respectivos consumidores.

As OPAs conferem ainda aos accionistas e outros investidores em valores mobiliários a oportunidade de os venderem a um preço superior ao do mercado: precisamente aquele que o oferente está disposto a pagar, tendo em vista as vantagens que poderá auferir com o domínio da sociedade visada.

2. Continuação: interesses em jogo na sua regulação

Atentos os benefícios económicos e sociais que lhes são inerentes, dir-se-á que, em princípio, as OPAs devem ser viabilizadas – e porventura até facilitadas.

Contudo, na sua regulação há que atender a outros interesses, que levam a generalidade dos legisladores nacionais (e, como se verá, também o comunitário) a estabelecer restrições à liberdade de lançar OPAs e a disciplinar com alguma minúcia os termos em que as mesmas se processam.

---

[4] Cfr. Klaus Hopt, «A harmonização do regime das OPA na Europa», *in* AAVV, *Direito dos Valores Mobiliários*, vol. V, Coimbra, 2004, pp. 215 ss. (p. 219).

Avulta entre esses interesses o dos consumidores, cuja tutela pressupõe uma concorrência efectiva entre as empresas que operam em cada sector da actividade económica. Ora, as OPAs podem restringir ou mesmo suprimir essa concorrência, levando à subida dos preços.

Não menos relevante é o interesse dos accionistas e outros investidores em valores mobiliários emitidos pela sociedade visada em obterem a informação necessária a fim de tomarem uma decisão devidamente ponderada a respeito da oferta, assim como em receberem uma contrapartida pela venda dos respectivos valores mobiliários, que corresponda pelo menos ao seu valor de mercado, e em preservarem os seus investimentos contra a possível desvalorização dos valores mobiliários de que são titulares em virtude de actos praticados pela nova administração resultante de uma OPA.

A estes interesses acresce o da sociedade visada em defender-se de OPAs meramente especulativas e em prevenir a adopção pelo órgão de administração da sociedade de medidas de protecção exclusivamente ditadas pelo intuito de os respectivos titulares conservarem os cargos para que foram eleitos.

Outro interesse relevante é o dos trabalhadores em preservarem os respectivos postos de trabalho na sociedade visada, a qual não raro é submetida, após a conclusão de uma OPA, a medidas de reestruturação, que implicam a redução desses postos.

Avulta ainda nesta matéria o interesse do Estado, que em vários países europeus (como é o caso de Portugal) detém *golden shares* no capital de certas sociedades (re)privatizadas[5], em preservar um certo grau de controlo sobre as empresas com importância estratégica para o funcionamento da economia nacional, tendo em vista, designadamente, salvaguardar a independência económica do país.

---

[5] Sobre esse fenómeno e as suas implicações em matéria de OPAs, cfr. Paulo Câmara, «The End of the "Golden Age" of Privatisations? – The Recent ECJ Decisions on *Golden Shares*», *European Business Organization Law Review*, 2002, pp. 503 ss.; Nuno Cunha Rodrigues, *«Golden-Shares». As empresas participadas e os privilégios do Estado enquanto accionista minoritário*, Coimbra, 2004. Vejam-se ainda os acórdãos proferidos pelo Tribunal de Justiça das Comunidades Europeias, em 4 de Junho de 2002, nos processos C-367/98 (Comissão c. República Portuguesa), C-483/99 (Comissão c. República Francesa) e C-503/99 (Comissão c. Reino da Bélgica), in *Colectânea de Jurisprudência do Tribunal de Justiça* (*CJTJ*), 2002, parte I, pp. 4731 ss., 4781 ss. e 4809 ss.

A este propósito, cumpre observar que os interesses referidos não são igualmente atendidos pelos regimes nacionais em matéria de OPAs: alguns, como os dos trabalhadores e o do Estado, não têm qualquer acolhimento nesses regimes. É o que sucede, por exemplo, em Inglaterra e nos Estados Unidos.

Por outro lado, em vários sistemas jurídicos o interesse dos investidores é hoje preponderante nesta matéria, dada a sua estreita ligação com o regular funcionamento do mercado de valores mobiliários e, reflexamente, com a protecção das poupanças e das pensões de milhões de pessoas[6]. A insolvência de algumas grandes empresas (como a *Parmalat* e a *Enron*), recentemente declarada na Europa e nos Estados Unidos, evidenciou a necessidade de reforçar a protecção deste interesse.

3. **Continuação: modos possíveis de regulação**

São também muito variáveis os modos pelos quais se provê à regulação das matérias em apreço nos diferentes sistemas jurídicos nacionais.

Com efeito, há muito que se prefere nalguns deles a *auto-regulação*, i. é, a regulação levada a cabo pelos próprios interessados, à qual se contrapõe a *heteroregulação*, ou seja, a que é feita através de legislação emanada do Estado ou de outras entidades públicas.

A auto-regulação tem lugar nomeadamente através de códigos de conduta adoptados pelas entidades gestoras dos mercados de capitais. Deles é exemplo o *City Code on Takeovers and Mergers*[7], em vigor em Inglaterra desde 1968, no qual se inspira amplamente a Directiva comunitária sobre a matéria, que examinaremos a seguir.

---

[6] Ver, relativamente ao Direito português, Sofia Nascimento Rodrigues, *A protecção dos investidores em valores mobiliários*, Coimbra, 2001, pp. 23 ss.; *idem, «*A protecção dos investidores na sociedade da informação»*, in* AAVV, *Direito dos Valores Mobiliários*, vol. V, Coimbra, 2004, pp. 241 ss. Pelo que respeita às políticas comunitárias nesta matéria, veja-se, na mesma linha fundamental de orientação, o documento emanado da Comissão Europeia, intitulado *Modernising Company Law and Enhancing Corporate Governance in the European Union – A Plan to Move Forward*, Bruxelas, 2003. Na jurisprudência do Supremo Tribunal dos Estados Unidos, consultem-se as decisões proferidas em 23 de Junho de 1982, *Edgar v. Mite Corp.*, 457 U.S. 624, e em 21 de Abril de 1987, *CTS Corp. v. Dynamics Corp. of America*, 481 U.S. 69.

[7] Disponível em http://www.thetakeoverpanel.org.uk.

120   *Direito Intenacional Privado – Ensaios III*

Entre nós, a possibilidade de auto-regulação em matéria de valores mobiliários está também contemplada na lei: haja vista ao art. 372.º do Código dos Valores Mobiliários (de aqui em diante CVM)[8].

O modelo de regulação preferível depende evidentemente dos interesses que se entenda serem merecedores de tutela nesta matéria. Na verdade, a auto-regulação parece insuficiente a fim de prover à realização dos interesses públicos e dos trabalhadores: de um código de conduta ou outro instrumento de auto-regulação dificilmente se pode esperar que cure também de interesses dessa natureza, totalmente distintos dos dos seus autores. Na medida, pois, em que a disciplina das OPAs deva também atender a esses interesses, afigura-se imprescindível a regulação pública, sem prejuízo de esta ser complementada por instrumentos de auto-regulação[9].

4. As ofertas públicas de aquisição internacionais: noção e relevância actual

São ofertas públicas de aquisição internacionais as que transcendem as fronteiras de um Estado, quer por serem levadas a cabo simultaneamente, ou em datas próximas, em dois ou mais Estados (hipótese a que se referia, na sua redacção originária, o art. 145.º, n.º 1, do CVM), quer por serem lançadas num só Estado, tendo a sociedade visada a sua sede em Estado diverso daquele em cujo mercado os respectivos valores mobiliários se encontram admitidos à negociação, quer ainda por estar o oferente sedeado, estabelecido ou domiciliado em Estado diferente daquele em que funciona esse mercado[10].

As OPAs internacionais são um fenómeno relativamente recente. Estão ligadas à integração económica regional e mundial: as sociedades de certa envergadura procuram hoje, por razões de prestígio e pela liquidez

---

[8] Sobre o ponto, ver Carlos Ferreira de Almeida, «O Código dos Valores Mobiliários e o Sistema Jurídico», *Cadernos do Mercado dos Valores Mobiliários*, n.º 7, Abril de 2000, pp. 19 ss.

[9] Sustentando também a superioridade da regulação pública sobre a regulação oriunda dos próprios intervenientes no mercado, veja-se, entre nós, Eduardo Paz Ferreira, «Sectores estratégicos e intervenção do Estado no mercado dos valores mobiliários», *Direito dos Valores Mobiliários*, vol. III, Coimbra, 2001, pp. 9 ss. (p. 18).

[10] Sobre o ponto, vejam-se Xavier Boucobza, *L'acquisition internationale de société*, Paris, 1998, pp. 166 ss., e Michel Menjucq, *Droit international et européen des sociétés*, Paris, 2001, pp. 235 ss.

A Integração Económica e as Situações Privadas Internacionais   121

que tal lhes proporciona, que os valores mobiliários de que são emitentes sejam admitidos à cotação nas bolsas de diferentes países, ainda que neles não desenvolvam qualquer actividade comercial. O que pode obrigar aqueles que pretendam adquirir o controlo sobre essas sociedades a lançar uma OPA simultaneamente em diversos países.

Por outro lado, a globalização dos mercados proporciona e reclama a constituição ou reorganização das empresas a uma escala mais vasta, a fim de, como se referiu acima, tirarem o máximo partido dessa integração. Para tal, torna-se frequentemente necessário lançar uma OPA em país diferente daquele em que o oferente está sedeado ou estabelecido.

Estima-se que hoje mais de um terço das tomadas e fusões de empresas têm carácter internacional; e a tendência é para o crescimento do fenómeno, em número e valor[11]. Compreende-se assim que já em 1999 a regulação das OPAs internacionais haja sido apresentada como uma das principais inovações do Código dos Valores Mobiliários então aprovado pelo Governo português, e que a mesma constitua agora um dos objectos principais da Directiva comunitária sobre a matéria.

5. A diversidade das leis nacionais em matéria de ofertas públicas de aquisição

A OPA internacional é, como vimos, a que se acha em contacto com dois ou mais sistemas jurídicos nacionais.

Sucede que no domínio em apreço a situação actual é de grande diversidade dos regimes jurídicos nacionais, particularmente quanto a dois aspectos críticos da regulação das OPAs.

Na verdade, existem, por um lado, sistemas jurídicos onde vigora a obrigatoriedade de lançamento de uma OPA em determinadas circunstâncias (*maxime* quando um accionista obtenha o controlo de uma sociedade), como forma de assegurar a protecção dos accionistas minoritários (é o caso, por exemplo, do Direito inglês[12] e também do português[13]). Noutros

---

[11] Cfr. *EU Monitor*, n.º 2, Julho de 2003, p. 4.

[12] Haja vista ao *City Code*, citado *supra* (nota 7 e texto correspondente).

[13] Cfr. os arts. 187.º e seguintes do CVM. Vejam-se ainda, sobre o tema, Jorge Brito Pereira, *A OPA obrigatória*, Coimbra, 1998; e Paulo Câmara, «O dever de lançamento de OPA no novo Código dos Valores Mobiliários», *Cadernos do Mercado dos Valores Mobiliários*, n.º 7, 2000, pp. 195 ss.

122 Direito Intenacional Privado – Ensaios III

sistemas, porém, essa exigência não existe (como sucedia até recentemente, por exemplo, na Holanda). Noutros ainda, embora se consagre a OPA obrigatória, divergem os respectivos pressupostos[14].

Por outro lado, há Estados que permitem com alguma largueza a adopção, inclusive pelos órgãos de administração, de medidas defensivas das sociedades visadas por uma OPA hostil: é o caso da Alemanha[15] e, em menor grau, de vários Estados norte-americanos, entre os quais sobressai o Delaware (embora nestes Estados a possibilidade de tais medidas serem tomadas seja largamente compensada pela maior amplitude com que os accionistas recorrem a acções judiciais a fim de responsabilizarem os administradores por medidas desse tipo tomadas contra o interesse da sociedade). Noutros Estados, tal não é possível ou estabelecem-se fortes restrições a essa possibilidade, consistentes, por exemplo, na exigência de prévia aprovação de tais medidas pelos accionistas (como sucede em Inglaterra)[16].

Em parte, esta diversidade de regimes funda-se em diferenças de cariz cultural e sociológico. Entre elas avultam a diferente estrutura accionista das sociedades nos países mencionados – mais abertas ao público em Inglaterra e nos Estados Unidos, mais concentradas (e frequentemente mesmo de âmbito estritamente familiar) na Europa continental, logo mais

---

[14] Cfr. Stefan Grundmann, *Europäisches Gesellschaftsrecht*, Heidelberga, 2004, pp. 449 s.

[15] Cuja legislação sobre ofertas públicas (cfr. *Gesetz zur Regelung von öffentlichen Angeboten zum Erwerb von Wertpapieren und von Unternehmensübernahmen*, de 20 de Dezembro de 2001, por último alterada pela *Gesetz zur Umsetzung der Richtlinie 2004/25/EG des Europäischen Parlaments und des Rates vom 21. April 2004 betreffend Übernahmeangebote*, de 8 de Julho de 2006) já foi apodada de *Anti-Übernahmegesetz*: *vide* Jeffrey N. Gordon, «Das neue deutsche "Anti"-Übernahmegesetz aus amerikanischer Perspektive», *Die Aktiengesellschaft*, 2002, pp. 670 ss. Para uma análise comparativa do modelo de regulação das ofertas públicas de aquisição consignado nessa lei com os que prevalecem em outros sistemas jurídicos, *vide* Jeffrey N. Gordon, «An American Perspective on Anti-Takeover Laws in the EU: The German Example», *in* Guido Ferrarini/Klaus J. Hopt/Jaap Winter/Eddy Wymersch (orgs.), *Reforming Company and Takeover Law in Europe*, Oxford, 2004, pp. 541 ss.; e Harald Baum, *Takeover Law in the EU and Germany: Comparative Analysis of a Regulatory Model*, Hamburgo, 2006 (disponível em http://law.anu.edu.au).

[16] Ver Christian Kirchener/Richard W. Painter, «Takeover Defenses Under Delaware Law, the Proposed Thirteenth EU Directive and the New German Takeover Law: Comparison and Recommendations for Reform», *American Journal of Comparative Law*, 2002, pp. 451 ss.; Grundmann, ob. cit. (nota 14), pp. 455 s.

A Integração Económica e as Situações Privadas Internacionais 123

propensas a tomarem medidas de defesa contra OPAs[17] – e o diverso grau de desenvolvimento dos mercados de valores mobiliários nos países mencionados. Nesta medida, as diferenças apontadas não são facilmente superáveis.

Às referidas restrições não é alheia, frequentemente, a intenção de proteger as sociedades estabelecidas em certos Estados contra a sua aquisição por entidades estrangeiras. Trata-se, pois, de impedimentos ao acesso ao mercado de capitais local, que se afiguram contrários à livre circulação de capitais através das fronteiras dos Estados-Membros da Comunidade Europeia e à constituição nesta de um mercado de capitais integrado e eficiente[18].

6. Harmonização de legislações ou competição entre regimes?

A fim de se superarem os problemas assim suscitados, há quem preconize uma harmonização das legislações nacionais sobre a matéria. Na Comunidade Europeia, esta orientação tem vingado nalguns domínios, inclusive o Direito das Sociedades.

Outra escola de pensamento advoga, ao invés, ser a competição entre os regimes jurídicos estaduais (*«regulatory competition»*) a solução preferível sob diversos pontos de vista, *maxime* a adaptação das regras aplicáveis às necessidades das empresas e dos investidores – em permanente mutação devido à inconstância dos mercados financeiros –, a correcção de eventuais erros legislativos e a redução dos custos do exercício de actividades económicas[19]. Quando associada à possibilidade de escolha pelos interessados dos regimes legais aplicáveis, essa competição (que seria

---

[17] Cfr. João Cunha Vaz, ob. cit. (nota 3), pp. 200 ss.

[18] Neste sentido, *vide* o *Report of the High Level Group of Company Law Experts on Issues Related to Takeover Bids*, Bruxelas, 2002, pp. 2, 18 e 41.

[19] Cfr., nesta linha de pensamento, Roberta Romano, «Empowering Investors: A Market Approach to Securities Regulation», *The Yale Law Journal*, 1998, pp. 2359 ss.; *idem, The Need for Competition in International Securities Regulation*, Yale Law School, 2001; *idem, Is Regulatory Competition a Problem or Irrelevant for Corporate Governance?*, Yale Law School, 2005. Ver ainda Richard Posner, *Economic Analysis of Law*, 5.ª ed., Nova Iorque, 1998, pp. 457 ss.; e Stephen J. Choi/Andrew T. Guzman, «Portable Reciprocity – Rethinking the International Reach of Securities Regulation», *Southern California Law Review*, 1998, pp. 903 ss.

incentivada pela perspectiva do aumento das receitas fiscais do Estado proporcionado pela domiciliação de sociedades no respectivo território ou pela sua constituição de acordo com o Direito local) fomentaria a eficiência do sistema jurídico; e poderia produzir ela própria a harmonização dos regimes legais, sem necessidade de um acordo entre os Estados nesse sentido.

Em espaços economicamente integrados, este *approach* acha-se normalmente ligado a um princípio de *reconhecimento mútuo*, por força do qual cada Estado aceita os padrões de regulação instituídos pelos demais[20].

É esta a orientação prevalecente nos Estados Unidos da América, onde cada Estado dispõe de legislação própria em matéria de *takeovers*. Um deles, o Delaware, sobressai justamente pelas características singulares do seu Direito Societário e dos Valores Mobiliários, e é hoje, em parte graças à índole menos restritiva do regime local das OPAs hostis, o Estado de incorporação de cerca de metade das sociedades cotadas na bolsa de Nova Iorque.

Na Comunidade Europeia, a competição legislativa não é especialmente favorecida no domínio do Direito das Sociedades, dada a prevalência do critério da sede principal e efectiva da administração como elemento de conexão determinante da lei pessoal das sociedades comerciais. Assim sucede entre nós, em virtude do disposto no art. 3.º, n.º 1, do Código das Sociedades Comerciais.

Mas a orientação favorável a essa competição tem sido pontualmente acolhida, mormente nos actos comunitários que consagram, em matéria de prestação de serviços, o princípio da aplicabilidade da lei do país de origem do prestador e a sujeição deste às autoridades de supervisão desse país[21].

---

[20] *Vide* sobre o tema, por último, Heinz-Peter Mansel, «Anerkennung als Grundprinzip des Europäischen Rechtsraums. Zur Herausbildung eines europäischen Annerkennungs-Kollisionsrechts: Anerkennung statt Verweisung als neues Strukturprinzip des Europäischen internationalen Privatrechts?», *Rabels Zeitschrift für ausländisches und Internationales Privatrecht*, 2006, pp. 651 ss. (com mais referências).

[21] Sobre o tema, vejam-se: Norbert Reich, «Competition between legal orders: a new paradigm of EC law?», *Common Market Law Review*, 1992, pp. 861 ss.; Anthony Ogus, «Competition Between National Legal Systems: A Contribution of Economic Analysis to Comparative Law», *The International and Comparative Law Quarterly*, 1999, pp. 405 ss.; Horatia Muir-Watt, «The Challenge of Market Integration for European Conflicts Theory», *in* Arthur Hartkamp e outros (orgs.), *Towards a European Civil Code*, 3.ª ed., Nijmegen, 2004, pp. 191 ss.; *idem*, «Concurrence d'ordres juridiques et conflits de lois de droit privé», *in Le droit international privé: esprit et méthodes. Mélanges en l'honneur de Paul Lagarde*,

A Integração Económica e as Situações Privadas Internacionais 125

É o que ocorre, por exemplo, no tocante aos serviços da sociedade da informação[22] e de investimento[23].

Na mesma linha fundamental de orientação se situa, em matéria de Direito das Sociedades, a recente jurisprudência do Tribunal de Justiça das Comunidades Europeias sobre os casos *Centros* e *Überseering*[24].

No tocante às OPAs, nenhuma das orientações anteriores se pode dizer triunfante na Comunidade Europeia: ambas têm obtido consagração, mas dentro de certos limites.

De facto, a matéria é hoje objecto da Directiva 2004/25/CE, do Parlamento Europeu e do Conselho, de 21 de Abril de 2004, relativa às ofertas públicas de aquisição (a 13.ª Directiva comunitária sobre o Direito das Sociedades)[25]. Esta, porém, como veremos a seguir, deixa amplo espaço às legislações nacionais e não unifica as entidades de supervisão nacionais.

O contraste com a matéria da concorrência é, assim, flagrante, pois quanto a esta foram adoptados pela Comunidade Europeia diversos regu-

---

Paris, 2005, pp. 615 ss.; e Mathias Audit, «Régulation du marché intérieur et libre circulation des lois», *Clunet. Journal de Droit International*, 2006, pp. 1333 ss.

[22] Cfr. a Directiva 2000/31/CE, de 8 de Junho de 2000, publicada no *Jornal Oficial das Comunidades Europeias* (*JOCE*), n.º L 178, de 17 de Julho de 2000, pp. 1 ss. Foi transposta para a ordem jurídica nacional pelo D.L. n.º 7/2004, de 7 de Janeiro. Sobre a consagração nestes textos legais do princípio da aplicação da lei do país de origem, vejam-se os nossos estudos «A comunitarização do Direito Internacional Privado e o comércio electrónico», *in Direito Internacional Privado. Ensaios,* vol. II, Coimbra, 2005, pp. 171 ss., e *Problemática internacional da sociedade da informação*, Coimbra, 2005, pp. 203 ss.

[23] Cfr. a Directiva 2004/39/CE, de 21 de Abril de 2004, publicada no *JOCE*, n.º L 145, de 30 de Abril de 2004, pp. 1 ss. Sobre a aplicação do princípio do *home country control* às instituições financeiras, veja-se o *livro branco* da Comissão Europeia intitulado *Completing the Internal Market*, Bruxelas, 1985, pp. 27 s.

[24] *Vide* os acórdãos de 9 de Março de 1999, *Centros Ltd. Contra Erhvervs- og Selskabsstyrelsen, in CJTJ*, 1999-I, pp. 1459 ss., e de 5 de Novembro de 2002, *Überseering B.V. c. Nordic Construction Company Baumanagement GmbH, in CJTJ*, 2002, t. I, pp. 9919 ss. Sobre esses arestos, veja-se o nosso estudo «Liberdade de estabelecimento, lei pessoal e reconhecimento das sociedades comerciais», *in Direito Internacional Privado. Ensaios,* vol. II, Coimbra, 2005, pp. 91 ss., e a bibliografia aí citada. Veja-se ainda a proposta de Regulamento do Parlamento Europeu e do Conselho relativo à lei aplicável às sociedades apresentada pelo Conselho Alemão de Direito Internacional Privado, reproduzida na *Revue Critique de Droit International Privé*, 2006, pp. 712 ss.

[25] Publicada no *JOCE* n.º L 142, de 30 de Abril de 2004, pp. 12 ss. Sobre este acto comunitário, vejam-se Grundmann, ob. cit. (nota 14), pp. 431 ss.; e António Menezes Cordeiro, *Direito Europeu das Sociedades*, Coimbra, 2005, pp. 493 ss., ambos com mais referências bibliográficas.

126   *Direito Intenacional Privado – Ensaios III*

lamentos directamente aplicáveis nos Estados-Membros, em cuja execução a Comissão Europeia detém prerrogativas importantes.

Esta conjugação de uma harmonização mínima com o princípio de reconhecimento mútuo poderá constituir, em matéria de OPAs, a desejável *via média* entre as duas orientações em causa: ela permite que haja algum grau de competição entre as legislações nacionais, sem que, todavia, esta distorça a concorrência entre as empresas que actuam no mercado único europeu.

7. A Directiva 2004/25/CE: justificação, traços fundamentais do seu regime e âmbito espacial de aplicação

a) *Justificação*

Como dissemos, a orientação que preconiza a harmonização de legislações em matéria de OPAs prevaleceu na Directiva 2004/25/CE, embora tenha aí obtido um acolhimento limitado.

Trata-se de um texto que teve uma formação acidentada. A primeira proposta de uma Directiva sobre a matéria remonta a 1974, tendo sido posteriormente reformulada diversas vezes. Em 2001, foi submetida ao Parlamento Europeu uma nova versão, que fora objecto de uma Posição Comum da Comissão e do Conselho. Mas foi rejeitada por 273 votos desfavoráveis contra outros tantos no sentido da sua aprovação[26]. Subsequentemente, a Directiva foi de novo revista em alguns dos seus aspectos mais controversos, na base das recomendações constantes de um relatório publicado em 2002, da responsabilidade de um grupo de peritos para o efeito designado[27]. Em 21 de Abril de 2004, a proposta de Directiva foi finalmente aprovada pelo Parlamento Europeu.

A justificação primordial da Directiva é referida no considerando 1 do seu preâmbulo: visa-se, consoante aí se diz, «coordenar determinadas garantias que são exigidas pelos Estados-Membros às sociedades sujeitas

---

[26] Sobre as razões que determinaram essa votação, veja-se John W. Cioffi, *The Collapse of the European Union Directive on Corporate Takeovers: The EU, National Politics, and the Limits of Integration*, Berkeley, 2001 (disponível em http://brie.berkeley.edu).

[27] Cfr. *Report of the High Level Group of Company Law Experts on Issues Related to Takeover Bids*, cit. *supra* (nota 18).

A *Integração Económica e as Situações Privadas Internacionais*   127

à legislação de um Estado-Membro e cujos valores mobiliários estejam admitidos à negociação de um mercado regulamentado de um Estado--Membro, a fim de proteger os interesses tanto dos sócios como de terceiros, com o objectivo de tornar essas garantias equivalentes a nível da Comunidade».

Trata-se, pois, de assegurar a *igualdade das regras do jogo* vigentes na Comunidade Europeia em matéria de OPAs – ou, na expressão anglo--saxónica, de criar um «*level playing field*»[28]. O que, evidentemente, não será conseguido enquanto certos Estados-Membros admitirem medidas de salvaguarda contra OPAs hostis e outros não.

b) *Traços fundamentais do seu regime*

Vejamos agora os traços fundamentais do regime instituído pela Directiva.

No art. 3.º enunciam-se os princípios gerais a que se subordina esse regime. São eles: *a)* a *igualdade de tratamento* dos titulares de valores mobiliários da sociedade visada de uma mesma categoria; *b)* a *transparência* (por mor da qual se exige a concessão de certo tempo e a prestação de informação suficiente aos titulares de valores mobiliários da sociedade visada); *c)* a *neutralidade* do órgão de administração da sociedade visada (o qual deve ter em conta os interesses da sociedade no seu conjunto e não pode impedir os titulares de valores mobiliários de decidirem sobre o mérito da oferta); *d)* a *preservação da concorrência* (*maxime* mediante a não criação de mercados artificiais para os valores mobiliários da sociedade visada); *e)* a *verdade* (em homenagem à qual se exige o anúncio da oferta apenas depois de o oferente se assegurar que está em condições de satisfazer integralmente as contrapartidas da oferta); e *f)* a *estabilidade* (*hoc sensu*, a não perturbação da actividade da sociedade visada para além de um período razoável).

Entre as regras que concretizam estes princípios, destacaremos: *a)* a obrigatoriedade de lançamento de uma OPA, a um preço equitativo, por quem detenha o controlo da sociedade (art. 5.º); *b)* o dever de publicitação de certas informações (arts. 6.º, 8.º e 10.º); *c)* a necessidade de o órgão de

---

[28] *Report*, cit. (nota 18), pp. 18 ss.

administração obter autorização prévia da assembleia geral de accionistas antes de empreender qualquer acção para frustrar a OPA (art. 9.º): é a regra mais controversa da Directiva, que apenas pôde ser nela incluída devido a uma faculdade de exclusão que mencionaremos adiante; *d)* a inoponibilidade das restrições em matéria de transmissão de valores mobiliários e de direito de voto, previstas nos estatutos da sociedade ou em acordos parasociais, ao oferente que detenha pelo menos 75% do capital com direito de voto (*«breakthrough rule»*: art. 11.º), embora com certos desvios, nomeadamente em benefício dos próprios Estados-Membros que sejam titulares de valores mobiliários na sociedade visada; *e)* o direito potestativo do oferente de adquirir os valores mobiliários remanescentes quando obtenha acções que representem, pelo menos, 90% do capital da sociedade visada (*«squeeze out»*: art. 15.º); e *f)* o direito potestativo dos titulares desses valores de os venderem ao oferente, ocorrendo idênticas circunstâncias (*«sell out»*: art. 16.º).

Como dissemos, visou-se na Directiva uma *harmonização mínima*, dadas as divergências muito acentuadas que subsistem entre os Estados-Membros nesta matéria. Por isso se consagrou no art. 12.º, n.º 1, a favor desses Estados, a faculdade de não aplicarem as regras constantes dos arts. 9.º e 11.º (*«opting out»*). Quando os Estados exerçam essa faculdade, devem conferir às sociedades com sede social nos respectivos territórios a opção de aplicarem as regras em questão (*opting in*: art. 12.º, n.º 2).

Trata-se claramente uma solução de compromisso[29] entre as exigências da integração europeia, por um lado, e a preservação da autonomia legislativa dos Estados-Membros nesta matéria, por outro. Solução essa que, no entanto, levou alguns a porem em dúvida o êxito da Directiva na consecução do objectivo essencial que se propunha: a referida igualdade das regras do jogo em matéria de OPAs no seio da Comunidade[30].

---

[29] Aliás da iniciativa da delegação portuguesa no Comité de Representantes Permanentes junto do Conselho da União Europeia: cfr. os trabalhos preparatórios da Directiva, parcialmente disponíveis em http://www.europa.eu.int/documents/eu_council/index_pt.htm (dossier interinstitucional n.º 2002/0240/ (COD)).

[30] Neste sentido, veja-se F. Bolkestein, «The Capital Markets Directives», *European Company Law*, 2005, pp. 4 ss., que escreve: «The *Takeovers Directive* is a failure – a step backwards in terms of economic reform. It is no secret that I would have preferred a much more ambitious Directive. Instead, we are faced with the result of political arbitrage – a half-hearted compromise that does little to promote a level playing field». Cfr. ainda, sobre o ponto, Hartmut Krause, «BB-Europareport: Die EU-Übernahmerichtlinie – Anpassungs-

c) Âmbito espacial de aplicação

A Directiva delimita o seu próprio âmbito espacial de aplicação através de uma regra de conflitos unilateral: o regime dela constante aplica-se, em princípio, às OPAs sobre sociedades sujeitas à legislação dos Estados-Membros quando os valores mobiliários em causa sejam, no todo ou em parte, admitidos à negociação num mercado regulamentado em um ou vários Estados-Membros (art. 1.º, n.º 1).

No tocante, porém, ao disposto nos arts. 9.º e 11.º, consagra-se no art. 12.º, n.º 3, uma *cláusula de reciprocidade*, que visa assegurar a igualdade das regras do jogo relativamente a terceiros países. Por força dela, podem os Estados-Membros, nas condições determinadas pela lei nacional, dispensar as sociedades que apliquem os n.ºs 2 e 3 do art. 9.º ou o artigo 11.º da aplicação destas disposições se forem alvo de uma oferta lançada por uma sociedade que não se encontre sujeita às mesmas regras ou por uma sociedade controlada, directa ou indirectamente, por uma dessas sociedades, nos termos do artigo 1.º da Directiva 83/349/CEE.

O que significa, por exemplo, que uma sociedade sujeita ao Direito dos Estados Unidos da América, que lance uma OPA sobre uma sociedade sujeita ao Direito de um Estado-Membro da Comunidade Europeia, não beneficiará do disposto naqueles preceitos no tocante aos deveres do órgão de administração da sociedade visada e à inoponibilidade das restrições à transmissão de valores mobiliários e ao exercício do direito de voto, se e na medida em que no respectivo Estado de origem não se lhe apliquem preceitos equivalentes.

8. Continuação: autoridade de supervisão competente e regras aplicáveis à oferta pública internacional

a) Posição do problema

Como resulta do exposto, a Directiva 2004/25/CE não suprime a pluralidade das autoridades nacionais de supervisão nem a diversidade das regras em vigor nos Estados-Membros quanto às OPAs. Tão-pouco con-

---

bedarf im Wertpapiererwerbs- und Übernahmegesetz», *Betriebs-Berater*, 2004, pp. 113 ss. (p. 119), e Peter Wiesner, «Die neue Übernahmerichtlinie und die Folgen», *ZIP* (*Zeitschrift für Wirtschaftsrecht*), 2004, pp. 343 ss.

130   *Direito Intenacional Privado – Ensaios III*

duz a um alinhamento destas regras com as que prevalecem em outros países (*maxime* os Estados Unidos da América).

Ora, se o oferente houvesse de subordinar-se às determinações das autoridades de supervisão de todos os países em cujos mercados os valores mobiliários da sociedade visada se encontram admitidos à negociação e de conformar-se com as regras vigentes em todos eles, seria fortemente entravado o lançamento de OPAs internacionais.

A esta luz, pergunta-se: qual a autoridade internacionalmente competente para supervisionar as OPAs internacionais? E que regras se lhes aplicam?

Indagaremos primeiramente quais as soluções que, em geral, são possíveis para estes problemas, para de seguida averiguarmos o modo pelo qual a Directiva os resolveu. Confrontaremos depois as soluções nela consagradas com as do Direito português anterior à transposição da Directiva e examinaremos por fim as regras acolhidas na ordem jurídica interna na sequência dessa transposição.

b) *Soluções possíveis*

A respeito da determinação da autoridade de supervisão competente e das regras aplicáveis às OPAs internacionais, duas opções fundamentais se oferecem.

A primeira consiste na atribuição de competência às autoridades de supervisão do país em cujo mercado se encontrem admitidos à negociação os valores mobiliários que a OPA tem por objecto e na aplicação das regras aí vigentes (*hoc sensu*, a *lex mercatus*).

Depõem a favor dela diversos argumentos.

Por um lado, é presumivelmente essa a solução preferível do ponto de vista do interesse dos agentes económicos (accionistas e outros) que investiram em valores mobiliários emitidos pela sociedade visada: sempre que estes hajam adquirido naquele país os valores em questão, terá sido com a competência das autoridades locais e com a aplicação das correspondentes regras que contaram. Ora, como se referiu acima, é este o interesse preponderante na matéria em apreço, pelo que também no plano dos conflitos de leis no espaço lhe deve ser atribuída primazia.

Por outro lado, a competência das autoridades de supervisão do país em cujo mercado os valores mobiliários em causa são transaccionados e a aplicação da lei local justificam-se pelo impacto que uma OPA internacional pode ter sobre a economia desse país e o regular funcionamento do mercado de capitais, cuja protecção é outra das finalidades típicas do Direito dos Valores Mobiliários.

Achando-se, porém, os valores mobiliários em causa admitidos à negociação em mercados de diversos países (como hoje frequentemente sucede), o critério *sub judice* suscita sérias dificuldades na sua aplicação, pela multiplicação de autoridades competentes e de leis aplicáveis a que potencialmente conduz e pela imprevisibilidade dos deveres de conduta a que, consequentemente, o oferente e a sociedade visada ficam sujeitos.

A segunda opção a que aludíamos traduz-se na aplicação às OPAs internacionais da lei pessoal da sociedade emitente dos valores mobiliários em apreço (a *lex societatis*, i. é, a lei que rege, entre outros aspectos, a organização e o funcionamento dessa sociedade) e na concomitante atribuição de competência às autoridades de supervisão do país em que vigora essa lei.

Dada a estreita ligação entre as matérias integradas no estatuto pessoal das sociedades comerciais e as ofertas públicas relativas a valores mobiliários por elas emitidos, a aplicação da mesma lei a ambas as categorias de questões previne a ocorrência de antinomias normativas, favorecendo a harmonia jurídica material. Por outro lado, a atribuição de competência às autoridades do país cuja lei rege o estatuto pessoal da sociedade emitente evita a distribuição por diversas entidades da competência para supervisionar as OPAs sobre valores mobiliários cotados em diferentes países, assegurando a igualdade de tratamento dos titulares desses valores e prevenindo também que a sociedade emitente fique sujeita a exigências contraditórias.

Em abono desta solução pode ainda aduzir-se que, caso a lei pessoal da sociedade comercial possa ser livremente escolhida pelos seus fundadores, a sua aplicação às OPAs favorecerá a competição entre os regimes nacionais sobre a matéria e, a prazo, a elevação do nível de protecção dos titulares dos valores mobiliários, visto que estes tenderão a investir apenas em valores emitidos por sociedades submetidas a leis que tutelem adequadamente os seus interesses (i. é, a denominada *race to the top*).

Sendo a lei pessoal da sociedade a do país onde esta tem o seu centro de actividade, a aplicação dela é também favorável aos interesses dos trabalhadores e do Estado a que acima fizemos alusão.

Em contrapartida, tem de reconhecer-se que se os valores mobiliários emitidos pela sociedade visada não se encontrarem cotados no país cuja lei rege a sua organização e funcionamento, a *lex societatis* tem menores títulos de aplicação à OPA do que a *lex mercatus*, pois a sua ligação com a operação em causa será então presumivelmente mais ténue e pode mesmo resultar em prejuízo dos investidores, *v.g.*, por via da aplicação de uma lei estrangeira cujas exigências em matéria de informação a prestar pelo oferente sejam inferiores. Outro tanto pode dizer-se, *mutatis mutandis*, da competência para supervisionar a OPA internacional.

c) *Autoridade de supervisão competente*

Distinguem-se na Directiva, a respeito da autoridade de supervisão competente, duas hipóteses fundamentais.

Se os valores mobiliários da sociedade visada estiverem admitidos à negociação num *mercado regulamentado* sito no Estado-Membro da sede social dessa sociedade, é competente a autoridade de supervisão deste Estado (art. 4.°, n.° 2, alínea *a*)).

Se os valores mobiliários da sociedade visada não estiverem admitidos à negociação num mercado regulamentado do Estado da sede social, de novo há que distinguir consoante as matérias em causa.

Assim, pelo que respeita às questões relacionadas com a contrapartida da oferta e o processamento desta, a autoridade competente é, em princípio, a do Estado-Membro em cujo mercado regulamentado os valores estiverem admitidos à negociação (art. 4.°, n.° 2, alínea *b)*, primeiro parágrafo).

Mas se os valores tiverem sido admitidos à negociação em mais do que um Estado-Membro, será competente a autoridade do Estado-Membro em cujo mercado regulamentado esses valores tiverem sido admitidos à negociação em primeiro lugar (*idem*, segundo parágrafo) ou a autoridade que for escolhida pela sociedade visada, se os valores tiverem sido admitidos simultaneamente em mais do que um Estado-Membro (art. 4.°, n.° 2, alínea *c)*, primeiro parágrafo).

Se, porém, os valores já estiverem admitidos no termo do prazo para a transposição da Directiva e tiverem sido admitidos simultaneamente em mais do que um Estado-Membro, cabe às autoridades de supervisão desses Estados decidir qual a competente. Na falta dessa decisão, compete à sociedade visada escolher a autoridade competente (*idem*, segundo parágrafo).

No tocante às questões relacionadas com a informação aos trabalhadores da sociedade visada, o Direito das Sociedades e as condições em que o órgão de administração da sociedade visada pode empreender qualquer acção destinada a frustrar a oferta, é competente a autoridade do Estado-Membro da sede social da sociedade visada (art. 4.º, n.º 2, alínea e)).

A Directiva renunciou, pois, a consagrar um critério único no tocante à definição das autoridades de supervisão competentes; o que reflecte a preocupação de tomar em linha de conta interesses antagónicos e as dificuldades práticas que a aplicação do critério do mercado suscita nos casos de *multicotação* dos valores mobiliários emitidos pela sociedade visada[31].

Prevê-se, em todo o caso, que as autoridades de supervisão dos Estados-Membros cooperarão entre si e prestarão reciprocamente informações, tendo em vista a aplicação das regras da Directiva (art. 4.º, n.º 4). O que bem se compreende à luz da necessidade de um tratamento unitário da OPA internacional em ordem a evitar a sua sujeição, nos diferentes países em que tem incidências, a exigências contraditórias.

d) *Regras aplicáveis*

Examinemos agora o regime instituído pela Directiva no tocante às regras aplicáveis às OPAs internacionais.

Coincidindo o Estado-Membro da sede da sociedade visada com aquele (ou um daqueles) em cujo mercado regulamentado os valores mobiliários objecto de uma OPA foram admitidos à negociação, são as regras vigentes nesse Estado-Membro que se aplicam, ainda que os valores em causa também sejam transaccionados noutros Estados: a Directiva não o diz expressamente, mas é isso, a nosso ver, que se infere do disposto no art. 4.º, n.º 2, alínea e)[32].

A localização do mercado onde os valores em questão são negociados não é, pois, por si só bastante a fim de determinar a aplicação das

---

[31] Para a análise de um caso recente, veja-se Aline Tenenbaum, «La compétence internationale des autorités de surveillance des marchés financiers en matière d'offre publicque. Réflexions a propos de l'offre publique de la société *Mittal Steel* sur les titres de la société *Arcelor*», *Revue Critique de Droit International Privé*, 2006, pp. 557 ss.

[32] Neste sentido, vejam-se também Menjucq, ob. cit. (nota 10), p. 247; Hartmut Krause, «Der Kommissionsvorschlag für die Revitalisierung der EU-Übernahmerichtlinie», *Betriebs-Berater*, 2002, pp. 2341 ss. (p. 2344); e Grundmann, ob. cit. (nota 14), p. 373.

134 Direito Intenacional Privado – Ensaios III

regras locais, o que constitui uma decorrência da pluralidade dos interesses atendíveis na matéria e da necessidade de conciliá-los. A solução que neste particular se extrai da Directiva evoca de alguma sorte o método da selecção da lei aplicável na base do *agrupamento dos elementos de conexão* («*grouping of contacts*») em ordem a determinar o «centro de gravidade» da situação ou relação jurídica plurilocalizada, adoptado nomeadamente pela jurisprudência norte-americana[33].

No caso de ocorrer uma dissociação entre os Estados-Membros da sede da sociedade e do mercado onde os valores por ela emitidos são negociados (i.é, se a sociedade visada tiver sede num Estado-Membro, mas os seus valores mobiliários apenas estiverem admitidos à negociação no mercado de outro ou outros Estados-Membros), estabelece-se no art. 4.°, n.° 2, alínea e), um desmembramento (*dépeçage*), ainda que limitado, da situação jurídica em apreço, de teor idêntico ao que vigora para a definição da autoridade de supervisão competente. Por força dele, as questões relacionadas com a contrapartida, em particular o preço, e com o processamento da oferta, em especial a informação sobre esta, o documento a ela relativo e a divulgação da oferta, são submetidas às regras vigentes no mercado em que os valores estão admitidos à negociação. Por seu turno, as questões relacionadas com a informação aos trabalhadores da sociedade visada, o Direito das Sociedades, em particular a percentagem de direitos de voto que o controlo confere e qualquer derrogação à obrigação de lançar uma oferta, e as condições em que o órgão de administração da sociedade visada pode empreender uma acção destinada a frustrar a oferta, são disciplinadas pelas regras do Estado-Membro da sede da sociedade visada.

A Directiva apenas cura destes aspectos do regime das OPAs; não dos contratos de compra e venda de acções ou outros valores mobiliários (também ditos de «compra de empresa» ou «aquisição de sociedade»), que porventura venham a ser celebrados na sequência delas. A estes aplica-se, na falta de regras uniformes de Direito material[34], a lei designada pelas regras

---

[33] Vejam-se as decisões reproduzidas em Symeon C. Symeonides/Wendy Collins Perdue/Arthur T. von Mehren, *Conflict of Laws: American, Comparative, International. Cases and Materials*, St. Paul, Minnesota, 1998, pp. 113 ss.

[34] Haja vista, designadamente, ao art. 2, alínea d), da Convenção das Nações Unidas Sobre os Contratos de Compra e Venda Internacional de Mercadorias, concluída em Viena a 11 de Abril de 1980, que expressamente exclui do seu escopo as vendas de valores mobiliários.

A Integração Económica e as Situações Privadas Internacionais   135

de conflitos constantes da Convenção Sobre a Lei Aplicável às Obrigações Contratuais concluída em Roma em 1980[35]: a *lex contractus*.

Estas não conduzem, porém, necessariamente à aplicação de uma lei diversa da que é designada pelas regras de conflitos da Directiva, porquanto na falta de escolha pelas partes da lei aplicável devem os contratos de compra e venda de valores mobiliários objecto de uma OPA considerar--se submetidos à lei do país em cujo mercado estes se encontrem admitidos à negociação (o *locus contractus*), ao menos quando essa lei for também a lei pessoal do emitente, *maxime* por ser aquele o país da respectiva sede: tal, a nosso ver, a solução que se colhe do art. 4.º, n.º 5, da Convenção de Roma[36]. Solução semelhante acha-se, de resto, expressamente consignada na lei austríaca de Direito Internacional Privado[37].

---

[35] Relativamente a tais contratos não vale, com efeito, o disposto no art. 1.º, n.º 1, alíneas *c)* e *e)*, dessa Convenção, onde se exclui do respectivo âmbito as «obrigações decorrentes de letras, cheques, livranças, bem como de outros títulos negociáveis, na medida em que as obrigações surgidas desses outros títulos resultem do seu carácter negociável» e as «questões respeitantes ao direito das sociedades». É que as obrigações emergentes das vendas internacionais de títulos não se confundem com as que têm por fonte os próprios títulos vendidos, nem contendem directamente com a constituição e o funcionamento das sociedades a que os mesmos dizem respeito. Neste sentido nos pronunciámos já no nosso *Da responsabilidade pré-contratual em Direito Internacional Privado*, Coimbra, 2001, a pp. 670 e s. Vejam-se ainda, nesta linha de orientação, além da bibliografia aí citada: Peter Kindler, *in* Hans Jürgen Sonnenberger (redactor), *Münchener Kommentar zum Bürgerlichen Gesetzbuch*, vol. 11, *Internationales Handels- und Gesellschaftsrecht. Einführungsgesetz zum Bürgerlichen Gesetzbuche (Art. 50-237)*, 3.ª ed., Munique, 1999, pp. 159 s.; Adam Johnson, «The Law Applicable to Shares», *in* Hans van Houtte (org.), *The Law of Cross-Border Securities Transactions*, Londres, 1999, pp. 3 ss. (pp. 6 ss.); Boucobza, ob. cit. (nota 10), p. 219; Florbela de Almeida Pires, *Direitos e organização dos obrigacionistas em obrigações internacionais (Obrigações Caravela e Eurobonds)*, Lisboa, 2001, pp. 181 ss.; Menjucq, ob. cit. (nota 10), p. 237; Alfonso-Luis Calvo Caravaca/ /Javier Carrascosa González (directores), *Derecho Internacional Privado*, vol. II, Granada, 2004, p. 479; e Hanno Merkt, *in* Christoph Reithmann/Dieter Martiny, *Internationales Vertragsrecht*, 6.ª ed., Colónia, 2004, p. 708.

[36] Por força do qual, na falta de escolha pelas partes da lei aplicável ao contrato, este se rege pela lei do país com o qual apresente uma conexão mais estreita, não obstante as «presunções» consignadas nos n.os 2 a 4 do mesmo preceito. No sentido do texto, vejam-se Carsten Thomas Ebenroth/Oliver Wilken, «Kollisionsrechtliche Einordnung transnationaler Unternehmensübernahmen», *Zeitschrift für Vergleichende Rechtswissenschaft*, 1991, pp. 235 ss. (pp. 241 s.); e Merkt, ob. cit. (nota 35), pp. 710 s.

[37] Cfr. o § 39 dessa lei, segundo o qual: «As operações de bolsa e os contratos celebrados em mercados e feiras são regulados pela lei do Estado em que estiver situada a bolsa

e) *Balanço*

Por força do referido *dépeçage*, há hoje na Comunidade Europeia três ordens de regras aplicáveis aos problemas suscitados pelas OPAs internacionais: as do *estatuto pessoal* da sociedade visada; as do *mercado* onde os valores em causa estiverem admitidos à cotação; e as do *estatuto dos contratos de compra e venda* de valores mobiliários celebrados na sequência da OPA.

Semelhante combinação de regras extraídas de diferentes leis nacionais parece, aliás, corresponder a uma tendência que há algum tempo se desenha em várias legislações europeias[38].

Não é, porém, de excluir que a pluralidade de regras aplicáveis, bem como das autoridades de supervisão competentes, gere dificuldades na determinação do regime a que, em concreto, as OPAs internacionais ficarão sujeitas, até porque nem sempre essas regras se ajustarão facilmente entre si. Dificuldades essas às quais acrescem as que se prendem com a remissão para a *lex societatis*: dado que a Directiva não esclarece se a sede social que se tem em vista no art. 4.º é a sede estatutária ou a sede principal e efectiva da administração da sociedade, não é de excluir que na transposição desse preceito para as ordens jurídicas nacionais se registem divergências, que inevitavelmente comprometerão a harmonia de julgados.

De todo o modo, há que reconhecê-lo, o desmembramento das situações jurídicas em causa não constitui senão uma consequência, no plano do Direito Internacional Privado, da diversidade dos interesses atendíveis na sua regulação jurídica, os quais, como se viu no início deste estudo, não se resumem aos da sociedade visada, antes compreendem também os dos agentes económicos que investem nos valores mobiliários emitidos por sociedades cotadas em mercados regulamentados.

Por outro lado, parecem irrecusáveis as vantagens que se retiram da coincidência do Estado-Membro da autoridade competente para supervisionar a OPA internacional com aquele cujas regras lhe são aplicáveis, que a Directiva 2004/25/CE acolhe, mesmo nos casos em que impõe o referido desmembramento.

---

ou o mercado ou em que a feira se realizar» (tradução de António Marques dos Santos, *Direito Internacional Privado. Colectânea de textos legislativos de fonte interna e internacional*, 2.ª ed., Coimbra, 2002, pp. 1623 ss.).

[38] Ver Herbert Kronke, «Capital Markets and Conflict of Laws», *Recueil des Cours de l'Académie de La Haye de Droit International*, 2000 (tomo 286), pp. 245 ss. (p. 331).

9. O regime do Código dos Valores Mobiliários: a competência da CMVM

a) *Problemas suscitados pela transposição da Directiva*

De acordo com o Código dos Valores Mobiliários, em princípio as pessoas ou entidades que exerçam actividades de carácter transnacional ficam sujeitas à supervisão da Comissão do Mercado de Valores Mobiliários (doravante CMVM) sempre que essas actividades tenham alguma *conexão relevante* com mercados, operações ou valores mobiliários sujeitos à lei portuguesa: art. 359.°, n.° 2.

Por outro lado, nos termos da redacção originária do art. 145.°, n.° 1, do Código, para aprovar o prospecto de oferta pública feita em vários Estados da Comunidade Europeia, simultaneamente ou em datas próximas, para valores mobiliários da mesma categoria, era competente a autoridade do Estado-Membro em que o emitente tivesse a sua sede. Se nesse Estado não estivesse previsto o controlo prévio do prospecto da oferta pública, o oferente devia escolher para a aprovação uma autoridade que o previsse, de entre as autoridades dos Estados-Membros em que a oferta era lançada, e devia comunicar à CMVM a sua escolha (n.° 2 do mesmo preceito).

Ficavam, assim, sujeitas à supervisão da CMVM: as entidades que realizassem OPAs a que se aplicasse Direito português, por algum dos motivos que indicámos acima; as entidades que realizassem OPAs em mercado regulamentado registado na CMVM; e as entidades que realizassem OPAs relativas a valores mobiliários emitidos por sociedades cuja lei pessoal fosse a portuguesa, i. é, que aqui tivessem a sede principal e efectiva da sua administração ou a sua sede estatutária (valores esses aos quais se aplica, por força do disposto no art. 40.°, n.° 1, do CVM, a lei portuguesa).

A competência de supervisão da CMVM em matéria de OPAs internacionais era, pois, muito ampla e susceptível de se sobrepor à das autoridades de supervisão de outros Estados-Membros da Comunidade Europeia.

b) *O regime instituído pelo Decreto-Lei n.° 219/2006, de 2 de Novembro*

A coordenação entre autoridades de supervisão nacionais visada pela Directiva impunha, pelo exposto, uma revisão do regime legal em vigor.

Foi o que fez, posto que com certo atraso[39], o Decreto-Lei n.º 219/2006, de 2 de Novembro, que introduziu significativas alterações nas disposições do Código dos Valores Mobiliários respeitantes às OPAs internacionais[40].

A competência da CMVM quanto a estas operações é agora objecto do art. 145.º-A do CVM, que procurou alinhar as regras vigentes entre nós com as orientações acolhidas na Directiva. De acordo com esse preceito, a CMVM será competente para a supervisão de ofertas públicas de aquisição que visem:

– Valores mobiliários emitidos por *sociedades sujeitas à lei portuguesa*, desde que tais valores estejam *admitidos à negociação em mercado regulamentado situado ou a funcionar em Portugal* ou não estejam admitidos à negociação em mercado regulamentado (n.º 1, alíneas *a)* e *b)*, do citado preceito);

– Valores mobiliários emitidos por *sociedades sujeitas a lei estrangeira*, desde que tais valores estejam *exclusivamente admitidos à negociação em mercado regulamentado situado ou a funcionar em Portugal* ou, não estando admitidos à negociação no Estado-Membro onde se situa a sede da sociedade emitente, tenham sido admitidos em primeiro lugar à negociação em mercado regulamentado situado ou a funcionar em Portugal (n.º 2, alíneas *a)* e *b)*); ou

– *Valores mobiliários admitidos simultaneamente à negociação em mais de um mercado regulamentado de diversos Estados-Membros*, não incluindo o Estado-Membro onde se situa a sede da sociedade emitente, desde que a sociedade emitente escolha a CMVM como autoridade competente para a supervisão da oferta de entre as autoridades desses Estados-Membros e comunique essa decisão aos mercados regulamentados em causa e às respectivas autoridades de supervisão (n.º 3).

No tocante às OPAs internacionais que visem valores mobiliários admitidos à negociação em mercado regulamentado, o critério básico de

---

[39] A transposição da Directiva devia ter sido efectuada, nos termos do art. 21.º, até 20 de Maio de 2006.

[40] Essas alterações não valem, todavia, quanto às ofertas públicas de aquisição cujo anúncio preliminar tenha sido tornado público em data anterior à entrada em vigor desse diploma, nem às ofertas concorrentes daquelas: cfr. o art. 6.º do D.L. n.º 219/2006.

atribuição de competência à CMVM para a supervisão passa, assim, a ser o da *localização desse mercado em Portugal*.

Porém, esse critério não basta para este efeito, uma vez que se exige a verificação concomitante de algum outro facto que, associado àquela conexão, legitime a atribuição de competência à autoridade nacional de supervisão. Esse facto tanto pode consistir na sujeição da entidade emitente à lei portuguesa (*maxime* por aqui se situar a sede principal e efectiva da sua administração) como na admissão dos valores em causa à negociação exclusivamente no mercado português, na admissão desses valores à negociação em primeiro lugar no mercado português (quando não o hajam sido no Estado da sede da entidade emitente) ou na escolha pela sociedade emitente da entidade de supervisão nacional. Assim se procurou, à imagem do que fez a Directiva, contemplar os diferentes interesses implicados na matéria em apreço e prevenir situações de concorrência de autoridades de supervisão competentes, o que desaconselhava a consagração, como critério único de competência, da localização do mercado em que os valores mobiliários objecto da OPA são negociados.

Se na definição dos critérios de atribuição de competência à CMVM o D.L. n.º 219/2006 foi fiel à Directiva transposta, outro tanto não parece suceder no tocante à extensão dessa competência.

Como vimos acima, a Directiva autonomiza, nos casos em se verifique uma dissociação entre o mercado onde os valores são negociados e a sede da sociedade visada, a competência para as questões relacionadas com a informação aos trabalhadores, o Direito das Sociedades e as condições em que o órgão de administração da sociedade pode empreender qualquer acção susceptível de conduzir ao fracasso da oferta (as quais são cometidas à autoridade de supervisão do Estado da sede da sociedade visada) da competência para as demais questões suscitadas pela OPA (atribuídas à autoridade do mercado onde os valores são negociados): art. 4.º, n.º 2, alínea *e)*.

Ora, o Código português não estabelece esta diferenciação. Parece assim que, nos casos em que a CMVM é também competente, nos termos do art. 145.º-A, n.º 2, para supervisionar OPAs sobre sociedades sujeitas a leis estrangeiras, todas as questões por elas suscitadas poderão ser decididas pela entidade de supervisão nacional: mesmo, portanto, as que contendam com os aspectos submetidos pelo citado preceito da Directiva à autoridade de supervisão do Estado-Membro da sede da sociedade visada. Nesta medida, a competência atribuída à autoridade de supervisão nacio-

140   *Direito Intenacional Privado – Ensaios III*

nal excede o consentido pela Directiva, sendo o regime legal português neste particular susceptível de gerar conflitos de competência com autoridades de supervisão de outros Estados-Membros da Comunidade Europeia. Eis um ponto a requerer a atenção do legislador e da CMVM.

10. Continuação: regras aplicáveis às ofertas públicas internacionais

a) *Antecedentes*

Diferentemente da Directiva, o Código dos Valores Mobiliários consagrava originariamente, no tocante às OPAs internacionais, regras de conflitos que se limitavam a definir o âmbito de aplicação espacial do Direito interno.

Por força delas, encontravam-se sujeitas às disposições do Código e dos regulamentos que o complementam, as ofertas públicas de valores mobiliários dirigidas especificamente a pessoas com residência ou estabelecimento em Portugal[41]. O critério geral de delimitação do âmbito espacial de aplicação das regras da lei portuguesa era, assim, nesta matéria, o da *residência ou estabelecimento do destinatário da oferta* (o qual, como é bom de ver, pode não coincidir com o do mercado onde os valores mobiliários em causa são transaccionados).

Estavam também sujeitas às regras do Código as OPAs relativas a valores mobiliários emitidos por sociedades que tivessem como lei pessoal a lei portuguesa (ou seja, atento o disposto no art. 3.°, n.° 1, do Código das Sociedades Comerciais, as sociedades que tivessem em Portugal a sede principal e efectiva da sua administração ou a sua sede estatutária); mas isso tão-só pelo que respeita ao disposto nos arts. 182.° (relativo à limitação dos poderes do órgão de administração da sociedade visada) e 187.° e seguintes (relativos à OPA obrigatória) do CVM[42]. O critério era, neste caso, o da *lei pessoal da sociedade visada* (ou lei do país de origem).

Independentemente destas regras, havia ainda que atender ao disposto no art. 3.° do CVM, o qual manda aplicar as normas imperativas deste diploma se e na medida em que as situações, as actividades e os actos

---

[41] Art. 108.°, n.° 1, do Código.
[42] Haja vista ao art. 108.°, n.° 2, do Código, na redacção originária.

A Integração Económica e as Situações Privadas Internacionais 141

a que tais normas se referem tenham *conexão relevante* com o território português (n.º 1). Considera-se, no n.º 2 desse preceito, que têm conexão relevante com o território português, designadamente: *a)* as ordens dirigidas a membros dos mercados registados na Comissão do Mercado dos Valores Mobiliários (CMVM) e as operações realizadas nesses mercados; *b)* as actividades desenvolvidas e os actos realizados em Portugal; e *c)* a difusão de informações acessíveis em Portugal que digam respeito a situações, a actividades ou a actos regulados pelo Direito português.

Saliente-se, a este propósito, que, atenta a teleologia do art. 3.º do CVM, não se devem considerar abrangidas por esta disposição todas as normas imperativas constantes do Código, mas tão-só as que devam ser qualificadas como *internacionalmente imperativas*[43]. Como tais entendem-se as normas que, em razão do seu objecto e fins, reclamem expressa ou implicitamente a sua aplicação ao caso singular, ainda que não pertençam à ordem jurídica competente segundo as regras de conflitos comuns. A sua imperatividade transcende, nesta medida, as situações submetidas à ordem jurídica a que pertencem e projecta-se, *hoc sensu*, na esfera internacional[44]. Também se empregam, a fim de designá-las, as expressões *lois de police* (a qual denota o carácter juspublicístico de muitas delas) e *normas de aplicação imediata* (que, aliás, figura na epígrafe do art. 3.º do CVM), esta última em ordem a salientar a sua não subordinação aos critérios de conexão consagrados nas regras de conflitos comuns[45]. Será este, a nosso ver, o caso das normas portuguesas sobre as OPAs[46], sempre que

---

[43] Cfr., neste sentido, Maria Helena Brito, «Sobre a aplicação no espaço do novo Código dos Valores Mobiliários», *in* AAVV, *Direito dos Valores Mobiliários*, vol. IV, Coimbra, 2003, pp. 85 ss. (p. 106).

[44] Sobre o conceito em apreço, veja-se o nosso *Da responsabilidade pré-contratual em Direito Internacional Privado*, cit. (nota 35), pp. 625 e ss., e a demais bibliografia aí citada.

[45] Ver António Marques dos Santos, *As normas de aplicação imediata no Direito Internacional Privado. Esboço de uma teoria geral*, Coimbra, 1991, especialmente pp. 697 ss.

[46] Ver, sobre o ponto, Maria Helena Brito, est. cit. (nota 43), p. 108, e Cristina Sofia Dias, «Notas e questões sobre a lei aplicável à emissão de instrumentos de dívida de curto prazo (papel comercial) por sociedade com sede e administração efectiva em Portugal», *Cadernos do Mercado dos Valores Mobiliários*, n.º 12, Dezembro de 2001, pp. 105 ss. (p. 111, nota 20). Perante o Direito francês, as normas sobre OPAs são também qualificadas como *lois de police* por Boucobza, ob. cit. (nota 10), pp. 257 ss., e Menjucq, ob. cit. (nota 10), p. 244. Numa óptica de Direito Comparado, cfr., na mesma linha fundamental de orientação, Gerhard Wegen/Christian Lindemann, «The Law Applicable to Public Offe-

os fins de protecção dos titulares de valores mobiliários por elas prosseguidos apenas possam ser efectivamente realizados se forem aplicadas às ofertas relativas a valores mobiliários transaccionados em Portugal, independentemente do país da sede da sociedade emitente.

Em suma, o *critério do mercado* tinha já acolhimento entre nós, antes da transposição da Directiva 2004/25/CE, cumulativamente com o da *sede da sociedade visada* e o do *destinatário da oferta*, posto que apenas no tocante às normas que pudessem ser qualificadas como internacionalmente imperativas.

Havia, pois, um *cúmulo de conexões atendíveis*, que conduzia à aplicabilidade da lei portuguesa em matéria de valores mobiliários num vasto número de situações.

Esta delimitação do âmbito espacial das regras nacionais em matéria de OPAs não era, porém, inteiramente conforme com as regras constantes da Directiva nem com o espírito dela. Na verdade, o critério do *destinatário da oferta* não tem consagração autónoma na Directiva. Por seu turno, o critério da *sede da sociedade visada* só vale, segundo a Directiva, caso os valores mobiliários em apreço não estejam admitidos à negociação no país em que a sede se localiza, e apenas quanto a certas questões bem delimitadas, que não compreendem, por exemplo, a aprovação do prospecto da OPA. E também o *critério do mercado* não é extensível, de acordo com a Directiva, a todas as matérias relacionadas com a OPA, se a sede social se situar em país diverso do desse mercado.

Uma vez que a Directiva se aplica, como vimos, a todas as OPAs sobre sociedades sujeitas à legislação dos Estados-Membros da Comunidade Europeia quando os valores mobiliários em causa sejam, no todo ou em parte, admitidos à negociação num mercado regulamentado em um ou mais desses Estados, também os critérios que definiam a aplicabilidade da lei portuguesa no tocante à matéria em apreço tinham, ao menos pelo que respeita a essas OPAs, de ser revistos em ordem a ajustar o CVM ao disposto na Directiva.

---

rings in Continental Europe», *in* Hans van Houtte (org.), *The Law of Cross-Border Securities Transactions,* Londres, 1999, pp. 153 ss. (p. 159). Veja-se ainda no mesmo sentido, *de jure condendo*, Kronke, ob. cit. (nota 38), pp. 333 s.

A Integração Económica e as Situações Privadas Internacionais 143

b) *Regime resultante da transposição da Directiva*

Entre as disposições do Código alteradas pelo Decreto-Lei n.º 219/2006 sobressai o art. 108.º, n.º 2, de acordo com o qual passaram a aplicar-se às ofertas públicas de aquisição:

– A *lei do Estado-Membro cuja autoridade supervisora for compe-tente* para a supervisão da oferta, nos termos do art. 145.º-A, pelo que respeita à contrapartida proposta, ao processamento da oferta, ao conteúdo do prospecto da oferta e à divulgação da oferta (alínea *a)*); e

– A *lei pessoal da sociedade emitente* dos valores mobiliários objecto da oferta, no tocante à informação aos trabalhadores da sociedade visada, à percentagem de direitos de voto que constitui o domínio, às derrogações ou dispensas ao dever de lançamento de oferta pública de aquisição e às limitações de poderes do órgão de admi-nistração da sociedade visada (alínea *b)*).

Ao regime assim estabelecido subjazem três directrizes metodológi-cas fundamentais, em que assenta também a Directiva:

– Por um lado, o favorecimento da *coincidência entre a lei aplicável e a entidade de supervisão competente* (embora, como se viu acima, no Código português ela não haja sido plenamente assegurada, visto que, no tocante às questões referidas na alínea *b)* do art. 108.º, n.º 2, a supervisão da OPA é também da competência da CMVM, ainda que tais questões estejam submetidas a uma lei estrangeira).

– Por outro, o *agrupamento dos elementos de conexão* em ordem a fixar a lei primariamente competente para regular a OPA interna-cional, por força do qual essa lei apenas será a portuguesa quando a OPA tenha por objecto valores mobiliários emitidos por socie-dade sujeita à lei portuguesa e esses valores estejam admitidos à negociação em mercado regulamentado sito em Portugal. Sempre que assim não suceda, será ainda necessário, para que se aplique a lei portuguesa, que, além de a oferta pública de aquisição ter por objecto valores mobiliários admitidos à negociação em Portugal, ocorra uma outra circunstância (*v.g.* o facto de tais valores estarem exclusivamente admitidos à negociação em Portugal ou aqui terem sido admitidos à negociação em primeiro lugar) que ligue a situação *sub judice* à ordem jurídica nacional. A mera localização em Portugal do mercado onde os valores mobiliários objecto da OPA são negociados não basta, pois, para determinar a sujeição desta à ordem jurídica nacional.

– Finalmente, nos casos em que os referidos elementos de conexão não conduzam à aplicabilidade da mesma lei, a autonomização da competência da *lex mercatus* relativamente à da *lex societatis*, tendo o Código feito entrar no âmbito da primeira a generalidade das questões relativas às ofertas de aquisição e no da segunda a regulação dos aspectos dessas ofertas que contendem especificamente com a organização interna da sociedade visada.

Parece inequívoco que das alterações assim introduzidas no CVM resultou uma importante restrição do âmbito de aplicação da lei portuguesa às OPAs internacionais. Impunham-na, a nosso ver, os objectivos, que a Directiva prossegue, de evitar que da pluralidade e diversidade das legislações nacionais sobre a matéria em apreço resulte um desincentivo à realização de OPAs internacionais na Comunidade Europeia e de facilitar, no seio desta, a circulação de capitais e a criação de valor que lhe está potencialmente associada.

Os mesmos objectivos explicam que nos casos a que não for aplicável a lei portuguesa seja reconhecido pela CMVM, nos termos do novo art. 147.º-A, n.º 1, do Código, o prospecto de uma OPA de valores mobiliários admitidos à negociação em mercado regulamentado sito ou a funcionar em Portugal, desde que esse prospecto haja sido aprovado por autoridade competente de outro Estado-Membro da Comunidade Europeia, esteja traduzido para português e seja disponibilizado à CMVM um certificado emitido pela autoridade competente responsável pela aprovação do prospecto, em como este cumpre as disposições comunitárias e nacionais relevantes, acompanhado pelo prospecto aprovado. Neste âmbito, também o legislador português aderiu, pois, ao princípio do *reconhecimento mútuo*, a que aludimos acima.

De notar, por fim, que a aplicabilidade da lei portuguesa às OPAs em apreço não importa necessariamente a submissão das sociedade emitentes a um *regime unívoco*. Na verdade, os estatutos das sociedades sujeitas à lei portuguesa podem prever, de acordo com o art. 182.º-A, n.º 3, do Código, que o levantamento de certas medidas defensivas perante OPAs hostis, de que as mesmas sejam objecto, não vale sempre que a sociedade oferente não esteja sujeita às mesmas regras ou seja dominada por uma sociedade que não se sujeite às mesmas regras. É a *cláusula de reciprocidade*, que mencionámos atrás, através da qual se tem em vista, por outra via, assegurar a igualdade das condições aplicáveis às operações económicas em apreço.

DIREITO DE AUTOR E COMÉRCIO ELECTRÓNICO: ASPECTOS INTERNACIONAIS*

I

A exploração de obras e prestações protegidas pelo Direito de Autor mediante a sua colocação em linha à disposição do público constitui hoje uma das mais relevantes formas de comércio electrónico. Essa actividade suscita, no entanto, complexos problemas sempre que, como frequentemente sucede, transcende as fronteiras de um só país.

Suponhamos, a fim de exemplificar, que uma empresa coloca num sítio Internet, de que é titular, interpretações de obras musicais fixadas em fonogramas por artistas célebres nos anos cinquenta, as quais podem ser descarregadas contra pagamento nos computadores pessoais dos utentes desse sítio.

Pergunta-se: *a)* Pode fazê-lo sem autorização do titular dos direitos conexos sobre essas interpretações? *b)* E pode o respectivo utente fazer o descarregamento desses ficheiros para uso privado sem autorização do titular de direitos? *c)* Se essa actividade for levada a cabo sem autorização, pode o provedor de serviços de Internet que transportou e armazenou os ficheiros na rede ser chamado a responder pelos danos sofridos pelo titular de direitos autorais?

Todas estas questões são de difícil resposta perante o Direito interno. Mas a dificuldade agrava-se quando os utentes do sítio Internet em causa acedem a ele a partir de países estrangeiros, para onde a informação em causa tem de ser transportada, ou quando o provedor de serviços de Inter-

---

* Texto que serviu de base à comunicação apresentada em 7 de Dezembro de 2006, no congresso sobre «Internet e propriedade intelectual» promovido pela Associação Portuguesa de Direito Intelectual. Originariamente publicado em *DeCITA – Derecho del Comercio Internacional*, vol.10 (2009).

net que transportou ou armazenou essa informação se encontra estabelecido no estrangeiro.

É que frequentemente as leis dos países com os quais as referidas situações se encontram conexas apresentam soluções contraditórias para as referidas questões; o que suscita o problema de saber qual delas deverá ser aplicada. Assim, por exemplo, na Europa a interpretação e a fixação em fonograma de uma obra musical feita em 1958 encontra-se hoje no domínio público, podendo por isso ser livremente colocada em rede à disposição do público. Já nos Estados Unidos os direitos sobre fixações de interpretações musicais duram actualmente 95 anos, carecendo por isso a colocação em rede, na hipótese mencionada, de autorização do titular de direitos. Por outro lado, na Comunidade Europeia reconhece-se a liberdade de uso privado; mas esta é limitada a certos casos especiais, que não atinjam a exploração normal da obra e não causem prejuízo injustificado aos interesses legítimos do titular de direitos. Diferentemente, nos Estados Unidos utiliza-se, no mesmo contexto, o conceito de *fair use*, bastante mais maleável. Além disso, neste país a responsabilidade dos provedores de serviços de Internet é excluída desde que os mesmos não tenham conhecimento efectivo (*actual knowledge*) da ilicitude da informação que transportam ou armazenam, enquanto que Portugal se exige ainda, para esse efeito, que os referidos sujeitos não devessem, em face das circunstâncias, ter consciência do carácter ilícito da informação em causa.

II

Como é bom de ver, é vastíssimo o alcance social e económico dos referidos problemas. Da sua resolução em termos satisfatórios depende não só a viabilidade económica do comércio electrónico, mas também a própria subsistência das denominadas indústrias do *copyright*.

Compreende-se assim que sobre eles hajam incidido nos últimos anos diversos instrumentos internacionais e actos de Direito Comunitário, que procuraram harmonizar as legislações nacionais sobre a matéria. Foi esse o objectivo, nomeadamente, dos denominados *Tratados Internet*, celebrados em Genebra em 1996 sob a égide da Organização Mundial da Propriedade Intelectual (OMPI): o Tratado Sobre Direito de Autor e o Tratado Sobre Interpretações ou Execuções e Fonogramas.

A *Integração Económica e as Situações Privadas Internacionais*   149

Consagrou-se no primeiro deles, como direito exclusivo do autor, além de outros, o de autorizar a comunicação da obra ao público por fio ou sem fio, incluindo a sua colocação à disposição do público (*making available to the public*) onde e quando os membros deste escolherem (art. 8). Em consequência disso, não pode o titular de um sítio Internet, por exemplo, fornecer acesso em linha a obras literárias ou musicais sem o consentimento dos titulares dos direitos autorais sobre as mesmas. Acolheu-se assim uma nova faculdade jusautoral, que se distingue da de comunicação da obra ao público, por inexistir na situação por ela visada a simultaneidade entre a emissão e a recepção da obra que é característica desta forma de utilização; e por se tratar aqui, além disso, de uma transmissão interactiva.

No segundo dos referidos Tratados conferiram-se aos artistas direitos análogos aos que são reconhecidos no Tratado de Direito de Autor aos criadores de obras intelectuais, *maxime* o de autorizar a colocação à disposição do público das suas interpretações ou execuções fixadas em fonogramas (art. 10); e estenderam-se os direitos dos artistas aos produtores de fonogramas, mediante a criação de um novo direito de colocar fonogramas à disposição do público.

A 22 de Maio de 2001, foi aprovada a Directiva comunitária 29/2001/CE, sobre o direito de autor e os direitos conexos na sociedade de informação. Este acto comunitário visou dar execução no âmbito da Comunidade Europeia os Tratados da OMPI de 1996; mas foi muito além do que estes dispõem, pois, contrariamente ao que o seu título inculca, não se limitou a regular a utilização de obras e prestações no ambiente digital, estatuindo também acerca da sua utilização por outros meios; e inseriu ainda uma minuciosa regulamentação das excepções e limitações aos direitos exclusivos nela consagrados, que os Tratados da OMPI omitem.

A Directiva consagrou, no art. 2.°, um amplo direito de reprodução, mediante o qual se teve manifestamente em vista abranger as reproduções digitais na memória dos computadores. O art. 5.°, n.° 1, acrescentou, porém, que estão excluídos do direito de reprodução previsto no artigo 2.° os actos de reprodução temporária que sejam transitórios ou episódicos e que constituam parte integrante e essencial de um processo tecnológico cujo único objectivo seja permitir: «*a)* Uma transmissão numa rede entre terceiros por parte de um intermediário, ou *b)* Uma utilização legítima de uma obra ou outro material a realizar, e que não tenham, em si, significado económico». Esta, portanto, a medida em que o legislador comunitário entendeu subtrair ao direito de reprodução os denominados *caching* e *browsing*: estes são livres enquanto se destinarem a assegurar uma transmissão em rede ou uma utilização legítima e não tiverem em si significado económico. Tal como os Tratados da OMPI, a Directiva consagra ainda, em benefício dos autores, artistas e produtores de fonogramas, o direito exclusivo de autorizar a colocação de obras e prestações à disposição do público.

Também a regulação do comércio electrónico foi objecto de tentativas de harmonização à escala internacional e europeia. Estão no primeiro caso a Lei-Modelo da Comissão das Nações Unidas para o Direito do Comércio Internacional (CNUDCI) Sobre o Comércio Electrónico, de 1996, e a Convenção das Nações Unidas Sobre o Uso de Comunicações Electrónicas nos Contratos Internacionais, de 2005. Na Comunidade Europeia, a harmonização de legislações neste domínio foi levada a cabo através da Directiva 2000/31/CE, sobre o comércio electrónico, de 17 de Julho de 2000. A Directiva propõe-se, nos termos do seu considerando 7, estabelecer «um quadro legal claro, que abranja certos aspectos legais do comércio electrónico no mercado interno», por forma a «garantir a segurança jurídica e a confiança do consumidor», bem como, de acordo com o considerando 8, «criar um enquadramento legal destinado a assegurar a livre circulação dos serviços da sociedade da informação entre os Estados-Membros». Para tanto, estabeleceu um princípio geral de liberdade de celebração de contratos por meios electrónicos, que os referidos instrumentos internacionais também acolhem; e isentou de responsabilidade os prestadores intermediários de serviços da sociedade da informação, sob certos pressupostos enunciados na Directiva.

III

Só em limitada medida, porém, os instrumentos normativos referidos lograram assegurar a harmonização de legislações através deles visada.

Assim, o Tratado da OMPI Sobre Direito de Autor omite qualquer regulamentação específica da reprodução de obras literárias e artísticas em suporte digital – mormente a que é levada a cabo tendo em vista o seu armazenamento nos servidores ligados a redes de comunicações electrónicas e a sua visualização nos terminais conexos com estas. É certo que numa declaração anexa ao Tratado se afirma que o direito de reprodução

A *Integração Económica e as Situações Privadas Internacionais* 151

consignado no art. 9, n.° 1, da Convenção de Berna Relativa à Protecção das Obras Literárias e Artísticas, assim como as excepções a esse direito nele permitidas, se aplicam plenamente à utilização de obras em formato digital; e que o armazenamento de uma obra protegida em suporte digital num meio electrónico constitui uma reprodução na acepção da mencionada regra da Convenção de Berna. Mas tal não impede os Estados partes do Tratado de disciplinarem autonomamente a reprodução de obras em suporte digital.

Por seu turno, no Tratado Sobre Interpretações ou Execuções e Fonogramas a duração dos direitos conexos não é uniformizada: o art. 17 limita-se a estabelecer para eles uma duração mínima de 50 anos, contados, no caso dos artistas intérpretes ou executantes, a partir do fim do ano em que a interpretação ou execução foi fixada num fonograma e, no caso dos produtores de fonogramas, a partir do fim do ano em que o fonograma tenha sido publicado. Em consequência disso, a duração da protecção conferida às fixações de interpretações de obras musicais é hoje muito variável (50 anos na Europa comunitária e 95 nos Estados Unidos, como se disse acima).

De limitações análogas enferma a Directiva 2001/29/CE. Assim, a referida excepção ao direito de reprodução pelo que respeita às utilizações que «em si» não tenham significado económico, consignada no n.° 1 do art. 5.°, está subordinada ao crivo do n.° 5 do mesmo preceito, que consagra a chamada *regra dos três passos*: a excepção em causa só se aplica em casos especiais, que não entrem em conflito com uma exploração normal da obra ou outro material e não prejudiquem irrazoavelmente os legítimos interesses do titular do direito. Trata-se, como é bom de ver, de um regime que, pela indefinição dos termos utilizados, é propenso a originar divergências na aplicação que dele for feita pelos tribunais nacionais. É, desde logo, muito problemático determinar o que são reproduções que não têm «em si» significado económico, pois toda a reprodução assume, em princípio, significado económico (sobretudo se for levada a cabo em larga escala, como sucede com as obras disponíveis em rede). E as dificuldades adensam-se em virtude da aplicação da regra dos três passos. Admitem-se além disso, nos n.os 2 e 3 do art. 5.° da Directiva, diversas outras excepções e limitações (em número de vinte) aos direitos de reprodução, de comunicação ao público e de colocação de obras e outros bens à disposição do público. Ao contrário, porém, da excepção constante do n.° 1, estas são facultativas. Donde resultou que, apesar da harmonização visada pela

Directiva, subsistem neste particular importantes disparidades entre as leis dos Estados-Membros da Comunidade Europeia.

Sucede, por outro lado, que nem a Directiva nem os referidos Tratados disciplinam questões como a titularidade do direito de autor, o reconhecimento de direitos morais sobre obras literárias e artísticas e a gestão de direitos – matérias em que os Direitos nacionais dos Estados-Membros da Comunidade Europeia diferem ainda substancialmente uns dos outros. E essas diferenças sobem de grau se confrontarmos os Direitos europeus com aquele que vigora nos Estados Unidos da América quanto a questões como a duração da protecção jusautoral, o âmbito e os pressupostos desta (*v.g.* no tocante à originalidade das obras protegidas), os limites a que a mesma se sujeita e a admissibilidade de renúncia a estes, a atribuição de direitos sobre obras feitas por conta de outrem ou ao abrigo de contrato de trabalho, etc.

Quanto ao comércio electrónico, refira-se que, apesar da harmonização de legislações induzida pela Directiva 2000/31/CE, de 8 de Junho de 2000, também não é uniforme o regime dos contratos celebrados por meios electrónicos, nem o da responsabilidade dos fornecedores de bens e serviços em linha, consagrado nas leis nacionais de transposição da Directiva. Senão vejamos.

Tanto a Directiva como as leis nacionais de transposição disciplinam o processo de formação do contrato concluído por meios electrónicos. Mas fazem-no em termos que divergem substancialmente nalguns pontos capitais. Assim, perante a lei portuguesa, «a oferta de produtos ou serviços em linha representa uma proposta contratual quando contiver todos os elementos necessários para que o contrato fique concluído com a simples aceitação do destinatário» (art. 32.°, n.° 1, do Decreto-Lei n.° 7/2004, de 7 de Janeiro de 2004), não tendo significado para a determinação do momento da conclusão do contrato o mero aviso de recepção da ordem de encomenda (*ibidem*, n.° 2). Outras leis, ao invés, estabelecem que o contrato apenas se considera concluído quando o destinatário do serviço houver recebido, por via electrónica, da parte do prestador do serviço, o aviso de recepção da aceitação do destinatário do serviço: é o caso da lei luxemburguesa relativa ao comércio electrónico. Por outro lado, de acordo com a lei portuguesa, a encomenda feita *on line* apenas se torna definitiva, regra geral, com a sua confirmação pelo destinatário do serviço, dada na sequência do aviso de recepção enviado pelo prestador de serviços (art. 29.°, n.° 5): é o sistema dito do *duplo clique*, também adoptado em França. Diferentemente, porém, a legislação espanhola, assim como italiana e a inglesa, apenas exige uma confirmação da aceitação por parte do oferente de bens ou serviços em rede, *maxime* através de um aviso de recepção a enviar por correio electrónico ao adquirente dos bens ou serviços em causa.

Outro domínio objecto de harmonização pela Directiva é, como se disse atrás, a responsabilidade dos prestadores intermediários de serviços da sociedade da informação.

A este respeito, o mencionado diploma legal português estabelece, no art. 16.º, n.º 1, que o prestador intermediário de serviços de armazenagem em servidor só é responsável, nos termos comuns, pela informação que armazena se *tiver conhecimento* de actividade ou informação cuja ilicitude for *manifesta* e não retirar ou impossibilitar logo o acesso a essa informação. Logo, porém, acrescenta, no n.º 2 da mesma disposição, que há também responsabilidade civil sempre que, perante as circunstâncias que conhece, o prestador do serviço tenha ou *deva ter consciência do carácter ilícito da informação*. Ora, neste ponto a lei portuguesa vai além do exigido pela Directiva, pois esta apenas impõe a responsabilização do prestador intermediário de serviços quando este tenha *conhecimento efectivo* da actividade ou informação ilegal ou de factos ou circunstâncias que a «evidenciem» (art. 14.º, n.º 1, alínea *a)*) ou quando o prestador, tendo tomado conhecimento da ilicitude, não actue com diligência no sentido de *retirar ou impossibilitar o acesso* às informações (*idem*, alínea *b)*).

O mesmo se conclui do confronto do art. 16.º do Decreto-Lei n.º 7/2004 com disposições homólogas constantes das leis de outros Estados-Membros da Comunidade. Tal o caso, por exemplo, da lei espanhola do comércio electrónico (n.º 34/2002, de 11 de Julho de 2002), que isenta de responsabilidade os prestadores de serviços da sociedade da informação sempre que estes não tenham *conhecimento efectivo* de que a actividade ou informação armazenada é ilícita ou de que lesiona bens ou direitos de um terceiro.

IV

Do que dissemos até aqui resulta, em suma, que, apesar da harmonização de legislações nacionais ensaiada pelos instrumentos internacionais e comunitários mencionados, não foi suprimida a diversidade das legislações nacionais no tocante às matérias que deles são objecto; pelo que se mantém, em larga medida, a necessidade de determinar a lei aplicável a estas matérias em situações internacionais.

Ora, que lei deve ser essa?

Antes de ensaiarmos uma resposta a este quesito, importa reflectir sobre os interesses em jogo. Estes são de vária ordem, neles se reflectindo de alguma sorte o conflito intrínseco com que se debate a denominada sociedade da informação.

Com efeito, esta assenta num *espaço de liberdade* – a Internet –, no qual se facultam ao público recursos informativos numa escala sem precedentes na História da humanidade e se possibilita a cada um a expressão e a divulgação quase instantânea do seu pensamento através de um meio de comunicação de âmbito universal. No entanto, o risco de uma *hiper-regulação* da Internet, por via da aplicação à actividade através dela desenvolvida, por tribunais de diferentes países, de uma multiplicidade de leis com os conteúdos mais diversos, é susceptível de coarctar aquela liberdade, restringindo o fluxo da informação através das fronteiras e o acesso do público a esta. Em especial, a atribuição de efeitos, no Estado do foro, a exclusivos de utilização de informação conferidos em países estrangeiros a determinadas pessoas, pela aplicação da lei desses países em lides instauradas naquele primeiro Estado, tem como efeito o cerceamento da disponibilização em rede de tal informação a partir desse Estado, restringindo em consequência disso a liberdade de actuação nele reconhecida aos particulares.

Por outro lado, é hoje geralmente reconhecido que as tecnologias da informação e da comunicação oferecem novas oportunidades de desenvolvimento económico e social, em virtude, nomeadamente, das transformações que possibilitam nos processos de produção, no comércio, na criação intelectual, na investigação científica, na educação e até na actividade cívica. O efectivo aproveitamento dessas oportunidades pressupõe o favorecimento da iniciativa privada nacional e internacional e da competição empresarial. Estas, por seu turno, reclamam um quadro jurídico apropriado, que, além do mais, assegure a *livre circulação dos serviços* da sociedade da informação através das fronteiras.

A preservação da liberdade individual, em qualquer das vertentes consideradas, é, pois, o primeiro interesse a acautelar na determinação da lei aplicável. Mas semelhante desiderato não pode, evidentemente, ser prosseguido descurando a protecção da ordem pública, dos consumidores e de outros interesses sociais relevantes, os quais poderão impor certas restrições à liberdade de actuação neste domínio.

V

Não tem faltado quem sustente que o denominado *ciberespaço* é um meio juridicamente autónomo em relação aos Estados, sendo, por conseguinte, ilegítima ou inviável toda a regulação estadual da Internet. Na lógica desta orientação, as relações jurídicas estabelecidas por meio daquela rede de comunicações deveriam subtrair-se às leis estaduais, submetendo-se exclusiva ou preferentemente a códigos de conduta elaborados por associações comerciais, profissionais ou de consumidores, a codificações extra-estaduais de princípios jurídicos ou a usos mercantis, que integrariam uma nova *lex electronica* ou *lex mercatoria numerica*.

Na raiz deste debate acha-se a questão do papel reservado ao Estado na disciplina das relações sociais, matéria que não pode ser aqui desenvolvida. Importa em todo o caso assinalar que a referida tese tem vindo ultimamente a perder terreno. Por várias razões.

Em primeiro lugar, porque a sujeição do comércio electrónico a um Direito nacional não levanta, ao contrário do que inicialmente se supunha, dificuldades insuperáveis. É hoje viável, com efeito, impor restrições à circulação de informação através das fronteiras mediante o recurso a dispositivos de filtragem (havendo até quem fale, a este respeito, da criação de *zonas*, ou *zoning*, no *ciberespaço*); e estão actualmente disponíveis programas informáticos (*passwords, cookies, certificados digitais*, etc.) através dos quais é possível identificar os sujeitos das transacções realizadas em linha e a sua localização espacial. A própria «arquitectura» da Internet favorece pois, como observou Lawrence Lessig, a sua regulação.

Em segundo lugar, porque está por demonstrar que se haja formado um sistema normativo a que, com propriedade, se possa chamar *lex electronica*. E mesmo que este se tivesse constituído, não seria inquestionável a sua legitimidade enquanto fonte de regulação da matéria em apreço.

Em terceiro lugar, porque, consoante vem sendo reconhecido, a «deslocalização» do comércio electrónico e a sua exclusiva sujeição a normas de fonte extra-estadual poderia envolver prejuízo não só para os interesses públicos, da parte mais fraca e de terceiros que são tutelados através de normas imperativas de Direito estadual, mas também para a própria autonomia privada.

As relações jurídicas respeitantes à produção, utilização e transmissão de informação através de redes electrónicas de comunicação não devem eximir-se, por conseguinte, à regulação estadual. O ideal de liber-

156 *Direito Intenacional Privado – Ensaios III*

dade que se acha associado à Internet carece, nesta medida, de ser compatibilizado com o exercício das soberanias nacionais. Eis por que a principal dificuldade suscitada pela disciplina do comércio electrónico e das demais formas de utilização das redes electrónicas internacionais não deriva, a nosso ver, da inexistência de uma lei aplicável, mas antes da circunstância de as situações jurídicas que o integram, na medida em que transcendam as fronteiras nacionais, se acharem potencialmente sujeitas a uma pluralidade de leis nacionais.

Poderia supor-se que este problema se resolveria através de licenças-tipo, destinadas a aplicarem-se universalmente, como as denominadas licenças *Creative Commons*, que adquiriram recentemente certa projecção internacional.

Estas, porém, não afastam o problema da lei aplicável.

Trata-se, na verdade, de autorizações de âmbito mundial para certas utilizações de obras protegidas pelo Direito de Autor (*v.g.* a criação de obras derivadas a partir delas), as quais no entanto se encontram sujeitas a determinadas restrições (por exemplo, no tocante à utilização comercial ou à aposição de medidas tecnológicas de protecção à obras derivadas produzidas a partir da obra em questão). A autorização dada cessa em caso de violação dos termos da licença; e é apenas concedida pelo tempo correspondente à vigência do direito de autor sobre a obra em causa.

Por aqui se vê que as licenças em questão não funcionam num vazio legal, antes se sujeitam a um *quadro regulador*, definido pelo Direito de Autor, o qual determinará, por exemplo, se a obra em questão é protegida (o que constitui, obviamente, um pressuposto da licença), em que termos o é (ou seja, quais os usos reservados ao seu criador, que este pode autorizar ou não a terceiros), quem é o titular do direito de autor (o único que pode licenciar o uso da obra), por quanto tempo aquela protecção vigora (o que é essencial para determinar a própria duração da licença), quais as utilizações livres por terceiros (que não podem ser vedadas pelo licenciante), etc.

Mesmo as licenças *Creative Commons* carecem, pois, a fim de serem eficazes, de se conformar com a lei reguladora dos direitos autorais sobre as obras a que se referem, sobretudo quando impõem restrições à utilização dessas obras por terceiros.

VI

Vejamos então qual a lei aplicável às situações em apreço.

Pelo que respeita à responsabilidade dos prestadores de serviços da sociedade da informação e aos contratos por estes celebrados, o art. 3.º, n.º 1, da Directiva 2000/31/CE – certamente a disposição mais controversa deste acto comunitário – consagra o princípio da aplicação da lei do país onde os prestadores se encontram estabelecidos: a *lex originis*.

Aí se dispõe, na verdade, que «cada Estado-Membro assegurará que os serviços da sociedade da informação prestados por um prestador estabelecido no seu território cumpram as disposições nacionais aplicáveis nesse Estado-Membro que se integram no domínio coordenado».

O fundamento desta regra encontra-se enunciado no considerando 22 da Directiva 2000/31/CE, de acordo com o qual «[o] controlo dos serviços da sociedade da informação deve ser exercido na fonte da actividade, a fim de garantir uma protecção eficaz dos interesses gerais». E acrescenta-se no mesmo lugar: «a fim de garantir a eficácia da livre circulação de serviços e a segurança jurídica para os prestadores e os destinatários, esses serviços devem estar sujeitos, em princípio, à legislação do Estado-Membro em que o prestador se encontra estabelecido».

Com efeito, a aplicabilidade aos serviços em apreço da lei do país do estabelecimento do respectivo fornecedor, na medida em que dispensa as empresas de se informarem acerca do teor das leis dos países de destino dos mesmos, bem como de conformarem a sua actividade com regimes porventura mais rigorosos do que o que vigora naquele país, facilita, pela diminuição de riscos e encargos que implica, a internacionalização da sua actividade mediante a prestação dos seus serviços em outros Estados-Membros da Comunidade Europeia, sem presença física nos países de destino. Compreende-se assim que o preceito mencionado seja encimado pela epígrafe *mercado interno*; e que esta disposição haja sido classificada pela Comissão Europeia como a *pedra angular* da Directiva.

VII

A competência da *lex originis* no domínio do comércio electrónico acha-se, no entanto, subordinada a certos limites: ela não vale, nos termos do n.º 3 do art. 3.º e do anexo à Directiva, quanto à propriedade intelectual e aos contratos celebrados por consumidores, matérias relativamente às quais outras ordens de considerações justificam a aplicação de diversas leis.

Importa, pois, interrogarmo-nos sobre a lei aplicável aos direitos de autor e conexos quando a utilização dos bens que os mesmos tenham por objecto seja feita em linha.

Nesta matéria, havemos de partir da regra fundamental do Direito Internacional de Autor, que o art. 5, n.º 2, da referida Convenção de Berna consagra. Nos termos dele, a lei competente para disciplinar a «extensão da protecção, bem como os meios de recurso garantidos ao autor para salvaguardar os seus direitos» é a do país para cujo território a protecção é reclamada – a *lex loci protectionis* – isto é, o país onde têm lugar os actos de utilização não autorizada da obra e onde, portanto, a violação do direito foi perpetrada; regra essa que deve, a nosso ver, considerar-se extensiva à disciplina dos direitos conexos com o direito de autor. É o denominado *princípio da territorialidade* do Direito de Autor.

A mesma regra encontra-se agora consignada, pelo que respeita à responsabilidade extracontratual emergente da violação dos direitos em causa, no art. 8.º, n.º 1, do Regulamento do Parlamento Europeu e do Conselho n.º 864/2007, relativo à lei aplicável às obrigações extracontratuais («Roma II»), nos termos do qual: «A lei aplicável à obrigação extracontratual que decorra da violação de um direito de propriedade intelectual é a lei do país para o qual a protecção é reivindicada».

Trata-se, em princípio, da solução mais conforme com os interesses que dominam o regime do direito de autor e dos direitos com este conexos, bem como com a natureza destes.

O direito de autor e os direitos conexos constituem, na verdade, *monopólios* de utilização e exploração económica, respectivamente de obras intelectuais e de certas prestações de artistas e outros sujeitos, que restringem a liberdade de comércio e o acesso do público aos bens culturais e à informação. Uma vez que esses monopólios apenas são reconhecidos pela ordem jurídica se e na medida em que tal se mostre conforme com o bem comum, está certo que cada Estado se reserve a prerrogativa de definir em que termos eles se constituem, exercem e extinguem no território sobre o qual detém poderes de soberania, assim como a faculdade de determinar o seu conteúdo e objecto e as sanções aplicáveis às respectivas violações ocorridas nesse território.

De outro modo, ficaria comprometido o princípio de tipicidade a que o Direito de Autor se encontra submetido: como se sabe, só beneficiam da

A Integração Económica e as Situações Privadas Internacionais 159

protecção estabelecida por este ramo do Direito os tipos de bens que se achem expressamente contemplados como tais na lei ou em outras fontes de Direito; todo o bem incorpóreo que não caiba no conceito jurídico de obra não é tutelado pelo Direito de Autor e é, por conseguinte, susceptível de ser reproduzido sem autorização de quem o criou (a menos que seja protegido pelo Direito Industrial). Ora, a tipicidade dos bens protegidos em determinado país nos termos do Direito de Autor só pode ser assegurada mediante a aplicação da lei desse país à protecção nele reclamada para certo bem.

VIII

Qual, porém, a *lex loci protectionis* quando a utilização da obra ou prestação protegida seja feita em rede?

É esta uma das questões mais difíceis que a temática em apreço suscita. Não há, por enquanto, disposições legislativas sobre a matéria; e a doutrina e a jurisprudência de vários países mostram-se divididas a seu respeito.

Na resolução do problema importa ter presente que a *colocação da obra à disposição do público* é, como se disse acima, a principal faculdade jusautoral que aqui se encontra em jogo; e que ela é, em razão da ubiquidade da Internet, um facto complexo, que, embora se verifique tecnicamente no país onde se situa o servidor através do qual a obra é inserida na rede, tem também lugar no país ou países onde a obra fica disponível aos seus potenciais utilizadores, i. é, a partir dos quais estes podem aceder a esse servidor.

O titular dos direitos sobre a obra protegida deve, por isso, beneficiar da protecção conferida pela lei de qualquer desses países, ainda que a competência de cada uma delas se cinja à violação de direitos de exclusivo ocorrida no território em que essa lei vigora – o que pode levar à aplicação distributiva de diferentes leis às lesões do mesmo direito ocorridas em diversos países.

Admitimos, no entanto, que, à medida que se for concretizando a harmonização de legislações visada pela Directiva 2001/29/CE, possa justificar-se, pelo que respeita a fornecedores *online* de conteúdos protegidos pelo Direito de Autor estabelecidos na Comunidade Europeia, a aplicação nos demais Estados-Membros da lei do país de inserção desses conteúdos na rede, sempre que este coincida com o do estabelecimento do fornecedor, como forma de incentivar a prestação em linha de serviços no domínio das obras e prestações protegidas pelo Direito de Autor e, reflexamente, de facilitar o acesso à informação e à cultura.

A um resultado desta índole conduz o disposto no art. 1.°, n.° 2, alínea *b)*, da Directiva 93/83/CEE, de 27 de Setembro de 1993, relativa à coordenação de determinadas disposições em matéria de direito de autor e direitos conexos aplicáveis à radiodifusão por satélite e à retransmissão por cabo, de acordo com o qual, no que respeita às emissões efectuadas a partir de Estados-Membros da Comunidade Europeia, se tem por verificada a comunicação ao público por satélite (e por conseguinte utilizada a obra ou prestação desse modo difundida) exclusivamente no país a partir do qual o sinal é emitido. As empresas de radiodifusão apenas têm, por conseguinte, de se conformar com as disposições da lei desse país em matéria de direitos de autor e conexos. A lei aplicável será, nesta óptica, exclusivamente a do *país de origem* da emissão, e não a do país de recepção, ainda que perante esta última a utilização da obra fosse, no caso *sub judice*, ilícita (*v.g.* por carecer de autorização do titular de direitos).

O país de origem da emissão pode também ser definido numa *perspectiva organizacional*, e não meramente técnica. Trata-se, de acordo com esta orientação, do país do estabelecimento do emissor em que se encontram centralizadas as suas actividades relacionadas com a emissão.

Aproxima-se desta orientação, no resultado a que chegou, a sentença proferida pelo *Tribunal de Grande Instance* de Paris em 20 de Maio de 2008, no caso *Google*. A *Google France*, com sede em Paris, e a *Google Inc.*, com sede na Califórnia, haviam sido demandadas perante aquele tribunal francês pela *Société des Auteurs des Arts Visuels et de l'Image Fixe*, uma sociedade de gestão colectiva de direito de autor sedeada em Paris, com fundamento na alegada contrafacção pelas rés de obras fotográficas pertencentes ao repertório da autora, as quais haviam sido tornadas acessíveis ao público através do motor de busca *Google Images*. As rés contestaram, alegando, além do mais, que a situação se integrava na excepção de *fair use* consagrada no *Copyright Act* norte-americano de 1976. O tribunal julgou a acção improcedente, por se encontrarem preenchidos, na espécie, os requisitos da excepção de *fair use* prevista na lei americana. Esta foi declarada aplicável ao caso, nos termos do art. 5, n.° 2, da Convenção de Berna, com fundamento em que a alegada contrafacção consistia, por um lado, na recolha de imagens e sua referenciação pelo motor de pesquisa *Google Images* e, por outro, no acesso ao servidor *www.google.fr*, sendo manifesto que esta era a actividade central e primordial da sociedade *Google Inc.*; e que era na sede social desta que as decisões relevantes eram tomadas e onde a actividade de motor de buscas era levada a cabo, devendo esse lugar, por conseguinte, determinar a lei aplicável ao litígio.

Dois textos normativos recentes procuraram estabelecer uma solução para este problema. Referimo-nos aos *«Princípios sobre o tribunal competente, a lei aplicável e o reconhecimento de sentenças em litígios transnacionais relativos à propriedade intelectual»*, publicados em 2008 pelo *American Law Institute* (*«Intellectual Property. Principles Governing Jurisdiction, Choice of Law, and Judgments in Transnational Disputes»*) e aos *«Princípios para os conflitos de leis em matéria de propriedade intelectual»*, de que foi divulgado um *preliminary draft* em 2009 pelo *European Max-Planck Group on Conflict of Laws in Intellectual Property* (*«Principles for Conflict of Laws in Intellectual Property»*).

No § 321, n.º 1, do primeiro destes textos, admite-se que, quando uma violação de direitos intelectuais tenha carácter «ubíquo» (*«ubiquitous infringement»*), os tribunais apliquem, no tocante à existência, validade, duração, atributos e violação desses direitos, assim como às sanções pela sua violação, a lei do Estado que possua a *conexão mais estreita ou significativa* com o litígio. A fim de determinar essa lei, estabelece-se no mesmo preceito que se terão em conta, por exemplo, o lugar de residência das partes, o lugar onde a relação entre estas (caso exista) se encontra centrada, o âmbito das actividades e do investimento das partes e os principais mercados para os quais as mesmas dirigem as suas actividades (*«When the alleged infringing activity is ubiquitous and the laws of multiple States are pleaded, the court may choose to apply to the issues of existence, validity, duration, attributes, and infringement of intellectual property rights and remedies for their infringement, the law or laws of the State or States with close connections to the dispute, as evidenced, for example, by: (a) where the parties reside; (b) where the parties' relationship, if any, is centered; (c) the extent of the activities and the investment of the parties; and (d) the principal markets toward which the parties directed their activities»*).

No n.º 2 do mesmo preceito, determina-se todavia que, se uma das partes demonstrar que a solução do caso à face de qualquer das leis em presença difere da que resulta da lei tida como aplicável ao abrigo do n.º 1, o tribunal deverá «ter em consideração» essa diversidade de soluções na

162   *Direito Intenacional Privado – Ensaios III*

decisão que proferir («*Notwithstanding the State or States designated pursuant to subsection (1), a party may prove that, with respect to particular States covered by the action, the solution provided by any of those States' laws differs from that obtained under the law(s) chosen to apply to the case as a whole. The court must take into account such differences in fashioning the remedy*»).

Por seu turno, o art. 3:603, n.° 1, dos *Princípios* do *European Max-Planck Group* estabelece que nos litígios respeitantes a infracções cometidas através de meios de comunicação ubíquos, como a Internet, o tribunal pode aplicar a lei ou as leis do Estado ou dos Estados que tenham a *conexão mais estreita* com a infracção, se se puder considerar que esta última teve lugar em todos os Estados onde os sinais foram recebidos (*«In disputes concerned with infringement carried out through ubiquitous media such as the Internet, the court may apply the law or the laws of the State or the States having the closest connection with the infringement, if the infringement arguably takes place in every State in which the signals can be received»*).

Em ordem a determinar aquela lei, os tribunais deverão tomar em consideração, de acordo com o n.° 2 do mesmo preceito, todos os factores relevantes, em particular a residência habitual e o estabelecimento principal do infractor, o lugar onde houverem sido levadas a cabo actividades consideráveis em execução da infracção e o lugar onde o dano causado pela infracção seja tido como considerável (*«In determining which State has the closest connection with the infringement, the court shall take all the relevant factors into account, in particular the following: (a) the infringer's habitual residence; (b) the infringer's principal place of business; (c) the place where substantial activities in furthering of the infringement in its entirety have been carried out; (d) the place where the harm caused by the infringement is substantial in relation to the infringement in its entirety»*).

Ressalva-se contudo, no n.° 3, a hipótese de as regras aplicáveis em algum ou alguns dos Estados conexos com o litígio diferirem em aspectos essenciais da lei aplicável ao litígio nos termos do n.° 2. Se a aplicação dessas regras conduzir a decisões inconciliáveis, determina-se nesse preceito que as diferenças entre elas devem ser atendidas pelo tribunal na modelação de uma solução para o caso (*«Notwithstanding the law applicable pursuant to paragraph 2, any party may prove that the rules applying in a State or States covered by the dispute differ from the law appli-*

cable to the dispute in aspects which are essential for the decision. The court shall apply the different national laws unless this leads to inconsistent judgments, in which case the differences shall be taken into account in fashioning the remedy»).

Observa-se em ambos estes textos uma tendência no sentido de uma certa atenuação do *princípio da territorialidade* do Direito de Autor, tendo em vista evitar a aplicação (ainda que distributiva) de uma multiplicidade de leis às mesmas situações, a que aquele princípio potencialmente conduz nas hipóteses de colocação de obras à disposição do público em rede. Para tanto, prevê-se, como regra geral, a aplicação da *lei de um único Estado* a estas formas de utilização de obras protegidas. O respeito devido pelas expectativas legítimas das partes terá, no entanto, levado a admitir a possibilidade de os tribunais atenderem, na decisão do caso, às regras de outra ou outras leis invocadas pelas partes, que difiram em aspectos relevantes da lei em princípio aplicável.

IX

Outro domínio relativamente ao qual a Directiva 2000/31/CE excluiu a aplicabilidade da *lex originis* é o da contratação por consumidores. Valem por isso, nesta matéria, as regras de conflitos comuns, entre as quais sobressai o art. 5.° da Convenção de Roma de 1980 Sobre a Lei Aplicável às Obrigações Contratuais.

Esta, compreensivelmente, não contempla de modo expresso o problema da lei aplicável aos contratos celebrados por consumidores por meios electrónicos. Mas a situação alterar-se-á quando entrar em vigor o Regulamento do Parlamento Europeu e do Conselho n.° 593/2008, sobre a lei aplicável às obrigações contratuais («Roma I»), que manda aplicar aos contratos celebrados por consumidores a lei do país em que estes tenham a sua residência habitual quando o contrato tiver sido celebrado com um profissional que, por qualquer meio, *dirija as suas actividades* comerciais ou profissionais para o país da residência do consumidor ou para vários países incluindo aquele país, desde que o contrato seja abrangido pelo âmbito destas actividades (art. 6.°, n.° 1).

Trata-se de uma solução que já figurava, pelo que respeita à fixação da competência judiciária, no Regulamento (CE) n.° 44/2001 do Conselho, de 22 de Dezembro de 2000, relativo à competência judiciária, ao reconhecimento e à execução de decisões em matéria civil e comercial e que alarga consideravelmente o leque de situações em que a lei do consumidor será aplicável ao contrato.

O futuro dirá qual o impacto de semelhante solução sobre o comércio electrónico no mercado interno europeu, que alguns receiam possa conhecer certa retracção, caso as pequenas e médias empresas tenham de conformar a sua actividade com as exigências de uma multiplicidade de leis nacionais em matéria de protecção do consumidor.

Um reconhecimento mais amplo da autonomia privada na definição da lei aplicável aos contratos de consumo poderia, nesta óptica, justificar-se. Neste sentido pode, além disso, aduzir-se que a solução constante do Regulamento assenta no pressuposto de que o consumidor carece ainda, na União Europeia, da protecção da lei da sua residência habitual. O facto, porém, de o regime dos contratos celebrados por consumidores se achar hoje em larga medida harmonizado – nomeadamente por força das Directivas sobre os contratos à distância, as cláusulas abusivas e a venda de bens de consumo –, permite duvidar do bem-fundado de semelhante pressuposto.

X

A temática em apreço entrecruza-se, como acabamos de ver, com a da integração económica regional. Nos espaços onde esta se tem concretizado, como o da União Europeia, os direitos de autor e conexos e o comércio electrónico são objecto de instrumentos normativos que visam harmonizar os regimes jurídicos nacionais; ao que não é, evidentemente, alheia a importância destas matérias para a economia europeia e a formação do mercado único.

Essa harmonização não conduziu, no entanto – nem é provável que venha a conduzir –, a uma verdadeira unificação de regimes. Tão-pouco nos parece que esta seja desejável: a diversidade de modelos de solução para as mesmas questões jurídicas e a concorrência entre estes são valores que importa preservar, nomeadamente em ordem a assegurar o aperfeiçoamento e a evolução do Direito, que não raro se faz tendo em conta as soluções consagradas nas legislações estrangeiras.

O desafio fundamental nesta matéria consiste, por isso, em assegurar que a preservação do pluralismo das leis nacionais no seio de espaços economicamente integrados não opere como uma barreira ao comércio electrónico.

Como se verificou acima, as regras sobre a lei aplicável oscilam, no domínio em apreço, entre a atribuição de competência à *lex originis* e à *lex destinationis* – o mesmo é dizer, entre a aplicabilidade lei do país a partir do qual certos bens ou serviços são disponibilizados ao público e a daquele onde os mesmos ficam acessíveis.

A necessidade de assegurar a livre prestação de serviços no mercado único, por um lado, e a redução dos custos das transacções, por outro, depõem fortemente no sentido da aplicação da primeira dessas leis. Mas nas matérias em que se têm feito sentir com particular intensidade interesses especiais, ligados à protecção dos titulares de direitos de exclusivo ou dos consumidores, é antes a aplicabilidade da *lex destinationis* que vemos consagrada nos instrumentos em vigor ou em preparação.

A solução do problema estará, pois, na conciliação de uma harmonização de legislações que acautele estes interesses com o princípio do reconhecimento mútuo, por forma que, salvo em casos excepcionais, também nesta matéria os serviços licitamente prestados no respectivo país de origem possam ser oferecidos nos demais países e territórios que integram o mercado único sem perderem as vantagens competitivas de que desfrutam no primeiro.

BIBLIOGRAFIA SUMÁRIA

American Law Institute – *Intellectual Property. Principles Governing Jurisdiction, Choice of Law, and Judgments in Transnational Disputes. As Adopted and Promulgated by the American Law Institute at San Francisco, California, May 14, 2007,* St. Paul, MN, American Law Institute Publishers, 2008.

Basedow, Jürgen, Josef Drexl, Annette Kur e Axel Metzger (orgs.) – *Intellectual Property in the Conflict of Laws*, Tubinga, Mohr Siebeck, 2005.

Boschiero, Nerina – «Il principio di territorialità in materia di proprietà intellectuale: conflitti di leggi e giurisdizione», *AIDA*, 2007, pp. 34 ss.

Dessemontet, François – «Internet, la propriété intellectuelle et le droit international privé», *in* Katharina Boele-Woelki/Catherine Kessedjian (orgs.), *Internet. Which Court Decides? Which Law Applies?*, Haia, etc., Kluwer, 1998, pp. 47 ss.

Drexl, Josef, e Annette Kur (orgs.), *Intellectual Property and Private International Law. Heading for the Future*, Oxford/Portland, Hart Publishing, 2005.

Eechoud, Mireille van – *Choice of Law in Copyright and Related Rights. Alternatives to the Lex Protectionis*, Haia/Londres/Nova Iorque, Kluwer, 2003.

European Max-Planck Group on Conflict of Laws in Intellectual Property – *Principles for Conflict of Laws in Intellectual Property. Second Preliminary Draft*, s.l., 2009 (disponível em http://www.cl-ip.eu).

Fawcett, James, e Paul Torremans – *Intellectual Property and Private Internatio- nal Law*, Oxford, Oxford University Press, 1998.

Geller, Paul Edward – «Internationales Immaterialgüterrecht, Kollisionsrecht und gerichtliche Sanktionen im Internet», *GRUR Int.*, 2000, pp. 659 ss. — «Droit de la propriété intellectuelle, droit international privé et sanctions internet», *Cahiers de Propriété Intellectuelle*, n.° 12 (1999), n.° 1, pp. 227 ss. — «International Intellectual Property, Conflicts of Laws, and Internet Remedies», *EIPR*, vol. 22 (2000), n.° 3, pp. 125 ss.

Ginsburg, Jane – «The Private International Law of Copyright in an Era of Tech- nological Change», *Rec. cours*, t. 273 (1998), pp. 239 ss.

Hoeren, Thomas – *Internet- und Kommunikationsrecht. Praxis-Lehrbuch*, Coló- nia, Otto Schmidt, 2008.

Leible, Stefan (org.) – *Die Bedeutung des Internationalen Privatrechts im Zeitalter der neuen Medien*, Estugarda/Munique/Hanôver/Berlim/Weimar/Dresden, Boorberg Verlag, 2003.

Lessig, Lawrence – *Code and Other Laws of Cyberspace*, Nova Iorque, Basic Books, 1999.

Lucas, André – *Aspects de droit international privé de la protection d'oeuvres et d'objets de droits connexes transmis par réseaux numériques mondiaux*, Genebra, 2001 (polic.).

Miguel Asensio, Pedro Alberto de – «La *lex loci protectionis* tras el reglamento "Roma II"», *AEDIPr.*, 2007, pp. 375 ss.

Nerenz, Jochen – *Urheberschutz bei grenzüberschreitenden Datentransfers: Lex Loci Protectionis und Forum Delicti*, Konstança, Hartung-Gorre Verlag, 2000.

Pinheiro, Luís de Lima – «A lei aplicável aos direitos de propriedade intelectual», *RFDUL*, 2001, pp. 63 ss. — «Direito aplicável à responsabilidade extracon- tratual na Internet», *RFDUL*, 2001, pp. 825 ss.

Schack, Haimo – «Neue Techniken und Geistiges Eigentum», *JZ*, 1998, pp. 753 ss. – «Internationale Urheber-, Marken- und Wettbewerbsrechtsverletzungen im Internet. Internationales Privatrecht», *MMR*, 2000, pp. 59 ss. — «Inter- nationale Urheber-, Marken- und Wettbewerbsrechtsverletzungen im Inter- net. Internationales Zivilprozessrecht», *MMR*, 2000, pp. 135 ss.

Strömholm, Stig – «Alte Fragen in neuer Gestalt – das internationale Urheber- recht im IT-Zeitalter», *in Festschrift Dietz*, 2001, pp. 533 ss.

Thum, Dorothee – «Internationalprivatrechtliche Aspekte der Verwertung urheberrechtlich geschützte Werke im Internet. Zugleich Bericht über eine WIPO-Expertensitzung in Genf», *GRUR Int.*, 2001, pp. 9 ss.

Vicente, Dário Moura – *Problemática internacional da sociedade da informação*, Coimbra, Almedina, 2005. – *A tutela internacional da propriedade intelectual*, Coimbra, Almedina, 2008.

II

OS CONTRATOS INTERNACIONAIS
E O SEU REGIME SUBSTANTIVO

DIREITO APLICÁVEL
AOS CONTRATOS PÚBLICOS INTERNACIONAIS*

Sumário:

I. Objecto do estudo. Noção de contrato público internacional. Principais causas da sua relevância actual.
II. Tipos de contratos públicos internacionais.
III. Jurisdições competentes para os litígios emergentes de contratos públicos internacionais.
IV. O problema do Direito aplicável: *a)* Principais valores e interesses em jogo.
V. Continuação: *b)* Contratos administrativos internacionais.
VI. Continuação: *c)* Contratos internacionais de Direito Privado celebrados pelo Estado ou por outros entes públicos.
VII. Continuação: *d)* Contratos de Estado *stricto sensu*.
VIII. A relevância do Direito Internacional Público.
IX. A relevância do Direito Comunitário.
X. Cláusulas de estabilização e de intangibilidade.

I
Objecto do estudo. Noção de contrato público internacional. Principais causas da sua relevância actual

Propomo-nos tratar neste estudo dos problemas relacionados com a determinação do Direito aplicável aos contratos públicos internacionais.

---

* Conferência proferida na Faculdade de Direito de Lisboa, em 11 de Julho de 2006, no curso sobre *O Direito dos contratos públicos em tempo de mudança* promovido pelo Instituto de Ciências Jurídico-Políticas. Originariamente publicada nos *Estudos em homenagem ao Professor Doutor Marcello Caetano no centenário do seu nascimento*, Lisboa, 2006, vol. I, pp. 289 ss.

172 Direito Intenacional Privado – Ensaios III

Importa pois, antes de mais, esclarecer o sentido em que utilizaremos este conceito na exposição subsequente.

Tomaremos aqui a noção de contrato público numa acepção ampla, compreendendo todos os contratos celebrados pelos Estados, por outros entes públicos (Regiões Autónomas, Autarquias Locais, Institutos Públicos, etc.) ou por pessoas colectivas privadas integradas na Administração Pública (como, por exemplo, as concessionárias do Estado), independentemente da sua qualificação como contratos administrativos, civis, comerciais ou de qualquer outra natureza segundo o Direito de certo país. O traço distintivo fundamental desta categoria de contratos é, por conseguinte, a circunstância de uma das partes ser um Estado ou outro ente público ou um particular investido na qualidade de elemento da Administração[1].

Por seu turno, a internacionalidade do contrato público deriva de este possuir elementos que o liguem a duas ou mais ordens jurídicas nacionais, *maxime* pela circunstância de o co-contratante do Estado ou outro ente público que dele é parte ser um nacional de outro Estado. Contrato público internacional é, em suma, o *contrato público com elementos de extraneidade*.

É inequívoca a relevância que esta categoria de contratos hoje assume. O valor total dos contratos celebrados por entidades públicas na Comunidade Europeia ascendeu a 1.500 biliões de Euros em 2002, o que representou nesse ano cerca de dezasseis por cento do produto interno bruto da União Europeia. Estima-se que dez por cento desses contratos tinham carácter internacional[2].

---

[1] Trata-se, pois, de uma noção que se aproxima, embora com ela não coincida inteiramente, da que consta do art. 1.º da Directiva 2004/18/CE do Parlamento Europeu e do Conselho, de 31 de Março de 2004, relativa à coordenação dos processos de adjudicação dos contratos de empreitada de obras públicas, dos contratos públicos de fornecimento e dos contratos públicos de serviços, *in Jornal Oficial das Comunidades Europeias* (doravante *JOCE*), série L, n.º 134, de 30 de Abril de 2004, pp. 114 ss., e dos arts. 1.º e 2.º do *Anteprojecto de Código dos Contratos Públicos* (disponível em http://contratospublicos. imoppi.pt), que visa transpô-la para a ordem jurídica portuguesa. Para uma definição de contrato público numa óptica de comparação de Direitos, veja-se Colin C. Turpin, «Public Contracts», *in International Encyclopaedia of Comparative Law*, vol. VII, *Contracts in General*, capítulo 4, *Public Contracts*, Tubinga, 1982, p. 3.

[2] Cfr. Comissão Europeia, *A report on the functioning of public procurement markets in the EU: benefits from the application of EU Directives and challenges for the future*, Bruxelas, 2004.

São várias as causas deste fenómeno. Entre elas podem apontar-se: *a)* a crescente intervenção dos Estados na economia a partir da II Guerra Mundial, a qual os levou a participar também, directa ou indirectamente, no comércio internacional; *b)* a ascensão de um elevado número de países à independência nos anos 60 e 70 e a necessidade por eles experimentada de, a fim de se desenvolverem economicamente, concederem a exploração dos seus recursos naturais (*maxime* os hidrocarburetos) a empresas de outros países, bem como de fomentarem os investimentos estrangeiros no seu território; *c)* a abertura dos mercados públicos, nos anos 80 e 90, às empresas privadas estrangeiras, no quadro da globalização da economia internacional proporcionada pela integração económica regional levada a cabo, nomeadamente, no quadro da Comunidade Europeia e da Organização Mundial de Comércio; e *d)* a actual crise do *Welfare State* e a necessidade, dela decorrente, de conter a despesa pública, a qual levou a que em muitos países certas infra-estruturas públicas passassem a ser preferentemente executadas com recurso a *parcerias público-privadas*[3] e à técnica dita do *project finance*[4], não raro associando-se a esses empreendimentos empresas e instituições de crédito estrangeiras[5].

A contratação pública internacional merece sem dúvida ser incentivada – e tem-no sido, em especial na Comunidade Europeia –, dado que estimula a concorrência entre os fornecedores de produtos e serviços ao Estado e, reflexamente, reduz os custos das aquisições por este efectuadas. A circunstância, porém, de uma das partes nestes contratos deter, directa

---

[3] Que o art. 2.°, n.° 1, do D.L. n.° 86/2003, de 26 de Abril (alterado pelo D.L. n.° 141/2006, de 27 de Julho), define como os contratos ou uniões de contratos, por via dos quais entidades privadas, designadas por parceiros privados, se obrigam, de forma duradoura, perante um parceiro público, a assegurar o desenvolvimento de uma actividade tendente à satisfação de uma necessidade colectiva, e em que o financiamento e a responsabilidade pelo investimento e pela exploração incumbem, no todo ou em parte, ao parceiro privado.

[4] I. é, o financiamento de projectos empresariais singulares (*v.g.* de construção de pontes, estradas, aeroportos, etc.) fundado na perspectiva da auto-sustentação dos mesmos através dos fluxos financeiros gerados pela exploração económica das infra-estruturas deste modo criadas e postas a funcionar.

[5] O tema em apreço entronca assim na problemática mais vasta do papel do Estado contemporâneo na economia. Para um interessante conjunto de reflexões acerca dessa problemática, vejam-se as actas do colóquio organizado pelo *Le Monde* e pela *École Nationale d'Administration*, publicadas por René Lenoir e Jacques Lesourne, sob o título *Où va l'État? La souveraineté économique et politique en question*, Paris, 1992.

ou indirectamente, um poder normativo, cria entre ela e o seu co-contratante uma situação de fundamental desigualdade. Se o contrato for submetido sem quaisquer restrições ao Direito do Estado que dele é parte, acentua-se, em prejuízo do seu co-contratante, a *álea legislativa* que inevitavelmente inere ao contrato internacional; em contrapartida, se o contrato for subtraído a essa lei, esta álea será por certo mitigada, mas o Estado poderá ver-se privado da livre disposição dos recursos económicos existentes no seu território e da possibilidade de responsabilizar efectivamente o seu co-contratante pelo incumprimento das obrigações que sobre ele impendem.

Compreende-se assim que sejam várias, e muito diferenciadas entre si, as propostas formuladas na doutrina e na jurisprudência quanto à forma preferencial de regulação destes contratos: desde a sua sujeição ao Direito Administrativo do Estado contratante à aplicação do Direito Privado desse ou de outro Estado, designado através de regras de conflitos de Direito Internacional Privado, passando pela aplicação do Direito Internacional Público, da denominada *lex mercatoria*, do Direito Comunitário, dos princípios gerais de Direito, etc.

A opção por qualquer destas soluções não é indiferente, como se verá adiante, sob o ponto de vista dos interesses fundamentais que se debatem nesta matéria – interesses esses cuja conciliação se mostra especialmente difícil nas situações em que ocorre um litígio entre as partes num contrato público internacional resultante, *v.g.*, da nacionalização ou expropriação por um Estado da concessão de exploração de certos recursos naturais anteriormente feita a uma empresa estrangeira. Foi o que sucedeu, por exemplo, nos anos 70, em virtude das sucessivas nacionalizações então ocorridas de sociedades concessionárias da exploração de jazidas petrolíferas existentes na Líbia, as quais deram azo a importantes sentenças arbitrais em que o problema do Direito aplicável aos contratos de concessão ocupa um lugar proeminente[6].

---

[6] Cfr. as sentenças de 10 de Outubro de 1973, caso *British Petroleum Company (Libya), Ltd., v. The Government of the Libyan Arab Republic, in Yearbook of Commercial Arbitration*, 1980, pp. 143 ss.; 19 de Janeiro de 1977, caso *Texaco Oversas Petroleum Company, California Asiatic Oil Company c. Gouvernement de République arabe libyenne, in Clunet. Journal de Droit International*, 1977, pp. 319 ss.; e 12 de Abril de 1977, caso *Libyan American Oil Company (Liamco) v. The Government of the Libyan Arab Republic, in Revue de l'arbitrage*, 1980, pp. 132 ss. Para uma análise destas sentenças, vejam-se Brigitte Stern, «Trois arbitrages, un même problème, trois solutions», *Revue de*

Daqui a importância do tema. E também a sua complexidade: conforme resulta do que já se disse, trata-se de matéria que se situa na confluência de diversos ramos do Direito. Não surpreende, por isso, que a especialização profissional ou académica dos juristas que se têm pronunciado sobre o tema haja influenciado consideravelmente tanto a perspectiva de análise do mesmo como as próprias soluções para ele preconizadas.

Uma palavra ainda sobre o escopo da exposição subsequente. Em parte, o problema em exame resolve-se, como veremos, através de cláusulas de escolha do Direito aplicável. A experiência demonstra, no entanto, que a essas cláusulas se acham frequentemente ligadas duas outras categorias de cláusulas de grande importância na consecução de um certo equilíbrio entre os sujeitos dos contratos públicos internacionais: as convenções de arbitragem e as cláusulas ditas de estabilização ou intangibilidade. Eis por que também estas serão aqui examinadas, posto que sucintamente, nas conexões que apresentam com o tema precípuo do nosso estudo.

II
Tipos de contratos públicos internacionais

Os contratos públicos internacionais podem ser de diferentes tipos; o que, como se verá adiante, tem grande relevância no tocante à determinação do Direito que lhes é aplicável[7]. Importa, pois, distinguir esses tipos. Para o efeito, agrupá-los-emos em duas categorias fundamentais.

a) Incluem-se na primeira os contratos internacionais celebrados por Estados ou outros entes públicos, ou por entes privados integrados na Administração, com particulares. Estes, por seu turno, analisam-se em três tipos:

– Em primeiro lugar, há os *contratos administrativos internacionais* ou *contratos internacionais da Administração Pública*. Podemos

---

l'arbitrage, 1980, pp. 3 ss.; Prosper Weil, «Principes généraux du droit et contrats d'Etat», *in Le droit des relations économiques internationales. Études offertes à Berthold Goldman*, Paris, 1982, pp. 387 ss.; e, entre nós, Fausto de Quadros, *A protecção da propriedade privada pelo Direito Internacional Público*, Coimbra, 1998, pp. 86 ss.

[7] *Vide*, sobre o ponto, Alfonso Luis Calvo Caravaca/Javier Carrascosa González (directores), *Derecho Internacional Privado*, vol. II, 5.ª ed., Granada, 2004, pp. 601 ss.

defini-los, apoiando-nos na noção dada pelo art. 178.°, n.° 1, do Código do Procedimento Administrativo, como os acordos de vontade pelos quais é constituída, modificada ou extinta uma relação jurídica administrativa, celebrados por órgãos ou agentes da Administração Pública, no exercício de funções de gestão pública, com particulares estrangeiros. São muitas vezes os instrumentos contratuais que veiculam a participação de empresas estrangeiras nos mercados públicos nacionais. Deles são exemplos, entre outros, os contratos internacionais de empreitada de obras públicas, de concessão de serviços públicos, de fornecimento contínuo, etc. A figura não é, cumpre notá-lo, privativa dos países de tradição civilista: nos sistemas de *Common Law*, onde não há uma jurisdição administrativa autónoma, existem também regras e princípios distintos para os litígios emergentes destes contratos, que permitem falar do *government contract* como uma figura dotada de características distintas dos contratos comuns[8]. A componente internacional destes contratos é, em todo o caso, acidental e fundamentalmente irrelevante para a resolução dos litígios deles emergentes, pois tais contratos são geralmente negociados, celebrados e executados em território nacional, em nada alterando a valoração dos interesses em jogo a circunstância de um dos contraentes ter nacionalidade estrangeira.

– Em segundo lugar, autonomizam-se nesta categoria os *contratos de Direito Privado celebrados pelo Estado ou outros entes públicos com entidades estrangeiras*. Nestes, os entes públicos outorgantes actuam no exercício de funções de gestão privada. Através deles o Estado ou outros entes públicos intervêm no comércio internacional em posição de igualdade com os particulares com quem contratam, despidos das suas vestes de soberania. São exemplos destes contratos os de compra e venda, arrendamento, doação, etc., celebrados pelo Estado com entidades estrangeiras e os contratos comerciais celebrados por empresas públicas no exercício da respectiva actividade estatutária. A tendência contemporânea da Administração Pública para recorrer a contratos de Direito Privado

---

[8] Turpin, est. cit., p. 33.

(integrada naquilo a que já se chamou a «fuga para o Direito Privado»[9]) veio aumentar muito a importância destas situações[10].

– Em terceiro lugar, destacam-se neste âmbito os chamados *contratos de Estado* (*State Contracts, Contrats d'Etat*), tomada aqui esta expressão na sua acepção mais restrita (visto que as categorias anteriores também constituem, *lato sensu*, contratos de Estado). São os contratos celebrados pelo Estado, ou por outros entes públicos em representação dele, com particulares estrangeiros, visando designadamente a realização em território nacional de investimentos estrangeiros (tendo geralmente como contrapartida a outorga pelo Estado de benefícios fiscais ou outros incentivos financeiros), a obtenção pelo Estado de empréstimos destinados a financiar empreendimentos públicos ou a concessão da exploração de bens essenciais do domínio público. Não são contratos administrativos comuns, dada, por um lado, a essencialidade da sua componente internacional e, por outro, a sua estreita ligação ao desenvolvimento da economia nacional. Mas também não se reconduzem a meros contratos de Direito Privado celebrados pela Administração Pública porque neles o Estado não prescinde das suas prerrogativas de soberania e, portanto, não se coloca em posição de paridade com o seu co-contratante. Daí que, como veremos, se coloque relativamente a estes contratos a hipótese da sua *internacionalização* (*hoc sensu*, a sua sujeição ao Direito Internacional Público).

b) Uma segunda categoria de contratos públicos internacionais é integrada pelos que são exclusivamente celebrados entre entes públicos. Também estes podem ser de diferentes tipos, podendo distinguir-se a este respeito:

– Os *contratos obrigacionais entre Estados ou entre Estados e entes públicos menores de outros Estados* (*v.g.* tendo em vista a concessão por uma das partes de um empréstimo ou a abertura de uma linha de crédito);

---

[9] Ver Maria João Estorninho, *A fuga para o Direito Privado. Contributo para o estudo da actividade de direito privado da Administração Pública*, Coimbra, 1996, especialmente pp. 42 ss.

[10] Cfr. Sérvulo Correia, *Legalidade e autonomia contratual nos contratos administrativos*, reimpressão, Coimbra, 2003, pp. 353 s.

– Os *contratos entre Estados e organizações internacionais* (como, por exemplo, a cedência de um imóvel por um Estado a uma organização internacional que se estabeleça no seu território); e
– Os *contratos entre entes públicos menores de países diferentes* (de que são exemplos os protocolos de cooperação celebrados entre universidades, hospitais ou outros institutos públicos de países distintos).

Naturalmente que a qualificação de determinado contrato público internacional numa ou noutra das categorias acima referidas não é indiferente sob o ponto de vista dos interesses em jogo, sobretudo atentos os poderes, de que a Administração Pública goza em diversos países, de modificar unilateralmente o conteúdo das prestações acordadas nos contratos administrativos, de dirigir o seu modo de execução, de rescindi-los unilateralmente por imperativo de interesse público, etc. – poderes esses que não existem (ou só existem de modo muito mais limitado) nas relações de Direito Privado.

Apesar da importância que hoje têm os contratos internacionais entre entes públicos, apenas nos iremos ocupar aqui dos que são celebrados por Estados ou outros entes públicos com particulares. Por duas ordens de razões. Primeiro, porque na disciplina jurídica daqueles avultam valores e interesses de índole muito diversa dos que relevam quanto a estes, sendo por isso inviável definir regras comuns a ambas as categorias. Segundo, porque, atentas as especificidades do regime a que se subordinam os contratos internacionais entre entes públicos, afigura-se-nos que é sobretudo à dogmática do Direito Público (e não à do Direito Internacional Privado, em que se insere a presente indagação) que pertence o respectivo estudo.

III
Jurisdições competentes para os litígios emergentes de contratos públicos internacionais

Antes de nos ocuparmos *ex professo* da questão do Direito aplicável aos contratos públicos internacionais, importa notar a existência de uma grande variedade de jurisdições às quais pode ser cometida a apreciação de questões emergentes destes contratos, sendo que o problema do Direito aplicável não se coloca nos mesmos termos perante todas elas.

Entre nós, os tribunais competentes nesta matéria tanto podem ser tribunais estaduais (comuns ou administrativos) como tribunais arbitrais. Com efeito, o art. 1.°, n.° 4, da Lei da Arbitragem Voluntária (Lei n.° 31/86, de 29 de Agosto) prevê expressamente que o Estado e outras pessoas colectivas de direito público podem celebrar convenções de arbitragem, se para tanto forem autorizados por lei especial ou elas tiverem por objecto litígios respeitantes a relações de Direito Privado. E o art. 188.° do Código do Procedimento Administrativo estabelece que é válida a cláusula pela qual se disponha que devem ser decididas por árbitros as questões que venham a suscitar-se entre as partes num contrato administrativo; disposição esta que os arts. 180.° e seguintes do Código de Processo nos Tribunais Administrativos reforçam, conferindo ao interessado um direito potestativo à celebração de compromisso arbitral[11]. Por seu turno, o D.L. n.° 203/2003, de 10 de Setembro, que criou o regime contratual único para os grandes projectos de investimento, preceitua, no art. 9.°, n.° 1, que para dirimir os litígios emergentes da interpretação e aplicação dos contratos de investimento podem as partes convencionar o recurso à via arbitral, com excepção do que diga respeito aos incentivos fiscais.

Encontra-se, pois, superada na ordem jurídica portuguesa a proibição de o Estado de se comprometer em árbitros, que subsiste nalguns países pelo menos no tocante aos litígios de índole exclusivamente interna[12]. As garantias de imparcialidade que a arbitragem oferece ao investidor estrangeiro – aspecto crucial nas relações entre particulares e entes públicos de países diversos, em que por via de regra as partes ocupam posições muito

---

[11] Haja vista ao art. 182.° desse diploma.

[12] É o que sucede, por exemplo, em França, onde o art. 2060 do Código Civil consagra, no primeiro parágrafo, o princípio de que «on ne peut compromettre sur les contestations intéressant les collectivités publiques et les établissements publics». Acrescenta, porém, o segundo parágrafo desse preceito: «Toutefois, des catégories d'établissements publics à caractère industriel et commercial peuvent être autorisées par décret à compromettre». Em conformidade, prevê o art. 9 da Lei n.° 86-972, de 19 de Agosto de 1986, que «l'Etat, les collectivités territoriales et les établissements publics sont autorisés dans les contrats qu'ils concluent conjointement avec des sociétés étrangères pour la réalisation d'opérations d'intérêt national, à souscrire des clauses compromissoires en vue du règlement, le cas échéant, de litiges liés à l'application et à l'interprétation de ces contrats». Sobre a jurisprudência francesa relativa a esta questão, vejam-se António Marques dos Santos, *Direito Internacional Privado*, vol. I, *Introdução*, Lisboa, 2001, pp. 242 ss., Luís de Lima Pinheiro, *Arbitragem transnacional*, Coimbra, 2005, pp. 118 e 219, e as demais obras aí citadas.

180 *Direito Intenacional Privado – Ensaios III*

desiguais e os riscos económicos são por isso também muito elevados – justificam plenamente esta opção do legislador português[13].

A importância da arbitragem na promoção dos investimentos estrangeiros foi amplamente reconhecida, no plano internacional, pela Convenção de Washington de 1965 para a Resolução de Diferendos Relativos a Investimentos entre Estados e Nacionais de Outros Estado, elaborada sob a égide do Banco Mundial[14]. Aí se instituiu o *Centro Internacional para a Resolução de Diferendos Relativos a Investimentos entre Estados Contratantes e nacionais de outros Estados contratantes* (CIRDI), que visa proporcionar a composição por meio de conciliação e arbitragem desses diferendos[15].

Além de tribunais estaduais e arbitrais, podem ainda ocupar-se das matérias em exame, ou de questões com elas conexas, tribunais internacionais (como foi o caso do Tribunal Permanente de Justiça Internacional e é ainda hoje o do Tribunal Internacional de Justiça e o do órgão de resolução de litígios da Organização Mundial de Comércio) e tribunais comunitários (*maxime* o Tribunal de Justiça das Comunidades Europeias e o Tribunal de Primeira Instância das Comunidades Europeias).

Colocamo-nos neste estudo na perspectiva da ordem jurídica portuguesa. Interessam-nos, pois, especialmente as duas primeiras categorias de jurisdições acima mencionadas: os tribunais estaduais portugueses e os tribunais arbitrais que funcionem em Portugal. É, por conseguinte, fundamentalmente na óptica delas que iremos examinar o objecto deste estudo.

IV

O problema do Direito aplicável:
a) Principais valores e interesses em jogo

Na regulação dos contratos públicos internacionais há que atender sobretudo a duas ordens de valores e interesses.

---

[13] Para uma minuciosa análise do tema, veja-se entre nós o estudo de José Sérvulo Correia, «A arbitragem voluntária no domínio dos contratos administrativos», *in Estudos em memória do Professor Doutor João de Castro Mendes*, Lisboa, s.d., pp. 227 ss.

[14] Aprovada para ratificação pelo Decreto do Governo n.º 15/84, de 3 de Abril. Entrou em vigor em Portugal em 1 de Agosto de 1984.

[15] O número de Estados partes desta Convenção ascende presentemente a 143, tendo até 2006 sido proferidas 106 sentenças por tribunais arbitrais constituídos ao abrigo das respectivas regras.

Por um lado, avultam nesta matéria valores e interesses sociais, entre os quais sobressai a soberania do Estado sobre os recursos económicos nele existentes e o seu legítimo interesse em se precaver contra o incumprimento pelos respectivos parceiros contratuais das obrigações por estes assumidas, que a globalização da economia e a mobilidade das empresas por esta proporcionada de alguma sorte vieram facilitar. Estes interesses postulam que, tanto quanto possível, seja aplicada aos contratos em apreço a lei do Estado ou outro ente público contratante.

Por outro lado, há que atender a valores e interesses individuais, à cabeça dos quais figura a confiança legítima dos investidores estrangeiros na continuidade e na estabilidade dos seus contratos e o fomento da livre iniciativa económica privada, os quais reclamam que, em virtude da sujeição do contrato à lei do Estado ou outro ente público contratante, este não possa subtrair-se livremente às suas obrigações, alterando ou rescindindo unilateralmente o contrato.

V
Continuação: *b)* Contratos administrativos internacionais

Pelo que respeita aos contratos administrativos internacionais, importa antes de mais notar a inexistência entre nós de regras de conflitos expressas que contemplem especificamente as obrigações deles emergentes.

Poderia, é certo, equacionar-se a aplicação, a fim de determinar a lei a que esses contratos se encontram sujeitos, das regras de conflitos de Direito Internacional Privado sobre as obrigações contratuais, *maxime* as que constam da Convenção de Roma de 1980 Sobre a Lei Aplicável às Obrigações Contratuais, a que Portugal aderiu em 1994[16]. Mas é manifesta a inadequação de tais regras à regulação destes contratos. As partes nos contratos administrativos internacionais não se encontram em posição de igualdade entre si, como pressupõem as regras gerais desta convenção. E há, pelo que respeita a estes contratos, interesses públicos fundamentais a acautelar, que essas regras não tomam em linha de conta. Acresce que uma das regras fundamentais da Convenção de Roma (o art. 4.º, n.º 2, que determina a aplicação subsidiária da lei do devedor da prestação caracte-

---

[16] Veja-se a versão consolidada no *JOCE*, série C, n.º 27, de 26 de Janeiro de 1998, pp. 27 ss.

182   *Direito Intenacional Privado – Ensaios III*

rística) conduziria em muitas situações à aplicação da lei do contraente estrangeiro, o que seria desajustado aos interesses em presença: o *favor offerentis* consagrado nesse preceito terá porventura justificação nas relações entre empresas concorrentes no mercado interno; não, porém, nas relações entre Estados e particulares. A Convenção de Roma deve, por isso, cingir-se às obrigações emergentes de contratos civis e comerciais. Neste sentido depõe, aliás, a estreita ligação que existe entre essa Convenção, por um lado, e a Convenção de Bruxelas de 1968 Relativa à Competência Judiciária e à Execução de Decisões em Matéria Civil e Comercial[17] e o Regulamento (CE) n.° 44/2001, de 22 de Dezembro de 2000, sobre a mesma matéria[18], por outro. Na verdade, conforme decidiu o Tribunal de Justiça das Comunidades Europeias, está excluída a aplicação das regras da Convenção de Bruxelas aos litígios que opõem autoridades públicas a particulares, resultantes do exercício pelas primeiras de poderes públicos[19]. Ora, a Convenção de Roma foi celebrada, entre outros motivos, em ordem a evitar que nas situações abrangidas pela Convenção de Bruxelas se generalizasse o *forum shopping*, largamente propiciado pela aplicabilidade pelos tribunais dos respectivos Estados-Membros de leis diversas aos contratos internacionais. Não teria por isso sentido incluir na Convenção de Roma os contratos administrativos, que a Convenção de Bruxelas e o Regulamento (CE) n.° 44/2001 não abrangem[20].

O que se acaba de dizer vale também, ao menos em parte, para as regras de conflitos constantes dos arts. 41.° e 42.° do Código Civil português, que do mesmo modo visam essencialmente os contratos civis e comerciais.

Como, então, resolver os problemas postos pela determinação da lei aplicável a estes contratos? Supomos que será possível fazê-lo por uma de duas vias.

---

[17] Cuja versão consolidada figura no *JOCE,* série C, n.° 27, de 26 de Janeiro de 1998, pp. 1 ss.

[18] *In JOCE*, série L, n.° 12, de 16 de Janeiro de 2001, pp. 1 ss.

[19] Ver o acórdão *LTU c. Eurocontrol*, de 14 de Outubro de 1976, *Colectânea de Jurisprudência do Tribunal de Justiça das Comunidades Europeias,* 1976, pp. 1541 ss.

[20] Excluem também a aplicação da Convenção de Roma a estes casos, entre outros autores, Peter Kaye, *The New Private International Law of Contract of the European Community,* Aldershot, etc., 1993, p. 111; Bernard Audit, *Droit International Privé,* 2.ª ed., Paris, 1997, p. 667; Manuela Eslava Rodríguez, *Contratos públicos internacionales,* Madrid, 2003, p. 157; Alfonso Luis Calvo Caravaca/Javier Carrascosa González, ob. cit., p. 601.

Por um lado, a doutrina do Direito Internacional Privado há muito que admite que do objecto e fins visados pelas normas de Direito material se infira o seu âmbito de aplicação espacial, o qual seria assim delimitado por uma *regra de conflitos unilateral implícita*[21]. Dir-se-á, a esta luz, que as normas do Direito Administrativo português se pretendem aplicar aos contratos administrativos celebrados e executados em território nacional, pois é quanto a estes que importa fazer valer as valorações de interesses a elas subjacentes.

Por outro lado, vigora no Direito Internacional Privado o princípio – que deve valer também para o chamado Direito Público Internacional – da *proximidade*, ou da *conexão mais estreita*, por força do qual uma situação plurilocalizada deve, em homenagem à confiança legítima das partes, ser preferentemente submetida à lei com a qual estiver mais fortemente ligada[22]. Ora, os contratos administrativos internacionais, apesar dos elementos de extraneidade que apresentam, acham-se fundamentalmente enraizados na ordem jurídica da Administração Pública outorgante: são normalmente celebrados e executados no território do Estado a que a mesma pertence e estão estreitamente ligados à economia local. Como se disse acima, a maioria deles visa disciplinar a participação de estrangeiros nos mercados públicos nacionais. A aplicação da lei desse Estado é, por isso, conforme ao princípio da proximidade[23].

Não seria, em todo o caso, redundante se o *Código dos Contratos Públicos* disciplinasse expressamente o respectivo âmbito espacial de aplicação mediante uma regra de conflitos unilateral.

O exposto não prejudica – importa sublinhá-lo – que certos aspectos dos contratos administrativos internacionais, que são regulados na ordem

---

[21] Sobre a admissibilidade de semelhante procedimento, veja-se António Ferrer Correia, *Lições de Direito Internacional Privado*, vol. I, Coimbra, 2000, p. 161. Acerca das suas aplicações no campo do Direito Constitucional, cfr. Rui de Moura Ramos, *Direito Internacional Privado e Constituição. Introdução a uma análise das suas relações*, Coimbra, 1979, pp. 112 ss. e 229 ss.

[22] Sobre esse princípio, vejam-se: Paul Lagarde, «Le principe de proximité dans le droit international privé contemporain. Cours général de droit international privé», *Recueil des Cours de l'Académie de Droit International de La Haye*, tomo 196 (1986-I), pp. 9 ss.; e, entre nós, Rui de Moura Ramos, *Da lei aplicável ao contrato de trabalho internacional*, Coimbra, 1991, pp. 171 ss. e 402.

[23] Veja-se, preconizando também a aplicação a estes contratos da lei do Estado parte, Pierre Mayer/Vincent Heuzé, *Droit International Privé*, 8.ª ed., Paris, 2004, p. 521.

interna por normas de Direito Privado (como por exemplo a capacidade para contratar), possam ser disciplinados pela lei designada por regras de conflitos de Direito Internacional Privado. Assim, quanto à questão da capacidade do contraente privado valem as regras constantes entre nós dos arts. 25.° e 31.° a 34.° do Código Civil e 3.° do Código das Sociedades Comerciais[24].

VI

Continuação: *c)* Contratos internacionais de Direito Privado celebrados pelo Estado ou por outros entes públicos

Muito diverso deste é o panorama que se nos oferece no tocante aos contratos internacionais de Direito Privado celebrados pelo Estado ou por outros órgãos públicos ou privados da Administração. Estes devem, a nosso ver, considerar-se sujeitos às regras de conflitos aplicáveis aos demais contratos de Direito Privado, visto que, na perspectiva dos interesses em jogo, não se diferenciam substancialmente dos comuns contratos entre particulares.

Entre nós, essas regras são as da referida Convenção de Roma de 1980 Sobre a Lei Aplicável às Obrigações Contratuais[25], instrumento que será futuramente substituído por um Regulamento comunitário, de que existe já um anteprojecto[26].

Pelo que respeita aos contratos em apreço, são as seguintes as principais soluções que se extraem dessa convenção internacional:

Em primeiro lugar, as partes podem, nos termos do art. 3.°, escolher a lei aplicável ao contrato. Esta escolha é um importante factor de atenuação da incerteza geralmente associada aos contratos internacionais. Ela deve, no entanto, recair sobre a lei de um Estado: não há na Convenção liberdade de escolha de outros complexos normativos, como, por exemplo,

---

[24] As quais, como é sabido, submetem essa matéria à lei pessoal do sujeito em causa: em princípio, no caso das pessoas singulares, a lei da sua nacionalidade; no das pessoas colectivas, a do Estado onde se encontre situada a sede principal e efectiva da sua administração.

[25] Neste sentido também Audit, ob. e loc. cits.; Manuela Eslava Rodríguez, ob. cit., p. 157; Calvo Caravaca/Carrascosa González, ob. cit., p. 602.

[26] Veja-se a *Proposta de Regulamento do Parlamento Europeu e do Conselho sobre a lei aplicável às obrigações contratuais (Roma I)*, doc. 2005/0261 (COD).

Os Contratos Internacionais e o seu Regime Substantivo

185

os princípios gerais de Direito (posto que a proposta de Regulamento de Roma I altere esta solução[27]). A Convenção de Roma não consente, dito de outro modo, o chamado *contrato sem lei*. Mas a lei escolhida não carece de ser uma lei conexa com o contrato: pode, por exemplo, ser a de um país «neutro» relativamente aos interesses em jogo.

Subsidiariamente, prevê-se a aplicabilidade da lei que possua com o contrato a *conexão mais estreita* (art. 4.°, n.° 1), que se presume verificar-se com o país do *devedor da prestação característica* (n.° 2); admite-se, porém, o afastamento desta presunção em benefício de outra lei que tenha com o contrato uma *conexão mais estreita* (n.° 5). Pergunta-se, pois: será este o caso, nos contratos em apreço, da lei do Estado ou outro elemento da Administração Pública, atenta a ligação do contrato com a economia local? A questão é controvertida na doutrina. Manifestamente, a lei do Estado contratante não pode aplicar-se, com fundamento naquele último preceito, aos contratos celebrados e executados pelo Estado com particulares em países estrangeiros (por exemplo, o arrendamento de um imóvel para instalar a chancelaria de uma representação diplomática; o contrato individual de trabalho de um funcionário dessa mesma representação, etc.). Nos demais casos, também não parece haver razão para aplicar sistematicamente aos contratos em apreço a lei do Estado contratante, dada a posição de paridade em que as partes neles intervêm e a circunstância de a conexão dos mesmos com a economia do país do devedor da prestação característica ser igualmente relevante[28].

Finalmente, estabelece-se na Convenção de Roma a aplicabilidade, não obstante o disposto nas regras anteriores, das «regras do país do foro que regulem imperativamente o caso concreto, independentemente da lei aplicável ao contrato» (art. 7.°, n.° 2). Trata-se das chamadas *normas internacionalmente imperativas*: normas cujo objecto e fins reclamam a sua aplicação ao caso *sub judice* com primazia sobre as regras de confli-

---

[27] Veja-se o art. 3.°, n.° 2, nos termos do qual: «As partes podem igualmente escoher como lei aplicável os princípios e regras de direito material dos contratos, reconhecidos a nível internacional ou comunitário. No entanto, as questões relativas às matérias reguladas por estes princípios ou regras e que não sejam decididas expressamente mediante a aplicação dos mesmos serão reguladas de acordo com os princípios gerais em que se inspiram ou, na ausência destes princípios, de acordo com a lei aplicável na falta de escolha nos termos do presente regulamento».

[28] À mesma conclusão chegam Christoph Reithmann/Dieter Martiny (organizadores), *Internationales Vertragsrecht*, 6.ª ed., Colónia, 2004 p. 154.

tos comuns[29]. A proposta de Regulamento de Roma I define-as, no art. 8.°, como as disposições imperativas «cuja observância é tida como crucial por um país para a salvaguarda da sua organização política, social ou económica, a ponto de se exigir a sua aplicação a qualquer situação que caiba no seu âmbito de aplicação, qualquer que seja a lei aplicável ao contrato segundo o presente regulamento». Estão neste caso, por exemplo, as normas sobre importações e exportações de certos bens, controlos de câmbios, segurança de produtos comercializados no mercado nacional, concorrência, etc. Por força da referida regra, mesmo que o contrato em apreço esteja submetido à lei de um país estrangeiro poderão aplicar-se-lhe em Portugal normas imperativas portuguesas.

VII
Continuação: *d)* Contratos de Estado *stricto sensu*

Vejamos, por último, os contratos de Estado em sentido estrito. Trata-se do aspecto mais complexo desta problemática. Por um lado, porque o Estado não está neles em posição de igualdade com o seu co-contratante, antes intervém na situação jurídica assim constituída como um ente soberano, e porque há neles interesses públicos fundamentais a acautelar, razão por que a pura e simples aplicação das regras comuns de Direito Internacional Privado pode mostrar-se insatisfatória. Por outro lado, porque a conexão com a ordem jurídica do Estado contratante não é tão evidente como nos contratos administrativos internacionais: muitas vezes é nestes casos o próprio Estado que intervém *sponte sua* no mercado internacional a fim de seleccionar o seu co-contratante. Este, por seu turno, carece de especiais garantias de que o Estado não usará o seu poder normativo a fim de se subtrair às respectivas obrigações.

São várias as soluções aventadas na doutrina e na jurisprudência para a regulação destes contratos. Examinemo-las sucintamente, averiguando do mesmo passo as suas vantagens e inconvenientes.

Avulta, em primeiro lugar, a solução, a que já aludimos atrás, consistente em aplicar a estes contratos o Direito Internacional Público[30]. Assenta

---

[29] Sobre essa figura, veja-se o nosso *Da responsabilidade pré-contratual em Direito Internacional Privado*, Coimbra, 2001, pp. 625 ss., e a bibliografia aí citada.

[30] Solução preconizada, entre outros, por Alfred Verdross, «Die Sicherung von aus-

na qualificação destes contratos como *quase-tratados*[31]. A *internacionalização do contrato*, a que assim se chega, reforça substancialmente a posição do co-contratante do Estado, na medida em que as obrigações por este último assumidas passam a ser, nessa óptica, verdadeiros compromissos internacionais, a que o Estado não pode eximir-se por invocação do seu Direito interno (*v.g.* mediante uma lei de nacionalização) e cujo incumprimento o faz incorrer em responsabilidade internacional. Mas a esta tese tem-se contraposto que nem todo o incumprimento por um Estado de um contrato por si celebrado com um particular pode implicar uma violação do Direito Internacional[32]. Em primeiro lugar, porque a assimilação dos contratos de Estado aos tratados internacionais se mostra um tanto artificial: nos tratados, as partes estão formalmente em posição de igualdade, o que não sucede nos contratos de Estado, em que apenas uma das partes é um ente soberano[33]; sendo que, ao contrário dos Estados, as empresas que celebram esses contratos não têm personalidade internacional[34]. Em segundo lugar, porque semelhante orientação faria prevalecer indevidamente o interesse do particular estrangeiro sobre o do Estado (*v.g.* na livre

---

ländischen Privatrechten aus Abkommen zur wirtschaftlichen Entwicklung mit Schiedsklauseln», *Zeitschrift für ausländisches öffentliches Recht und Völkerrecht*, 1957/58, pp. 635 ss.; F.A. Mann, «The Proper Law of Contracts Concluded by International Persons», *British Yearbook of International Law*, 1959, pp. 34 ss.; Prosper Weil, «Problèmes relatifs aux contrats passés entre un État et un particulier», *Recueil des Cours de l'Académie de Droit International de La Haye*, 1969-III (tomo 128), pp. 95 ss. (pp. 148 ss.); e Karl-Heinz Böckstiegel, *Der Staat als Vertragspartner ausländischer Privatunternehmen*, Frankfurt a.M., 1971, pp. 119 ss. Entre nós, vejam-se neste sentido Fausto de Quadros, «Direito Internacional Público I – Programa, conteúdos e métodos de ensino», *RFDUL*, 1991, pp. 351 ss. (p. 445); *idem, A protecção da propriedade privada pelo Direito Internacional Público*, cit., p. 55; André Gonçalves Pereira/Fausto de Quadros, *Manual de Direito Internacional Público*, 3.ª ed., Coimbra, 1993, p. 181; e Luís de Lima Pinheiro, *Contrato de empreendimento comum* (joint-venture) *em Direito Internacional Privado*, Lisboa, 1998, pp. 507 ss.; *idem,* «O problema do Direito aplicável aos contratos internacionais celebrados pela Administração Pública», *Direito e Justiça*, 1999, pp. 29 ss. (pp. 56 ss.).

[31] Neste sentido, Verdross, est. cit., p. 638; e Fausto de Quadros, «Direito Internacional Público I», cit., p. 445.

[32] *Sic,* United Nations Conference on Trade and Development (UNCTAD), *State Contracts*, Nova Iorque/Genebra, 2004, p. 9.

[33] Ver Nguyen Quoc Dinh/Patrick Dailler/Alain Pellet, *Direito Internacional Público*, 4.ª ed., tradução portuguesa por Vítor Marques Coelho, Lisboa, 1999, p. 631.

[34] Cfr., neste sentido, Jorge Miranda, *Curso de Direito Internacional Público*, 2.ª ed., Cascais, 2004, p. 59.

188 *Direito Intenacional Privado – Ensaios III*

disposição dos seus recursos naturais), o qual, por força dela, ficaria inibido de exercer, pelo que respeita ao contrato em apreço, o seu poder legislativo. E beneficiaria também sem fundamento os estrangeiros relativamente aos nacionais, ao conferir a protecção do Direito Internacional Público apenas aos primeiros. De resto, em muitos casos o Direito Internacional Público não ofereceria solução para os problemas concretos suscitados pelos contratos de Estado: a Convenção de Viena Sobre o Direito dos Tratados, por exemplo, é omissa quanto à reparação eventualmente devida em caso de incumprimento pelas partes das suas obrigações – justamente uma das questões mais comuns nos litígios contratuais. A sujeição dos Contratos de Estado exclusivamente ao Direito Internacional Público poderia, por isso, revelar-se impraticável[35].

Surge assim uma solução alternativa, que permite superar algumas daquelas objecções: a aplicação a estes contratos dos princípios gerais de Direito[36]. A ela se tem contraposto, todavia, que tais princípios não são muitas vezes por si sós bastantes a fim de resolver a questão *sub judice*, ou não existem sequer. Daremos dois exemplos apenas: *a)* Em caso de incumprimento do contrato, os Direitos português e alemão facultam ao credor da prestação a execução específica; não assim, porém, no Direito inglês, que geralmente apenas lhe reconhece o direito à indemnização por equivalente. *b)* Os Direitos português e alemão consagram o princípio de boa fé nos preliminares dos contratos, por força do qual a violação de certos deveres pré-contratuais de conduta dá lugar à responsabilidade pré-contratual; o Direito inglês, no entanto, rejeita por via de regra semelhante solução[37].

---

[35] Em sentido crítico quanto à solução em apreço pronunciaram-se entre nós Isabel de Magalhães Collaço, *Da compra e venda em Direito Internacional Privado*, vol. I, *Aspectos fundamentais*, Lisboa, 1954, pp. 120 s.; e Rui de Moura Ramos, *Da lei aplicável ao contrato de trabalho internacional*, cit., p. 479 ss.

[36] Cfr. Lord McNair, «The General Principles of Law Recognized by Civilized Nations», *British Yearbook of International Law,* 1957, pp. 1 ss.; Philippe Fouchard, *L'arbitrage commercial international,* Paris, 1965, pp. 423 ss.; René David, «L'arbitrage en droit civil, téchnique de régulation des contrats», *in Mélanges dédiés à Gabriel Marty*, Toulouse, 1978, pp. 383 ss.; e Peter Nygh, *Autonomy in International Contracts*, Oxford, 1999, pp. 192 s. Essa solução foi aplicada em algumas sentenças arbitrais, entre as quais se destacam as que foram proferidas nos casos suscitados pelas nacionalizações de concessões petrolíferas detidas na Líbia por diversas companhias ocidentais, a que nos referimos *supra*, na nota 6.

[37] Ver o nosso *Da responsabilidade pré-contratual em Direito Internacional Privado*, cit., pp. 290 ss.

Os Contratos Internacionais e o seu Regime Substantivo

Acresce que a indeterminação de muitos princípios gerais de Direito propiciaria, no domínio em apreço, decisões imprevisíveis e arbitrárias[38].

Outros preconizam a aplicação de um *Direito alternativo*, dito «transnacional», integrado não só por princípios gerais de Direito, mas também pelos usos e costumes do comércio internacional (*lex mercatoria*) e pela «jurisprudência» dos tribunais arbitrais[39]. Mas contra esta orientação tem-se aduzido: *a)* A indefinição, a falta de unidade e de completude de um tal Direito, que ninguém logrou ainda demonstrar constitua uma autêntica ordem jurídica, susceptível de dar resposta aos problemas jurídicos que se lhe pretendam submeter; *b)* Os riscos de insegurança e de arbítrio que envolve; *c)* O facto de os Estados presumivelmente não consentirem na aplicação, como estatuto contratual, de regras em cuja formação não exerceram qualquer influência e que escapam por isso inteiramente ao seu controlo, como os usos e costumes do comércio internacional.

Resta uma derradeira alternativa: a aplicação do Direito de um Estado – o do Estado contratante ou outro que for escolhido pelas partes[40] – designado através de uma regra de conflitos, compreendendo-se nesse Direito não apenas as respectivas normas de fonte interna, mas também as de fonte internacional nele vigentes.

É, *de jure condendo,* a solução preferível[41], pois é a que melhor concilia os interesses em jogo; e é também a solução mais facilmente praticável, uma vez que só um Direito estadual tem normalmente regras bastantes para resolver litígios deste tipo. Mas a aplicação das regras do Direito estadual deve ser limitada pelo Direito Internacional Público quando tais regras se mostrem contrárias a este, sempre que (como sucede entre nós) ele vigore na ordem interna com primazia sobre as regras do Direito ordi-

---

[38] Assim Wilhelm Wengler, *in Institut de Droit International. Annuaire,* vol. 58, tomo II, Basileia, etc., 1980, p. 46; *idem,* «Allgemeine Rechtsgrundsätze als wählbares Geschäftsstatut», *Zeitschrift für Rechtsvergleichung,* 1982, pp. 11 ss. (p. 17).

[39] Neste sentido, Jean-Flavien Lalive, «Contrats entre États ou entreprises étatiques et personnes privées. Développements récents», *Recueil des Cours de l'Académie de Droit International de La Haye,* 1983-III (tomo 181), pp. 9 ss. (pp. 47 ss. e 234).

[40] Consagra uma cláusula de escolha de um Direito diverso do do Estado contratante (na espécie, o Direito inglês), por exemplo, o contrato celebrado em 1988 entre o Reino de Espanha e Hans Thyssen, pelo qual este emprestou àquele a sua colecção de obras de arte (ao tempo a colecção privada mais significativa do mundo) actualmente expostas em Madrid no Museu Thyssen-Bornemisza. Cfr. Manuela Eslava Rodríguez, ob. cit., p. 156.

[41] Como defendemos, pelo que respeita às hipóteses submetidas a arbitragem, no nosso *Da arbitragem comercial internacional,* Coimbra, 1990, pp. 228 ss. e 287 s.

190   *Direito Intenacional Privado – Ensaios III*

nário[42]. Por outro lado, podem as partes incorporar no seu contrato, materialmente ou por remissão para eles feita, os usos e costumes do comércio internacional, *maxime* aqueles que se encontrem compendiados em textos emanados de entidades internacionais, assim como as colectâneas de princípios jurídicos que ultimamente têm sido editadas sob a égide dessas entidades[43]; além disso, devem as declarações negociais das partes ser interpretadas e integradas à luz dos usos do comércio internacional relevantes no sector em que se insere a transacção em causa (a que alguns chamam *lex mercatoria*), se e na medida em que isso se mostre conforme à confiança legítima de ambas as partes. Quando haja no contrato uma referência à *lex mercatoria* ou a princípios gerais de Direito, deve a mesma ser entendida no sentido de uma *referência material*, que incorpora esses complexos normativos no contrato e não no sentido da sua subtracção a qualquer Direito nacional[44].

O Direito vigente acolhe em larga medida este entendimento. É o que se retira, desde logo, de vários tratados bilaterais sobre a protecção de investimentos celebrados pelo Estado português, como, por exemplo, o Acordo Para a Promoção e a Protecção Recíproca de Investimentos entre o Governo da República Portuguesa e o Governo da República Federativa do Brasil, de 1994[45]; o Acordo entre o Governo da República Portuguesa

---

[42] Ver, perfilhando este entendimento, a sentença arbitral proferida em 1983 no caso *SPP (Middle East), Ltd., c. Arab Republic of Egypt (affaire des Pyramides)*, reproduzida *in* Sigvard Jarvin/Yves Derains (orgs.), *Recueil des sentences arbitrales CCI 1974-1985*, Paris/Nova Iorque, 1990, pp. 124 ss. A solução em apreço teve ainda acolhimento na sentença arbitral proferida no caso *Setenave c. Setebello*, em que o tribunal arbitral recusou a aplicação a um contrato regido pelo Direito português do D.L. n.º 119/82, de 20 de Abril, com fundamento em que tal seria «contrary to generally accepted principles of international law and would violate concepts of public policy and morality common to all trading nations», após ter dado como provado que o diploma referido visava exclusivamente favorecer a Setenave (cfr. *Financial Times*, 27 de Fevereiro de 1986).

[43] Tal o caso, *v.g.*, dos *Princípios Unidroit Sobre os Contratos Comerciais Internacionais* publicados pelo Instituto Internacional Para a Unificação do Direito Privado (1.ª ed., 1994; 2.ª ed., 2004).

[44] Assim, Reithman/Martiny, ob. cit., p. 89.

[45] Aprovado para ratificação pelo Decreto n.º 24/94, de 10 de Agosto. Cfr. o art. VIII, n.º 5, que dispõe: «O tribunal arbitral decidirá com base nas disposições deste Acordo, nos princípios do direito internacional na matéria, nos princípios gerais de direito reconhecidos pelas Partes Contratantes, no direito da Parte Contratante em cujo território se efectuou o investimento e nos termos de eventuais acordos particulares que digam respeito ao investimento».

e o Governo da República da Venezuela Para a Promoção e a Protecção Mútua de Investimentos, de 1994[46]; e o Acordo entre a República Portuguesa e a República da Tunísia Sobre a Promoção e a Protecção Recíprocas de Investimentos, de 2002[47].

Na mesma linha fundamental de orientação se insere a referida Convenção de Washington de 1965 (para a qual, aliás, alguns acordos bilaterais de protecção de investimentos remetem). Dispõe, com efeito, o seu art. 42.º, n.º 1:

> «O tribunal julgará o diferendo em conformidade com as regras de direito acordadas entre as partes. Na ausência de tal acordo, o tribunal deverá aplicar a lei do Estado Contratante parte no diferendo (incluindo as regras respeitantes aos conflitos de leis), bem como os princípios de direito internacional aplicáveis.»[48]

Consagram-se neste preceito, pelo que respeita à disciplina dos *State Contracts*, três grandes princípios: a autonomia privada, a aplicação subsidiária da lei do Estado contratante e o primado dos princípios de Direito Internacional. Assim, por exemplo, se a lei aplicável ao contrato de concessão, quer por efeito da escolha das partes, quer a título subsidiário, conferir ao Estado o direito de a expropriar ou nacionalizar sem pagar qualquer indemnização ao concessionário, deverá prevalecer sobre essa lei o princípio de Direito consuetudinário internacional segundo o qual o Estado expropriante deve sempre indemnizar o expropriado.

---

[46] Aprovado para ratificação pelo Decreto n.º 6/95, de 15 de Abril, cujo art. 8.º, n.º 3, estabelece: «O tribunal arbitral decidirá com base nas disposições deste Acordo, nas regras e princípios de direito internacional sobre a matéria, no direito da Parte Contratante em cujo território se efectuou o investimento e nos termos de eventuais acordos particulares que digam respeito ao investimento».

[47] Aprovado pelo Decreto n.º 8/2004, de 29 de Abril. Cfr. o art. 9.º, n.º 4, segundo o qual: «O tribunal arbitral decidirá com base na lei, nas disposições do presente Acordo e nos princípios de direito internacional aplicáveis».

[48] Ver, sobre a interpretação deste preceito, Aron Broches, «The Convention on Settlement of Investment Disputes between States and Nationals of other States: Applicable Law and Default Procedures», *in International Arbitration. Liber Amicorum for Martin Domke,* Haia, 1967, pp. 12 ss.; *idem,* «The Convention on the Settlement of Investment Disputes Betwen States and Nationals of Other States», *Recueil des Cours de l'Académie de Droit International de La Haye*, 1972-II (tomo 136), pp. 331 ss.

192 *Direito Intenacional Privado – Ensaios III*

Em face destes textos, dificilmente se pode sustentar que os contratos por eles regulados são assimilados, do ponto de vista do regime a que se subordinam, aos tratados internacionais[49].

Agora pergunta-se: qual o Direito aplicável nos casos não expressamente contemplados pelos textos citados?

Na medida em que o art. 42.° da Convenção de Washington constitua um afloramento de um princípio geral, que não se confina a dada categoria de contratos de Estado[50], haverá que aplicá-lo também a essas hipóteses. Mas ainda que assim se não entenda, não nos parece que do disposto na Lei da Arbitragem Voluntária[51] e na Convenção de Roma (aplicável a estes casos na medida em que a analogia das situações o justifique[52]) se retirem soluções fundamentalmente diversas daquelas a que esse preceito conduz[53].

Observe-se, por fim, que ao abrigo destas regras de conflitos será possível aplicar aos contratos em apreço, directa ou indirectamente (i. é, «tomando em consideração»), as disposições de Direito Público que, na ordem jurídica estrangeira por elas eventualmente designada, rejam esses contratos: o dogma da *territorialidade do Direito Público*[54], por força do

---

[49] Reconhecem-no, entre nós, Gonçalves Pereira/Fausto de Quadros, ob. cit., p. 181.

[50] Como sugere Georges Delaume, «State Contracts and Transnational Arbitration», *American Journal of International Law,* 1981, pp. 784 ss. (p. 786).

[51] Cujo art. 33.° dispõe: «As partes podem escolher o direito a aplicar pelos árbitros, se os não tiverem autorizado a julgar segundo a equidade» (n.° 1); «Na falta de escolha, o tribunal aplica o direito mais apropriado ao litígio» (n.° 2).

[52] Ou mesmo directamente, como admitem alguns autores: ver François Rigaux, «Examén de quelques questions laissées ouvertes par la Convention de Rome sur la loi applicable aux obligations contractuelles», *Cahiers de Droit Européen,* 1988, pp. 306 ss. (p. 314); Manuela Eslava Rodríguez, «Contratos públicos», *in* Alfonso Luis Calvo Caravaca/Luis Fernández de la Gándara (directores) e Pilar Blanco-Morales Limones (coordenadora), *Contratos internacionales,* Madrid, 1997, pp. 1385 ss. (p. 1440); Luís de Lima Pinheiro, «O problema do Direito aplicável aos contratos internacionais celebrados pela Administração Pública», cit., p. 49; Calvo Caravaca/Carrascoza González, ob. cit., p. 604. Contra: Peter Kaye, ob. cit., p. 111.

[53] Veja-se ainda, a este propósito, a resolução do Instituto de Direito Internacional de 1979, intitulada «La loi du contrat dans les accords entre un Etat et une personne privée étrangère», *in Institut de Droit International. Annuaire,* vol. 58, tomo II, Basileia, etc., 1980, pp. 192 ss., cujo art. 1 estabelece: «Les contrats entre un Etat et une personne privée étrangère sont soumis aux règles de droit choisies par les parties ou, à défaut d'un tel choix, aux règles de droit avec lesquelles le contrat comporte le rattachement le plus étroit».

[54] De que se fazia ainda eco, na doutrina portuguesa, Marcello Caetano, *Manual de Direito Administrativo,* vol. I, 10.ª ed., 6.ª reimpressão, Coimbra, 1997, pp. 141 s. O ilus-

Os Contratos Internacionais e o seu Regime Substantivo 193

qual os tribunais do Estado do foro nunca aplicariam Direito estrangeiro, encontra-se hoje em larga medida superado, tanto no estrangeiro[55] como entre nós[56]. O que, de resto, bem se compreende à luz da crescente inter-penetração do Direito Público e do Direito Privado que se regista em numerosos ordenamentos jurídicos, mormente em matéria de contratos.

VIII
A relevância do Direito Internacional Público

Do exposto resulta já que, para nós, o Direito Internacional Público não pode constituir o critério exclusivo de valoração dos *State Contracts*. Mas é-lhes, sem dúvida, aplicável, na medida em que o Direito nacional do Estado contratante apenas será aplicável conquanto se mostre conforme com os princípios e regras de Direito Internacional Público.

---

tre autor admitia, no entanto, as excepções estabelecidas pelos tratados, convenções ou usos do Direito Internacional.

[55] Cfr. Konrad Zweigert, «Droit international privé et droit public», *Revue Critique de Droit International Privé*, 1965, pp. 645 ss.; F. A. Mann, «Conflict of Laws and Public Law», *Recueil des Cours de l'Académie de Droit International de La Haye*, 1971-I (tomo 132), pp. 107 ss.; Pierre Lalive, «Le droit public étranger et le droit international privé», *in Travaux du Comité Français de Droit International Privé*, 1973-1975, pp. 215 ss.; Giu-seppe Sperduti, «Droit international privé et droit public étranger», *Clunet. Journal de Droit International*, 1977, pp. 5 ss.; Pierre Mayer, «Le rôle du droit public en droit inter-national privé», *Revue Internationale de Droit Comparé*, 1986, pp. 467 ss.; Gerhard Kegel/Klaus Schurig, *Internationales Privatrecht,* 9.ª ed., Munique, 2004, pp. 1092 ss.; Jan Kropholler, *Internationales Privatrecht,* 5.ª ed., Tubinga, 2004, pp. 152 ss. Na legislação, veja-se o art. 13 da Lei Federal suíça de Direito Internacional Privado, onde se pode ler: «L'application du droit étranger n'est pas exclue du seul fait qu'on attribue à la disposition un caractère de droit public».

[56] Ver Isabel de Magalhães Collaço, *Direito Internacional Privado*, vol. I, Lisboa, 1966, p. 61; Rui de Moura Ramos, *Direito Internacional Privado e Constituição*, cit., pp. 123 ss.; *idem, Da lei aplicável ao contrato de trabalho internacional*, cit., pp. 264 ss.; António Marques dos Santos, *As normas de aplicação imediata no Direito Internacional Privado. Esboço de uma teoria geral,* Coimbra, 1991, vol. II, pp. 785 ss.; Luís de Lima Pinheiro, *Direito Internacional Privado,* vol. I, Coimbra, 2001, p. 451; e Paulo Otero, «Normas administrativas de conflitos: as situações jurídico-administrativas transnacio-nais», *in* Jorge Miranda/Luís de Lima Pinheiro/Dário Moura Vicente (orgs.), *Estudos em memória do Professor Doutor António Marques dos Santos,* Coimbra, 2005, vol. II, pp. 781 ss.

194　　*Direito Intenacional Privado – Ensaios III*

Entre estes princípios e regras compreendem-se quer os *princípios gerais de Direito reconhecidos pelas nações civilizadas*, a que alude o art. 38.º, n.º 1, al. *c)*, do Estatuto do Tribunal Internacional de Justiça[57] (como a boa fé, a proibição do abuso de direito, o princípio *pacta sunt servanda*, a cláusula *rebus sic stantibus*, a tutela da confiança legítima, o reconhecimento da propriedade privada, o direito à indemnização por expropriação, etc.[58]), quer os princípios e regras acolhidos em tratados internacionais de que Portugal é parte (como a Convenção de Viena de 1969 Sobre o Direito dos Tratados[59], o Acordo Sobre Contratos Públicos que constitui o anexo 4 *b)* ao acordo que instituiu a Organização Mundial de Comércio, celebrado em Marraquexe em 1994[60], e os tratados bilaterais concluídos entre Portugal e outros países em matéria de protecção de investimentos estrangeiros[61]).

IX
A relevância do Direito Comunitário

Não menos relevante é nesta matéria o Direito Comunitário. A constituição do mercado interno europeu reclamou, com efeito, a harmonização dos Direitos nacionais no tocante à contratação pública. Há hoje, em consequência disso, um *Direito Comunitário da contratação pública*[62].

---

[57] Cujo texto actualizado foi publicado, juntamente com a Carta da Organização das Nações Unidas, pelo Aviso do Ministério dos Negócios Estrangeiros n.º 66/91, no *Diário da República*, I série-A, de 22 de Maio de 1991.

[58] Ver, sobre a matéria, Gonçalves Pereira/Fausto de Quadros, ob. cit., pp. 257 ss.

[59] Aprovada para adesão pela Resolução da Assembleia da República n.º 67/2003 e ratificada pelo Decreto do Presidente da República n.º 46/2003, de 7 de Agosto.

[60] Aprovado para ratificação pela Resolução da Assembleia da República n.º 75--B/94, de 15 de Dezembro de 1994, *in Diário da República,* I série-A, n.º 298, de 27 de Dezembro de 1994, 5.º suplemento. O referido Acordo Sobre Contratos Públicos (*Agreement on Public Procurement*) foi aprovado pela Decisão do Conselho n.º 94/800/CE, de 22 de Dezembro de 1994, relativa à celebração, em nome da Comunidade Europeia e em relação às matérias da sua competência, dos acordos resultantes das negociações multilaterais do Uruguay Round (1986/1994), publicada no *JOCE*, série L, n.º 336, de 23 de Dezembro de 1994, pp. 1 ss.

[61] A que aludimos na rubrica anterior.

[62] Cfr. Diogo Freitas do Amaral, *Curso de Direito Administrativo,* vol. II, Coimbra, 2001, p. 566.

Entre os principais actos de Direito Comunitário derivado relevantes neste domínio contam-se as Directivas 2004/17/CE, de 31 de Março de 2004[63], relativa à coordenação dos processos de adjudicação de contratos nos sectores da água, da energia, dos transportes e dos serviços postais, e 2004/18/CE, da mesma data, a que fizemos alusão acima[64], as quais visam fundamentalmente assegurar a transparência dos procedimentos observados em matéria de contratação pública e promover a concorrência entre os agentes económicos, proscrevendo a discriminação de concorrentes estrangeiros.

Ora, por força do princípio do primado do Direito Comunitário sobre o de fonte interna, estas Directivas gozem de *efeito directo vertical,* podendo as respectivas normas ser invocadas pelos particulares contra a Administração Pública, em caso de omissão ou defeituosa transposição (a qual deveria ter tido lugar até 31 de Janeiro de 2006), na medida em que sejam *claras, precisas e incondicionais*[65]. Eis por que os tribunais estaduais e arbitrais devem tomá-las em consideração na resolução das questões suscitadas pelos contratos públicos internacionais. Também o Direito Comunitário, a par do Direito estadual e do Internacional Público, tem, assim, um domínio de aplicação próprio nestes contratos.

X
Cláusulas de estabilização e de intangibilidade

Nos contratos públicos internacionais de longa duração submetidos ao Direito do Estado ou outro ente público que dele é parte inserem-se não raro cláusulas que visam evitar possíveis alterações unilaterais do regime aplicável por esse Estado. Fala-se a este propósito de *cláusulas de estabi-*

---

[63] *In JOCE*, série L, n.º 134, de 30 de Abril de 2004, pp. 1 ss.

[64] Ver *supra*, nota 1. A Directiva em apreço foi rectificada pela Directiva 2005/75/CE, de 16 de Novemrbo de 2005, *in JOCE*, série L, n.º 325, de 9 de Dezembro de 2005, pp. 55 ss. Os arts. 20.º e 43.º da Directiva foram transpostos para a ordem jurídica interna pelo D.L. n.º 1/2005, de 4 de Janeiro, que estabelece o regime da contratação pública relativa à locação e aquisição de bens, serviços e redes de comunicações electrónicas, bem como de equipamentos e serviços conexos.

[65] Ver, sobre o ponto, Fausto de Quadros, *Direito da União Europeia*, Coimbra, 2004, pp. 425 ss.

196   *Direito Intenacional Privado – Ensaios III*

lização e *de intangibilidade*. Embora a terminologia varie consoante os autores, estas podem definir-se do seguinte modo:

- As *cláusulas de estabilização* («clauses de stabilité», «stabilization clauses»), também ditas de «*petrificação*», «*cristalização*» *ou* «*congelamento*» do Direito aplicável («*Versteinerungsklauseln*», «*freezing clauses*», «*clauses de cristalisation*» ou de «*gel de la loi*»), estipulam que o Direito estadual aplicável ao contrato será apenas o que vigorava na data da respectiva conclusão, com exclusão de todas as modificações que sejam introduzidas posteriormente nesse Direito;

- As *cláusulas de intangibilidade* («*clauses of nonintervention*», «*clauses d'intangibilité*») vedam ao Estado a alteração unilateral do regime contratual, assim como a rescisão do contrato, ainda que por motivos de interesse público, mas não fixam a lei aplicável em determinado momento temporal.

É controvertida a eficácia jurídica de ambas as categorias de cláusulas.

Quanto às cláusulas de estabilização, há quem as tenha por inequivocamente válidas[66]; mas há igualmente quem lhes recuse em princípio eficácia[67] e quem entenda que devem ser interpretadas como uma simples *referência material* à lei designada, cuja validade ficará dependente da sua conformidade com as normas imperativas da *lex causae*[68]. O art. 3 da Resolução do Instituto de Direito Internacional de 1979 admitiu-as sem restrições[69]. Perante o Direito português, supomos que as cláusulas em apreço devem ser consideradas válidas desde que não sejam entendidas no sentido de que impedem o Estado de legislar sobre as matérias abrangidas pelo contrato, mas tão-só no de que lhe fica vedado opor ao seu co-contratante a legislação posterior ao contrato que a este seja adversa, sob pena de responder pelos danos que dessa forma lhe causar.

---

[66] Assim, Prosper Weil, ob. cit., p. 234.

[67] Ver Rigaux, est. cit., p. 321; Pierre Mayer, ob. cit., p. 524.

[68] Neste sentido, Reithmann/Martiny, ob. cit., pp. 90 ss., e Manuela Eslava Rodríguez, ob. cit., p. 158.

[69] Dispõe esse preceito: «Les parties peuvent convenir que des dispositions d'un droit interne auxquelles elles se réfèrent dans un contrat doivent être entendues dans leur teneur au moment de la conclusion de ce contrat».

Por seu turno, as cláusulas de intangibilidade parecem implicar a obrigação do Estado de não nacionalizar nem expropriar bens ou concessões feitas a estrangeiros. Tais cláusulas serão, por isso, válidas na medida em que se considere que o direito de nacionalizar ou expropriar é disponível segundo o Direito Internacional[70] e a *lex causae*[71]. Quer isto dizer que, quando tais cláusulas forem válidas, o Estado ficará por força delas internacionalmente inibido de nacionalizar ou expropriar? Supomos que não. O princípio da soberania permanente de cada Estado sobre os recursos económicos existentes no respectivo território, que o Direito Internacional também consagra, deve prevalecer sobre tais vínculos. No entanto, em caso de violação tais cláusulas originam, para o Estado, o dever de indemnizar o seu co-contratante pelos danos que este porventura houver sofrido em consequência desses actos. Na fixação dessa indemnização, há-de ter-se em conta a especial confiança na subsistência do contrato gerada pela cláusula de intangibilidade. O montante dessa indemnização pode, assim, ser mais elevado nestes casos, compreendendo, *v.g.*, os lucros cessantes[72].

Eis por que se nos afigura que as cláusulas em apreço valerão sobretudo como uma garantia financeira adicional para o particular que contrata com o Estado ou outro ente público.

---

[70] Como entende Fausto de Quadros, *A protecção da propriedade privada pelo Direito Internacional Público*, cit., pp. 272 ss. e 525.

[71] O que, entre nós, suscita o problema da compatibilidade de semelhante entendimento com o princípio da independência nacional consagrado no art. 7.°, n.° 1, da Constituição.

[72] Neste sentido, veja-se Eduardo Jiménez de Arechaga, «International Law in the Past Third of a Century», *Recueil des Cours de l'Académie de Droit International de La Haye*, 1978-I (tomo 159), pp. 1 ss. (p. 307).

A UNIFICAÇÃO DO DIREITO DOS CONTRATOS EM ÁFRICA: SEU SENTIDO E LIMITES*

Sumário:

  I. Introdução.
  II. O anteprojecto de Acto Uniforme da OHADA sobre o Direito dos Contratos.
  III. Justificação jurídico-económica da unificação internacional do Direito dos Contratos.
  IV. Limites à unificação internacional do Direito dos Contratos:
    a) Necessidade;
    b) Legitimidade;
    c) Viabilidade.
  V. A unificação do Direito Internacional Privado dos contratos como alternativa.

I
Introdução

É bem sabido que a África não logrou até hoje unificar os seus sistemas jurídicos nacionais, pese embora a existência entre estes de importantes traços de união, decorrentes quer de certos valores comuns aos Direitos tradicionais que neles vigoram, quer de iniciativas recentes tendo em vista a harmonização e a uniformização das legislações estaduais.

Entre essas iniciativas sobressaem as que têm sido promovidas sob a égide da Organização Para a Harmonização do Direito dos Negócios em

---

* Conferência proferida em Bissau, em 22 de Março de 2006, nas *Comemorações do 15.º Aniversário da Faculdade de Direito de Bissau*. Originariamente publicada no *Boletim da Faculdade de Direito de Bissau*, n.º 8 (2008), pp. 243 ss.

África (OHADA) no domínio do Direito dos Contratos[1]. Constituem expressões delas, por exemplo, os Actos Uniformes sobre o Direito Comercial Geral (no qual se inclui o regime da venda mercantil), o transporte rodoviário de mercadorias e a organização das garantias, os quais se encontram já em vigor nos Estados membros daquela organização, incluindo a Guiné-Bissau[2]. Está, por outro lado, em preparação um Acto Uniforme sobre o Direito dos Contratos, de que existe um anteprojecto elaborado em 2004, entretanto distribuído aos Estados membros da OHADA para que sobre ele se pronunciassem[3].

É neste contexto que se colocam duas questões sobre as quais nos iremos debruçar na presente exposição:

– Até onde devem levar-se os esforços de harmonização e unificação do Direito dos Contratos em África?
– Devem os Actos Uniformes da OHADA sobre esta matéria substituir os Direitos dos Estados Membros ou de alguma sorte coexistir com eles?

II
O anteprojecto de Acto Uniforme da OHADA sobre o Direito dos Contratos

Antes, porém, de examinarmos *ex professo* essas questões, importa explicitar a referência acima feita ao anteprojecto de Acto Uniforme da OHADA sobre o Direito dos Contratos.

Trata-se de um texto elaborado por Marcel Fontaine, Professor emérito da Universidade de Lovaina, que surge na sequência de uma deliberação

---

[1] A OHADA foi instituída pelo Tratado de Port-Louis (Maurícias), de 17 de Outubro de 1993, cujo texto se encontra disponível em http://www.ohada.com. Dela são membros: a República do Benim, o Burkina Faso, a República dos Camarões, a República Centro-Africana, a República Islâmica das Comores, a República do Congo, a República da Costa do Marfim, a República do Gabão, a República da Guiné, a República da Guiné-Bissau, a República da Guiné Equatorial, a República do Mali, a República do Níger, a República do Senegal, a República do Chade e a República do Togo.

[2] *Vide* a respectiva tradução oficial em língua portuguesa no *Boletim Oficial da República da Guiné-Bissau*, de 22 e 23 de Setembro de 2005.

[3] Cfr. *Acte Uniforme OHADA sur le droit des contrats. Avant-projet*, s.l., 2004.

tomada em 2001 pelo Conselho de Ministros da OHADA, a qual inscreveu o regime jurídico dos contratos em geral no programa da harmonização do Direito dos Negócios em África a empreender por esta organização.

Segundo informa a *Nota Explicativa* desse texto[4], a fim de que pudesse ser preparado um anteprojecto de Acto Uniforme sobre o Direito dos Contratos, o Conselho de Ministros da OHADA solicitou ao Secretariado Permanente desta organização que estabelecesse contactos com Instituto Internacional Para a Unificação do Direito Privado (UNIDROIT). Este, por seu turno, incumbiu o mencionado autor de elaborar o anteprojecto em causa, tomando como modelo os *Princípios Unidroit Sobre os Contratos Comerciais Internacionais*[5].

O relator do anteprojecto procurou, consoante declara na referida *Nota Explicativa*[6], afastar-se o menos possível dos *Princípios Unidroit*. Assim sucedeu, de facto. Com a ressalva, porém, de um ponto, aliás fulcral: o âmbito de aplicação do futuro Acto Uniforme. Este deverá, em seu entender, aplicar-se:

– Quer aos contratos comerciais, quer aos civis;
– Tanto aos contratos internacionais como aos puramente internos; e
– Quer as partes o escolham, quer nada estipulem a respeito do Direito aplicável (podendo todavia ser afastado por elas: o Acto terá, nesta medida, carácter subsidiário).

Significa isto que um instrumento jurídico, como os *Princípios Unidroit,* concebido para os contratos comerciais internacionais e destinado a

---

[4] Cfr. Marcel Fontaine, *Acte Uniforme OHADA sur le droit des contrats. Note explicative à l'avant-projet*, Roma, 2004, parcialmente reproduzida em Marcel Fontaine, «Le projet d'Acte uniforme OHADA sur les contrats et les Principes d'UNIDROIT relatifs aux contrats du commerce international», *Uniform Law Review/Revue de Droit Uniforme*, 2004, pp. 253 ss.

[5] Cfr. International Institute for the Unification of Private Law, *Unidroit Principles of International Commercial Contracts*, Roma, 1.ª ed., 1994; 2.ª ed., 2004, disponível em http://www.unidroit.org (existe tradução portuguesa, publicada pelo Ministério da Justiça, com o título *Princípios relativos aos Contratos Comerciais Internacionais*, Lisboa, 2000). Para um comentário, veja-se Michael Joachim Bonell, «UNIDROIT Principles 2004 – The New Edition of the Principles of International Commercial Contractsadopted by the International Institute for the Unification of Private Law», *Uniform Law Review/Revue de Droit Uniforme*, 2004, pp. 5 ss.

[6] Cfr. est. cit., p. 7.

202 *Direito Intenacional Privado – Ensaios III*

aplicar-se apenas quando as partes o escolham, se vê atribuído neste ante-projecto um âmbito de aplicação muitíssimo mais vasto: contém-se nele o futuro regime comum dos contratos civis e comerciais nos Estados membros da OHADA. É, pois, evidente o impacto que este instrumento normativo terá nesses Estados, caso venha a ser efectivamente adoptado.

Parece inequívoco, por outro lado, que dele resultarão modificações não despiciendas no regime dos contratos presentemente em vigor nos Estados membros da OHADA, cujos Direitos relevam, como se sabe, de tradições jurídicas muito diferenciadas: a lusófona, no caso da Guiné-Bissau; a espanhola, no da Guiné Equatorial; a de *Common Law* (ao menos em parte), pelo que respeita aos Camarões; e a francófona, quanto aos demais países.

Tais modificações não serão porventura muito significativas no caso da Guiné-Bissau, visto que em múltiplos aspectos o anteprojecto consagra soluções já acolhidas no actual Direito guineense. Estão neste caso os princípios, naquele texto consignados, da autonomia privada (art. 1/1[7]), da liberdade de forma (art. 1/3, n.º 1[8]), da boa fé (art. 1/6, n.º 1[9]), da formação do contrato por mero efeito de acordo entre as partes (art. 2/1[10]), da revisão do contrato por alteração de circunstâncias que modifique o equilíbrio contratual (art. 6/24[11]) e da susceptibilidade de resolução extrajudicial do contrato por incumprimento essencial por uma das partes das obrigações dele emergentes (art. 7/13, n.º 1[12]).

Outro tanto não pode, todavia, dizer-se a respeito dos países francófonos que integram a OHADA, onde a modificação do contrato por alteração de circunstâncias e a resolução extrajudicial dele são rejeitadas no

---

[7] «Sous reserve de l'article 3/1, les parties sont libres de conclure un contrate et d'en fixer le contenu».

[8] «Le présent Acte Uniforme n'impose pas que le contrat, la déclaration ou tout autre acte soit conclu sous une forme particulière».

[9] «Les parties sont tenues de se conformer aux exigences de la bonne foi».

[10] «Le contrat se conclut soit par l'acceptation d'une offre soit par un comportement des parties qui indique suffisament leur accord».

[11] «1) En cas de bouleversement des circonstances, la partie lésée peut demander l'ouverture de renégotiations [...]. 4) Le tribunal qui conclut à l'existence d'un cas de bouleversement des circonstances peut, s'il estime raisonnable: a) metre fin au contrat à la date et aux conditions qu'il fixe; ou b) adapter le contrate en vue de rétablir l'équilibre des prestations».

[12] «Une partie peut résoudre le contrat s'il y a inexécution essentielle de la part de l'autre partie».

domínio do Direito Privado, sendo além disso exigida uma causa lícita como elemento constitutivo do contrato[13].

Por outro lado, nos sistemas jurídicos de *Common Law* exige-se em princípio, também como elemento constitutivo do contrato, a denominada *consideration*, ou seja, uma contrapartida negociada da prestação prometida por cada uma das partes; o que exclui a eficácia das promessas gratuitas, salvo quando consignadas num instrumento formal (*deed*). Além disso, a boa fé é neles rejeitada como princípio reitor da negociação e conclusão dos contratos e como fundamento de imputação dos danos causados por uma das partes à outra *ex culpa in contrahendo*[14].

Mesmo em relação ao Direito guineense não pode deixar de notar-se, como diferença de tomo entre ele e o anteprojecto, a ausência neste de qualquer previsão expressa da execução específica em caso de incumprimento das obrigações emergentes do contrato, que os arts. 827.º e seguintes do Código Civil da Guiné-Bissau consagram.

III
Justificação jurídico-económica da unificação internacional do Direito dos Contratos

A esta luz, tem interesse perguntar pela justificação jurídico-económica da unificação internacional do Direito dos Contratos que o referido Anteprojecto visa implementar.

Neste particular a aludida *Nota Justificativa* é muito escassa: apenas se faz nela uma sucinta referência à «mundialização» (ou «globalização») da economia e à necessidade de atrair os investidores estrangeiros[15].

Na União Europeia, onde o assunto foi amplamente debatido a propósito do projecto, de certo modo paralelo, de um Código Civil Europeu (que entretanto deu lugar à intenção, de alcance consideravelmente mais limitado, de elaborar um *Quadro Comum de Referência* em matéria con-

---

[13] Cfr. sobre esse requisito, por último, Muriel Fabre-Magnan, *Les obligations*, Paris, 2004, pp. 360 ss.

[14] Cfr. J. Beatson, *Anson's Law of Contract*, 27.ª ed., Oxford, 1998, pp. 65 ss., 88 ss. e 292 ss.

[15] Est. cit., p. 6.

204 *Direito Intenacional Privado – Ensaios III*

tratual[16]), invocou-se, em especial, que a integração dos mercados reclama um regime contratual comum, que assegure a igualdade de condições entre os concorrentes[17].

Com efeito, disse-se, as disparidades dos regimes jurídicos vigentes quanto aos prazos de garantia dos bens vendidos, à responsabilidade por defeitos dos bens ou serviços prestados, à admissibilidade de certas cláusulas contratuais gerais, etc., geram em benefício de alguns dos agentes económicos que actuam no mercado único vantagens competitivas não justificadas; haveria, pois, que suprimi-las através da unificação do Direito dos Contratos.

Por outro lado, da diversidade dos Direitos nacionais resultariam custos acrescidos para as empresas (decorrentes, *v.g.*, das diligências necessárias a fim de apurar o teor do Direito dos países para onde estas exportam os seus produtos e serviços), assim como alguma insegurança nas transacções comerciais, pelo que essa diversidade constituiria uma *barreira não alfandegária* ao comércio transfronteiras, que deveria ser eliminada.

A harmonização e a jurídicas seriam, em suma, instrumentais relativamente aos objectivos visados pela integração económica regional.

Na medida em que nos Estados membros da OHADA se encontra também em curso um processo de integração económica e monetária[18], corporizado designadamente na União Económica e Monetária Oeste-Africana (UEMOA)[19], os argumentos referidos poderiam aparentemente ser também aduzidos em abono da almejada unificação do Direito dos Contratos em África[20].

---

[16] Veja-se o Plano de Acção da Comissão Europeia, intitulado *Maior Coerência no Direito Europeu dos Contratos*, *in Jornal Oficial das Comunidades Europeias*, n.º C 63, de 15 de Março de 2003, pp. 1 ss. (n.ºs 59 e 60).

[17] Ver, sobre o ponto, o nosso estudo «Um Código Civil para a Europa? Algumas reflexões», *in Direito Internacional Privado. Ensaios*, vol. I, Coimbra, Almedina, 2002, pp. 7 ss., e a bibliografia aí citada.

[18] Sobre o ponto, vejam-se os estudos coligidos no *Boletim da Faculdade de Direito de Bissau*, n.º 6 (Junho 2004) e suplemento (Dezembro 2004), com o título *A integração regional e a uniformização do Direito dos Negócios em África*.

[19] Criada pelo Tratado de Dakar, de 10 de Janeiro de 1994, cujo texto se encontra disponível em http://www.uemoa.int. São partes desta organização: o Benim, o Burkina Faso, a Costa do Marfim, a Guiné-Bissau, o Mali, o Níger, o Senegal e o Togo.

[20] Veja-se, sobre o ponto, Félix Onana Etoundi, «Les Principes d'UNIDROIT et la sécurité juridique des transactions commerciales dans l'avant-projet d'Acte uniforme

IV
Limites à unificação internacional do Direito dos Contratos

Mas será efectivamente assim? Poderá, nomeadamente, afirmar-se que a unificação do Direito dos Contratos é necessária a fim de assegurar a integração económica regional em África? E será ela legítima à luz dos princípios que norteiam a OHADA e a actividade dos legisladores dos seus Estados membros? Será, por fim, essa unificação viável, atentas as diferenças que subsistem entre os Direitos dos Estados que a compõem?

Estas as questões – que, aliás, se podem colocar a respeito da generalidade das iniciativas de harmonização e unificação dos Direitos nacionais – para as quais ensaiaremos agora uma resposta.

a) *Necessidade*

Pode, desde logo, duvidar-se de que a integração económica regional realmente exija um Direito uniforme dos contratos.

A dúvida resulta, nomeadamente, da circunstância de em certos países onde existe um mercado único (como o Reino Unido, os Estados Unidos da América e o Canadá) vigorarem diferentes sistemas jurídicos locais, válidos para outras tantas parcelas do território nacional (razão por que os ordenamentos jurídicos desses países se dizem *complexos*, ou *plurilegislativos*, na terminologia do art. 20.º do Código Civil), sem que isso contenda com o regular funcionamento daquele mercado.

A experiência desses países revela, na verdade, que, a fim de assegurar a paridade dos concorrentes e a livre circulação de produtos e serviços num mercado onde coexistem diferentes ordenamentos jurídicos locais, é bastante o preenchimento de três condições principais.

Por um lado, é necessário que se proceda a uma harmonização mínima de legislações, que sujeite os agentes económicos que intervêm no mercado único à observância de certos deveres de conduta (por exemplo, a prestação aos consumidores de certas informações nos preliminares e na formação dos contratos, em ordem a remediar as assimetrias de informa-

---

OHADA sur le droit des contrats», *Uniform Law Review/Revue de Droit Uniforme*, 2005, pp. 683 ss.

ção que no âmbito desses contratos frequentemente ocorrem, e a abstenção das práticas que impeçam, restrinjam ou falseiem a concorrência).

Por outro lado, importa assegurar a possibilidade de escolha pelos agentes económicos que transaccionem produtos ou serviços no mercado único da lei aplicável aos contratos por si celebrados e às questões com estes conexas, mormente a responsabilidade pelo respectivo incumprimento ou cumprimento defeituoso, por forma que esses sujeitos possam conhecer antecipadamente qual a extensão provável das responsabilidades em que incorrem e quais os riscos económicos associados à actividade que se propõem levar a cabo[21].

Finalmente, há que prever o reconhecimento mútuo das regulamentações nacionais sobre o exercício de actividades económicas, em ordem a que os produtos e serviços postos a circular licitamente no respectivo país de origem possam entrar no território dos demais países que integram o mercado único sem perderem as suas vantagens competitivas. Sendo caso disso, há-de conjugar-se esse reconhecimento com a aplicabilidade das normas de Direito Público e Privado vigentes no lugar da sede, do estabelecimento ou da residência habitual do fornecedor dos produtos ou serviços em causa (*hoc sensu,* a sua *lex originis*).

Se e na medida em que o preenchimento destas condições efectivamente assegure a livre circulação de mercadorias e serviços em determinado espaço geográfico, torna-se ocioso, como é evidente, promover uma unificação do Direito dos Contratos.

b) *Legitimidade*

Mas não é só a necessidade de unificação do Direito dos Contratos que é questionável: também a sua legitimidade pode ser posta em causa.

Desde logo, porque a unificação dos Direitos nacionais conflitua inevitavelmente com a desejável preservação do pluralismo jurídico e cultural. A diversidade dos Direitos é, com efeito, inerente à pluralidade de culturas – i. é, à pluralidade dos costumes e das instituições que constituem a herança social da comunidade – e à diversa valoração dos mesmos pro-

---

[21] Possibilidade essa que o Direito da OHADA já consagra, ao estabelecer, no art. 15.º do Acto Uniforme sobre a arbitragem: «Os árbitros decidem o mérito da causa em conformidade com as regras de Direito designadas pelas partes [...]».

blemas nos diferentes sistemas jurídicos locais[22]. Ora, a pluralidade de culturas deve ser mantida, mesmo em espaços geopolíticos e económicos unificados, sob pena de se suprimir a própria identidade nacional dos povos que os integram.

Acresce que o pluralismo das legislações nacionais é o garante da adequação do Direito às necessidades reais da sociedade em que este se destina a vigorar, bem como ao sentimento ético-jurídico dos seus destinatários, e, por esta via, da própria eficácia dele. A fim de ser uma realidade viva, o Direito tem, com efeito, de reflectir a *alma* da sociedade que pretende conformar normativamente; de contrário, é por ela repelido. Em África, por exemplo, a tradição de oralidade em matéria contratual encontra-se estreitamente ligada à circunstância de muitas pessoas, incluindo os comerciantes, não dominarem a expressão escrita. A imposição neste continente da observância de forma escrita na conclusão dos contratos, à imagem do que sucede nos Direitos europeus no tocante a muitos tipos contratuais, destinar-se-ia, por isso, com toda a probabilidade, a ficar letra morta.

A concorrência entre diferentes modelos de regulação jurídica dos mesmos problemas sociais («*regulatory competition*») é, por outro lado, desejável na medida em que favorece a adaptação do Direito às necessidades da vida e a correcção de eventuais erros legislativos, constituindo por isso um factor de progresso do Direito. A diversidade dos Direitos nacionais é, dito de outro modo, fonte de eficiência. Em contrapartida, a uniformização desses Direitos tem associados certos custos (inerentes, *v.g.*, à adaptação do Direito não uniformizado, à formação dos juristas, à tradução de textos legais, etc.), que podem exceder qualquer benefício económico que dela se pretenda retirar[23].

---

[22] Reconhece-o, na doutrina portuguesa, António Menezes Cordeiro, *Tratado de Direito Civil português*, I, *Parte geral*, tomo I, 3.ª ed., Coimbra, 2005, p. 45, para quem «o Direito privado corresponde à expressão cultural mais profunda de cada sociedade».

[23] Cfr., sobre o ponto, Claus Canaris, «Theorienrezeption und Theorienstruktur», *in Wege zum japanischen Recht. Festschrift für Zentaro Kitagawa*, Berlim, 1992, pp. 59 ss. (especialmente pp. 93 s.). Vejam-se ainda, perfilhando o pensamento expresso no texto: Hein Kötz, «Rechtsvereinheitlichung – Nutzen, Kosten, Methoden, Ziele», *Rabels Zeitschrift für ausländisches und internationales Privatrecht*, 1986, pp. 1 ss; Paul B. Stephan, «The Futility of Unification and Harmonization in International Commercial Law», *Virginia Journal of International Law*, 1999, pp. 788 ss.; Rodolfo Sacco, «La diversità nel diritto (a proposito dei problemi di unificazione)», *Rivista di Diritto Civile*, 2000, pp. 15 ss. (pp. 21 s.);

O pluralismo jurídico é, pelo exposto, um bem em si mesmo. Só assim se compreende, de resto, que a OHADA se haja constituído como organização dirigida à *harmonização* dos Direitos dos seus Estados membros, e não à sua *unificação*: estatutariamente, a OHADA não visa suprimir a diversidade das legislações nacionais, mas tão-só aproximá-las umas das outras[24]. O que envolve a admissão de que os regimes jurídicos vigentes nos Estados membros em matéria contratual podem permanecer diversos uns dos outros, cabendo a cada um desses Estados reconhecer os regimes jurídicos estabelecidos pelos demais; e de que pertence aos contraentes a faculdade de escolherem, dentre esses regimes, o ou os que, em cada caso, melhor se adaptem às suas necessidades específicas.

c) *Viabilidade*

A própria viabilidade de uma unificação integral do Direito dos Contratos é duvidosa, pois muitas das diferenças que separam os sistemas jurídicos nacionais neste domínio não relevam meramente da técnica jurídica, antes radicam em factores metajurídicos, que o legislador é por si só incapaz de superar.

Assim, por exemplo, nos países africanos onde o islamismo é a religião dominante a regra da *Xaria* que proíbe a usura[25] é maioritariamente interpretada no sentido de que proscreve também a cobrança de juros (*riba*). Tal a razão por que esta figura não é admitida, pelo menos entre muçulmanos, no Direito de vários desses países[26]. Assim sendo, uma disposição que preveja o pagamento de juros em caso de mora no cumprimento de uma obrigação pecuniária (como o art. 7/27 do *Anteprojecto*

---

e Horatia Muir Watt, «The Challenge of Market Integration for European Conflicts Theory», *in* Arthur Hartkamp e outros (orgs.), *Towards a European Civil Code*, 3.ª ed., Nijmegen, 2004, pp. 191 ss. (pp. 197 s.).

[24] Haja vista ao art. 1.º do Tratado da OHADA, segundo o qual: «O presente Tratado tem por objecto a harmonização do direito dos negócios nos Estados partes, através da elaboração e adopção de regras comuns modernas e adaptadas à situação das respectivas economias [...]».

[25] Corão, versículos 2:276, 2:277, 3:131 e 30:40.

[26] Veja-se, por exemplo, o art. 870 do Código das Obrigações e Contratos de Marrocos, segundo o qual: «Entre musulmans, la stipulation d'intérêt est nulle et rend nul le contrat, soit qu'elle soit expresse, soit qu'elle prenne la forme d'un présent ou autre avantage fait au prêteur ou à toute autre personne interposée».

Fontaine[27]) é de duvidosa aceitação por uma parte dos seus potenciais destinatários.

Outro tanto pode dizer-se da imputação de danos com base na denominada *culpa in contrahendo*. O princípio da boa fé nos preliminares e na formação dos contratos, em que se funda este instituto, bem como os deveres acessórios de conduta que dele se retiram, não têm acolhimento nos sistemas jurídicos que integram a família de *Common Law*[28]. Mesmo nos sistemas francófonos a sua aceitação é mais restrita do que, *v.g.*, em Portugal ou na Alemanha. No anteprojecto de Acto Uniforme da OHADA sobre o Direito dos Contratos tentou-se, é certo, um compromisso a este respeito. Dele constitui expressão o disposto no art. 2/15[29]. Mas o que aí se diz fica aquém, por exemplo, do actual Direito guineense, pois apenas se sanciona expressamente nesse preceito o chamado *recesso intencional*, nada se estabelecendo a respeito de outras formas de rompimento das negociações contratuais que, em face do disposto no art. 227.º do Código Civil da Guiné-Bissau, podem também dar lugar à obrigação de indemnizar. E tão-pouco se esclarece no anteprojecto se a indemnização devida abrange tão-só o denominado interesse contratual negativo ou também o interesse contratual positivo, como é hoje entendimento dominante em alguns países. O referido compromisso não espelha, por isso, uma solução comum aos Estados membros da OHADA.

---

[27] Cujo n.º 1 dispõe: «En cas de non-paiement d'une somme d'argent à l'échéance, le créancier a droit aux intérêts de cette somme entre l'échéance et la date du paiement, qu'il y ait ou non exonération».

[28] Ver, sobre esta matéria, os nossos estudos *Da responsabilidade pré-contratual em Direito Internacional Privado*, Coimbra, 2001, pp. 290 ss., e «A formação dos contratos internacionais», *in Direito Internacional Privado. Ensaios*, vol. II, Coimbra, 2005, pp. 117 ss., ambos com mais referências.

[29] Nos termos do qual: «1) Les parties sont libres de négocier et ne peuvent être tenues pour responsables si elles ne parviennent pas à un accord. 2) Toutefois, la partie qui, dans la conduite ou la rupture des négociations, agit de mauvaise foi est responsable du préjudice qu'elle cause à l'autre partie. 3) Est, notamment, de mauvaise foi la partie qui entame ou poursuit des négotiations sachant qu'elle n'a pas l'intention de parvenir à un accord».

V
A unificação do Direito Internacional Privado
dos contratos como alternativa

Resulta do exposto que, a nosso ver, a contemporânea globalização da economia não reclama a unificação dos Direitos nacionais, nem a ela conduz necessariamente, antes coloca em evidência a importância – diríamos mesmo: a inelutabilidade – do *pluralismo jurídico*.

Este último assume hoje particular relevância em África, dada a coexistência em muitos países africanos – para não dizer em todos eles – de diferentes sistemas jurídicos locais e pessoais; e também em virtude da diversidade de meios pelos quais o Direito neles é criado e se dá a conhecer, entre os quais se incluem frequentemente, além da lei e da jurisprudência (em parte recebidas das potências coloniais e noutra de fonte autónoma, posterior às independências nacionais), os costumes vigentes nas comunidades tradicionais e as fontes religiosas observadas, *v.g*,. nos países e territórios islamizados.

O reconhecimento desse pluralismo constitui actualmente uma necessidade social incontornável[30]. Admitiu-o, por exemplo, o legislador moçambicano, ao dispor no art. 4.° da Constituição de 2004: «O Estado reconhece os vários sistemas normativos e de resolução de conflitos que coexistem na sociedade moçambicana, na medida em que não contrariem os valores e princípios fundamentais da Constituição».

Ora, se o pluralismo jurídico é reconhecido na ordem interna como recusá-lo na esfera internacional?

Eis por que a nosso ver haverá que encontrar no quadro da OHADA um ponto de equilíbrio entre a desejável *unidade* e a irrefutável *diversidade* dos Direitos dos seus Estados membros. Importa, é certo, eliminar entraves desnecessários à circulação de pessoas e bens e ao investimento estrangeiro, bem como promover a certeza do Direito e a segurança nas relações jurídicas plurilocalizadas. Mas sem que isso leve os sistemas jurídicos nacionais a perderem a sua individualidade própria e a descaracterizarem-se.

A *unidade na diversidade,* que assim se preconiza, postula uma regulação do regime jurídico dos contratos que assegure, ao mesmo tempo, a

---

[30] Neste sentido se pronuncia também Charles Ntampaka, *Introduction aux systèmes juridiques africains*, Namur, 2004, pp. 169 s.

coexistência das diferentes tradições jurídicas nacionais e a fluidez do tráfico jurídico, particularmente daquele que se processa através das fronteiras.

Neste quadro, a uniformização do Direito dos Contratos deverá constituir, a nosso ver, a *ultima ratio*. Não raro bastarão, em ordem a garantir a integração económica, além de uma harmonização mínima de legislações, a consagração da liberdade de escolha pelos contraentes da lei aplicável às obrigações contratuais e o reconhecimento mútuo dos regimes nacionais a que se subordinam as actividades económicas em causa, eventualmente conjugado com a competência subsidiária da lei do fornecedor dos produtos ou serviços devidos nos termos do contrato. O mesmo é dizer, serão suficientes regras comuns de Direito Internacional Privado, que não de Direito material.

Coordenação dos Direitos contratuais nacionais, por via dessas regras, e não a sua uniformização – eis, em suma, a solução preferível para assegurar a livre circulação de mercadorias e serviços através das fronteiras.

O que significa que, a ser adoptado um Acto Uniforme da OHADA em matéria de contratos, este deveria – à imagem dos *Princípios Unidroit* em que se inspirou o anteprojecto aqui examinado – cingir-se aos contratos comerciais internacionais e ser de aplicação facultativa, aplicando-se apenas quando as partes o escolhessem.

LA FORMACIÓN
DE LOS CONTRATOS INTERNACIONALES*

Sumário:

I. Objeto y ámbito del estudio: relevancia del tema.
II. Los preliminares del contrato.
III. La conclusión del contrato.
IV. La responsabilidad por culpa en la formación de los contratos.

I
Objeto y ámbito del estudio. Relevancia del tema

1. Nos ocuparemos, en el presente estudio, de la formación de los contratos internacionales. Nos centraremos, en el tratamiento del tema, en los problemas relacionados con la determinación de la ley aplicable, dejando de parte la fijación del tribunal competente y el régimen del reconocimiento de sentencias extranjeras. Sólo cuidaremos de la solución de aquellos problemas por los tribunales judiciales. Fuera del ámbito de nuestra indagación queda, por consiguiente, el régimen especial que para ellos consagra el Derecho Internacional Privado de fuente interna e internacional cuando los mismos sean sometidos a tribunales arbitrales u otros órganos de aplicación del Derecho.

Trataremos exclusivamente del régimen común de la formación de los contratos internacionales, abstrayéndonos de los problemas específicos suscitados por la formación de los diferentes tipos contractuales. Nos limitaremos a la formación de los contratos obligacionales, con exclusión de

---

* Texto originariamente publicado *na Revista Española de Derecho Internacional*, vol. LVII, 2005/I, pp. 239 ss.

214   *Direito Intenacional Privado – Ensaios III*

los que son fuente de relaciones de naturaleza institucional y de los demás a los cuales no se aplica el Convenio sobre la Ley Aplicable a las Obligaciones Contractuales, hecho en Roma el 19 de junio de 1980[1].

Distinguiremos a respecto de la formación del contrato internacional dos fases, que la ley portuguesa autonomiza[2]: los preliminares y su conclusión. Estos constituirán el objeto, respectivamente, de la segunda y tercera partes del presente estudio. La cuarta y última será dedicada a la responsabilidad por culpa en la formación de los contratos internacionales, que abarca conductas y omisiones ocurridas en cualquiera de aquellas fases.

2. Podrá preguntarse cuál es la relevancia del tema así delimitado, sobre todo en una época, como la presente, en que se registran insistentes exhortaciones a la unificación del Derecho de los Contratos.

Recientemente el Parlamento Europeo adoptó una Resolución en la cual se preconiza la elaboración y aprobación, a partir de 2010, de un «*corpus* de reglas sobre el Derecho de los Contratos de la Unión Europea»[3].

---

[1] De ahora en adelante Convenio de Roma. Portugal adhirió a ella por el convenio firmado en Funchal el 18 de mayo de 1992, aprobado para ratificación por Resolución de la Asamblea de la República n.° 3/94 y ratificada por Decreto del Presidente de la República n.° 1/94, de 3 de febrero. Ambos convenios se encuentran publicados en el *Diário da República*, n.° 28, I Série-A, de 3 de febrero de 1994, respectivamente a pp. 521 s. y 522 ss. Dicho convenio de adhesión vigora en las relaciones entre Portugal y los demás Estados que depositaron los respectivos instrumentos de ratificación desde el 1 de Septiembre de 1994: véase el Aviso del Ministério de Negócios Estrangeiros n.° 240/94, publicado en el *Diário da República*, I Série-A, de 19 de septiembre de 1994.

[2] Ver, por ejemplo, el artículo 227.°, n.° 1, del Código Civil (reproducido *infra*, en el n.° 4).

[3] *Resolución del Parlamento Europeo sobre la aproximación del derecho civil y comercial de los Estados-Miembros*, de 15 de noviembre de 2001, disponible en http://www.europarl.eu.int. Sobre el tema, *vide* MOURA VICENTE, D., «Um Código Civil para a Europa? Algunas reflexiones», *in* MENEZES CORDEIRO, A./MENEZES LEITÃO, L./COSTA GOMES, J. (organizadores), *Estudos em homenagem ao Prof. Doutor Inocêncio Galvão Telles*, I vol., Coimbra, 2002, pp. 47 y ss. (reproducido en MOURA VICENTE, D., *Direito Internacional Privado. Ensaios*, vol. I, Coimbra, 2002, pp. 7 ss.); LOPES PORTO, M., y otros, *Um Código Civil para a Europa*, Coimbra, 2002; y SINDE MONTEIRO, J., «Manuel de Andrade, a "europeização" do Direito Privado e o desafio de um Código Civil europeu», *in Ciclo de conferências em homenagem póstuma ao Prof. Doutor Manuel de Andrade*, Coimbra, 2002, pp. 43 y ss.

Y existen ya tres ensayos de esa empresa, publicados en los últimos años: los *Principios Relativos a los Contratos Comerciales Internacionales*, de la iniciativa del Instituto Internacional para la Unificación del Derecho Privado (de ahora en adelante *Principios Unidroit*)[4], los *Principios de Derecho Europeo de los Contratos*, elaborados por la Comisión de Derecho Europeo de los Contratos (adelante designados por *Principios Europeos*)[5], y el anteproyecto de un *Código Europeo de los Contratos*, iniciativa de la Academia de los Jusprivatistas Europeos, con sede en Pavía[6].

En todos estos textos nos confrontamos con disposiciones relativas a la formación de los contratos[7]. De ahí se podría inferir que los Derechos nacionales están en esta materia destinados a ceder el lugar a una codificación internacional.

No es, sin embargo, a nuestro ver inequívoco que sea ese el camino del futuro.

Entre otras razones, porque no hay un patrón de conducta en la formación de los contratos acepte, por lo menos con el mismo alcance, por todos los sistemas jurídicos, incluso aquellos que comulgan con los llamados «valores de la civilización occidental».

En los sistemas de *Common Law*, por ejemplo, se rechaza la existencia de cualquier vínculo obligacional entre aquellos que negocian con vista a la conclusión de un contrato, apenas admitiéndose la imputación de daños causados *in contrahendo* en los términos de la responsabilidad extracontractual. La apertura de negociaciones para la celebración de un contrato no crea entre las partes ninguna relación jurídica integrada por deberes de conducta específicos fundados en la buena fe, según sucede, por ejemplo, en Portugal, en Alemania y en Italia: cada una de ellas puede, por ejemplo, conducir negociaciones paralelas sin informar la otra y romperlas arbitrariamente, aunque sea a punto de la conclusión del contrato,

---

[4] UNIDROIT, *Principles of International Commercial Contracts*, Roma, International Institute for the Unification of Private Law, 2004.

[5] THE COMMISSION ON EUROPEAN CONTRACT LAW, *Principles of European Contract Law. Parts I and II Combined and Revised,* Haia/Londres/Boston, 2000.

[6] ACCADEMIA DEI GIUSPRIVATISTI EUROPEI, *Code européen des contrats. Avant-projet*, 2.ª ed., Milano, 2001.

[7] *Principios Unidroit*, artículos 2.1 a 2.22; *Principios Europeos*, artículos 2:101 a 2:302; *Código Europeo de los Contratos*, arts. 6 a 24.

216   *Direito Intenacional Privado – Ensaios III*

así como omitir a la contraparte informaciones vitales para la decisión de contratar, que sólo ella posee[8].

---

[8] En una decisión de gran relieve, proferida en 1992 en el caso *Walford v. Miles* (*in The Weekly Law Reports*, 1992, vol. 2, pp. 174 y ss.), la Cámara de los Lords rechazó de modo expreso la existencia en el Derecho inglés de un deber de negociar de buena fe y afirmó la libertad de las partes de romper las negociaciones a cualquier altura y por cualquier motivo, sin quedarse por eso sujetas a cualquier deber de indemnizar. Sustentó Lord Ackner: «the concept of a duty to carry on negotiations in good faith is inherently repugnant to the adversarial position of the parties when involved in negotiations. Each party to the negotiations is entitled to pursue his (or her) own interest, so long as he avoids making misrepresentations».

En el caso versado en esta decisión los demandados habían acordado, el 12 de marzo de 1987, vender a los actores, por el precio de dos millones de libras, su negocio de fotografías. El 17 de marzo de 1987, las partes acordaron que si los actores obtuviesen de un banco, hasta el 20 del corriente, una *letter of comfort* confirmando la concesión de un préstamo con vista a la referida adquisición, los demandados finalizarían cualesquier negociaciones entabladas para el mismo fin con terceros y no tomarían en consideración cualquier propuesta concurrente. La *letter of comfort* fue presentada por los autores en el plazo estipulado y las partes celebraron el 25 de marzo de 1987 un acuerdo *subject to contract*, donde los demandados manifestaban su voluntad en vender la empresa en las condiciones ya acordadas (entre las cuales el precio referido) y en las demás que se acordasen. El 30 de marzo, sin embargo, vendieron la empresa a un tercero. Los actores demandaron a los demandados por violación del acuerdo *lock-out* de 17 de marzo, por fuerza del que, en su entender, estos se habían comprometido a no negociar o considerar ofertas de terceros en contrapartida de la presentación por los demandantes de dicha *letter of comfort*. Alegaron también que las promesas de los demandados constituían *misrepresentations*. En primera instancia los reos fueron condenados a pagar a los demandantes la cantidad de 700 libras por *misrepresentation*, siendo este el valor correspondiente a los gastos realizados por los actores para la celebración del contrato de compra y venta. En sede de recurso la discusión se centró en la eficacia del *collateral agreement* invocado por los demandantes y en su contenido, principalmente en la cuestión de saber si el mismo integraba un *implied term* según el cual los demandados se obligaban a negociar de buena fe con los aquellos mientras mantuviesen la intención de vender la empresa. El *Court of Appeal* clasificó ese acuerdo como un *contract to negotiate*, que consideró ineficaz (*unenforceable*), dando así proveimiento al recurso interpuesto por los demandados. Esta decisión fue recurrida ante la Cámara de los Lords, alegando que el acuerdo en cuestión incluía la dicha estipulación implícita por fuerza de la cual mientras los demandados mantuviesen la intención de vender la empresa se obligaban a continuar a negociar de buena fe con los actores. El tribunal rechazó el recurso por unanimidad. Además del argumento encima reproducido, LORD ACKNER argumentó, con la concordancia de los demás jueces, que un acuerdo por el cual las partes se obligan a negociar de buena fé (*agreement to negotiate in good faith*) sería impracticable (*«unworkable in practice»*), por incompatible con la posición de cada uno de los negociadores. «In my judgment (prosigue el mismo magistrado), while negotiations are in exis-

Consideremos, con la finalidad de ilustrar lo que acabamos de decir, el siguiente ejemplo. Un empresario portugués invita un empresario inglés a venir a Portugal para negociar un contrato. El invitado coge un avión, reserva una habitación de hotel y alquila un coche. Cuando llega a la oficina del anfitrión, éste le informa que celebró el contrato con un tercero dos semanas antes. Ante el Derecho portugués existe responsabilidad civil por la violación de deberes precontractuales de información derivados de la buena fe. Pero ante el Derecho inglés no existe responsabilidad de ningún tipo: no existe contrato entre las partes, por lo que no puede haber responsabilidad contractual; no existe *misrepresentation* ni violación de ningún deber de cuidado, por lo que tampoco puede haber imputación de daños con ese fundamento. Y menos existe cualquier obligación de restituir por enriquecimiento sin causa.

Veamos ahora este otro caso. Un comerciante de arte compra un cuadro de Malhoa por 1.000 Euros a un profesor jubilado, que lo tenía en su casa, ignorando su autoría y valor. El comerciante, sabiendo perfectamente quién era el autor del cuadro, lo revendió posteriormente por 100.000 Euros. Ante el Derecho portugués el contrato es anulable por dolo y existe responsabilidad por *culpa in contrahendo*; no es así, sin embargo, ante el Derecho inglés. Esto porque en Portugal el silencio del comerciante es, en las circunstancias descritas, ofensivo de la buena fe, al paso que en el Derecho inglés, no ocurriendo *misrepresentation* y no existiendo un deber general de actuar de buena fe, el contrato no padece de vicio alguno.

Se verifica así que la protección concedida por el Derecho inglés contra daños sufridos por una de las partes en los preliminares y en la conclusión de los contratos es muy inferior a la del Derecho portugués – otro tanto puede extraerse de una comparación de aquel Derecho con el alemán o el italiano[9].

---

tence either party is entitled to withdraw from those negotiations, at any time and for any reason. There can be thus no obligation to continue to negotiate until there is a "proper reason" to withdraw. Accordingly a bare agreement to negotiate has no legal content» (loc. cit., pp. 181 s.).

[9] Véanse MARKESINIS, B., *The German Law of Obligations*, vol. I, Oxford, 1997, p. 71, y ZIMMERMANN, R./WHITTAKKER, S. (organizadores), *Good Faith in European Contract Law*, Cambridge, 2000, pp. 208 y ss., donde son examinados casos semejantes a los referidos en el texto.

Esta diversidad de regímenes es explicable por diversos factores, jurídicos y metajurídicos, que sólo podemos exponer aquí abreviadamente[10].

Destaca a este respecto la diferente jerarquía de los valores jurídicos que están en el núcleo de la problemática analizada: la libertad individual en la negociación y conclusión de contratos y la solidariedad traducida en la consideración por los intereses legítimos de la contraparte.

En todas las épocas y en todos los lugares se reconoció que a fin de que la vida en comunidad sea viable es necesario que el interés individual consienta en algún sacrificio a favor del interés colectivo. Pero la medida de ese sacrificio viene variando considerablemente en el tiempo y en el espacio. La imposición, en los Derechos alemán, italiano y portugués, de deberes precontractuales de conducta y de responsabilidad por los daños causados por su incumplimiento refleja determinado punto de vista sobre el equilibrio entre esos intereses: el de que el contrato aceptable no es cualquier contrato, sino tan sólo el contrato conforme con las exigencias de la ética social.

Este punto de vista no se acepta por los sistemas de *Common Law*[11]. En estos la preocupación dominante del Derecho Civil consiste en asegurar las condiciones esenciales al funcionamiento de la economía de mercado: libertad contractual y fuerza vinculante de los contratos. La responsabilidad precontractual tiene ahí menor acogida, por envolver cierta limitación de la autonomía privada.

Estas divergencias reflejan, por tanto, no sólo un concepto diferente de la responsabilidad precontractual, sino sobre todo entendimientos fundamentalmente diversos acerca de la posición relativa de las partes en los preliminares del contrato y en su formación; y este hecho nos parece constituir un obstáculo que no se puede transponer a la unificación del Derecho Civil en este ámbito.

Es cierto que en el art. 1.7, n.° 1, de los *Principios Unidroit* se consagra expresamente que «las partes deben proceder según las reglas de la buena fe en el comercio internacional»; y otro tanto dispone el art. 1:201

---

[10] *Vide* MOURA VICENTE, D., *Da responsabilidade pré-contratual em Direito Internacional Privado*, Coimbra, 2001, pp. 239 y ss.

[11] Las diferencias que, en este particular, separan esos sistemas de los continentales europeos no se limitan al problema de la culpa en la formación de los contratos: ellas se reflejan también en la ausencia en Inglaterra de una sanción para el abuso de derecho, la cual, como se sabe, constituye una de las manifestaciones más significativas de la concepción social del Derecho.

de los *Principios Europeos*. Pero esos preceptos no corresponden al Derecho vigente en los países de *Common Law,* según, por otro lado, se reconoce en el comentario a los *Principios Europeos*[12].

Se comprende, a la luz de estos datos, que tanto los *Principios Unidroit* como los *Principios Europeos* solamente sancionen de modo expreso la ruptura de negociaciones, a través de la imposición de responsabilidad precontractual, en las situaciones en que una parte inició o prosiguió negociaciones sin intención real de llegar a acuerdo con la otra[13].

Ahora bien, en el Derecho de varios países europeos la ruptura de negociaciones da lugar a la imputación de daños en otras situaciones típicas, como aquellas en que falta una justa causa o un motivo justificativo para esa ruptura (así, por ejemplo, en Alemania y en Italia). No sancionar la ruptura en tales situaciones contraría, pues, una solución común al Derecho de estos países[14].

En los demás casos de violación del principio de la buena fe se omite en los *Principios Unidroit* y en los *Principios Europeos* cualquier reglamentación de las respectivas consecuencias, remitiéndose expresa o implícitamente la disciplina de la materia a los Derechos estatales[15]; lo que es

---

[12] Véase la nota 3 al art. 1:201, pp. 117 y s.

[13] *Princípios Unidroit,* art. 2.1.15: «1) Las partes son libres de negociar y no pueden considerarse responsables si no llegan a acuerdo. 2) Sin embargo, la parte que en la conducción o en la ruptura de las negociaciones actué de mala fe responde por el prejuicio causado a la otra parte. 3) Se considera que está de mala fe señaladamente la parte que inicia o prosigue negociaciones con la intención de no llegar a acuerdo con la otra parte»; *Principios Europeos*, art. 2:301: «(1) A party is free to negotiate and is not liable for failure to reach an agreement. (2) However, a party which has negotiated or broken off negotiations contrary to good faith and fair dealing is liable for the losses caused to the other party. (3) It is contrary to good faith and fair dealing, in particular, for a party to enter into or continue negotiations with no real intention of reaching an agreement with the other party».

[14] Se aproxima más de esa solución el art. 6, n.º 3, del ante proyecto de *Código Europeo de los Contratos*, cit., que dispone: «Si au cours des tractations les parties ont déjà examiné les éléments essentiels du contrat, dont on prévoit l'éventuelle conclusion, celle des parties qui a suscité auprès de l'autre une confiance raisonnable quant à la stipulation du contrat, agit à l'encontre de la bonne foi dès lors qu'elle interrompt les tractations sans motif justifié».

[15] Véase el art. 1:106 (2) de los *Principios Europeos*: «Issues within the scope of these Principles but not expressly settled by them are so far as possible to be settled in accordance with the ideas underlying the Principles. Failing this, the legal system applicable by virtue of the rules of private international law is to be applied».

220 *Direito Intenacional Privado – Ensaios III*

esclarecedor de la dificultad de unificar en este ámbito los Derechos nacionales.

Además, aunque todos los sistemas jurídicos nacionales adoptasen el principio de la buena fe en materia contractual, éste no tendría ciertamente el mismo significado ni el mismo impacto en cada uno de ellos[16].

Por esto se nos figura que la disciplina de la formación de los contratos internacionales tendrá en el futuro que obtenerse fundamentalmente por recurso a uno o más Derechos nacionales, a determinar a través de reglas de conflictos.

Es de esas reglas de conflictos y de los problemas que suscitan su interpretación y aplicación de lo que trataremos a continuación.

II
Los preliminares del contrato

3. Veamos antes de nada cuál es la ley reguladora de los preliminares de la formación del contrato, o fase de negociación.

A este respeto, cumple destacar la tendencia actual – que tiene expresión sobre todo en el comercio internacional – para recurrir a instrumentos de formación progresiva de los contratos, también denominados de «puntuación» o «contratación mitigada», como las llamadas «cartas de intención», los «acuerdos de principio», los «acuerdos preliminares», etc.[17].

---

[16] Esta es la conclusión a que llega un estudio reciente, claramente inspirado en el propósito de encontrar un *common core* del Derecho Privado europeo: véase ZIMMERMANN, R./WHITTAKKER, S., *ob. cit.*, p. 700.

[17] Véanse sobre la eficacia de las «cartas de intención»: FONTAINE, M., «Les lettres d'intention dans la négotiation des contrats internationaux», *Droit et Pratique du Commerce International*, 1977, pp. 73 y ss. (pp. 99 y ss.); LAKE, R., «Letters of Intent: a Comparative Examination under English, U.S., French and West German Law», *George Washington Journal of International Law and Economics*, 1984, pp. 331 y ss.; DRAETTA, U., «Legal effects of letters of intent: a case study», *in Formation of contracts and precontractual liability*, Paris, 1990, pp. 259 y ss.; LAKE, R./DRAETTA, U., *Letters of Intent and Other Precontractual Documents. Comparative Analysis and Forms*, s/l, s/d, pp. 153 y ss.; LUTTER, M., *Der Letter of Intent. Zur rechtlichen Bedeutung von Absichtserklärungen*, 3.ª ed., Colónia, etc., 1998, pp. 18 y ss.; e FURMSTON, M./NORISADA, T./POOLE, J., *Contract Formation and Letters of Intent*, Chichester, etc., 1998. Consúltese aún sobre el tema, en la doctrina portuguesa, MENEZES CORDEIRO, A., «Da abertura de concurso para a celebração de um contrato no direito privado», *Boletim do Ministério da Justiça*, vol. 369 (1987),

Se trata de actos preparatorios, en los cuales una o ambas las partes asumen ciertos compromisos con vistas a la celebración futura del contrato. A su respeto se plantea la cuestión de saber cuál es el sentido con que tales actos deben valer jurídicamente. Para dilucidarla hay que determinar si las partes quisieron vincularse inmediatamente a lo que en ellos quedó consignado (aunque tal vez sin observancia de la forma requerida) o una vez verificada cierta condición a la que subordinaron sus efectos (*v.g.* su aprobación por cierto órgano social de una de ellas, por un ente administrativo que la tutele o por una institución financiera que se proponga facultar los capitales necesarios a la ejecución del negocio); si, por el contrario, los tomaron como simples acuerdos parcelares o proyectos negociales y sujetaron la conclusión del contrato a la obtención de consenso sobre ciertos puntos en ellos no incluidos, que una o ambas consideraron esenciales, o a ulteriores estudios y negociaciones; o, por último, si solamente previeron la creación de específicos deberes precontractuales de conducta (*v.g.* el de sigilo en cuanto a ciertas informaciones transmitidas durante los preliminares del negocio o el de no conducirlo a negociaciones paralelas con terceros) o la concretización y el refuerzo de aquellos que ya derivaban de la ley aplicable (como, por ejemplo, el de no interrumpir las negociaciones sin justificación).

El problema de la eficacia jurídica de dichos instrumentos de negociación se convierte así, fundamentalmente, en una cuestión de interpretación de la voluntad de las partes[18].

---

pp. 27 y ss. (pp. 31 y s.); *idem, Das cartas de conforto no Direito Bancário,* Lisboa, 1993, pp. 61 s.; *idem, Tratado de Direito Civil português,* vol. I, *Parte geral,* tomo I, 2.ª ed., Coimbra, 2000, pp. 369 y ss.; ALMEIDA COSTA, M. J., *Responsabilidade civil pela ruptura das negociações preparatórias de um contrato,* reimpressão, Coimbra, 1994, pp. 46 y ss.; *idem, Direito das Obrigações,* 9.ª ed., Coimbra, 2001, p. 208, nota 2, e p. 218, nota 2; CALVÃO DA SILVA, J., *Estudos de Direito Civil e Processo Civil,* Coimbra, 1996, pp. 29 ss.; SANTOS JÚNIOR, E., «Acordos intermédios», *Revista da Ordem dos Advogados,* 1997, pp. 565 y ss. (especialmente pp. 597 y ss.); e MENEZES LEITÃO, L., «Negociações e responsabilidade pré-contratual nos contratos comerciais internacionais», *Revista da Ordem dos Advogados,* 2000, pp. 49 y ss. (pp. 53 y ss.).

[18] En este sentido véase la decisión del *Supreme Court of Delaware,* proferida en 1968 en el caso *Itek Co. v. Chicago Aerial Industries, Inc., Atlantic Reporter Second Series,* vol. 248, pp. 625 y ss. (p. 629): «the question of whether an enforceable contract comes into being during the preliminary stages of negotiations, or whether its binding effect must await a formal agreement, depends on the intention of the parties». Véase también la opinión de LORD GOFF en el caso *British Steel Corp. v. Cleveland Bridge and Engi-*

Importa, para dilucidarla, apurar cuáles son las reglas a la luz de las cuales se debe proceder a la interpretación de los instrumentos en causa. Conocidas las divergencias entre los ordenamientos jurídicos nacionales en cuanto a los criterios que presiden la interpretación de las declaraciones de negociación -*maxime* las que oponen las concepciones subjetivistas, según las cuales es la voluntad real de las partes la que el intérprete debe sobretodo procurar determinar[19], a aquellas otras de acuerdo con las cuales es antes el sentido objetivamente cognoscible de la declaración que debe prevalecer en su interpretación[20] (y, de entre estas, a la concepción que excluye en principio la relevancia, a título de elementos atendibles en la interpretación de contratos escritos, de cualesquier circunstancias además de los propios términos del negocio, como por ejemplo los tratos previos a su celebración[21]) –, es inequívoca la relevancia práctica que asume el problema de la determinación de la ley aplicable a la cuestión que nos ocupa.

Se encuentra actualmente ampliamente divulgada, tanto en el Derecho Internacional Privado interno como en el convencional, la regla según la cual la interpretación de los contratos está sujeta a la ley aplicable a su sustancia, la cual acoge también la mayoría de los sufragios en la doctrina[22].

En este sentido dispone el art. 10.°, n.° 1, apartado *a)*, del Convenio de Roma Sobre la Ley Aplicable a las Obligaciones Contractuales:

---

neering Co. Ltd., juzgado por el *Queen's Bench Division (Commercial Court), in The All England Law Reports*, 1984, vol. 1, pp. 504 y ss. (p. 509): «There can be no hard and fast answer to the question whether a letter of intent will give rise to a binding agreement: everything must depend on the circumstances of the case».

[19] Véase el art. 1156 del Código Civil francés: «On doit dans les conventions rechercher quelle a été la commune intention des parties contractantes, plutôt que de s'arrêter au sens littéral des termes»; e o art. 1362, 1.° parágrafo, do Código Civil italiano: «Nell'interpretare il contratto si deve indagare quale sia stata la comune intenzione delle parti e non limitarsi al senso letterale delle parole».

[20] Ver el art. 236.°, n.° 1, del Código Civil portugués.

[21] *Parol evidence rule*, vigente en los sistemas de *Common Law*. Ver, cuanto al Derecho inglés, CHESHIRE/FIFOOT/FURMSTON, *Law of Contract*, 11.ª ed., Londres, etc. 1991, pp. 123 y ss., y TREITEL, G., *The Law of Contract*, 8.ª ed., Londres, 1991, pp. 176 ss.; y, cuanto al Derecho de los Estados Unidos, FARNSWORTH, A., *Contracts*, vol. II, Boston, etc., 1990, pp. 191 y ss.

[22] Ver, por todos, LANDO, O., «Contracts», *in International Encyclopedia of Comparative Law*, vol. III, cap. 24, p. 114, y la bibliografia ahí citada.

«La ley aplicable al contrato en virtud de los artículos 3.° a 6.° y 12.° del presente Convenio regula, señaladamente:

a) Su interpretación [...].»

En la medida, pues, en que los instrumentos en causa tengan la naturaleza de contratos –lo que sucederá, en lo que respeta a las «cartas de intención», cuando en estas se contengan *v.g.*, declaraciones, subscritas por ambas las partes, relativas a ciertos puntos ya acordados entre ellas[23], la determinación de su sentido y efectos tendrá que ser hecha por recurso a la ley designada en los términos de los artículos 3.° a 6.° y 12.° del Convenio de Roma.

De acuerdo con el primero de estos preceptos, el contrato se rige, en principio, por la ley expresa o tácitamente elegida por las partes (art. 3.°, n.° 1). En la medida en que la ley aplicable no hubiera sido elegida por las partes, se aplica la ley del país con el cual el contrato presente los vínculos más estrechos (art. 4.°, n.° 1). Ese país «se presume» ser el de la residencia habitual o administración central del deudor de la prestación característica (art. 4.°, n.° 2). Esta prestación puede consistir, por lo que respeta a los acuerdos contemplados, por ejemplo, en la realización de ciertas diligencias necesarias a la futura celebración de un contrato o en la transferencia de la propiedad de participaciones sociales en una empresa a vender[24].

Las «cartas de intención» podrán además ser caracterizadas como negocios jurídicos unilaterales. En estos casos no les serán aplicables en Portugal las reglas de conflictos del Convenio de Roma, cuyo ámbito se limita a las obligaciones contractuales en las situaciones que impliquen un conflicto de leyes (art. 1.°, n.° 1), sino las que figuran en los arts. 41.° y 42.° del Código Civil portugués.

Por fuerza de la primera de estas reglas, las obligaciones emergentes de una carta de intenciones, así como su interpretación, serán reguladas por la ley expresa o tácitamente elegida por su subscritor; en los términos de la segunda se atenderá, ante la falta de elección de la ley aplicable, a la ley de la residencia habitual de ese sujeto.

4. Frecuentemente las partes nada estipulan sobre las obligaciones que las vinculan en la fase de negociación del contrato. A pesar de ello,

---

[23] Puede verse un ejemplo de una carta de ese tipo en LUTTER, M., *ob. cit.*, pp. 7 y ss.

[24] En este sentido, LUTTER, M., *ob. cit.*, p. 147.

podrán encontrarse sujetas a deberes legales de conducta – por ejemplo de información, de esclarecimiento o de lealtad – relativos a los preliminares o a la conclusión de los contratos. Es lo que ocurre, en la ley portuguesa, en virtud del artículo 227.°, n.° 1, del Código Civil, que dispone:

> «Quien negocia con otro para la conclusión de un contrato debe, tanto en los preliminares como en la formación de él, proceder según las reglas de la buena fe, bajo pena de responder por los daños que culposamente cause a la otra parte.»[25]

Se pregunta, pues, cual la ley reguladora de la determinación de esos deberes legales.

La analogía entre las normas referentes a las obligaciones contractuales y las que imponen esos deberes justifica a nuestro juicio la reconducción de las situaciones de la vida por ellas disciplinadas a las mismas reglas de conflictos: en ambas las hipótesis está en causa la violación de una obligación, aunque, en lo referente a la relación precontractual, esta tenga fuente legal y no sea integrada por deberes primarios de prestación.

La circunstancia de que el vínculo de obligación constituido entre los participantes en las negociaciones no dependa de ninguna manifestación de voluntad contractual, sino de la ley o de principios generales de Derecho, y de que ese vínculo sea integrado únicamente por deberes accesorios, y no por deberes primarios de prestación, no es impeditiva de esa calificación, dado el nexo teleológico entre esos deberes y la relación contractual a la que los mismos tienden: tales deberes persiguen, en efecto, asegurar la correcta formación de la voluntad de contratar y son, por consiguiente, instrumentales relativamente a la auto-reglamentación por los particulares de sus intereses. Les preside, en esta medida, un fin común. Vale, por eso, para ellos la *ratio legis* de las reglas de conflictos convencionales, en la medida en que, como se vio, estas consagran conexiones fundamentalmente orientadas para la tutela de los intereses de las partes.

En este sentido abunda aún la circunstancia de los arts. 8.° y 10.° del Convenio de Roma que someten a la ley reguladora de las obligaciones contractuales, en los términos de los respectivos artículos 3.° y 4.°, ciertas

---

[25] Para una análisis de ese precepto legal en la doctrina española, *vide* GARCÍA RUBIO, M. P., *La responsabilidad precontractual en el Derecho español*, Madrid, 1991, pp. 110 ss.

cuestiones, no exhaustivamente enumeradas, que sobrepasan del contenido o efectos de esas obligaciones, pero que se encuentran estrechamente asociadas a estas.

La sujeción de los preliminares del contrato a las reglas de conflictos del Convenio se justifica, en suma, tanto a la luz de un criterio estructural como de un criterio funcional.

La solución considerada constituye, de alguna forma, el reflejo en el Derecho Internacional Privado del alargamiento del contenido obligatorio del contrato, que caracteriza varios Derechos contemporáneos.

Lo expuesto no significa, sin embargo, que toda la responsabilidad por violación de deberes precontractuales de información y esclarecimiento deba tenerse por comprendida en el ámbito de las reglas de conflictos relativas a las obligaciones contractuales. La teleología de las normas que consagran estos deberes no se agota, en efecto, en la protección de las partes, antes comprende, a veces, la seguridad y regularidad del comercio jurídico, proyectándose de ese modo en la esfera colectiva. En tales casos tendrá el ámbito de aplicación espacial de las normas en cuestión – denominadas «internacionalmente imperativas» o «de aplicación inmediata» – que ser determinado en base de conexiones especiales, postuladas por su objeto y por los fines específicos que les están cometidos[26].

Es lo que resulta del artículo 7.º del Convenio de Roma, según el cual, al aplicarse la ley de determinado país, podrá darse efecto a las disposiciones imperativas de la ley de otro país con el que la situación presente un *vínculo estrecho*, si y en la medida en que tales disposiciones, según el Derecho de este último país, sean aplicables *cualquiera que sea* la ley que rija el contrato; para decidir si se debe dar efecto a tales disposiciones imperativas, se tendrá en cuenta su *naturaleza* y *objeto*, así como las *consecuencias* que derivarían de su aplicación o inaplicación (n.º 1). Por otra parte, las disposiciones del Convenio no podrán afectar a la aplicación de las normas de la *ley del foro* que rijan imperativamente la situación, *cualquiera que sea* la ley aplicable al contrato (n.º 2).

Portugal hizo una reserva al n.º 1 de este precepto, con base en el artículo 22.º, n.º 1, apartado *a)*; sin embargo, eso no impide el reconocimiento por tribunales portugueses de efectos a normas internacionalmente imperativas extranjeras si los principios generales del Derecho Internacional

---

[26] Sobre el punto, *vide* MOURA VICENTE, D., *Da responsabilidade pré-contratual em Direito Internacional Privado*, *cit.*, pp. 625 y ss., y la bibliografia ahí citada.

Privado, *maxime* la armonía de decisiones y la tutela de la confianza legitima de los interesados, lo exigen en el caso *sub judice*. Varios preceptos legales en vigor en Portugal lo permiten ya por lo que respeta a materias especificas: es lo que ocurre, *ad ex.*, con el 23.°, n.° 2, del Régimen Jurídico de las Cláusulas Contractuales Generales (en la redacción dada por el Decreto-Ley n.° 249/99, de 7 de julio de 1999), por fuerza del cual si el contrato presenta una conexión estrecha con el territorio de otro Estado miembro de la Comunidad Europea se aplicarán las disposiciones legales de ese Estado sobre cláusulas contractuales generales prohibidas en las relaciones con consumidores finales, en la medida en que ese país determine su aplicación.

III
La conclusión del contrato

5. Veamos ahora el régimen de la conclusión de los contratos internacionales.

En el art. 8.°, n.° 1, del Convenio de Roma se manda aplicar a la existencia y a la validez del contrato o de una disposición de este la hipotética o putativa ley reguladora de su sustancia, o sea:

> «[la] ley que sería aplicable en virtud del presente Convenio, si el contrato o la disposición fueran válidos.»

A fin de determinar, por ejemplo, si la aceptación de una propuesta contractual con limitaciones o modificaciones da origen a un contrato o si, por el contrario, comporta el rechazo de la propuesta, hay que aplicar la ley designada por los arts. 3.° a 6.° del Convenio[27].

---

[27] Para una reciente aplicación del art. 8 de la Convención de Roma por los tribunales de los Estados miembros de esta, *vide* la resolución de la *Cour d'appel* de Paris de 19 de Febrero de 2002, *in Revue Critique de Droit International Privé*, 2002, pp. 549 y ss. (con anotación de GAUDEMET-TALLON, H.). En la especie juzgada en esa sentencia estaba en causa la determinación de la ley reguladora de la formación de un contrato de trabajo entre la sucursal de Ginebra de una sociedad constituida en Reino Unido y un prospectivo trabajador suyo, domiciliado en Francia. En una carta dirigida por la primera al segundo, en la cual se fijaban las «grandes líneas» del contrato de trabajo cuya existencia era disputada por las partes, se establecía que la ley aplicable al mismo sería la ley suiza. En los términos de los arts. 6.°, n.° 1, e 8.°, n.° 1, de la Convención de Roma, el tribunal francés

La misma regla vale cuanto a la existencia y validez del consentimiento de las partes relativamente a la elección de la ley aplicable al contrato, en virtud de la remisión hecha en el art. 3.°, n.° 4, del Convenio para el art. 8.° de éste.

Esta solución, que fue sostenida en Portugal hace más de cincuenta años por la Profesora Isabel de Magalhães Collaço[28], favorece la existencia de un estatuto contractual único, evitando la ocurrencia de las antinomias normativas a que el «desmembramiento» de las relaciones plurilocalizadas puede dar lugar[29] y los problemas de calificación que la sujeción de la conclusión del contrato y de sus efectos a leyes diferentes inevitablemente ocasiona[30].

La regla general de la aplicación de la ley de la sustancia a la existencia del contrato conoce, sin embargo, una restricción.

En realidad, el art. 8.°, n.° 2, del Convenio de Roma somete la determinación del valor de un comportamiento como declaración contractual cumulativamente a las leyes de la sustancia del contrato y de la residencia habitual del sujeto a quien ese comportamiento sea imputable,

> «si de las circunstancias resulta que no sería razonable determinar el efecto del comportamiento de tal parte según la ley prevista en el apartado precedente.»

Como se sabe, algunos ordenamientos jurídicos equipararon abiertamente el silencio del destinatario ante ciertas declaraciones contractuales – señaladamente las llamadas *cartas comerciales de confirmación* – a la aceptación de las mismas. Así, en el Derecho alemán, por fuerza de una

---

aplicó, así, la ley suiza a la resolución de aquella cuestión, bajo reserva de las disposiciones imperativas más fuertemente protectoras del trabajador constantes de la ley francesa (por ser Francia el lugar previsto para la ejecución del contrato), habiendo concluido por la inexistencia de contrato según aquella ley.

[28] Ver MAGALHÃES COLLAÇO, I., *Da compra e venda em Direito Internacional Privado. Aspectos fundamentais*, vol. I, Lisboa, 1954, pp. 267 y ss.

[29] Sobre el problema, véanse en la doctrina portuguesa: FERRER CORREIA, A., *Lições de Direito Internacional Privado*, vol. I, Coimbra, 2000, pp. 35 y ss.; BRITO, M. H., *A representação nos contratos internacionais*, Coimbra, 1999, pp. 576 y ss.; y FRADA DE SOUSA, A., *Conflito de clausulados e consenso nos contratos internacionais*, Porto, 1999, pp. 153 y ss.

[30] En este sentido véase, por último, RAUSCHER, T., *Internationales Privatrecht*, 2.ª ed., Heidelberg, 2002, p. 267.

regla desarrollada por la jurisprudencia a partir del párrafo 362, n.° 1, del Código Comercial[31], se atribuye al silencio del comerciante destinatario de una «carta de confirmación» de un contrato negociado o ajustado verbalmente (*kaufmännisches Bestätigungschreiben*) el sentido de anuencia (*Zustimmung*) al contenido de la misma[32]. El negocio vale en conformidad con los términos de la carta, salvo prueba de que fue previamente acordada cosa substancialmente diversa de lo que en ella se estipula o de que el confirmante incluyó en ella alteraciones o aditamentos a lo acordado, respecto de los cuales no podía contar con la aceptación del destinatario. La «carta de confirmación» tiene así eficacia constitutiva y no meramente reproductiva de los términos de un negocio previamente celebrado[33].

También en Derecho francés el silencio ante una *lettre de confirmation* vale, en materia comercial, como aceptación de la misma[34].

En sentido contrario, otros sistemas jurídicos rechazan en principio cualquier valor al silencio como medio de declaración, aunque exista un deber de responder. Es este el caso del Derecho portugués, donde el silencio apenas vale como declaración contractual cuando ese efecto le sea atribuido por ley, uso o convención: art. 218.° del Código Civil. En sentido sustancialmente coincidente puede verse el art 18, n.° 1, 2.ª parte, de la Convención de las Naciones Unidas Sobre los Contratos de Compraventa Internacional de Mercaderías, que dispone:

«El silencio o la inacción, por sí solos, no constituirán aceptación.»[35]

---

[31] Según el cual: «Geht einem Kaufmanne, dessen Gewerbebetrieb die Besorgung von Geschäften für andere mit sich bringt, ein Antrag über die Besorgung solcher Geschäfte von jemand zu, mit dem er in Geschäftsverbindung steht, so ist er verpflichtet, unverzüglich zu antworten; sein Schweigen gilt als Annahme des Antrags. Das gleiche gilt, wenn einem Kaufmann ein Antrag über die Besorgung von Geschäften von jemand zugeht, dem gegenüber er sich zur Besorgung solcher Geschäfte erboten hat».

[32] *Vide* LARENZ, K., *Allgemeiner Teil des deutschen Bürgerlichen Rechts*, 7.ª ed., Munique, 1989, p. 646; LARENZ, K./WOLF, M., *Allgemeiner Teil des Bürgerlichen Rechts*, 8.ª ed., Munique, 1997, pp. 599 y ss.; e FIKENTSCHER, W., *Schuldrecht*, 9.ª ed., Berlín/ /Nueva York, 1997, pp. 117 y s.

[33] Véase FLUME, W., *Allgemeiner Teil des Bürgerlichen Rechts*, vol. II, Das *Rechtsgeschäft*, 4.ª ed., Berlín, etc., 1992, p. 663.

[34] Véase GHESTIN, J., *Traité de Droit Civil. La formation du contrat*, 3.ª ed., Paris, 1993, p. 386.

[35] Citamos la versión española reproducida en BORRÁS RODRÍGUEZ, A./BOUZA VIDAL, N./GONZÁLEZ CAMPOS, J./VIRGÓS SORIANO, M., *Legislación básica de Derecho internacional privado*, 5.ª ed., Madrid, 1995, pp. 667 y ss.

Ahora bien: a través de lo dispuesto en el art. 8.°, n.° 2, del Convenio de Roma se procura evitar que a una persona le sea imputada una declaración contractual de aceptación si no era ese el alcance de su silencio u otro comportamiento según la ley con cuya aplicación podía o debía contar – su *Umweltrecht*, en la expresión de algunos autores de lengua alemana[36] – , la cual será generalmente la ley que esté en vigor en el país de su residencia habitual[37].

Aquel precepto constituye, en esta medida, una consagración del principio de la *tutela de la confianza* en las situaciones internacionales, siendo a esta luz que debe ser interpretado.

Supongamos, para ejemplificar, que la empresa *A*, con sede en Alemania, propone a *B*, comerciante domiciliado en Portugal, la compra por este de cierta mercaderías. En la secuencia de conversaciones habidas entre las partes a ese respecto, *A* envía a *B* una carta de confirmación, en la cual incluye la estipulación de la ley alemana como ley reguladora del contrato. *B*, que no está interesado en la conclusión del negocio, no responde a la carta, confiando en la aplicación de la mencionada regla del Derecho portugués. Si aplicásemos a la formación del contrato la ley alemana, por ser esta la ley reguladora de la sustancia del contrato en caso de que se formase validamente, como resulta del n.° 1 del art. 8.° del Convenio de Roma, *B* seria considerado vinculado al contrato, a pesar de eso ser contrario a su natural expectativa. El art. 8.°, n.° 2, previene semejante resultado, sometiendo la cuestión en aprecio, cumulativamente, a la ley del país de la residencia habitual del destinatario de la carta[38].

---

[36] Véanse, por ejemplo, VISCHER, F./HUBER, L./OSER, D., *Internationales Vertragsrecht*, 2.ª ed., Berna, 2000, p. 375.

[37] Sobre la solución dada por el art. 35.° del Código Civil portugués al mismo problema, consúltense BAPTISTA MACHADO, J., *Lições de Direito Internacional Privado*, 2.ª ed., Coimbra, 1982, pp. 351 y s., y LIMA PINHEIRO, L., *Direito Internacional Privado*, volume II, *Direito de Conflitos. Parte especial*, 2.ª ed., Coimbra, 2002, p. 157. Según aquel primer autor, también la referida disposición legal procede de la idea de que «por lo menos en lo que respecta a la valoración de su conducta como declaración negocial, se debe evitar que alguien pueda quedar más fuertemente vinculado de lo que quedaría ante una ley con cuya aplicación podía o debía contar en el momento de la conducta». Acerca de la articulación de esa disposición con el art. 8.°, n.° 2, del Convenio de Roma, véase LIMA PINHEIRO, L., *op. cit.*, p. 158.

[38] Un caso semejante fue decidido en ese sentido por el Tribunal Federal alemán antes de la entrada en vigor de la Convención de Roma: véase la sentencia de 22 de Septiembre de 1971, *in Neue Juristische Wochenschrift*, 1972, pp. 391 ss. (con anotaciones de

Sin embargo, si no hay, atentas las circunstancias del caso, una confianza digna de tutela jurídica en la aplicación de esta ley, cesa esta restricción a la regla general de la aplicación de la hipotética *lex contractus*[39]. Es lo que sucedería si, en el ejemplo referido, la propuesta contractual hubiese sido recibida por *B* en una feria internacional realizada en Alemania.

Del *ratio* del art. 8.°, n.° 2, se deduce que, como destacan los relatores del Convenio Mario Giuliano y Paul Lagarde[40], este precepto apenas contempla las cuestiones atinentes a la existencia y no a la validez o eficacia del consentimiento. En su ámbito no se comprende, por consiguiente, el derecho de libre resolución del contrato que algunas disposiciones legales de los Estados contratantes del Convenio consagran en determinadas circunstancias, como es el caso, en Portugal, del art. 6.° del

---

GEIMER, R., y SCHMIDT-SALZER, J.). La autora, fabricante de muebles de cocina en Berlín, había iniciado negociaciones con el reo, comerciante en Paris. Las partes acordaron que una sociedad a constituir por el reo en Paris seria representante exclusiva de la autora en Francia. Las demás condiciones contractuales fueron objeto de una carta de confirmación de la autora. Instado a pronunciarse, en la acción con tendencia al pagamiento del precio de muebles mientras proporcionados por la autora, sobre la inclusión en el contrato de las condiciones constantes de la referida carta, el tribunal afirmó el principio según el cual «si la conducta no es relevante según el Derecho de la residencia, no puede dejar de tomarse eso en consideración caso ella sea jurídicamente relevante según el estatuto de los efectos. Pues no se puede atribuir a la conducta de una parte la naturaleza de una declaración de voluntad si ella no tuviese que contar con tal calificación de acuerdo con el Derecho de su domicilio» («Ist nach dem Wohnsitzrecht das Verhalten rechtlich nicht relevant, so kann das auch dann nicht unberücksichtigt bleiben, wenn nach dem Wirksamkeitsstatut das Verhalten rechtlich relevant ist. Denn man kann einer Partei nicht ohne weiteres ein Verhalten als Willenserklärung anrechnen, wenn sie nach ihrem Heimatrecht mit einer solchen Qualifizierung nicht zu rechnen brauchte»).

[39] Así lo decidió el Tribunal Federal alemán en las sentencias de 13 de Julio de 1973, *in Neue Juristische Wochenschrift*, 1973, pp. 2154 y ss. (p. 2155), y de 7 de Julio de 1976, *in ibidem*, p. 2075, donde se puede leer: «este principio no tiene aplicación cuando en las circunstancias del caso concreto el extranjero no pueda confiar que su conducta será juzgada según el Derecho de su domicilio» («dieser Grundsatz findet dann keine Anwendung, wenn der Ausländer nach den Umständen des Einzelfalls nicht darauf vertrauen kann, dass sein Verhalten nach den Regeln seines Heimatrechts beurteilt wird»). En la doctrina *vide* en este sentido REITHMANN, C./MARTINY, D., *Internationales Vertragsrecht*, 6.ª ed., Colónia, 2004, p. 207.

[40] Cfr. GIULIANO, M./LAGARDE, P., «Rapport concernant la convention sur la loi applicable aux obligations contractuelles», *Journal Officiel des Communautés Européennes*, n.° C 282, pp. 1 y ss. (p. 28).

Decreto-Ley n.º 143/2001, de 26 de abril, relativo a la protección del consumidor en materia de contratos celebrados a distancia[41].

IV
La responsabilidad por culpa en la formación de los contratos

6. Cuidaremos ahora del régimen a que se subordina la responsabilidad civil por danos consecuencia de actos u omisiones verificadas en la negociación o en la conclusión de contratos internacionales.

En el análisis de este tema hay que partir de los datos proveídos por el Derecho Comparado[42].

El régimen de la responsabilidad precontractual presenta, en los sistemas jurídicos nacionales, divergencias muy significativas, siendo a nuestro ver posible distinguir tres tipos de soluciones en relación al problema del resarcimiento de danos causados *in contrahendo*.

Así, en algunos ordenamientos jurídicos la responsabilidad precontractual es entendida como una forma de *responsabilidad por el incumplimiento de una obligación*: se admite la existencia de específicos deberes de conducta en el proceso formativo de los contratos, los cuales integran una relación obligatoria constituida con la entrada en negociaciones y concebida de forma muy amplia, pues que en ella se incluyen deberes típicamente delictuales. Su violación importa el deber de indemnizar los daños causados según las normas de la responsabilidad contractual. Es este, en líneas generales, el sistema alemán.

En otros ordenamientos, la responsabilidad precontractual asume el perfil de una responsabilidad extracontractual, pues se rechaza en ellos, en principio, la existencia de un vínculo obligatorio entre aquellos que negocian con vistas a la conclusión de un contrato y apenas se admite la impu-

---

[41] En este sentido decidió el Tribunal Federal alemán, reportándose a la disposición correspondiente de la *Haustürgeschäftswiderrufsgesetz* alemana, en la sentencia de 19 de Marzo de 1997, *in Neue Juristische Wochenschrift*, 1997, pp. 1697 y ss. (p. 1700). Sobre el punto véase, en la doctrina germánica, Mäsch, G., «Gran Canaria und kein Ende – Zur Sonderanknüpfung vorkonsensualer Elemente im internationalen Vertragsrecht nach Art. 31 Abs. 2 EGBGB», *IPRax*, 1995, pp. 371 y ss., y Reithmann, C./Martiny, D., ob. cit., p. 227.

[42] Sobre esta materia, *vide* Moura Vicente, D., *Da responsabilidade pré-contratual em Direito Internacional Privado*, cit., pp. 239 y ss., y la bibliografía ahí mencionada.

tación de los daños causados *in contrahendo* en los términos de las normas de la responsabilidad extracontractual. Es éste el régimen en vigor en Francia y, como vimos más atrás, en los países de *Common Law*.

Finalmente, en una tercera categoría de sistemas la responsabilidad precontractual es una figura híbrida: se admite en ellos la existencia de deberes precontractuales de conducta fundados en el principio de la buena fe y se sujeta el deber de indemnizar inherente a su incumplimiento a las normas de una u otra de las dos especies fundamentales de responsabilidad según la naturaleza del respectivo hecho inductor y de la cuestión *sub judice*. Es lo que sucede en los sistemas suizo, italiano y portugués.

Esta diversidad de regímenes resulta de la actuación conjunta de diversos factores, algunos de los cuales ya fueron referidos atrás.

Sobresale a este respecto, como dijimos, la diferente jerarquía de los valores jurídicos que se encuentran en el núcleo de la problemática contemplada. Destaca, además, el hecho de que la frontera entre dos categorías fundamentales de responsabilidad varía de sistema a sistema, siendo de modo general la responsabilidad contractual acogida con mayor amplitud en Alemania (donde las insuficiencias del régimen local de la responsabilidad extracontractual generaron una *fuga hacia el contrato*) de lo que en Francia (donde rige una amplia cláusula general de responsabilidad extracontractual, que permite abarcar en el régimen de esta el causar negligentemente daños patrimoniales puros) y en los países de *Common Law* (donde el ámbito de la responsabilidad contractual es más restricto, debido a la exigencia de la denominada *consideration* a fin de que se forme un contrato y al principio de la *privity of contract*, los quales generaron una simétrica *fuga hacia el delito*).

7. No existe en Portugal una regla de conflictos que regule específicamente esta materia.

Siendo así, las normas materiales que disciplinan la responsabilidad precontractual en los diferentes ordenamientos jurídicos locales son en unos casos calificables en las reglas de conflictos sobre las obligaciones contractuales y en otros en las que disciplinan la responsabilidad extracontractual.

Significa esto que no existe en el Derecho Internacional Privado vigente en Portugal un *estatuto unitario* de la responsabilidad precontractual. La ley aplicable a la responsabilidad precontractual tanto puede ser la que es designada por las reglas de conflictos atinentes a la responsabilidad contractual como la indicada por las reglas de conflictos que disciplinan la responsabilidad extracontractual. Todo depende, por un lado, del contenido y de las funciones desempeñadas por las normas materiales que regulan la responsabilidad precontractual en los ordenamientos jurídicos conexos con la situación de la vida a regular; y, por otro, de la susceptibilidad de sumisión, en el caso concreto, de esas normas a las reglas de conflictos que, en el Estado del foro, regulan tales materias[43].

Vale esto por decir que la determinación de la ley aplicable a la responsabilidad precontractual presupone la resolución de un problema de calificación.

8. Como criterio general, se debe observar en Portugal, en la resolución de ese problema de calificación, lo dispuesto en el artículo 15.° del Código Civil, conforme el cual:

> «La competencia atribuida a una ley comprende solamente las normas que, por su contenido y por la función que tienen en esa ley, integran el régimen del instituto contemplado en la regla de conflictos.»[44]

La orientación doctrinal subyacente a esta disposición se puede sintetizar en las siguientes proposiciones: *a)* los *conceptos-cuadro* que delimitan el ámbito las reglas de conflictos son susceptibles de abarcar todas las instituciones conocidas por los diversos ordenamientos jurídicos internos; *b)* el objeto de esos conceptos es constituido por *normas materiales* pertenecientes a los distintos ordenamientos internos; *c)* dichas normas materiales, que constituyen el objeto de la calificación, son interpretadas en el contexto del ordenamiento a que pertenecen, de acuerdo con el *contenido y la función* que tienen en ese ordenamiento; *d)* del mismo modo, la regla de conflictos debe ser interpretada *de acuerdo con el sistema* a que pertenece; *e)* no hay que proceder a una *calificación primaria*, o *de com-*

---

[43] Véanse en sentido analogo, ante el Derecho Internacional Privado español, ALVAREZ GONZÁLEZ, S., «La ley aplicable a la responsabilidad precontratual en D.I.Pr. español», *Revista Española de Derecho Internacional*, 1990, pp. 125 y ss. (p. 127); CALVO CARAVACA, A. L./CARRASCOSA GONZÁLEZ, J. (directores), *Derecho Internacional Privado*, vol. II, 5.ª ed., Granada, 2004, p. 549.

[44] Sobre ese precepto, consúltese, en la doctrina española, GARCIA VELASCO, I., *Concepción del derecho internacional privado en el nuevo Código Civil português*, Salamanca, 1971, pp. 113 ss., para quién el «significa, legislativamente, una nueva forma de ver el problema de las calificaciones» (p. 132).

petencia, para determinar la regla de conflicto aplicable: las relaciones privadas internacionales delimitan por sí mismas, a través de sus conexiones espaciales, los ordenamientos jurídicos capaces de regularlas, y, por consiguiente, potencialmente aplicables al caso; no hay que excluir *in limine* ninguno de ellos; *f)* el tribunal, en presencia de las posibles leyes aplicables, deberá examinar las normas materiales que en cada una de ellas regulan la relación *sub judice* y aplicar las que correspondan a la categoría normativa de una regla de conflictos del foro que remita para la ley a que tales normas pertenecen[45].

En conformidad, si los daños *in contrahendo* resultan de la violación de *deberes específicos de conducta*, que vinculan las partes en la negociación y conclusión de contratos, los cuales integran una relación jurídica obligatoria análoga a la relación contractual (como sucede en Portugal, en Italia y en Alemania), las normas de la hipotética *lex causae* que prevean esos deberes y la obligación de indemnizar los danos consecuencia de su violación se califican en las reglas de conflictos que disciplinan las *obligaciones contractuales*.

Si, al revés, los deberes jurídicos violados en los preliminares y en la formación de los contratos son *deberes generales*, que vinculan a cualquier persona (como es el caso, por ejemplo, de las normas alemanas que sancionan la *culpa in contrahendo* consistente en la violación de deberes de protección y de cuidado en esa fase del *iter contractual* y de las normas inglesas sobre la *fraudulent y la negligent misrepresentation*), las normas que los consagran deben ser calificadas bajo las reglas de conflictos reguladoras de la responsabilidad extracontractual – *máxime* el art. 45.° del Código Civil, que en principio somete la responsabilidad fundada en acto ilícito, en el riesgo o en cualquier conducta lícita a la ley del Estado donde ocurrió la principal actividad causadora del perjuicio.

Se rechaza, pues, el método de resolución del problema considerado que consiste en partir de la caracterización de las situaciones de la vida *sub judice* a la luz de la *lex fori,* a fin de, con base en ella, encontrarse la regla de conflictos que conducirá a descubrir la ley aplicable a la responsabilidad precontractual. Es que semejante procedimiento – preconizado por la doctrina y jurisprudencia de varios sistemas jurídicos europeos donde se

---

[45] *Vid.* Ferrer Correia, A., *Lições de Direito Internacional Privado*, vol. I, *cit.*, pp. 199 y ss.; García Velasco, I., *op. cit.* en la nota anterior, pp. 121 ss.

practica la llamada *calificación primaria*[46] – condiciona la disciplina jurídica de la responsabilidad precontractual en situaciones internacionales a la «visualización» que de esas hipótesis tiene el Derecho material del foro. Lo que equivale a ignorar que bajo la designación responsabilidad precontractual se albergan, en los diferentes ordenamientos jurídicos locales, realidades muy diversas, abarcadas por normas materiales que prosiguen fines sociales también ellos muy diversificados.

Tampoco se acepta que la determinación de la ley aplicable a la responsabilidad precontractual sea hecha con base en una calificación *lege causae* de las potenciales pretensiones indemnizatorias: a nuestro modo de ver, pueden, por ejemplo, aplicarse a la responsabilidad precontractual las reglas de conflictos relativas a la responsabilidad extracontractual aunque la pretensión indemnizatoria sea formulada con base en una ley ante la cual exista una relación obligatoria entre las partes en los preliminares o en la conclusión del contrato. Es justamente eso lo que sucede en el caso de las pretensiones fundadas en la violación de deberes precontractuales de protección, asistencia y cuidado cuanto a la persona y a los bienes de la contraparte en las negociaciones y en la conclusión de los contratos, que el Derecho alemán consagra. Estos integran, a la luz de ese Derecho, una relación obligatoria, de fuente legal, constituida con la entrada en negociaciones[47]; no obstante eso, los bienes jurídicos a través de ellos tutelados son típicamente delictuales. A la luz de lo dispuesto en el art. 15.º del Código Civil portugués, las normas que los consagran deben, pues, ser calificadas bajo las reglas de conflictos portuguesas relativas a la responsabilidad extracontractual[48].

---

[46] Véase, por último, KEGEL, G./SCHURIG, K., *Internationales Privatrecht*, 9.ª ed., Munique, 2004, pp. 612 y s.

[47] *Cfr.* MOURA VICENTE, D., *Da responsabilidade pré-contratual em Direito Internacional Privado*, *cit.*, p. 248.

[48] En este sentido nos pronunciamos ya en pp. 450 s. e 718 de la *ob. cit.* en la nota anterior. Diverso es el punto de vista expresado a este respecto por LIMA PINHEIRO, L., para quien «[a] partir del momento que la responsabilidad precontractual presuponga, ante la ley o leyes potencialmente aplicables, la existencia de una relación jurídica entre las partes, y que la pretensión sea formulada en el marco de esta relación *ex lege* o *ex voluntatis*, debe aplicarse la ley reguladora de la relación y no las reglas de conflictos de la responsabilidad extracontractual» (ob. cit., p. 155).

9. Con el fin de determinar la ley aplicable a la responsabilidad pre-contractual no basta, sin embargo, resolver el problema de la calificación de las normas potencialmente aplicables al caso; es aún necesario concre-tizar los elementos de conexión contenidos en la regla o reglas de conflic-tos bajo las cuales se calificaron esas normas.

Así, si las normas de la hipotética *lex causae* hubieran sido califica-das bajo las reglas de conflictos atinentes a las obligaciones contractuales, tales normas serán aplicables, en los términos del Convenio de Roma, en caso de que la ley a que pertenecen haya sido elegida por las partes o posea la conexión más estrecha con el supuesto.

La *electio iuris* tanto puede inferirse de la designación de la ley apli-cable a un negocio preliminar o al contrato proyectado (constando, por ejemplo, de un «contrato-cuadro» o de una «carta de intenciones») como contemplar expresamente el contenido y los presupuestos de la responsa-bilidad por incumplimiento de deberes de conducta que vinculen a las par-tes en los preliminares del contrato (figurando en este caso, *v.g.*, en un pacto de jurisdicción o en un compromiso arbitral).

En la medida en que la ley aplicable no hubiera sido elegida por las partes, la «presunción» de que la situación considerada tiene la conexión más estrecha con el país de la parte que deba realizar la prestación carac-terística debe también valer para la fijación de la ley aplicable a la res-ponsabilidad precontractual. Como tal debe entenderse la prestación característica del contrato proyectado, aunque este no haya llegado a ser celebrado.

En caso de que las normas potencialmente aplicables hayan sido cali-ficadas bajo la regla de conflictos referentes a la responsabilidad extra-contractual, serán aplicadas, de acuerdo con el art. 45.° do Código Civil, si pertenecen a la *lex loci delicti commissii*, o, en ciertos casos, a la ley del lugar donde fue sufrido el daño. En caso de prestación de informaciones falsas o inexactas o de rompimiento de negociaciones, el lugar del hecho es aquel donde la correspondiente declaración fue recibida por la parte a quien fue dirigida.

10. El problema de la responsabilidad precontractual en Derecho Internacional Privado no se resume, en todo caso, a la determinación de la ley que le es aplicable: la responsabilidad precontractual originada en situaciones plurilocalizadas exige en muchos aspectos una disciplina espe-cífica.

Es lo que sucede siempre que del método de calificación más arriba preconizado resulten *concursos de normas* pertenecientes a ordenamientos jurídicos diversos.

Supongamos, a fin de ejemplificar, que ocurre en Francia el rompimiento de negociaciones dirigidas a la celebración de un contrato de compra y venta en que el potencial vendedor reside en Alemania.

A la determinación de la responsabilidad precontractual eventualmente resultante de ese hecho será aplicable, además de la ley francesa, competente a título de *lex loci delicti*, la ley alemana, como hipotética *lex contractus*.

Esto porque ante la ley francesa la situación debe ser caracterizada como pertinente al ámbito de la responsabilidad extracontractual, encontrándose por eso cumplida previsión del art. 1382 del *Code Civil*, que es sometible al concepto-cuadro del art. 45.° del Código Civil portugués, de la misma forma que ante la ley alemana la situación es abarcada por las normas locales relativas a la responsabilidad contractual, las cuales, a su vez, son reconducibles a la previsión del art. 4.° del Convenio de Roma.

Se verifica en esta hipótesis un *concurso de normas* en Derecho Internacional Privado: la misma situación de vida rellena simultáneamente la previsión de dos o más normas diferentes, dimanadas de sistemas jurídicos diversos, que disponen de títulos iguales de aplicación ante el sistema conflictual del foro[49].

En su raíz se encuentra la circunstancia de que los sistemas jurídicos en presencia contemplan fines sociales idénticos o semejantes mediante institutos diversos, los cuales son, a su vez, objeto de otras tantas reglas de conflictos del foro.

La disciplina específica que una situación como esta requiere no se extrae, sin embargo, directamente de la ley; antes bien, tiene que ser creada por el mismo juzgador, con recurso a los instrumentos que la teoría general del Derecho Internacional Privado le faculta y con referencia a los valores fundamentales que inspiran esta rama del Derecho.

Esa creación por el juzgador de un régimen específico para la responsabilidad precontractual en situaciones internacionales será el reflejo, en el plano del Derecho Internacional Privado, del hibridismo de las situaciones

---

[49] Sobre el tema, *vide* MAGALHÃES COLLAÇO, I., *Da qualificação em Direito Internacional Privado*, Lisboa, 1964, pp. 237 y ss., y MOURA VICENTE, D., *Da responsabilidade pré-contratual em Direito Internacional Privado, cit.*, pp. 511 y ss.

238 *Direito Intenacional Privado – Ensaios III*

de la vida que son reconducibles a esa figura y corresponde, en este ámbito, a la «tercera vía» o *tertium genus* de responsabilidad civil, a que algunos autores aluden en el plano Derecho material para caracterizar la responsabilidad precontractual o, por lo menos, ciertas modalidades de esta[50].

ABSTRACT

In this paper, the author addresses the problems raised by the formation of international contracts from the point of view of Private International Law. He questions the possibility of an international unification of substantive law rules on the subject, since a uniform standard of conduct in the formation of contracts, which is accepted by all legal systems, or at least by those that share the values of the so-called western civilization, does not exist. The rules applicable to the subject must therefore be determined through conflict of laws rules. In what concerns both the contract preliminaries and its conclusion, these rules are basically those contained in the 1980 Rome Convention on the Law Applicable to Contractual Obligations. The same does not apply, however, to precontractual liability arising out of acts or omissions occurred in the negotiation and the conclusion of international contracts. Such acts and omissions may, in fact, constitute a breach of duties of conduct that are either of a contractual or a tortious nature. Accordingly, they will fall within the scope of the conflict of laws rules that govern contracts or torts. Precontractual liability may thus be subject, depending upon the nature of the infringed duties under the legal systems connected with the situation at hand, either to the *lex contractus* or to the *lex delicti*. In some cases, this may lead to the *prima facie* applicability to the same legal issue of substantive law rules of two or more legal systems, designated by different choice of law rules of the forum. Such cases of concurrence of applicable rules are presently not addressed by Private International Law rules. Their appropriate solutions must thus be created by the courts, in the light of the fundamental values of the forum's Private International Law.

---

[50] Ver CANARIS, C.-W., *Die Vertrauenshaftung im Deutschen Privatrecht*, Munique, 1971, pp. 411 y ss., 439 y ss. e 532 y ss.; *idem*, «Schutzgesetze-Verkehrspflichten-Schutzpflichten», *in Festschrift für Karl Larenz zum 80. Geburtstag*, Munique, 1983, pp. 27 y ss. (especialmente pp. 90 y ss.); BAPTISTA MACHADO, J., «A cláusula do razoável», *in Obra dispersa*, vol. I, Braga, 1991, pp. 457 y ss.; SINDE MONTEIRO, J., *Responsabilidade por conselhos, recomendações ou informações*, Coimbra, 1989, pp. 509 y s. e 640; CARNEIRO DA FRADA, M., *Contrato e deveres de protecção*, Coimbra, 1994, pp. 257 y s.; *idem, Uma «terceira via» no direito da responsabilidade civil?*, Coimbra, 1997, pp. 95 ss.; *idem, Teoria da confiança e responsabilidade civil*, Coimbra, 2004, especialmente pp. 480 y ss.

RÉSUMÉ

Dans cette étude, l'auteur s'occupe de la formation des contrats internationaux du point de vue du Droit International Privé. Il doute de la possibilité d'une unification internationale des règles de droit materiel sur le sujet, car un standard de conduite uniforme en ce qui concerne la formation des contrats, qui soit accepté par touts les systèmes juridiques, ou au moins par ceux qui partagent les valeurs de la soi-disante civilisation occidentale, n'existe pas. Les règles applicables au sujet doivent donc être déterminées au moyen de règles de conflits de lois. En ce qui concerne les préliminaires des contrats, ainsi que sa conclusion, ces règles sont basiquement celles contenues dans la Convention de Rome de 1980 sur la Loi Applicable aux Obligations Contractuelles. Ceci ne vas pas, toutefois, pour la responsabilité précontractuelle resultant d'actes ou d'omissions survenus pendant la négotiation et la conclusion des contrats internationaux. Ces actes et omissions peuvent, en effet, constituer une violation de devoirs de conduite de nature contractuelle ou délictuelle. En conformité, ils s'inclueront dans le domaine des règles de conflits de lois qui régissent les contrats ou les délits. La responsabilité précontractuelle peut donc être soumise, selon la nature des devoirs de conduite violés en face des systèmes juridiques connectés avec la situation envisagée, soit à la *lex contractus* ou à la *lex delicti*. En certains cas, ceci peut conduire à l'applicabilité *prima facie* à la meme question juridique de règles de droit matériel de deux ou plus systèmes juridiques, designés par d'autantes règles de conflits de lois du for. Actuellement, ces cas de concurrence de règles applicables ne constituent pas l'objet de règles de Droit International Privé. Les solutions appropriées pour eux doivent donc être crées par les tribunaux, à la lumière des valeurs fondamentales du Droit International Privé du for.

III

ASPECTOS
DO PROCESSO CIVIL INTERNACIONAL

INSOLVÊNCIA INTERNACIONAL:
DIREITO APLICÁVEL*

Sumário:

    I. Posição do problema; sua actualidade e relevância social.
    II. Interesses em presença.
    III. Fontes.
    IV. O regime comunitário.
        a) O Regulamento (CE) n.º 1346/2000: base jurídica e objectivos.
        b) Continuação: âmbito de aplicação.
        c) Principais soluções consagradas.
            i) Universalidade e territorialidade da insolvência.
            ii) Direito aplicável: regra geral.
            iii) Continuação: fundamento da aplicabilidade da *lex fori concursus* e respectivo âmbito de competência.
            iv) Continuação: desvios.
            v) Balanço e conclusão.
    V. Direito Internacional Privado português.
        a) Regra de conflitos geral.
        b) Desvios.
        c) Questões prévias e substituição.
        d) Condição jurídica dos credores estrangeiros.
        e) Âmbito de aplicação do regime legal.

---

* Trabalho elaborado para os *Estudos em memória do Professor Doutor José Dias Marques,* Coimbra, 2007, pp. 81 ss. Corresponde à conferência proferida em 21 de Maio de 2005, no curso sobre *O Novo Regime da Insolvência e da Recuperação de Empresas*, organizado pela Faculdade de Direito de Lisboa e pelo Conselho Distrital de Lisboa da Ordem dos Advogados.

I

Posição do problema; sua actualidade e relevância social

Propomo-nos versar neste estudo o problema do Direito aplicável aos processos de insolvência com carácter internacional, ou «transfronteiras», isto é, os processos de insolvência em que o património do devedor se encontra disperso por vários países ou que, por qualquer outra razão, possuem conexões com outro ou outros países além daquele onde decorrem[1].

Esse problema desdobra-se em vários outros, que podem enunciar-se do seguinte modo: *a)* Deve a insolvência internacional ter *carácter universal*, abrangendo a totalidade dos bens do devedor, ou antes *territorial*, cingindo-se os seus efeitos aos bens sitos no país onde foi aberto o processo? *b)* Devem esses efeitos sujeitar-se à *lex fori*, isto é, a lei do Estado onde o processo foi aberto, ou antes à *lex causae,* ou seja, à lei reguladora dos bens e das relações jurídicas sobre os quais tais efeitos se projectam? *c)* Deve instituir-se para a insolvência internacional um *estatuto único* – uma única lei aplicável à totalidade dos seus efeitos – ou antes admitir-se quanto a ela uma *pluralidade de leis aplicáveis*?

São manifestas a actualidade e a relevância social do tema.

Dada a crescente internacionalização da actividade das empresas, proporcionada pelo actual movimento de integração económica internacional, o seu património e as relações contratuais de que são partes acham--se crescentemente dispersos por uma pluralidade de países. Sendo aberto um processo de insolvência, este tenderá, quanto a essas empresas, a produzir os seus efeitos em diversos países. Foi o que aconteceu, por exemplo, no caso da sociedade italiana *Parmalat, s.p.a.*, declarada insolvente em 27 de Dezembro de 2003 pelo Tribunal de Parma, onde aquela sociedade tinha a sua sede.

Se as ordens jurídicas dos países onde se situam os bens do devedor, ou com os quais se acham conexas as relações jurídicas de que este é parte, divergirem entre si quanto ao regime da insolvência ou à disciplina de certas questões de Direito Civil ligadas à regulação da insolvência – o que não raro acontece quanto a aspectos tão essenciais como a susceptibilidade da sujeição do devedor a um processo de insolvência, a sorte neste último

---

[1] Sobre o conceito de insolvência internacional, *vide* Ian E. Fletcher, *Insolvency in Private International Law. National and International Approaches*, Oxford, 1999, pp. 5 s.

das garantias reais dos credores, a graduação dos créditos reclamados e a composição da massa insolvente[2] –, suscitar-se-á inevitavelmente o problema do Direito aplicável no processo de insolvência instaurado contra esse devedor.

II
Interesses em presença

O processo de insolvência tem por finalidade precípua, como se sabe, a liquidação do património de um devedor, ou a sua recuperação económica, tendo em vista a satisfação da totalidade dos seus credores na base de um princípio de igual tratamento destes (*par conditio creditorum*), por força do qual se a massa insolvente for insuficiente para satisfazê-los na íntegra devem os credores sofrer proporcionalmente as mesmas perdas.

Nas situações internacionais, a consecução dessa finalidade pressupõe a observância de dois princípios basilares:

– A *unicidade* do processo de insolvência, entendida no sentido de que contra cada devedor insolvente deve idealmente ser instaurado um só processo, onde quer que se encontrem os seus credores e os bens que respondem pelas suas dívidas, ou de que, pelo menos, deve haver uma certa coordenação entre os diferentes processos de insolvência intentados contra o mesmo devedor em diferentes países; e

– A *universalidade* desse processo, na acepção de que os efeitos de um processo de insolvência aberto em certo país devem ser regidos por uma única lei e abranger a totalidade dos bens do devedor, qualquer que seja o país onde se situem, sendo o produto da liquidação

---

[2] Para uma comparação de diversos Direitos nacionais sobre a matéria, vejam-se: Pedro de Sousa Macedo, *Manual de Direito das Falências*, vol. I, Coimbra, 1964, pp. 55 ss.; J. A. Pastor Ridruejo, «La faillite en droit international privé», *in Recueil des Cours de l'Académie de La Haye de Droit International* (doravante *Rec. Cours*), tomo 133 (1971-II), pp. 137 ss. (pp. 144 ss.); Michel Poitevin, «Les procédures collectives en droit européen. Analyse comparative des traits essentiels régissant les procédures collectives dans la CEE», *Revue des procédures collectives*, 1991, pp. 47 ss.; e Michael Bütter, «Cross-Border Insolvency under English and German Law», *Oxford University Comparative Law Forum*, 2002, n.° 3 (disponível em http://ouclf.iuscomp.org).

246   *Direito Intenacional Privado – Ensaios III*

desses bens distribuído pelos credores (se for caso disso) de acordo com as regras dessa lei, onde quer que estes últimos se encontrem estabelecidos.

Só assim se consegue evitar, por um lado, que o devedor se exima ao cumprimento das suas obrigações através da transferência do seu património ou da sua actividade empresarial ou profissional para outro país; e, por outro, que um ou mais credores obtenham a satisfação integral dos seus créditos mediante execuções singulares, instauradas à revelia dos demais credores em país ou países diferentes daquele onde decorre o processo de insolvência.

A unicidade e a universalidade do processo de insolvência não são, porém, fáceis de conseguir – nem é desejável que o sejam em quaisquer circunstâncias. Existem, na verdade, outros interesses, igualmente atendíveis neste domínio, que se lhes opõem e reclamam a possibilidade de abertura de processos particulares de insolvência e o reconhecimento de *estatutos especiais* para certas categorias de bens ou relações jurídicas sobre os quais o processo de insolvência pode produzir os seus efeitos.

Entre esses interesses avultam: *a)* o dos *credores que disponham de garantias reais* sobre bens do devedor sitos em país diferente daquele onde foi aberto o processo de insolvência, ou que tenham o direito de adquirir direitos reais sobre bens imóveis do devedor, ou de usá-los, os quais poderão ter legitimamente contado com a aplicação aos seus direitos da lei do país onde os bens em causa se encontram (a *lex rei sitae*); *b)* o dos *beneficiários de actos prejudiciais aos credores*, que poderão ter confiado na validade desses actos segundo uma lei diversa da que vigora no Estado de abertura do processo; *c)* o dos *trabalhadores do insolvente*, cuja protecção pode também exigir a aplicação aos efeitos da insolvência sobre os contratos de trabalho celebrados com o devedor do Direito que os rege segundo as regras de conflitos gerais; *d)* o dos *pequenos credores* do insolvente em obter uma tutela jurisdicional efectiva para as suas pretensões, a qual poderia ficar comprometida se houvessem sistematicamente de reclamar os seus créditos perante um tribunal estrangeiro, de acordo com o Direito local; *e)* a *segurança e a fluidez do tráfico jurídico*, que recomendam a aplicação da *lex rei sitae* ou da lei do país de registo à determinação da validade dos actos celebrados pelo devedor após a abertura do processo de insolvência, pelos quais aquele haja disposto de bens imóveis ou sujeitos registo; e *f)* a *soberania nacional*, por mor da qual os efeitos de

Aspectos do Processo Civil Internacional

actos praticados no processo de insolvência que envolvam o exercício de poderes de coacção devem, na falta de acordo internacional em contrário, cingir-se ao território do Estado em que o processo decorre.

Verifica-se, assim, que a satisfação de alguns dos interesses fundamentais que importa acautelar no processo de insolvência depende da solução dada ao problema do Direito aplicável. Também por aqui se pode avaliar a relevância do tema que nos propomos examinar no presente estudo.

Aos interesses apontados acresce a harmonia de julgados, ou harmonia jurídica internacional. No domínio em apreço importa, com efeito, evitar decisões contraditórias sobre a determinação do Direito aplicável, em ordem a assegurar a estabilidade e a continuidade das relações comerciais internacionais através das fronteiras. Como é bom de ver, a diversidade das regras de conflitos nacionais em matéria de insolvência potencia ao mais alto grau o risco de serem proferidas tais decisões; o que se repercute inevitavelmente no custo das transacções, porquanto, na impossibilidade de determinarem antecipadamente o Direito aplicável – e, por conseguinte, de estimarem a medida em que os seus direitos serão afectados na eventualidade de o devedor não poder cumprir as suas obrigações vencidas –, as instituições de crédito exigirão por via de regra juros mais elevados a fim de financiarem transacções mercantis internacionais. A realização do aludido interesse reclama, por conseguinte, algum grau de unificação internacional dessas regras.

III

Fontes

O que acabamos de dizer esclarece em alguma medida a circunstância de a matéria em apreço ser hoje objecto de regras constantes de diferentes fontes, comunitárias, nacionais e internacionais.

Entre elas avulta o Regulamento (CE) n.º 1346/2000, de 29 de Maio de 2000, relativo aos processos de insolvência[3], alterado pelo Regulamento (CE) n.º 603/2005, do Conselho, de 12 de Abril de 2005[4], o qual

---

[3] Publicado no *Jornal Oficial das Comunidades Europeias* (doravante *JOCE*), n.º L 160, de 30 de Junho de 2000, pp. 1 ss.

[4] Publicado no *JOCE*, n.º L 100, de 20 de Abril de 2000, pp. 1 ss.

248   *Direito Intenacional Privado – Ensaios III*

reproduz em parte a Convenção de Bruxelas relativa aos processos de insolvência[5], concluída entre doze Estados-Membros da Comunidade Europeia em 23 de Novembro de 1995, que não chegou a entrar em vigor.

Subsequentemente, foi publicado entre nós o Código da Insolvência e da Recuperação de Empresas (CIRE), aprovado pelo Decreto-Lei n.° 53/2004, de 18 de Março, e logo alterado pelo Decreto-Lei n.° 200/2004, de 18 de Agosto. Este Código, como se verá adiante, acolhe muitas das soluções consignadas no Regulamento comunitário.

Não está ainda em vigor, por não ter reunido o número mínimo de ratificações necessário para o efeito, a Convenção Europeia Sobre Certos Aspectos Internacionais da Falência (*Convention Européenne sur Certains Aspects Internationaux de la Faillite*), concluída em Istambul em 1990 sob a égide do Conselho da Europa[6]; razão pela qual não a iremos considerar na exposição subsequente[7].

Também não nos ocuparemos *ex professo* neste estudo da Lei-Modelo Sobre a Insolvência Internacional, adoptada em 1997 pela Comissão das Nações Unidas para o Direito Comercial Internacional (*UNCITRAL Model Law on Cross-Border Insolvency*)[8], a qual não regula a determina-

---

[5] Disponível em http://aei.pitt.edu. Sobre a Convenção, veja-se Miguel Virgós/ /Étienne Schmit, *Report on the Convention on Insolvency Proceedings*, Bruxelas, 1996. Na doutrina portuguesa, cfr. Maria João Machado, *Da falência em Direito Internacional Privado. Introdução aos seus problemas fundamentais*, Porto, 2000, pp. 66 ss., 89 ss. e 140 ss.

[6] Disponível em http://www.coe.int. Sobre esse instrumento internacional, *vide* o *Rapport Explicatif*, disponível em *ibidem*. Na doutrina, consultem-se: Paul Volken, «L'harmonisation du droit international privé de la faillite», *in Recueil des Cours*, tomo 230 (1991-V), pp. 343 ss. (pp. 401 ss.); Jean-Luc Vallens, «La convention du Conseil de l'Europe sur certains aspects internationaux de la faillite», *Revue Critique de Droit International Privé* (doravante *RCDIP*), 1993, pp. 136 ss.; Luigi Daniele, «La convenzione europea su alcuni aspetti internazionali del fallimento: prime riflessioni», *Rivista di Diritto Internazionale Privato e Processuale* (doravante *RDIPP*), 1994, pp. 499 ss.; e Maria João Machado, ob. cit. (nota anterior), pp. 161 ss.

[7] Note-se que mesmo após uma eventual entrada em vigor da Convenção, o Regulamento (CE) n.° 1346/2000 prevalecerá, nas relações entre os Estados-Membros deste último, sobre as disposições daquela: haja vista ao preceituado no art. 44.°, n.° 1, alínea *k)*, do Regulamento.

[8] Disponível em http://www.uncitral.org. Acerca da Lei-Modelo, vejam-se: Toshiyuki Kono, «The Recognition of Foreign Insolvency Proceedings and Private International Law. An Analysis of the UNCITRAL Model Law on Cross-Border Insolvency from the Perspective of Private International Law», *in* Jürgen Basedow/Toshiyuki Kono (organizadores), *Legal Aspects of Globalization. Conflict of Laws, Internet, Capital Markets and*

ção do Direito aplicável ao processo de insolvência internacional, antes visa essencialmente definir regras-tipo de cooperação judiciária internacional neste domínio[9].

Uma vez que o Regulamento (CE) n.° 1346/2000 é directamente aplicável pelos tribunais portugueses, e tem primazia sobre as regras de fonte interna, o alcance das disposições relevantes do CIRE apenas pode ser devidamente entendido à luz do que se dispõe nesse acto comunitário. Por isso o analisaremos aqui em primeiro lugar.

IV
O regime comunitário

a) *O Regulamento (CE) n.° 1346/2000: base jurídica e objectivos*

O Regulamento (CE) n.° 1346/2000 é uma das primeiras manifestações da denominada «comunitarização» do Direito Internacional Privado, que o Tratado de Amesterdão de 1997, que alterou os Tratados da União Europeia e da Comunidade Europeia, tornou possível ao introduzir neste último instrumento internacional um Título IV (arts. 61.° e seguintes), relativo, entre outras matérias, à cooperação judiciária em matéria civil.

Prevê-se aí a adopção pelo Conselho da União Europeia de medidas tendentes a melhorar e simplificar o reconhecimento e a execução de decisões em matéria civil e comercial e a promover a compatibilidade das normas aplicáveis nos Estados-Membros em matéria de conflitos de leis e de jurisdições (art. 65.°).

O objectivo precípuo dessas medidas consiste, de acordo com o mesmo preceito, em assegurar o bom funcionamento do mercado interno que a Comunidade se propõe instituir, caracterizado, conforme se afirma no art. 3.°, alínea *c)*, do Tratado da Comunidade Europeia, «pela abolição, entre os Estados-Membros, dos obstáculos à livre circulação de mercadorias, de pessoas, de serviços e de capitais».

Insolvency in a Global Economy, Haia/Londres/Boston, 2000, pp. 213 ss.; e *UNCITRAL Legislative Guide on Insolvency Law*, Nova Iorque, 2004.

[9] Adoptaram legislação baseada na Lei-Modelo a África do Sul, a Eritreia, o Japão e o México (em 2000), o Montenegro (em 2002), a Polónia e a Roménia (em 2003).

250   *Direito Intenacional Privado – Ensaios III*

É também esse o objectivo que se propõe o Regulamento em apreço, em cujo preâmbulo se declara que «[o] bom funcionamento do mercado interno exige que os processos de insolvência que produzem efeitos transfronteiriços se efectuem de forma eficiente e eficaz»[10].

Por outro lado, mediante a unificação das regras de conflitos vigentes nos Estados-Membros em matéria de insolvência internacional suprimem-se, ou pelo menos reduzem-se, os incentivos ao denominado *forum shopping*, i. é, a actividade consistente em as partes se dirigirem aos tribunais do Estado onde antevêem que obterão uma decisão mais favorável aos seus interesses, o qual é uma consequência da conjugação de foros alternativos para as mesmas matérias com regras de conflitos divergentes. Esse fenómeno deve, com efeito, ser cerceado na medida em que tal se mostre necessário em ordem a assegurar a igualdade entre as partes nos processos relativos a situações plurilocalizadas. Nesta linha de orientação se inscreve também o Regulamento em apreço[11].

b) *Continuação: âmbito de aplicação*

O Regulamento encontra-se em vigor desde 31 de Maio de 2002 (art. 47.º), aplicando-se aos processos instaurados posteriormente (art. 43.º).

Compreendem-se no seu âmbito material de aplicação os «processos colectivos em matéria de insolvência do devedor que determinem a inibição parcial ou total desse devedor da administração ou disposição de bens e a designação de um síndico» (art. 1.º, n.º 1). O Regulamento não é, porém, aplicável à insolvência de instituições financeiras (art. 1.º, n.º 2), dado que estas se encontram sujeitas a um regime específico e também porque as autoridades nacionais dispõem relativamente a elas de amplos poderes de fiscalização[12]. É irrelevante para a aplicabilidade do Regulamento que o devedor seja uma pessoa colectiva ou singular, um comerciante ou um não comerciante (*ibidem*). A fim de que possa aplicar-se, é

---

[10] Considerando 2.

[11] Cfr. o considerando 4. Sobre o ponto, veja-se, em especial, Harald Koch, «Europäisches Insolvenzrecht und Schuldbefreiungs-Tourismus», *in* Heinz-Peter Mansel/Thomas Pfeiffer/Herbert Kronke/Christian Kohler/Rainer Hausmann (organizadores), *Festchrift für Erik Jayme*, vol. I, Munique, 2004, pp. 437 ss.

[12] Preâmbulo, considerando 9.

ainda necessário, nos termos do art. 2.°, alínea *a)*, que o processo em causa se encontre referido no anexo A ao Regulamento (modificado pelo citado Regulamento (CE) n.° 603/2005), onde se enunciam os processos previstos pelo Direito dos Estados-Membros para os quais valem as respectivas regras.

Só se abrange nele a *insolvência internacional*, i. é, os processos que «produzem efeitos transfronteiriços»[13]. As insolvências internas não são, pois, por ele disciplinadas.

O Regulamento apenas disciplina os processos em que o *centro de interesses principais do devedor* esteja situado num Estado-Membro. Nenhum preceito o diz expressamente, é certo, mas tal infere-se do art. 3.°, n.° 1. No mesmo sentido depõe o considerando 14 do preâmbulo. A bondade de semelhante solução não é, porém, inequívoca, pois resulta dela que os efeitos dos processos secundários ou particulares de insolvência abertos em Estados-Membros contra devedores cujo centro de interesses se situe fora da Comunidade, mas que nela possuam um estabelecimento, serão regidos pelo Direito interno daqueles Estados, com eventual prejuízo para alguns dos interesses acima referidos[14].

Em contrapartida, não é necessário, a fim de que o Regulamento se aplique, que o património do devedor esteja situado num Estado-Membro, embora – cumpre notá-lo – os bens situados noutros Estados não sejam abrangidos pelas suas disposições.

O Regulamento não é, além disso, aplicável à Dinamarca, que não participa na adopção pelo Conselho de medidas de cooperação judiciária em aplicação do título IV do Tratado da Comunidade Europeia (cfr. o preâmbulo, considerando 33)[15].

Observe-se por fim que, embora o Regulamento discipline minuciosamente a determinação da lei aplicável aos efeitos da insolvência, as questões prévias respeitantes à existência e ao conteúdo dos direitos subjectivos sobre os quais recairão esses efeitos não pertencem ao objecto do Regulamento, devendo antes ser resolvidas à luz das regras de conflitos

---

[13] Preâmbulo, considerando 2.

[14] Em sentido crítico quanto a este aspecto do Regulamento, cfr. Dominique Bureau, «La fin d'un îlot de résistance. Le Règlement du Conseil relatif aux procédures d'insolvabilité», *RCDIP*, 2002, pp. 613 ss. (p. 622).

[15] Veja-se, a este respeito, o Protocolo relativo à posição da Dinamarca, anexo ao Tratado de Amesterdão (reproduzido *in* José Luís Vilaça/Miguel Gorjão-Henriques, *Tratado de Amesterdão*, Coimbra, 2000, pp. 258 ss.).

252 *Direito Intenacional Privado – Ensaios III*

gerais em vigor no Estado do foro. Assim, por exemplo, é em conformidade com a *lex contractus* que se deve determinar se existe certo direito de crédito invocado no processo de insolvência, e qual o seu montante; e é de acordo com a *lex rei sitae* que cumpre apurar se existe, em benefício de determinado credor, um direito real de garantia sobre um bem imóvel do devedor.

c) *Principais soluções consagradas*

i) *Universalidade e territorialidade da insolvência*

O Regulamento (CE) n.° 1346/2000 ensaia uma resposta para as questões acima referidas na base de um compromisso entre os interesses em jogo e de algum pragmatismo.

Assim, o princípio geral é o da *insolvência universal*, a instaurar, de acordo com o art. 3.°, n.° 1, no país onde se localize o *centro dos interesses principais do devedor*.

A decisão de abertura do processo de insolvência nesse país pode produzir efeitos noutros Estados-Membros (art. 16.°, n.° 1), abrangendo tendencialmente, por conseguinte, a totalidade dos bens do devedor, onde quer que estes se encontrem situados.

Para tanto, confere-se ao síndico a possibilidade de exercer todos os poderes que lhe são conferidos pela lei do Estado de abertura do processo sobre bens situados noutros Estados-Membros, enquanto não tiver sido aberto neles qualquer processo de insolvência ou tomada qualquer medida cautelar em contrário (art. 18.°).

Mas admite-se a abertura posterior, noutro Estado-Membro onde o devedor possua um estabelecimento, de *processos de insolvência secundários, ou dependentes*, cujos efeitos são limitados aos bens do devedor situados no território desse Estado (arts. 3.°, n.° 2, e 27.°)[16]. Tais processos têm, portanto, *carácter territorial*. Devem, além disso, ser apenas de liquidação de bens, não podendo, por conseguinte, visar a recuperação do insolvente (art. 3.°, n.° 3).

---

[16] Ressalvam-se, porém, as patentes e marcas comunitárias, bem como os direitos análogos instituídos por força de disposições comunitárias, os quais apenas podem ser abrangidos por processos principais de insolvência: cfr. o art. 12.° do Regulamento.

O carácter universal do processo principal não é prejudicado pela abertura de processos secundários, dada a consagração no Regulamento de regras que visam coordenar os segundos com o primeiro. Tal o caso das disposições que conferem ao síndico no processo principal certos poderes de intervenção nos processos secundários (cfr., por exemplo, os arts. 29.° e 31.° a 34.°), bem como da que impõe a transferência para o processo principal do activo remanescente do processo secundário (art. 35.°).

Por estabelecimento deve entender-se, para os efeitos do disposto no art. 3.°, n.° 2, «o local de operações em que o devedor exerça de maneira estável uma actividade económica com recurso a meios humanos e a bens materiais» (art. 2.°, alínea *h)*). Note-se que não integra este conceito uma sociedade constituída num Estado-Membro, através da qual uma sociedade constituída noutro Estado-Membro, que detém a totalidade do capital da primeira, desenvolve a sua actividade naquele Estado. Dado que é essa a forma pela qual as empresas sedeadas na Comunidade Europeia predominantemente levam a cabo a sua actividade nos demais Estados-Membros, não serão porventura muito frequentes os processos secundários de insolvência abrangidos pelo citado preceito[17].

Por outro lado, o Regulamento consente a abertura, no Estado-Membro de estabelecimento do devedor, de *processos particulares de insolvência*, antes da abertura do processo principal no país do centro de interesses do devedor, verificadas que estejam as condições enunciadas no n.° 4 do art. 3.°, a saber: *a)* não ser possível abrir o processo principal em virtude das condições estabelecidas pela legislação do Estado do centro de interesses do devedor; e *b)* ser a abertura do processo particular requerida por um credor residente, domiciliado ou estabelecido no Estado-Membro onde se situa o estabelecimento do devedor[18].

---

[17] Neste sentido, C.G.J. Morse, «Cross-Border Insolvency in the European Union», *in* Patrick J. Borchers/Joachim Zekoll (organizadores), *International Conflict of Laws for the Third Millenium. Essays in Honor of Friedrich K. Juenger*, Nova Iorque, s/d, pp. 233 ss. (p. 244).

[18] A estes processos já se tem chamado «territoriais», por contraposição aos processos secundários de que se ocupa o n.° 2 do art. 3.°: assim, por exemplo, Maria Isabel Candelario Macas, «El derecho mercantil internacional: la insolvencia con elementos extranjeros», *in* Alfonso Luís Calvo Caravaca/Santiago Areal Ludeña (directores), *Cuestiones Actuales del Derecho Mercantil Internacional*, Madrid, 2005, pp. 275 ss. (p. 287). No entanto, como se viu acima, também os processos secundários de insolvência instaurados ao abrigo do Regulamento são territoriais, na medida em que os seus efeitos se restringem

254   *Direito Intenacional Privado – Ensaios III*

Consagra-se no Regulamento, em suma, um regime de *universalidade mitigada da insolvência internacional*.

ii) Direito aplicável: regra geral

Vejamos agora a questão do Direito aplicável. Este é, em princípio, o do Estado-Membro cujos tribunais são competentes para a abertura do processo de insolvência: a *lex fori concursus*. É o que dispõe o art. 4.°, n.° 1, do Regulamento, que neste particular acolhe uma regra bem conhecida dos sistemas de Direito Internacional Privado de vários países europeus[19].

Como dissemos atrás, no âmbito de aplicação do Regulamento aqueles tribunais são, regra geral, os do Estado-Membro onde se situa o *centro dos interesses principais do devedor*, sendo que este, de acordo com o considerando 13 do preâmbulo, «deve corresponder ao local onde o devedor exerce habitualmente a administração dos seus interesses»[20].

No caso das sociedades e pessoas colectivas, presume-se, de acordo com o art. 3.°, n.° 1, que esse Estado é o da respectiva sede estatutária, o qual pode ser inteiramente distinto do Estado a partir do qual é dirigida a actividade económica por elas empreendida. Mas essa presunção é ilidível mediante prova em contrário.

Retomemos, a fim de exemplificar, o caso *Parmalat*, referido no início deste estudo. Em 2004, foi requerida perante o Tribunal de Parma a

---

ao território do Estado onde são abertos. Sobre a distinção entre processos de insolvência secundários e particulares, *vide*, no sentido do texto: Reinhold Geimer, *Internationales Zivilprozessrecht*, 4.ª ed., Colónia, 2001, pp. 999 ss.; Jutta Kemper, «Die Verordnung (EG) Nr. 1346/2000 über Insolvenzverfahren. Ein Schritt zu einem europäischen Insolvenzrecht», *Zeitschrift für Wirtschaftsrecht*, 2001, pp. 1609 ss. (p. 1612); e Rainer Hausmann, *in* Christoph Reithmann/Dieter Martiny, *Internationales Vertragsrecht*, 6.ª ed., Colónia, 2004, pp. 1773 s.

[19] *Vide*, para uma análise comparativa, Luigi Daniele, *Il fallimento nel diritto internazionale privato e processuale*, Pádua, 1987, pp. 105 ss.

[20] Sobre a interpretação desse conceito, vejam-se, em especial, Massimo Benedettelli, «"Centro degli interessi principali" del debitore e *forum shopping* nella disciplina comunitaria delle procedure di insolvenza transfrontaliera», *RDIPP*, 2004, pp. 499 ss.; e Alfonso Luís Calvo Caravaca/Javier Carrascosa González, «Procedimientos de insolvência y reglamento 1346/2000: cuál es el "centro de intereses principales" del deudor?», *in* Alfonso Luís Calvo Caravaca/Santiago Areal Ludeña (directores), *Cuestiones Actuales del Derecho Mercantil Internacional*, Madrid, 2005, pp. 217 ss.

declaração de insolvência da sociedade *Parmalat Netherlands, B.V.*, com sede nos Países-Baixos, cujo objecto precípuo consistia na realização de certas operações financeiras, nomeadamente a emissão de empréstimos obrigacionistas, em benefício das sociedades do grupo Parmalat, sendo o respectivo capital integralmente detido pela *Parmalat, s.p.a.* Por decisão de 4 de Fevereiro de 2004[21], aquele Tribunal julgou que o centro de interesses principais da devedora se situava em Itália, sendo por isso competentes para o processo de insolvência contra ela instaurada os tribunais italianos e aplicável a lei italiana.

Na mesma base havia já sido declarado pelo *Amtsgericht* de Hamburgo, em decisão de 14 de Maio de 2003[22], que uma *private limited company* constituída no Reino Unido, cuja actividade era exclusivamente exercida na Alemanha, tinha neste país o centro dos seus interesses principais para os efeitos do Regulamento (CE) n.º 1346/2000, encontrando-se como tal sujeita à jurisdição dos tribunais alemães e à aplicação da lei local. Analogamente, numa sentença proferida em 16 de Maio de 2003[23] a *Chancery Division* do *High Court* inglês decidiu que três sociedades com sede na Alemanha tinham no Reino Unido o centro dos seus interesses principais, por serem geridas a partir das instalações de uma *holding* sedeada neste último país.

Por outro lado, a circunstância de uma sociedade comercial ter sido constituída de acordo com o Direito de um Estado estranho à Comunidade Europeia não afecta a competência dos tribunais do Estado-Membro onde a sociedade tem o centro dos seus interesses principais para abrirem o processo de insolvência nem a aplicabilidade do Direito local a esse processo[24].

No caso dos profissionais, o seu centro de interesses principais será, por via de regra, o lugar do respectivo domicílio profissional; no das demais pessoas singulares, o da sua residência habitual[25].

---

[21] Reproduzida na *RDIPP*, 2004, pp. 693 ss.

[22] Reproduzida na *IPRax*, 2003, pp. 534 ss.

[23] Reproduzida na *RDIPP*, 2004, pp. 774 ss.

[24] Semelhante orientação foi perfilhada, a respeito de uma sociedade incorporada no Estado norte-americano do Delaware, mas dirigida a partir de Inglaterra, pelo *High Court (Chancery Division)* inglês, em sentença de 7 de Fevereiro de 2003, reproduzida na *RDIPP*, 2004, pp. 767 ss.

[25] Neste sentido, veja-se Lawrence Collins (editor), *Dicey and Morris on The Conflict of Laws*, 13.ª ed., *Fourth Cumulative Supplement*, Londres, 2004, p. 384.

256   *Direito Intenacional Privado – Ensaios III*

Observe-se ainda, a este propósito, que, nos termos do art. 68.° do Tratado que Institui a Comunidade Europeia, o Tribunal de Justiça das Comunidades Europeias dispõe de competência para interpretar o Regulamento (CE) n.° 1346/2000; e que na jurisprudência deste órgão jurisdicional tem prevalecido a orientação conforme a qual os conceitos empregados pelos instrumentos de Direito Internacional Privado de que são partes os Estados-Membros da Comunidade Europeia (*maxime* a Convenção de Bruxelas de 1968 Relativa à Competência Judiciária e à Execução de Decisões em Matéria Civil e Comercial) devem ser interpretados com autonomia em relação aos Direitos nacionais e com referência aos objectivos e ao sistema desses instrumentos[26].

Avulta na interpretação do conceito indeterminado acolhido no art. 3.°, n.° 1, do Regulamento a tutela da confiança dos credores. Esta reclama a aplicação aos efeitos processuais e substantivos da insolvência internacional de uma lei que seja facilmente identificável por esses sujeitos como a do centro de interesses principais do devedor e cuja aplicabilidade seja, por isso, previsível. Nesta medida, não deve atender-se, na aplicação desse preceito, ao local a partir do qual o devedor administra os seus interesses sempre que esse local se situe num Estado-Membro insusceptível de ser reconhecido como tal por aqueles que contratam com o devedor, actuando com uma diligência razoável.

Naturalmente que, pelo que respeita aos processos secundários de insolvência, a lei aplicável é a do Estado da abertura destes processos, e não a daquele onde decorre o processo principal: di-lo expressamente o art. 28.° do Regulamento. Por maioria de razão, a mesma regra há-de valer para os processos particulares de insolvência abertos nos termos do n.° 4 do art. 3.°.

iii) Continuação: fundamento da aplicabilidade da lex fori concursus e respectivo âmbito de competência

A referida regra dá, a nosso ver, satisfação aos principais interesses em jogo.

---

[26] Sobre o ponto, *vide* o nosso estudo «Cooperação judiciária em matéria civil na Comunidade Europeia», *in Direito Internacional Privado. Ensaios*, vol. II, Coimbra, 2005, pp. 235 ss. (pp. 257 s.), e a bibliografia aí citada.

Por um lado, porque é no Estado-Membro de abertura do processo que presumivelmente se encontra a maior parte dos bens que integram o património do devedor, assim como a maioria dos seus credores: a regra de conflitos em apreço é, assim, conforme ao interesse destes.

Por outro, porque é também esse o Estado-Membro primordialmente interessado em regular o processo de insolvência, em ordem a assegurar a tutela efectiva dos interesses públicos protegidos através da liquidação dos bens do devedor insolvente.

A aplicação da *lex fori concursus* torna ainda possível que todos os credores do insolvente fiquem sujeitos, pelo que respeita à satisfação dos seus créditos, à mesma lei, o que é conforme ao interesse social na *par conditio creditorum*.

Finalmente, assegura-se desse modo a coincidência entre a lei aplicável e o tribunal competente, evitando-se assim as dificuldades inerentes à aplicação de uma lei estrangeira: a competência da *lex fori concursus* é, pois, consentânea com o interesse na boa administração da justiça.

A *lex fori concursus* rege as condições de abertura, a tramitação e o encerramento do processo, mormente os bens abrangidos pelo processo e a distribuição do produto da liquidação. As matérias compreendidas no âmbito de aplicação dessa lei são exemplificativamente enumeradas no art. 4.º, n.º 2, do Regulamento. Na dúvida, deve presumir-se que qualquer questão não autonomamente regulada pertence à esfera de aplicação dessa lei, visto ser essa a solução mais condizente com os objectivos gerais que o processo de insolvência visa realizar. Assim, por exemplo, a validade dos contratos concluídos pelo devedor deve ser aferida perante a *lex fori concursus*, com a ressalva do disposto nos arts. 8.º, 10.º e 13.º do Regulamento, a que nos referiremos em seguida.

iv) Continuação: desvios

Estabelecem-se nos arts. 5.º a 15.º várias derrogações e restrições à competência da *lex fori concursus*, mediante três ordens de expedientes: por um lado, regras de Direito Internacional Privado material relativas a certas categorias de questões; por outro, conexões especiais pelas quais se atribui competência a outras leis; finalmente, uma conexão cumulativa, que confere a certa lei uma função condicionante ou limitativa da produção dos efeitos previstos noutra.

258 *Direito Intenacional Privado – Ensaios III*

Está no primeiro caso a regra conforme a qual a abertura do processo de insolvência não afecta os direitos reais de credores ou de terceiros sobre bens pertencentes ao devedor, *v.g.*, em virtude de penhor ou hipoteca, que no momento da abertura do processo se encontrem no território de outro Estado-Membro (art. 5.º).

Trata-se de uma disposição fundamental do Regulamento, dada imprescindibilidade das garantias reais à concessão do crédito e, de um modo geral, à mobilização de recursos financeiros para fins socialmente úteis. Como se sabe, subsistem profundas diferenças entre os sistemas jurídicos dos Estados-Membros da Comunidade Europeia no tocante aos direitos dos credores privilegiados nos processos de insolvência[27]. Importa, por isso, assegurar que o direito do titular de uma garantia real à restituição ou liquidação do bem sobre o qual a mesma incide não seja afectado pela abertura de um processo de insolvência em Estado diverso daquele cuja lei disciplina a sua constituição, a sua validade intrínseca e o seu conteúdo[28].

O preceito em exame não define o conceito de direito real, limitando-se a enunciar exemplificativamente, no n.º 2, alguns direitos compreendidos no escopo do n.º 1 aos quais é equiparado «o direito, inscrito num registo público e oponível a terceiros, que permita obter um direito real», referido no n.º 3. A caracterização de um direito como real para os efeitos do art. 5.º do Regulamento há-de, assim, obter-se fundamentalmente por apelo à lei do Estado-Membro a que o mesmo se encontra sujeito, embora no juízo relativo à sua subsunção sob o mencionado preceito deva também atender-se ao carácter excepcional deste e às características distintivas desses direitos que possam extrair-se do disposto no n.º 2 do art. 5.º (*maxime* a sua oponibilidade *erga omnes*, para a qual aponta a alínea *c)*).

Na determinação do Estado-Membro onde se encontra o bem em causa deve observar-se o disposto no art. 2.º, alínea *g)*, do Regulamento,

---

[27] Ver, por exemplo, Michel Menjucq, *Droit international et européen des sociétés*, Paris, 2001, p. 415.

[28] Cfr. o considerando 25 do preâmbulo ao Regulamento. Sobre a disposição em apreço, vejam-se ainda: Axel Flessner, «Dingliche Sicherungsrechte nach dem Europäischen Insolvenzübereinkommen», *in* Jürgen Basedow/Klaus J. Hopt/Hein Kötz (organizadores), *Festschrift für Ulrich Drobnig zum siebzigsten Geburtstag*, Tubinga, 1998, pp. 277 ss. (referindo-se à regra homóloga da Convenção que precedeu o Regulamento); e Klaus Wimmer, «Die EU-Verordnung zur Regelung grenzüberschreitender Insolvenzverfahren», *Neue Juristische Wochenschrift*, 2002, pp. 2427 ss. (pp. 2429 s.).

segundo o qual esse Estado é, no caso de bens corpóreos, aquele em cujo território o bem está situado; no caso de bens e direitos que devam ser inscritos num registo, o Estado-Membro sob cuja autoridade é mantido esse registo; e, pelo que respeita aos créditos, o Estado-Membro em cujo território está situado o centro dos interesses principais do terceiro devedor.

São também regras de Direito Internacional Privado material: o art. 6.° do Regulamento, de acordo com o qual a abertura do processo não afecta o direito de um credor a invocar a compensação do seu crédito com um crédito do devedor, desde que esta seja permitida pela lei aplicável ao crédito do devedor insolvente; e o art. 7.°, que estabelece o mesmo no tocante à reserva de propriedade sobre bens comprados ou vendidos pelo devedor, conquanto tais bens se encontrem no território de outro Estado--Membro.

Entre as conexões especiais consagradas no Regulamento, destacam--se as que submetem à *lex causae* os efeitos do processo de insolvência sobre diversas categorias de relações jurídicas.

Assim, os efeitos desse processo sobre os contratos relativos à aquisição ou ao uso de imóveis são regidos pela lei do Estado-Membro em cujo território esses imóveis estiverem situados (art. 8.°); os seus efeitos sobre os direitos e obrigações dos participantes num sistema de pagamento ou de liquidação ou num mercado financeiro são regidos pela lei do Estado-Membro aplicável ao sistema ou mercado (art. 9.°); os efeitos sobre os contratos de trabalho são regidos pela lei do Estado-Membro aplicável ao contrato (art. 10.°), a qual há-de ser determinada, nomeadamente, através das regras de conflitos constantes dos arts. 3.° e 6.° da Convenção de Roma de 1980 Sobre a Lei Aplicável às Obrigações Contratuais[29]; e os efeitos sobre os bens sujeitos a registo obrigatório são regidos pela lei do Estado-Membro onde é mantido o registo (art. 11.°).

Por seu turno, a validade de actos de disposição de certos bens praticados pelo devedor após a abertura do processo de insolvência encontra-

---

[29] A que Portugal aderiu pela Convenção assinada no Funchal a 18 de Maio de 1992, ratificada pelo Decreto do Presidente da República n.° 1/94, de 3 de Fevereiro. *Vide* a versão consolidada da Convenção, publicada no *JOCE*, n.° C 27, de 26 de Janeiro de 1998, pp. 34 ss. Note-se que a lei designada pelas regras de conflitos da Convenção de Roma apenas deve ser aplicada à determinação dos efeitos da insolvência sobre o contrato de trabalho, por força da remissão constante do art. 10.° do Regulamento, quando a *lex contractus* for a de um Estado-Membro da Comunidade. Porém, como se verá adiante, a solução não é diferente nas demais situações, atento o disposto no art. 277.° do CIRE (cfr. *infra*, n.° V, *e*)).

260   *Direito Intenacional Privado – Ensaios III*

-se sujeita à lei do Estado onde está situado o bem ou sob cuja autoridade é mantido o respectivo registo (art. 14.°); e os efeitos do processo de insolvência sobre acções pendentes são sujeitos à lei do Estado-Membro em que a acção se encontra pendente (art. 15.°).

Ressalva-se, por fim, quanto às medidas cautelares (art. 38.°), a competência da lei do Estado-Membro onde se situam os bens do devedor a que tais medidas dizem respeito.

Mediante a aplicação aos efeitos da insolvência da lei com base na qual as relações jurídicas por ela afectadas foram constituídas, prevista em vários destes preceitos, visa-se manifestamente proteger a confiança dos interessados na aplicação dessa lei. Semelhante solução dispensa o credor, por outro lado, de averiguar quais os efeitos da eventual insolvência do seu devedor sobre o seu crédito segundo uma lei diversa da que rege este último, do mesmo passo que torna mais difícil ao devedor manipular a lei aplicável.

Os actos prejudiciais aos credores não serão impugnáveis se tais actos se regerem pela lei de outro Estado-Membro que não o de abertura do processo e esta não permitir a impugnação (art. 13.°). Esta lei tem, assim, uma espécie de *direito de veto* sobre a impugnação do acto. Consagra-se nesse preceito, por conseguinte, uma *conexão cumulativa condicionante* ou *limitativa*: uma lei (a *lex fori concursus*) é primordialmente competente (por força do art. 4.°, n.° 2, alínea *m*)); outra (a *lex causae*), tem uma função condicionante ou limitativa da produção dos efeitos previstos na primeira (em virtude do disposto no art. 13.°). Dificulta-se deste modo a impugnação de tais actos, em ordem a tutelar a confiança dos terceiros que houverem beneficiado dos mesmos.

v) Balanço e conclusão

À luz do exposto, não é possível falar, em face do Regulamento, de um *estatuto único* da insolvência internacional[30]: existe antes uma lei pri-

---

[30] No sentido da inviabilidade de um tal estatuto, veja-se Peter von Wilmowsky, «Choice of Law in International Insolvencies. A Proposal for Reform», *in* Jürgen Basedow/Toshiyuki Kono (organizadores), *Legal Aspects of Globalization. Conflict of Laws, Internet, Capital Markets and Insolvency in a Global Economy*, Haia/Londres/Boston, 2000, pp. 197 ss. (p. 203).

Aspectos do Processo Civil Internacional 261

mariamente competente, a cuja aplicabilidade se introduzem restrições, quer por via de regras materiais quer mediante regras de conflitos especiais que atribuem competência a outras leis para certas questões suscitadas pela insolvência internacional.

A complexidade deste regime é agravada por outro factor, que se prende com a formulação das regras de conflitos descritas: estas são *regras unilaterais*, no sentido de que delas não pode resultar senão a atribuição de competência à lei de um Estado-Membro do Regulamento. Assim, sempre que os elementos de conexão acolhidos nessas regras se concretizem num terceiro Estado não poderá a lei deste último ser tida como aplicável por força do Regulamento[31].

O Regulamento não é, pois, de *aplicação universal*, ao contrário do que sucede com outros actos comunitários e com certas convenções internacionais celebradas pelos Estados-Membros da Comunidade Europeia (entre as quais a mencionada Convenção de Roma de 1980[32]): ele limita-se a operar uma repartição da competência legislativa entre os Estados-Membros, sem curar da aplicabilidade de leis de outros países.

O que levanta o problema de saber como se deve proceder quando as regras de conflitos descritas remetam para a lei de um desses países.

Uma solução possível consistiria em aplicar a tais casos a regra geral do art. 4.°, n.° 1, que atribui competência à *lex fori concursus*[33].

Mas semelhante solução, que encontra decerto algum apoio na letra deste preceito, parece de todo indesejável à luz dos interesses acima alu-

---

[31] Haja vista, a este respeito, ao considerando 24 do preâmbulo. Observe-se ainda que, no caso dos arts. 6.° e 14.°, a limitação a que aludimos no texto não decorre expressamente da respectiva letra; mas parece-nos que não deve ser outra a interpretação dessas disposições, à luz do seu contexto e objectivos. *Vide* neste sentido (referindo-se à Convenção que precedeu o Regulamento), Virgos/Schmit, *Report*, cit. (nota 5), pp. 77 e 90. Opinião diversa é, no entanto, expendida por Luigi Danielle, «Legge applicabile e diritto uniforme nel regolamento comunitario relativo alle procedure di insolvenza», *RDIPP*, 2002, pp. 33 ss. (p. 48).

[32] Cfr. o art. 2.°, segundo o qual: «A lei designada nos termos da presente convenção é aplicável mesmo que essa lei seja a de um Estado não contratante».

[33] Assim, pelo que respeita às hipóteses contempladas no art. 10.° do Regulamento, Peter Huber, «Internationales Insolvenzrecht in Europa», *Zeitschrift für Zivilprozess*, 2001, pp. 133 ss. (pp. 162 s.); Luigi Fumagalli, «Il Regolamento comunitario sulle procedure di insolvenza», *Rivista di Diritto Processuale*, 2001, pp. 677 ss. (p. 699, nota 55); e Ulrich Ehricke, «Die neue Europäische Insolvenzordnung», *Juristische Schulung*, 2003, pp. 313 ss. (p. 317).

262 Direito Intenacional Privado – Ensaios III

didos, os quais depõem no sentido da aplicação de outras leis a certas questões particulares suscitadas pelo processo de insolvência internacional; e esses interesses não podem a nosso ver deixar de ser atendidos pela circunstância de se localizarem predominantemente fora da Comunidade.

Impõe-se, nesta medida, uma redução teleológica do art. 4.°, n.° 1, do Regulamento. Operada essa redução, surge uma lacuna na disciplina dos conflitos de leis instituída pelo Regulamento: sempre que a *lex causae* for a lei de um Estado que não seja parte do Regulamento, a determinação em concreto da sua aplicabilidade pertencerá ao Direito Internacional Privado de fonte interna[34].

Entram aqui a funcionar as regras de conflitos constantes do CIRE, que vamos agora examinar.

V
Direito Internacional Privado português

a) *Regra de conflitos geral*

O CIRE contém, nos arts. 275.° e seguintes, diversas regras de conflitos, as quais são aplicáveis, segundo se diz no primeiro desses preceitos, «na medida em que não contrariem o estabelecido no Regulamento e em outras normas comunitárias ou constantes de tratados internacionais».

No essencial, essas regras reproduzem, com pequenas adaptações, as do Regulamento: a valoração dos interesses em jogo levada a cabo pelo

---

[34] Neste sentido se pronunciam também Haimo Schack, *Internationales Zivilverfahrensrecht*, 3.ª ed., Munique, 2002, p. 453; Henriette-Christine Duursma-Kepplinger/Dieter Duursma/Ernst Chalupsky, *Europäische Insolvenzverordnung. Kommentar*, Viena/Nova Iorque, 2002, p. 103; Henriette-Christine Duursma-Kepplinger/Dieter Duursma, «Der Anwendungsbereich der Insolvenzordnung unter Berücksichtigung der Bereichsausnahmen, von Konzernsachverhalten und der von den Mietgliedstaaten abgeschlossen Konkursverträge», *IPRax*, 2003, pp. 505 ss. (p. 506); e José Javier Ezquerra Ubero, «El Reglamento comunitario de insolvencia y la Ley Concursal: Ámbito de aplicación espacial de las nuevas normas de derecho internacional privado», *in* Alfonso Luís Calvo Caravaca/Santiago Areal Ludeña (directores), *Cuestiones Actuales del Derecho Mercantil Internacional*, Madrid, 2005, pp. 505 ss. (pp. 510 s.). Ver ainda Patricia de Cesari, «Giurisdizione, riconoscimento ed esecuzione delle decisioni nel regolamento comunitario relativo alle procedure di insolvenza», *RDIPP*, 2003, pp. 55 ss. (p. 83).

legislador nacional não difere, pois, fundamentalmente da do legislador comunitário.

O princípio geral é o da aplicação da *lex fori* (art. 276.°). A esta cabe regular não apenas a tramitação do processo de insolvência, mas também os pressupostos da sua instauração e a generalidade dos respectivos efeitos processuais e substantivos. Apenas deste modo se assegurará a almejada igualdade de tratamento dos credores.

No tocante, porém, à reclamação em Portugal, pelo administrador da insolvência designado num processo aberto em país estrangeiro, de créditos reconhecidos nesse processo, bem como ao exercício na assembleia de credores dos direitos de voto inerentes a tais créditos, vale a lei aplicável a esse processo (art. 284.°, n.° 2). Um Direito estrangeiro pode, assim, ser aplicado num processo secundário de insolvência que decorra em Portugal.

b) *Desvios*

Outras questões são, no entanto, submetidas a leis designadas através de conexões especiais.

Estão neste caso os efeitos da declaração de insolvência sobre: *a)* as relações laborais, às quais se aplica a lei reguladora do contrato de trabalho (art. 277.°), a determinar, em Portugal, por apelo não apenas às regras de conflitos constantes da Convenção de Roma, mas também na base do disposto nos arts. 6.° a 9.° do Código do Trabalho; *b)* os direitos do devedor sobre imóveis e outros bens sujeitos a registo, os quais são submetidos à lei do Estado sob cuja autoridade é mantido esse registo (art. 278.°); *c)* os contratos sobre imóveis e móveis sujeitos a registo, a que se aplica, respectivamente, a *lex rei sitae* e a lei do Estado de registo (art. 279.°); *d)* os direitos reais de credores ou de terceiros sobre bens do devedor e os direitos de terceiros sobre bens vendidos ao devedor com reserva de propriedade, que se acham submetidos à *lex rei sitae* (art. 280.°)[35]; *e)* os direitos sobre valores mobiliários e sobre os direitos e as obrigações dos participantes num mercado financeiro ou num sistema de pagamentos, aos quais se aplica a lei designada nos termos das regras de conflitos constantes, res-

---

[35] Para uma análise deste tema à luz do Direito anterior ao novo Código, veja-se Rui Lopes dos Santos, «Admissibilidade e graduação de garantias reais no âmbito de uma falência internacional. Um problema de Direito Internacional Privado português», *Revista da Ordem dos Advogados*, 2000, pp. 1297 ss.

264   *Direito Intenacional Privado – Ensaios III*

pectivamente, do art. 41.° e do art. 285.° do Código dos Valores Mobiliários (art. 282.°); *f)* as operações de venda com base em acordos de recompra, os quais se regem pela lei aplicável a esses contratos (art. 283.°); e *g)* as acções pendentes relativas a bens ou direitos integrados na massa insolvente, submetidos à respectiva *lex fori* (art. 285.°).

Também a validade de actos de disposição de bens celebrados pelo devedor após a declaração de insolvência deve ser aferida pela *lex rei sitae* ou pela lei do Estado sob cuja autoridade é mantido esse registo (art. 281.°).

O CIRE consagra igualmente regras de Direito Internacional Privado material respeitantes à insolvência, as quais limitam os efeitos da *lex concursus* no intuito de salvaguardar os interesses de certos credores. Assim, a declaração de insolvência do vendedor de um bem, após a entrega do mesmo, não constitui por si só fundamento de resolução ou de rescisão da venda nem obsta à aquisição pelo comprador da propriedade do bem vendido, desde que, no momento da abertura do processo, esse bem se encontre no território de outro Estado (art. 280.°, n.° 2). Por outro lado, a declaração de insolvência não afecta o direito do credor à compensação se esta for permitida pela lei aplicável ao contra-crédito do devedor (art. 286.°).

Na esteira do que dispõe o Regulamento, a resolução de actos em benefício da massa insolvente é também inadmissível, segundo o CIRE, se o terceiro demonstrar que o acto se encontra sujeito a uma lei que não permite a sua impugnação por qualquer meio: é o que estabelece a regra de conflitos constante do art. 287.°, que consagra uma *conexão cumulativa*.

Também o actual Direito de fonte interna não acolhe, em suma, um *estatuto único* para a insolvência internacional[36].

c) *Questões prévias e substituição*

Tal como vimos suceder em relação às regras de conflitos constantes do Regulamento (CE) n.° 1346/2000, não são abrangidas pelas regras de conflitos constantes do CIRE as questões prévias que cumpra decidir no âmbito de um processo de insolvência internacional – mormente as que se prendem com a determinação da existência e do conteúdo dos direitos subjectivos nele invocados pelos credores do insolvente.

---

[36] Em sentido diverso se pronunciava, perante o regime anterior, Luís de Lima Pinheiro, *Direito Internacional Privado*, vol. II, 2.ª ed., Coimbra, 2002, p. 271.

A fim de definir a lei reguladora dessas questões, haverá, pois, que recorrer às regras de conflitos gerais vigentes entre nós.

O que suscita outra ordem de problemas.

Suponha-se que num processo de insolvência submetido à lei portuguesa é invocado um direito de crédito regido por uma lei estrangeira, de acordo com uma daquelas regras de conflitos. Levanta-se a questão de saber se esse direito de crédito beneficia de algum privilégio creditório sobre os bens integrados na massa insolvente. A fim de resolvê-la, há que examinar se o direito de crédito em questão corresponde a algum dos tipos de créditos privilegiados previstos na lei portuguesa, pois a definição das classes de créditos sobre a insolvência e das precedências entre estes é matéria que integra a esfera de competência da *lex fori concursus*.

Na resolução desse problema, deve empregar-se um critério de *equivalência funcional*: os créditos criados e regidos por leis estrangeiras beneficiam no Estado do foro dos privilégios que assistem aos créditos regidos pelo Direito local, na medida em que preencham as mesmas funções sociais que estes e possam, *hoc sensu*, substituir-se a eles[37].

d) *Condição jurídica dos credores estrangeiros*

Quando a lei aplicável nos termos das regras de conflitos mencionadas conferir aos credores de nacionalidade estrangeira certos direitos subjectivos, suscitar-se-á ainda a questão de saber se estes lhes devem ser reconhecidos em Portugal.

---

[37] Sobre a substituição em Direito Internacional Privado, *vide*, na doutrina portuguesa, António Marques dos Santos, *Breves considerações sobre a adaptação em Direito Internacional Privado*, Lisboa, 1988, pp. 7 ss.; António Ferrer Correia, *Lições de Direito Internacional Privado*, vol. I, Coimbra, 2000, pp. 322 ss.; Luís de Lima Pinheiro, *Direito Internacional Privado*, vol. I, Coimbra, 2001, pp. 440 ss.; e João Baptista Machado, *Lições de Direito Internacional Privado*, 3.ª ed., Coimbra, 2002 (reimpressão), pp. 290 ss. Na doutrina estrangeira, consultem-se: Hans Lewald, «Règles générales des conflits de lois. Contribution à la technique du droit international privé», *Rec. Cours*, tomo 69 (1939-III), pp. 1 ss. (pp. 131 ss.); Erik Jayme, «Identité culturelle et intégration: le droit international privé postmoderne. Cours général de droit international privé», *Rec. Cours*, tomo 251 (1995), pp. 9 ss. (pp. 119 s.); Kurt Siehr, *Das Internationale Privatrecht der Schweiz*, Zurique, 2002, pp. 586 s; Christian von Bar/Peter Mankowski, *Internationales Privatrecht*, vol. I, 2.ª ed., Munique, 2003, pp. 699 ss.; Jan Kropholler, *Internationales Privatrecht*, 5.ª ed., Tubinga, 2004, pp. 229 ss.; e Bernd von Hoffmann, *Internationales Privatrecht*, 8.ª ed., Munique, 2005, pp. 236 s.

Ocupa-se desta questão o art. 47.º do CIRE, que consagra o princípio da igualdade de tratamento dos credores nacionais e estrangeiros.

Esta norma de Direito dos Estrangeiros funciona, assim, como um pressuposto da aplicação das normas materiais da lei ou leis aplicáveis à insolvência internacional.

e) *Âmbito de aplicação do regime legal*

Poderia supor-se que as regras de Direito Internacional Privado mencionadas apenas se aplicam aos processos de insolvência não abrangidos pelo Regulamento (CE) n.º 1346/2000. Na verdade, se o devedor tiver o seu centro de interesses principais em Portugal ou noutro Estado-Membro da Comunidade, as regras aplicáveis são em princípio as do Regulamento.

Porém, como vimos acima, essas regras nem sempre fornecem a solução dos problemas de conflitos de leis no espaço suscitados em processos instaurados num Estado-Membro da Comunidade: é o que acontece, designadamente, quando remetem para a lei de um terceiro Estado. Haverá então que lançar mão das regras de conflitos internas.

Assim, pensamos que no âmbito espacial de aplicação das regras de conflitos constantes do CIRE se compreendem pelo menos três ordens de situações:

– Por um lado, essas regras disciplinam a determinação da lei aplicável nos processos secundários ou particulares de insolvência instaurados em Portugal, nos termos dos arts. 294.º e seguintes, contra *devedores que tenham o seu centro de interesses fora da Comunidade*;

– Por outro lado, regulam a determinação da lei aplicável em processos principais instaurados em Portugal contra devedores que tenham aqui o seu centro de interesses, mas que *possuam bens fora da Comunidade ou sejam partes de relações jurídicas submetidas à lei de um Estado terceiro* abrangidas pelos arts. 277.º a 287.º;

– Finalmente, tais regras disciplinam a determinação da lei aplicável aos *efeitos dos processos de insolvência instaurados em países estranhos à Comunidade Europeia* quando as decisões neles proferidas hajam de ser reconhecidas em Portugal, nos termos do art. 288.º (apenas assim se entende, de resto, a formulação bilateral de algumas dessas regras, mormente a que consta do art. 276.º).

Não parece, a esta luz, que sejam inúteis as regras de conflitos constantes do CIRE[38].

É certo que o legislador português poderia ter-se limitado a estender o âmbito de aplicação das regras constantes do Regulamento às insolvências cuja disciplina jurídica é por este implicitamente reservada às regras de fonte interna. Mas parece preferível, até sob o ponto de vista da clareza do regime legal, a solução adoptada no Código, consistente em consagrar regras autónomas de fonte interna para essas situações. Assim procederam, de resto, o legislador alemão, na reforma do Direito Internacional da Insolvência, de 14 de Março de 2003[39], e o espanhol, na *Ley Concursal*, n.º 22/2003, de 9 de Julho[40].

Quanto às insolvências abrangidas pelo Regulamento (ou seja, aquelas em que o devedor tem o seu centro de interesses num Estado-Membro), teria sido preferível incluir nele regras de conflitos bilaterais, que remetessem também para terceiros Estados, em lugar das aludidas regras de conflitos unilaterais: a certeza quanto ao Direito aplicável e a segurança do tráfico jurídico, que o Regulamento em última análise visa promover, teriam assim sido mais eficazmente asseguradas[41].

---

[38] Ver, sobre o ponto, Maria Helena Brito, «Falências internacionais. Algumas considerações a propósito do Código da Insolvência e da Recuperação de Empresas», *Themis. Revista da Faculdade de direito da UNL*, 2005,pp. 183 ss. (especialmente pp. 200 ss.); e Luís Menezes Leitão, *Código da Insolvência e da Recuperação de Empresas Anotado*, 3.ª ed., Coimbra, 2006, pp. 246 ss.

[39] *In Bundesgesetzblatt*, 2003, parte I, n.º 10, de 19 de Março de 2003, pp. 345 ss. A respeito da articulação do Regulamento com a reforma do Direito alemão da insolvência, veja-se Horst Eidenmüller, «Europäische Verordnung über Insolvenzrecht und zukünftiges deutsches internationales Insolvenzrecht», *IPRax*, 2003, pp. 2 ss.

[40] *In Boletín Oficial del Estado*, de 10 de Julho de 2003, pp. 26905 ss. Sobre esse lei, vejam-se Alfonso-Luis Calvo Caravaca/Javier Carrascosa González, *Derecho concursal internacional*, Madrid, 2004, especialmente pp. 177 ss.

[41] Em sentido crítico relativamente à técnica utilizada nas regras de conflitos do Regulamento, vejam-se também Gabriel Moss/Ian F. Fletcher/Stuart Isaacs, *The EC Regulation on Insolvency Proceedings. A Commentary and Annotated Guide*, Oxford, 2002, n.º 4.03, que a consideram «a recipe for instability and uncertainty, particularly where the assets to which the alternating conflicts rules are to apply are mobile, and therefore capable of being subject to different rules according to their whereabouts at the relevant time». Para a defesa, na óptica do Direito norte-americano, de um ponto de vista próximo do que expendemos no texto, *vide* Hannah L. Buxbaum, «Rethinking International Insolvency: The Neglected Role of Choice-of-Law Rules and Theory», *Stanford Journal of International Law*, vol. 36 (2000), pp. 23 ss.

A COOPERAÇÃO JUDICIÁRIA CIVIL NAS RELAÇÕES LUSO-ESPANHOLAS*

Sumário:

I. Delimitação do tema; sua relevância e actualidade.
II. Fontes.
III. Traços fundamentais do regime vigente:
   a) A cooperação judiciária «activa».
IV. Continuação:
   b) A cooperação judiciária «passiva».
V. A caminho de um *espaço judiciário ibérico*?

I
Delimitação do tema; sua relevância e actualidade

Cabe-nos examinar na presente comunicação o regime da cooperação judiciária em matéria civil nas relações entre Portugal e Espanha. Escusado será sublinhar a relevância e actualidade do tema. Numa época, como a presente, em que as relações económicas entre os dois países da Península Ibérica são mais intensas do que nunca, torna-se imprescindível a existência de mecanismos que facilitem as notificações transfronteiras, a obtenção de provas no estrangeiro, a troca de informações entre autoridades judiciárias de diferentes países e o reconhecimento das sentenças estrangeiras. A livre circulação de pessoas, mercadorias, serviços e capitais através das fronteiras depende em larga medida da existência e do adequado funcionamento desses mecanismos: sem eles, dificilmente pode

---

* Texto da conferência proferida em Cáceres, em 8 de Outubro de 2005, no *II Encontro Hispano-Luso de Advocacia* promovido pela Ordem dos Advogados de Portugal e pelo *Consejo General de la Abogacía Española*. Originariamente publicado *na Revista da Ordem dos Advogados*, ano 66 (2006), vol. I, pp. 191 ss.

270   *Direito Intenacional Privado – Ensaios III*

haver uma tutela jurisdicional efectiva dos direitos subjectivos nas situações internacionais e a confiança dos agentes económicos no exercício de uma actividade empresarial ou profissional além-fronteiras desvanece-se.

II
Fontes

Tal como sucede noutros domínios, a cooperação judiciária em matéria civil entre Portugal e Espanha é hoje fundamentalmente regida por instrumentos jurídicos oriundos da Comunidade Europeia e por convenções multilaterais celebradas entre os respectivos Estados-Membros enquanto tais.

Existe, é certo, um acordo bilateral relativo à cooperação judiciária em matéria civil e penal, concluído em 1997 entre estes dois países[1]. Mas o seu alcance é limitado. Esse acordo cinge-se, na verdade, à previsão de que as comunicações relativas à entreajuda ou ao auxílio judiciário internacional em matéria civil e penal serão efectuadas na língua do Estado requerente; de que os pedidos e documentos transmitidos nesse âmbito serão dispensados de legalização ou apostilha; e de que os denominados *tribunais fronteiriços* comunicarão directamente entre si os respectivos pedidos de entreajuda ou auxílio judiciário. Ora, como se verá adiante, os mencionados instrumentos de Direito Comunitário e Internacional sobre a matéria vão bastante mais longe. Quem queira inteirar-se do regime da cooperação judiciária em matéria civil entre Portugal e Espanha terá, por conseguinte, de se referir a esses instrumentos.

O marco fundamental neste domínio é uma convenção celebrada em território espanhol. Referimo-nos à Convenção de San Sebastián de 26 de Maio de 1989, pela qual o Reino de Espanha e a República Portuguesa aderiram à Convenção de Bruxelas de 27 de Setembro de 1968 Relativa à Competência Judiciária e à Execução de Decisões em Matéria Civil e Comercial, concluída entre os Estados-Membros da Comunidade Europeia[2].

---

[1] Aprovado, em Portugal, pelo Decreto n.° 14/98, de 27 de Maio. Nos termos do Aviso do Ministério dos Negócios Estrangeiros n.° 274/98, publicado no *Diário da República* da I Série-A, n.° 279, de 3 de Dezembro de 1998, p. 6659, o Acordo entrou em vigor em 19 de Dezembro de 1998.

[2] Ratificada pelo Decreto do Presidente da República n.° 52/91, de 30 de Outubro. Sobre a Convenção de Bruxelas, veja-se Miguel Teixeira de Sousa/Dário Moura Vicente, *Comentário à Convenção de Bruxelas*, Lisboa, 1994, e a bibliografia aí citada.

Esta última constitui o instrumento internacional até hoje mais bem sucedido no domínio da cooperação judiciária transfronteiras. Por via dela, assegurou-se no interior da Comunidade Europeia a *livre circulação das sentenças* em matéria civil e comercial (também dita a *quinta liberdade comunitária*).

Mas nos últimos anos evoluiu-se para uma quase integral substituição desse instrumento por actos jurídicos comunitários. Trata-se de uma consequência da atribuição aos órgãos da Comunidade Europeia, pelo Tratado de Amesterdão de 1997, de competência para legislarem em matéria de cooperação judiciária – ou seja, da chamada *comunitarização* do Direito Internacional Privado[3].

Esses actos jurídicos formam hoje uma densa teia normativa, que não pode ser aqui examinada em pormenor. Cingir-nos-emos, pois, aos traços fundamentais do regime vigente, distinguindo a este respeito duas formas de cooperação judiciária, que denominaremos, respectivamente, a «activa» e a «passiva»[4].

III
Traços fundamentais do regime vigente:
a) A cooperação judiciária «activa»

A primeira dessas formas de cooperação traduz-se em actos levados a cabo num Estado diferente daquele onde decorre o processo, em auxílio da autoridade judiciária perante a qual o processo se encontra pendente. Compreendem-se nela a citação e a notificação no estrangeiro de actos judiciais e extrajudiciais, a obtenção de provas no estrangeiro e a troca de informações entre autoridades judiciárias e entre estas e autoridades administrativas incumbidas da cooperação judiciária. Vejamos sucintamente os traços fundamentais do regime instituído pelos actos comunitários que se ocupam destas matérias.

---

[3] Sobre esse fenómeno, vejam-se, por último, os estudos recolhidos em Angelika Fuchs/Horatia Muir Watt/Étienne Patau (organizadores), *Les conflits de lois et le système juridique communautaire*, Paris, 2004; e em Luís de Lima Pinheiro (organizador), *Seminário Internacional sobre a comunitarização do Direito Internacional Privado*, Coimbra, 2005.

[4] Para mais desenvolvimentos acerca deste tema, consulte-se o nosso estudo «Cooperação judiciária em matéria civil na Comunidade Europeia», *in Direito Internacional Privado. Ensaios*, vol. II, Coimbra, 2005, pp. 235 ss., e a bibliografia aí citada.

272 Direito Intenacional Privado – Ensaios III

A respeito da citação e da notificação no estrangeiro, o Regulamento (CE) n.° 1348/2000, de 29 de Maio de 2000[5] consagrou um princípio de *transmissão directa* dos actos judiciais e extrajudiciais entre as entidades para o efeito designadas pelos Estados-Membros. E previu ainda a possibilidade de cada Estado-Membro realizar directamente, por via postal, citações e notificações de actos judiciais destinadas a pessoas que residam noutro Estado-Membro. Dispensou-se, assim, a intervenção no processo de citação ou notificação das Autoridades Centrais previstas na Convenção de Haia de 1965 Relativa à Citação e à Notificação no Estrangeiro de Actos Judiciais e Extrajudiciais[6], bem como o recurso, para o mesmo efeito, à via diplomática ou consular, que a experiência demonstrou ser geralmente fonte de grandes delongas na realização das diligências em causa.

Também no tocante à obtenção de provas no estrangeiro se consagrou no Regulamento (CE) n.° 1206/2001, de 28 de Maio de 2001[7], um princípio de transmissão directa dos pedidos formulados por tribunais dos Estados-Membros; e previu-se ainda no mesmo acto comunitário a possibilidade de esses tribunais obterem provas directamente noutros Estados-Membros, recorrendo, por exemplo, à videoconferência ou à teleconferência. Para o

---

[5] Publicado no *Jornal Oficial das Comunidades Europeias* (doravante *JOCE*), n.° L 160, de 30 de Junho de 2000, pp. 37 ss. Ver Burkhard Hess, «Die Zustellung von Schriftstücken im europäischen Justizraum», *Neue Juristische Wochenschrift*, 2001, pp. 15 ss.; *idem*, «Nouvelles techniques de la coopération judiciaire transfrontière en Europe», *Revue Critique de Droit International Privé*, 2003, pp. 215 ss.; Astrid Stadler, «Neues europäisches Zustellungsrecht», *IPRax*, 2001, pp. 514 ss.; Walter Lindacher, «Europäisches Zustellungsrecht», *Zeitschrift für Zivilprozess*, 2001, pp. 179 ss.; José Salazar Casanova, «Regulamento (CE) n.° 1348/2000, do Conselho, de 29 de Maio de 2000: princípios e aproximação à realidade judiciária», *Revista da Ordem dos Advogados*, 2002, pp. 777 ss.; Peter Schlosser, *EU-Zivilprozessrecht*, 2.ª ed., Munique, 2003, pp. 520 ss.; e Bettina Heiderhoff, *in* Thomas Rauscher (organizador), *Europäisches Zivilprozessrecht. Kommentar*, Munique, 2004, pp. 779 ss.

[6] Aprovada para ratificação pelo Decreto-Lei n.° 210/71, de 18 de Maio; está em vigor no nosso país desde 25 de Fevereiro de 1974.

[7] Publicado no *JOCE*, n.° L 174, de 27 de Junho de 2001, pp. 1 ss. Ver Christian Berger, «Die EG-Verordnung über die Zusammenarbeit der Gerichte auf dem Gebiet der Beweisaufnahme in Zivil- und Handelssachen (EuBVO)», *IPRax*, 2001, pp. 522 ss.; Peter Schlosser, ob. cit. (nota 5), pp. 595 ss.; Jan von Hein, *in* Thomas Rauscher, ob. cit. (nota 5), pp. 859 ss.; Miguel Teixeira de Sousa, «Linhas gerais do Regulamento (CE) n.° 1206/2001 relativo à obtenção de provas em matéria civil e comercial», *Cadernos de Direito Privado*, n.° 8, Outubro/Dezembro 2004, pp. 34 ss.; e José Salazar Casanova, «Cooperação judiciária europeia no domínio da obtenção de provas», *Scientia Iuridica*, 2004, pp. 559 ss.

efeito, deve no entanto o tribunal interessado apresentar um pedido a uma autoridade designada pelo Estado-Membro onde a prova haja de ser produzida. A obtenção directa de provas só pode ter lugar se for feita «numa base voluntária, sem recorrer a medidas coercivas». Dispensou-se, em todo o caso, o envio de uma carta rogatória à Autoridade Central designada pelo Estado onde deva ter lugar a diligência probatória em causa, que é exigida pela Convenção de Haia de 1970 Relativa à Obtenção de Provas no Estrangeiro[8].

Não menos importante, como forma de cooperação judiciária, é a troca de informações entre autoridades judiciárias e entre estas e as autoridades administrativas responsáveis pela cooperação judiciária, de que trata a Decisão do Conselho n.° 2001/470, de 28 de Maio de 2001[9]. Aí se institui uma *rede judiciária europeia* em matéria civil e comercial, que é responsável por facilitar a cooperação judiciária, nomeadamente através da criação e actualização de sistemas de informação destinados quer aos membros da rede, quer ao público em geral. Essa rede compreende, desde 2003, um sítio Internet no qual se disponibilizam textos de actos comunitários em vigor ou em preparação relativos à cooperação judiciária em matéria civil e comercial, medidas nacionais de execução deles, instrumentos internacionais sobre a matéria de que são partes os Estados-Membros da Comunidade, jurisprudência comunitária a ela respeitante e fichas de informação sobre o acesso à justiça nos Estados-Membros[10].

IV
Continuação: *b)* A cooperação judiciária «passiva»

Passemos à cooperação judiciária dita passiva. Trata-se da colaboração entre autoridades judiciárias de diferentes países que se traduz ou pressupõe a abstenção de julgar uma causa, em ordem a prevenir ou a pôr termo a processos paralelos ou sucessivos relativos às mesmas causas ou a causas conexas. Estas tanto podem já ter sido julgadas por tribunais

---

[8] Aprovada para ratificação pelo Decreto n.° 764/74, de 30 de Dezembro; em vigor em Portugal desde 11 de Maio de 1975.

[9] Publicada no *JOCE*, n.° L 174, de 27 de Junho de 2001, pp. 25 ss.

[10] Cfr. http://europa.eu.int/comm/justice_home/ejn/index.pt.htm.

274   *Direito Intenacional Privado – Ensaios III*

estrangeiros como estar pendentes perante eles ou deverem tão-só ser julgadas por eles.

Nela se compreendem dois tipos de actuações. Por um lado, a declaração oficiosa de incompetência para julgar uma acção que, de acordo com o Direito vigente no Estado do foro, seja da competência exclusiva de um tribunal estrangeiro. Por outro, o reconhecimento de eficácia no Estado do foro a actos praticados por uma ou perante uma jurisdição estrangeira. Nesta subcategoria incluem-se a suspensão da instância e a declaração de incompetência a favor de um tribunal estrangeiro nos casos de litispendência estrangeira e de conexão entre acções e o reconhecimento de decisões judiciais estrangeiras.

Ocupam-se desta matéria diversos actos comunitários recentes. Entre eles sobressaem o Regulamento (CE) n.º 44/2001, de 22 de Dezembro de 2000, relativo à competência judiciária, ao reconhecimento e à execução de decisões em matéria civil e comercial[11], e o Regulamento (CE) n.º

---

[11] Publicado no *JOCE*, n.º L 12, de 16 de Janeiro de 2001, pp. 1 ss. Foi alterado pelos Regulamentos (CE) n.º 1496/2002, da Comissão, de 21 de Agosto de 2002, *in ibidem*, n.º L 225, de 22 de Agosto de 2002, p. 13, e n.º 2245/2004, da Comissão, de 27 de Dezembro de 2004, *in ibidem*, n.º L 381, de 28 de Dezembro de 2004, pp. 10 ss. Ver, acerca desse acto comunitário, Georges Droz/Hélène Gaudemet-Tallon, «La transformation de la Convention de Bruxelles du 27 septembre 1968 en Règlement du Conseil concernant la compétence judiciaire, la reconnaissance et l'exécution des décisions en matière civile et commerciale», *Revue Critique de Droit International Privé*, 2001, pp. 601 ss.; Jean-Paul Beraudo, «Le Règlement (CE) du Conseil du 22 décembre 2000 concernant la compétence judiciaire, la reconnaissance et l'exécution des décisions en matière civile et commerciale», *Clunet*, 2001, pp. 1033 ss.; Hélène Gaudemet-Tallon, *Compétence et exécution des jugements en Europe*, 3.ª ed., Paris, 2002 ; Reinhold Geimer, «Salut für die Verordnung (EG) Nr. 44/2001 (Brüssel I-VO). Einige Betrachtungen zur "Vergemeinschaftung" des EuGVÜ», *IPRax*, 2002, pp. 69 ss.; Dário Moura Vicente, «Competência judiciária e reconhecimento de decisões estrangeiras no Regulamento (CE) n.º 44/2001», *Scientia Iuridica*, 2002, pp. 347 ss. (reproduzido em *Direito Internacional Privado. Ensaios*, vol. I, Coimbra, 2002, pp. 291 ss.); Rui de Moura Ramos, «The New EC Rules on Jurisdiction and the Recognition and Enforcement of Judgments», *in Law and Justice in a Multistate World. Essays in Honor of Arthur T. von Mehren*, Ardsley, Nova Iorque, 2002, pp. 199 ss.; António Neves Ribeiro, *Processo Civil da União Europeia*, Coimbra, 2002, pp. 47 ss.; Miguel Teixeira de Sousa, «Âmbito de aplicação do regulamento n.º 44/2001, de 22 de Dezembro de 2000 (regulamento Bruxelas I)», *in Estudos em homenagem à Professora Doutora Isabel de Magalhães Collaço*, vol. II, Coimbra, 2002, pp. 675 ss.; Luís de Lima Pinheiro, *Direito Internacional Privado*, vol. III, Coimbra, 2002, pp. 51 ss. e 268 ss.; Peter Schlosser, ob. cit. (nota 5), pp. 23 ss.; Stefan Leible/Peter Mankowski/Ansgar Staudinger, *in* Thomas Rauscher, ob. cit. (nota 5), pp. 1 ss.; Reinhold Geimer/Rolf Schütze, *Europäis-*

2201/2003, de 27 de Novembro de 2003, relativo à competência, ao reconhecimento e à execução de decisões em matéria matrimonial e de responsabilidade parental[12].

Acolhe-se nestes actos um sistema de *verificação da competência* nos termos do qual os tribunais dos Estados-Membros perante os quais tiver sido proposta a título principal uma acção relativamente à qual tenha competência exclusiva um tribunal de outro Estado-Membro devem declarar-se oficiosamente incompetentes para julgá-la.

Em segundo lugar, consigna-se neles o princípio da *prevenção da jurisdição*, por força do qual quando acções com o mesmo pedido, a mesma causa de pedir e entre as mesmas partes forem instauradas em tribunais de Estados-Membros diferentes, deve o tribunal em que a acção foi instaurada em segundo lugar suspender oficiosamente a instância até que seja estabelecida a competência do tribunal em que a acção foi instaurada em primeiro lugar. Uma vez estabelecida essa competência, o tribunal em que a acção foi instaurada em segundo lugar declarar-se-á incompetente a favor dele.

Finalmente, estabelece-se nesses actos comunitários o princípio do *reconhecimento automático* das sentenças estrangeiras, segundo o qual as sentenças proferidas por tribunais de outros Estados-Membros podem produzir os seus efeitos normais enquanto actos jurisdicionais nos demais Estados-Membros, sem terem de ser previamente revistas e confirmadas

---

ches Zivilverfahrensrecht, 2.ª ed., Munique, 2004; Maria Helena Brito, *Direito do Comércio Internacional*, Coimbra, 2004, pp. 183 ss.; e Jan Kropholler, *Europäisches Zivilprozessrecht. Kommentar zum EuGVO und Lugano-Übereinkommen*, 8.ª ed., Frankfurt a. M., 2005.

[12] Publicado no *JOCE*, n.° L 338, de 23 de Dezembro de 2003, pp. 1 ss. Vejam-se acerca deste Regulamento: Rosario Espinosa Calabuig, «La responsabilidad parental y el nuevo reglamento de "Bruselas II, bis": entre el interés del menor y la cooperación judicial interestatal», *Rivista di Diritto Internazionale Privato e Processuale*, 2003, pp. 735 ss.; Miguel Teixeira de Sousa, «Ausgewählte Probleme aus dem Anwendungsbereich der Verordnung (EG) Nr. 2201/2003 und des Haager Übereinkommens v. 19.10.1996 über den Schutz von Kindern», *Zeitschrift für das gesamte Familienrecht*, 2005, pp. 1612 ss.; Maria Helena Brito, «O Regulamento (CE) n.° 2201/2003 do Conselho, de 27 de Novembro de 2003, relativo à competência, ao reconhecimento e à execução de decisões em matéria matrimonial e em matéria de responsabilidade parental», *in Estudos em memória do Professor Doutor António Marques dos Santos*, vol. I, Coimbra, 2005, pp. 305 ss.; e Bertrand Ancel/Horatia Muir Watt, «L'intérêt supérieur de l'enfant dans le concert des juridctions: le Règlement de Bruxelles II bis», *Revue Critique de Droit international Privé*, 2006, pp. 569 ss.

276   *Direito Intenacional Privado – Ensaios III*

por um tribunal local. Uma tal revisão terá todavia lugar, a pedido da parte interessada, se o reconhecimento da sentença estrangeira for impugnado por aquele contra quem for requerido.

Este último princípio não valia originariamente quanto ao efeito executivo, pois os mencionados Regulamentos sujeitaram a execução das decisões proferidas nos Estados-Membros a uma declaração prévia de exequibilidade (*exequatur*) a pedido da parte interessada.

Mas este estado de coisas foi recentemente alterado pelo Regulamento (CE) n.º 805/2004, de 21 de Abril de 2004, relativo ao *Título Executivo Europeu*[13], que será plenamente aplicável a partir de 21 de Outubro de 2005.

Este acto comunitário aboliu, na verdade, a exigência de *exequatur* pelo que respeita às decisões judiciais, transacções e actos autênticos exarados nos Estados-Membros da Comunidade (excepto a Dinamarca) quando estes sejam relativos a *créditos não contestados*. O que – supõe-se – facilitará significativamente a execução desses títulos na Comunidade Europeia, pelo menos quando oriundos de Estados-Membros cujo Direito interno se conforme com as normas mínimas aplicáveis aos processos relativos a créditos não contestados, constantes do capítulo III do Regula-

---

[13] Publicado no *JOCE*, n.º L 143, de 30 de Abril de 2004, pp. 15 ss. Sobre este acto, cfr. Rolf Wagner, «Vom Brüsseler Übereinkommen über die Brüssel I – Verordnung zum Europäischen Vollstreckungstitel», *IPRax*, 2002, pp. 75 ss.; *idem*, «Das Gesetz zur Durchführung der Verordnung (EG) Nr. 805/2004 zum Europäischen Vollstreckungstitel – unter besonderer Berücksichtigung der Vollstreckungsabwehrklage», *IPRax*, 2005, pp. 401 ss.; Thomas Rauscher, *Der Europäische Vollstreckungstitel für unbestrittene Forderungen*, Munique/Heidelberga, 2004; Astrid Stadler, «Das Europäische Zivilprozessrecht – Wie viel Beschleunigung verträgt Europa? Kritisches zur Verordnung über den Europäischen Vollstreckunsgtitel un ihre Grundidee», *IPRax*, 2004, pp. 2 ss.; Andreas Stein, «Der Europäische Vollstreckungstitel für unbestrittene Forderungen tritt in kraft – Aufruf zur einer nüchternen Betrachtung», *IPRax*, 2004, pp. 181 ss.; Burckhard Hess, «Europäischer Vollstreckungstitel und nationale Vollstreckungsgegenklage», *IPRax*, 2004, pp. 493 s.; Pilar Blanco-Morales Limones/Antonia Durán Ayago, «Luces y sombras del título ejecutivo europeo sobre créditos no impugnados», *in* Alfonso-Luis Calvo Caravaca/Santiago Areal Ludeña (organizadores), *Cuestiones actuales del Derecho Mercantil Internacional*, Madrid, 2005, pp. 41 ss.; Hélène Péroz, «Le règlement CE n.º 805/2004 du 21 avril 2004 portant création d'un titre exécutoire européen pour les créances incontestées», *Clunet – Journal de Droit International*, 2005, pp. 637 ss.; e Paula Costa e Silva, «O Título Executivo Europeu», *in Estudos em memória do Professor Doutor António Marques dos Santos*, vol. I, Coimbra, 2005, pp. 557 ss.

mento. Este, cumpre notá-lo, parece não ser por enquanto o caso do Direito português[14].

Não se prescinde nesse Regulamento de um controlo da regularidade formal da decisão judicial a executar num país estrangeiro; mas esse controlo passa a caber aos tribunais do *país de origem* dessa decisão, aos quais compete certificá-la como título executivo europeu, verificados que estejam certos requisitos enunciados no Regulamento. Há um nítido paralelismo entre esta solução e a atribuição de competência à *lex originis* a fim de reger a prestação de certos bens ou serviços no âmbito da Comunidade Europeia por entidades nela estabelecidas, prevista em outros actos comunitários já adoptados (como a Directiva sobre o comércio electrónico[15]) ou projectados (como a proposta, apresentada pela Comissão Europeia, de uma Directiva relativa aos serviços no mercado interno[16]).

V
A caminho de um *espaço judiciário ibérico*?

Os instrumentos internacionais e comunitários que referimos até aqui revelam que um longo caminho foi já percorrido em matéria de cooperação judiciária internacional, no sentido de a facilitar e de lhe imprimir maior eficácia.

Cumpre, em todo o caso, interrogarmo-nos acerca do sentido desejável da evolução futura neste domínio. Até onde deve avançar-se em matéria de cooperação judiciária, mormente nas relações entre Portugal e Espanha?

---

[14] Cfr. Paula Costa e Silva, est. cit. (nota anterior), pp. 601 ss.

[15] Directiva 2000/31/CE, de 8 de Junho de 2000, publicada no *JOCE*, n.º L 178, de 17 de Julho de 2000, pp. 1 ss. Foi transposta para a ordem jurídica nacional pelo D.L. n.º 7/2004, de 7 de Janeiro. Sobre a atribuição de competência à *lex originis* nestes textos, *vide* o nosso *Direito Internacional Privado. Problemática internacional da sociedade da informação*, Coimbra, 2005, pp. 208 ss., e a bibliografia aí citada.

[16] Documento COM (2004) 2 final, de 13 de Janeiro de 2004. Sobre essa controversa proposta, vejam-se: Peter Mankowski, «Wider ein Herkunftslandprinzip für Dienstleistungen im Binnenmarkt», *IPRax*, 2004, pp. 385 ss.; Ramón Viñas Farré, «Posibles incoherencias entre el Derecho Internacional Privado Comunitário y la propuesta de Directiva del Parlmento Europeo y del Consejo sobre servicios en el mercado interior», Alfonso-Luis Calvo Caravaca/Santiago Areal Ludeña, ob. cit. (nota 13), pp. 1055 ss.

Pergunta-se, em especial, se deverá evoluir-se para a formação, neste domínio, de um *espaço judicial ibérico* – pergunta esta que de alguma sorte está implícita na formulação do tema desta sessão, que tem justamente por epígrafe o «âmbito judicial territorial ibérico».

A fim de respondermos a esta questão, importa retomar a distinção entre as duas modalidades fundamentais de cooperação judiciária internacional que autonomizámos atrás.

Pelo que respeita à cooperação judiciária activa, os actos comunitários a que fizemos alusão admitem expressamente que os Estados-Membros celebrem entre si acordos tendentes a facilitar mais, nas relações entre eles, a cooperação judiciária internacional, desde que tais acordos sejam compatíveis com as disposições desses actos[17].

Mas no tocante à cooperação judiciária passiva a questão coloca-se noutros termos. Por um lado, porque os actos comunitários que se lhe referem não prevêem a conclusão pelos Estados-Membros de acordos desse tipo. Por outro, porque um aprofundamento do regime vigente – que levasse, *v.g.*, a prescindir da revisão e do *exequatur* das sentenças estrangeiras a fim de que estas produzissem qualquer tipo de efeitos fora do Estado de que são oriundas – dificilmente poderia ser consagrado sem uma prévia unificação do Direito Civil. De outro modo, poder-se-ia conseguir com grande facilidade no Estado do foro, através do reconhecimento de uma sentença estrangeira, um resultado que não seria possível numa acção nele intentada. Ou seja, fomentar-se-ia ao mais alto grau o chamado *forum shopping*, com eventual prejuízo para a igualdade jurídica das partes.

Tal unificação tem, é certo, sido insistentemente reclamada por alguns[18]. O próprio Parlamento Europeu a preconizou em sucessivas resoluções adoptadas desde 1989[19]. Mas não se vê que seja para já viável – ou sequer desejável[20].

---

[17] Haja vista aos arts. 20.°, n.° 2, do Regulamento (CE) n.° 1348/2000 e 21.°, n.° 2, do Regulamento (CE) n.° 1206/2001.

[18] Ver, por último, Ole Lando, «Does the European Union need a Civil Code?», *Recht der Internationalen Wirtschaft*, 2003, pp. 1 s.

[19] Cfr. «Resolução sobre um esforço de harmonização do direito privado dos Estados-membros», *JOCE*, n.° C 158, de 26 de Junho de 1989, pp. 400 s.; «Resolução sobre a harmonização de certos sectores do direito privado dos Estados-membros», *in ibidem*, n.° C 205, de 25 de Julho de 1994, pp. 518 s.; e «Resolução do Parlamento Europeu sobre a aproximação do direito civil e comercial dos Estados-Membros», *in ibidem*, n.° C 140 E, de 13 de Junho de 2002, pp. 538 ss.

[20] Para uma discussão mais aprofundada do tema, veja-se o nosso estudo «Um

O Direito é, na verdade, uma forma de cultura. A eliminação da diversidade dos Direitos nacionais e locais redundaria inevitavelmente num empobrecimento cultural. E seria até contrária à tradição de autonomia regional que nos últimos anos se consolidou tanto em Portugal como em Espanha.

Por outro lado, a eficácia das normas jurídicas sempre dependeu em alguma medida de estas corresponderem ao sentimento ético-jurídico dos seus destinatários. De contrário, tais normas correm o risco de serem rejeitadas pelo corpo social a que se dirigem. A História do Direito revela numerosos exemplos de costumes *contra legem* cuja raiz é precisamente essa.

A isto se tem contraposto que a unificação do Direito Civil corresponderia a uma exigência da integração económica em curso no âmbito da Comunidade Europeia. Mas o exemplo de diversos países europeus – entre os quais a própria Espanha – onde, não obstante vigorarem sistemas jurídicos complexos ou plurilegislativos, é inteiramente livre a circulação de pessoas, mercadorias, serviços e capitais, permite duvidar de que efectivamente assim seja.

Tais, em suma, as razões por que a nosso ver o futuro das relações entre Portugal e Espanha no âmbito judicial deverá passar mais pelo reforço da eficácia dos mecanismos de cooperação judiciária existentes do que por uma unificação do Direito substantivo. Assim se reforçará a tutela judiciária dos direitos subjectivos nas situações conexas com os dois países, sem pôr em causa identidade nacional de qualquer deles.

Código Civil para a Europa? Algumas reflexões», *in Estudos em homenagem ao Prof. Doutor Inocêncio Galvão Telles,* vol. I, Coimbra, 2002, pp. 47 ss. (reproduzido em *Direito Internacional Privado. Ensaios,* vol. I, Coimbra, 2002, pp. 7 ss.), com mais indicações bibliográficas. Consultem-se ainda os textos recolhidos em Pascal de Vareilles-Sommières (organizador), *Le droit privé européen,* Paris, 1998; Christophe Jamin/Denis Mazeaud (organizadores), *L'harmonisation du droit des contrats en Europe,* Paris, 2001; Manuel Lopes Porto e outros, *Um Código Civil para a Europa,* Coimbra, 2002; Sixto Sánchez Lorenzo/Mercedes Moya Escudero (organizadores), *La cooperación judicial en matéria civil y la unificación del derecho privado en Europa,* Madrid, 2003; Guido Alpa/Remo Danovi (organizadores), *Diritto Privato Europeo. Fonti ed effetti,* Milão, 2004; e Arthur Hartkamp (organizador), *Towards a European Civil Code,* 3.ª ed., Nijmegen, 2004.

COMPETENCIA INTERNACIONAL
Y RECONOCIMIENTO DE SENTENCIAS EXTRANJERAS
EN EL DERECHO AUTÓNOMO PORTUGUÉS*

1. Introducción

Por competencia internacional se entiende, en el Derecho portugués, tanto la fracción del poder jurisdiccional que pertenece a los tribunales portugueses, tomados en su conjunto, para juzgar las acciones y demás providencias de tutela jurisdiccional que les sean solicitadas, referentes a situaciones jurídicas conexas con dos o más órdenes jurídicas (la llamada competencia internacional *directa*), como el poder que es reconocido por el orden jurídico portugués a los tribunales de otros Estados para juzgar las acciones que ante ellos hayan corrido, cuyo control se efectúa en el ámbito del proceso de revisión de sentencias extranjeras como condición de su eficacia en el orden interno (poder este también dicho competencia internacional *indirecta*).

Se refieren a la primera de estas dos formas de competencia internacional los arts. 61.°, 65.°, 65.°-A y 99.° del Código de Proceso Civil portugués (de ahora en adelante CPC); la segunda se encuentra disciplinada en su art. 1096.°, apartado *c)*, de este Código.

Importa, antes de más, delimitar el ámbito de aplicación de estas reglas.

Como se sabe, la aplicación en el espacio de normas procesales se rige, de acuerdo con la orientación tradicional, por el principio de territorialidad, por fuerza del cual la competencia jurisdiccional y forma del proceso son reguladas por el Derecho vigente en el Estado do foro. A los tribunales portugueses cabe por consiguiente atribuir su propia competencia

---

* Texto originariamente publicado *in DeCITA – Derecho del Comercio Internacional,* vol. 4 (2005), Buenos Aires, pp. 695 ss.

internacional, así como a la de los tribunales extranjeros de que dimanen sentencias sometidas a su revisión, según las reglas de competencia internacional directa e indirecta vigentes en Portugal.

Esas reglas no son, sin embargo, solamente las que constan del CPC. Sobre ellas prevalecen, en los términos del art. 8.º de la Constitución de la República Portuguesa (de ahora en adelante CRP) y del art. 1094.º, n.º 1, del CPC, las normas constantes de convenciones internacionales regularmente ratificadas o aprobadas y publicadas en el periódico oficial, en cuanto las mismas vinculen internacionalmente el Estado portugués, así como las que figuran en reglamentos emanados de la Comunidad Europea. El ámbito de aplicación de las reglas de competencia internacional constantes del CPC es, así, negativamente delimitado por el de aquellas convenciones y reglamentos.

Entre las convenciones internacionales de mayor relieve en la materia en examen abultan la Convención Relativa a la Competencia Judicial y a la Ejecución de Decisiones en Materia Civil y Comercial, firmada en Bruselas el 27 de Septiembre de 1968, y la Convención paralela a esta, con la misma designación, firmada en Lugano el 16 de Septiembre de 1988. Ambas vigoran en el orden jurídico portugués desde el 1 de Julio de 1992.

Cuanto a los reglamentos comunitarios, hay que destacar, entre varios otros, el Reglamento (CE) n.º 44/2001 del Consejo, de 22 de Diciembre de 2000, relativo a la competencia judicial, al reconocimiento y a la ejecución de decisiones en materia civil y comercial, que substituyó parcialmente la Convención de Bruselas y se encuentra en vigor en Portugal desde el 1 de Marzo de 2002.

El domicilio y sede del reo son los elementos de conexión decisivos para determinar el ámbito de aplicación en el espacio de las disposiciones de esas Convenciones y del Reglamento en materia de competencia internacional. Desde que esos elementos de conexión se concreticen, en el caso *sub judice*, en el territorio de uno de los Estados partes de la Convención o del Reglamento, deben aplicarse las respectivas disposiciones. La Convención de Bruselas y el Reglamento son aún aplicables al reconocimiento en el territorio de los Estados que de ellos son partes de las decisiones proferidas en materia civil y comercial por los tribunales de los demás Estados partes.

En lo que respeta a la Convención de Lugano, valen reglas idénticas a las que la Convención de Bruselas establece. Pero sus disposiciones apenas son aplicables, en los términos de su art. 54.º-B, a la fijación de la competencia internacional de los tribunales de los respectivos Estados contratantes cuando el reo se encuentre domiciliado en el territorio de un Estado contratante que no sea miembro de la Unión Europea o cuando los respectivos arts. 16.° e 17.° atribuyan competencia a los tribunales de ese Estado, y bien así al reconocimiento de sentencias extranjeras cuando el Estado de origen o el Estado requerido no sea miembro de la Unión Europea.

Resulta de lo expuesto que el ámbito de aplicabilidad espacial de las reglas de competencia internacional directa constantes del art. 65.° del CPC se encuentra hoy, y mientras vigoren en Portugal las Convenciones de Bruselas y de Lugano y el Reglamento (CE) n.° 44/2001, restricto a las acciones intentadas contra reo que se encuentre domiciliado o sedeado fuera del territorio de los Estados partes de estos instrumentos – *grosso modo* el territorio de la Unión Europea y de la EFTA –; y que la regla de competencia internacional indirecta establecida del art. 1096.°, apartado *c)*, del mismo Código vale apenas para el reconocimiento de sentencias judiciales dimanadas de tribunales de Estados que no sean parte de esas Convenciones y del Reglamento.

Es aún más limitado el campo de aplicación de las reglas de competencia exclusiva consagradas en el art. 65.°-A del CPC y de las reglas sobre los pactos privativos y atributivos de jurisdicción que figuran en el art. 99.° del mismo diploma.

Sobre la primera de estas disposiciones prevalecen los arts. 16.° de las Convenciones de Bruselas y de Lugano y 22.° del Reglamento, mismo que el reo se encuentre domiciliado fuera de los respectivos Estados partes. Lo que significa que hoy es nulo el ámbito de aplicabilidad de los apartados *a)* y *c)* del art. 65.°-A del CPC. A su turno, el apartado *b)* de ese precepto, que se ocupa de la competencia para los procesos especiales de recuperación de empresa y de quiebra, sólo puede actualmente ser aplicado por los tribunales portugueses en los casos en que el insolvente no tenga el centro de sus intereses principales en un Estado-Miembro del Reglamento (CE) n.° 1346/2000, de 29 de Mayo de 2000, relativo a los procesos de insolvencia. Finalmente, el apartado *d)* no será aplicable en la parte a que se refieren las acciones que tengan como objeto principal la apreciación de la validad de la inscripción en registros públicos de derechos patrimoniales, visto que estos caben, como se dijo antes, en el ámbito material de aplicación de las convenciones.

Cuanto al art. 99.°, sólo será aplicable, en cuanto a lo que se refirió, en una de dos situaciones: cuando las partes atribuyan competencia a un tribunal de un Estado que no sea parte de las referidas Convenciones ni del Reglamento; y cuando ni el autor ni el reo tengan, en el momento de la celebración del pacto de jurisdicción, domicilio o sede en el territorio de uno de esos Estados.

2. Criterios de atribución de la competencia internacional directa

Procuraremos ahora fijar las coordenadas fundamentales del régimen de atribución de la competencia internacional directa e indirecta en el CPC, empezando por la primera.

Abstrayéndonos de las convenciones internacionales y de los reglamentos comunitarios vigentes en el orden jurídico portugués, actualmente son los siguientes los principales criterios de atribución de competencia internacional a los tribunales portugueses: *a)* el foro del domicilio del reo; *b)* el principio de la coincidencia de la competencia internacional con la competencia territorial interna; *c)* el principio de la causalidad; *d)* el principio de la necesidad; *e)* los factores de competencia exclusiva previstos en el art. 65.°-A; y *f)* el principio de la autonomía de la voluntad.

a) El primero fue introducido en el CPC por el D.L. n.° 329-A/95, de 12 de Diciembre de 1995, que añadió al n.° 1 del art. 65.° su nuevo apartado *a)*, según el cual los tribunales portugueses tienen competencia internacional si el reo o alguno de los reos tuvieran domicilio en territorio portugués, salvo tratándose de acciones relativas a derechos reales o personales de gozo sobre inmuebles sitos en país extranjero.

Es cierto que, por fuerza del principio de la coincidencia, ahora consagrado en el apartado *b)* del n.° 1 del art. 65.°, ya antes de la revisión del CPC los tribunales portugueses podían ser internacionalmente competentes cuando el reo aquí tuviera domicilio, visto que este es, en los términos del art. 85.°, n.° 1, el criterio general de competencia territorial interna. Simplemente, al paso que antes el domicilio del reo en territorio nacional intervenía a título meramente subsidiario, no bastando para fundar la atribución de competencia internacional a los tribunales portugueses siempre que se encontrase reunida alguna de las hipótesis de los arts. 73.° y siguientes, el apartado *a)* confirió al autor la facultad de accionar el reo en Portugal siempre que aquí se sitúe su domicilio, apenas con la limitación constante de la segunda parte de la línea *a)* del n.° 1 del art. 65.°.

Se trata de una solución reconocida por la generalidad de las órdenes jurídicas, que se encuentra también consagrada en el art. 2.º de las Convenciones de Bruselas y de Lugano y del Reglamento (CE) n.º 44/2001. Se tutela a través de ella tanto el interés del autor como el del reo, pues se posibilita al primero la introducción de la demanda en el país donde la ejecución de la sentencia probablemente tendrá lugar y donde, por consiguiente, la realización de su derecho será más fácil; de la misma forma que se exime el segundo del ónus de conducir su defensa en país extranjero.

Con la finalidad de determinar si el reo tiene domicilio en territorio portugués debe aplicarse actualmente lo dispuesto en el art. 82.º del Código Civil, que tiene la persona singular por domiciliada en el lugar de su residencia habitual.

Cuanto a las personas colectivas, el actual n.º 2 del art. 65.º las tiene por domiciliadas en Portugal desde que aquí se sitúe su sede estatutaria o efectiva o aquí tengan sucursal, agencia, filial o delegación. Se omite en ese precepto cualquier referencia a la representación establecida en Portugal por persona colectiva con sede en país extranjero. Una vez que el 7.º art. del CPC confiere en determinadas circunstancias personalidad judiciaria a la representación de la persona colectiva extranjera y que en el art. 86.º, n.º 2, se eleva la representación a la condición de criterio de competencia territorial en el orden interno, suponemos que ninguna razón existe para que ella no valga como título de competencia internacional, imponiéndose, por consiguiente, la interpretación extensiva del art. 65.º, n.º 2.

b) Por fuerza del *principio de la coincidencia*, constante del apartado *b)* del n.º 1 del art. 65.º, pueden los tribunales portugueses conocer las acciones que deban ser propuestas en Portugal de acuerdo con las reglas de la competencia territorial establecidas por la ley portuguesa. Así, por ejemplo, si un portugués reclama en juicio la condenación de un brasileño residente en Brasil el pagamiento del precio de una mercancía que le vendió y que le era debida en Lisboa, el tribunal de Lisboa tiene competencia internacional, ya que la tiene también territorial por fuerza de lo dispuesto en el art. 74.º, n.º 1, del Código.

La consecuencia jurídica de la hipótesis enunciada en el art. 65.º, n.º 1, apartado *b)*, del Código surge así indirectamente, por vía de la remisión operada para otros preceptos de orden interna. Se trata, por consiguiente, de una norma de *reenvío intra-sistemático*.

Podrá dudarse de la utilidad de este precepto. En Alemania, por ejemplo, a la falta de una regla que estipule expresamente el principio de la coincidencia, la doctrina y la jurisprudencia entienden que de la competencia territorial de los tribunales alemanes, disciplinada en los §§ 12 y siguientes de *Zivilprozessordnung*, resulta también su competencia internacional. Se habla por eso de una *doble funcionalidad* («Doppelfunktionalität») de las normas de competencia territorial. También en Francia la Casación entiende que la competencia internacional de los tribunales franceses para juzgar litigios entre extranjeros se determina por extensión de las reglas de la competencia territorial interna.

Suponemos que si en Portugal faltase el apartado *b)* del n.° 1 del art. 65.° el vacío así surgido habría de rellenarse a través de una construcción de aquel género o mediante la aplicación analógica de las reglas de la competencia territorial a la determinación de la competencia internacional. Pero no tenemos dudas en afirmar que el sistema portugués, basado en una idea de separación entre la disciplina de la competencia internacional y la de la competencia interna, aunque valiéndose en parte, por una cuestión de economía de medios, de las reglas de la segunda en la disciplina de la primera, lleva ventaja a los sistemas alemán y francés en términos de claridad y de precisión.

No se extraña por eso que, por ejemplo, la reforma del sistema italiano de Derecho Internacional Privado haya adoptado solución análoga a la que figura en Portugal en el apartado *b)* del n.° 1 del art. 65.°.

c) De acuerdo con el llamado *principio de la causalidad*, consagrado en el apartado *c)* del n.° 1 del art. 65.°, los tribunales portugueses son también internacionalmente competentes si hubiera sido practicado en territorio portugués el hecho que sirve de causa de pedir en la acción, o sea, el hecho jurídico donde emerge la pretensión del autor.

Cuando la causa de pedir sea compleja, envolviendo más de un hecho, como sucede la mayoría de las veces, basta, de acuerdo con la nueva redacción del precepto, que haya sido practicado en territorio nacional alguno de los hechos que la integran para que quede legitimada la competencia de los tribunales portugueses. Ya así lo había entendido el Supremo Tribunal de Justicia, en el *Assento* n.° 6/94, de 17 de Febrero de 1994, según el cual: «Invocado un contrato de seguro celebrado en Portugal, en el ámbito de causa compleja del pedido, aunque también derivado de mala estiva o mala manipulación de mercancías no ocurridas en territorio portugués, aquel hecho desencadena la competencia internacional del foro portugués, ante lo dispuesto en el artículo 65.°, n.° 1, apartado *b)*, del Código de Proceso Civil» (*in Diário da República*, I serie-A, de 30 de Marzo de 1994).

d) El principio de la necesidad se encuentra consagrado en el apartado *d)* del n.° 1 del art. 65.°. Por fuerza de él, los tribunales portugueses son aún competentes en dos circunstancias: (i) en el caso de no poder el derecho invocado hacerse efectivo sino por medio de acción propuesta en territorio portugués, desde que entre el objeto del litigio y el orden jurídico nacional exista algún elemento poderoso de conexión, personal o real; y (ii) verificada también esta última condición, si no es exigible al autor la proposición de la acción en el extranjero. La primera de estas circunstancias se encontraba ya prevista en la redacción original del precepto; la segunda, inspirada en la fórmula del art. 3.° de la ley suiza de Derecho Internacional Privado, fue añadida por el citado D.L. n.° 395-A/95.

Se visa de este modo, fundamentalmente, prevenir los conflictos negativos de jurisdicciones y garantizar el acceso de los ciudadanos a la justicia. Pero no sólo: hace mucho se venía sustentando en la doctrina que la imposibilidad de hacer efectivo el derecho del autor tanto puede ser jurídica – por ninguna otra orden judicial se considerar competente para juzgar la acción – como de hecho, o material – por ejemplo, en virtud del corte de relaciones diplomáticas o de guerra –; y que la imposibilidad absoluta de garantizar el derecho ante el tribunal extranjero competente debería ser equiparada a la gran dificultad en conseguir el mismo desiderato – resultante por hipótesis de que el autor fuera un refugiado político. Fue para satisfacer la necesidad de tutelar estas dos categorías de situaciones que en 1995 el legislador portugués incluyó entre las hipótesis de competencia internacional *ex necessitate* de los tribunales portugueses la no exigencia al autor de la proposición de la acción en el extranjero.

e) Los factores de competencia exclusiva de los tribunales portugueses están enunciados en el art. 65.°-A del Código. El régimen de este precepto se inspira declaradamente en lo dispuesto en los arts. 16.° de las Convenciones de Bruselas y de Lugano y 22.° del Reglamento (CE) n.° 44/2001, aunque con algunas desviaciones de bulto.

Así, mientras que las Convenciones de Bruselas y de Lugano y el Reglamento (CE) n.° 44/2001 atribuyen en ciertas circunstancias competencia concurrente al tribunal del Estado del domicilio del reo para los diferendos relativos al alquiler de inmuebles por cortos períodos de tiempo, el art. 65.º-A, apartado *a)*, no establece semejante excepción.

Por otro lado, se incluyó en el apartado *b)* la previsión de la competencia exclusiva de los tribunales portugueses para los procesos especiales de recuperación de la empresa y de quiebra, relativamente a personas domiciliadas en Portugal o a personas colectivas o sociedades cuya sede esté situada en territorio portugués, que aquellas convenciones no consagran, por tratarse de materia excluida de su ámbito de aplicación.

Finalmente, se consagra en el apartado *e)* la competencia exclusiva de los tribunales portugueses para las ejecuciones sobre bienes existentes en territorio portugués (que no resulta de las aludidas Convenciones ni del Reglamento comunitario al que venimos haciendo referencia), de la misma forma que se omite la competencia exclusiva del tribunal del lugar de la ejecución en lo referente a las acciones declarativas relacionadas con la ejecución (como, por ejemplo, los embargos opuestos por el ejecutado a la ejecución contra si instaurada y los embargos de terceros contra embargo que ofenda su posesión), prevista en aquellos instrumentos (ver los arts. 16.º, n.º 5, de las Convenciones y 22.º, n.º 5, del Reglamento); lo que ha motivado justas críticas por parte de un sector de la doctrina portuguesa.

f) El último de los factores de atribución de competencia internacional directa previstos en el CPC es el *principio de la autonomía de la voluntad*, regulado en el art. 99.º.

Por fuerza de él, las partes pueden atribuir competencia, para dirimir un litigio determinado o los litigios eventualmente emergentes de cierta relación jurídica, a los tribunales de cualquier país, independientemente de que este posea cualquier conexión con la situación controvertida. Punto es que la elección del foro competente obedezca a los requisitos de validad formal y substancial enunciados en el precepto en examen. Son ellos: (i) que la relación controvertida tenga conexión con más de un orden jurídico (n.º 1); (ii) que la elección del foro diga respecto a un litigio sobre derechos disponibles (n.º 3, línea *a)*); (iii) que la misma sea acepte por la ley del tribunal designado (*idem*, apartado *b)*); (iv) que sea justificada por un interés serio de ambas las partes o de una de ellas, desde que no envuelva inconveniente grave para la otra (*idem*, apartado *c)*); (v) que no recaiga sobre materia de la exclusiva competencia de los tribunales portugueses (*idem*, apartado *d*)); y (vi) que resulte de acuerdo escrito o confirmado por escrito, haciéndose mención expresa en él de la jurisdicción competente (*idem*, apartado *e)*, y n.º 4).

De un modo general, se verifica que, a pesar de la liberalización del régimen de los pactos de jurisdicción que la nueva redacción del art. 99.º consubstancia, el Derecho portugués se mantiene más exigente en esta materia que el Derecho convencional en vigor en Portugal, en particular porque las Convenciones de Bruselas y de Lugano y el Reglamento (CE) n.º 44/2001 no prevén un control de los fundamentos de los pactos de jurisdicción del tipo de aquel que el apartado *c)* del n.º 3 del art. 99.º consagra y dispensa en determinadas circunstancias tanto en su celebración por escrito como la propia confirmación escrita de un acuerdo verbal.

Por otro lado, a pesar de la eliminación, de entre las competencias exclusivas de los tribunales portugueses, de las acciones referentes a las relaciones de trabajo, a que se refería el apartado *c) anterior* del art. 65.º-A, se mantiene en vigor el art. 12.º del Código de Proceso de Trabajo, que prohíbe en este dominio cualesquier pactos que deroguen la jurisdicción de los tribunales portugueses, al paso que los arts. 17.º de las Convenciones y 21.º del Reglamento los admiten dentro de ciertos limites.

Cuanto a los efectos de los pactos de jurisdicción, se mantiene, en el n.º 2 del art. 99.º, la presunción de que, en caso de duda, ellos confieren al tribunal elegido competencia alternativa a la de los tribunales portugueses. Otra es la solución consagrada en los arts. 17.º de las Convenciones de Bruselas y de Lugano y 23.º del Reglamento, los cuales establecen que esa competencia «será exclusiva, excepto que las partes acuerden lo contrario». Nos parece ser esta la solución preferible, por cuanto la experiencia demuestra que en regla lo que las partes pretenden es atribuir competencia exclusiva al tribunal por ellas designado.

3. Competencia internacional indirecta

Veamos ahora, en sus trazos generales, el régimen portugués de la competencia internacional indirecta. Escusado será encarecer la importancia del problema en el ámbito del reconocimiento de sentencias extranjeras: como se sabe, la competencia internacional del tribunal de origen constituye la condición primordial del reconocimiento de la sentencia de él dimanada, su fundamento formal. Simplemente, mientras que en el contexto de un sistema de unificación de las reglas de competencia internacional directa, como aquel que las Convenciones de Bruselas y de Lugano y el Reglamento (CE) n.° 44/2001 instituyen, el control de la competencia del tribunal de origen puede en principio ser dispensado, fuera de él tal control es imprescindible. Sin embargo, puede ser llevado a cabo según reglas y criterios muy diversos. Nos cabe aquí examinar solamente aquellos que la revisión del CPC consagró.

Sobre esta materia dispone el art. 1096.°, apartado *c)*, del Código que, para que la sentencia extranjera sea confirmada, es necesario que esta «provenga de tribunal extranjero cuya competencia no haya sido provocada por fraude a la ley y no verse sobre materia de la exclusiva competencia de los tribunales portugueses».

Se consagra así, en lo tocante a la atribución de la competencia internacional indirecta, la doctrina dicha de la *unilateralidad atenuada*, según la cual el tribunal de revisión se limita a verificar, según las normas de conflictos de jurisdicciones del Estado del *exequatur* si la acción debía haber sido ahí propuesta, para que los respectivos tribunales tuvieran efecto de competencia exclusiva.

Doctrina esa que es pasible de crítica, en la medida en que puede llevar al reconocimiento en Portugal de decisiones proferidas con base en criterios de competencia exorbitante. Por este motivo, hemos sustentado que sería preferible disciplinar la materia a través de una cláusula general, que subordinase el reconocimiento de la sentencia extranjera a la condición de que exista entre el objeto del litigio y el orden jurídico de que la sentencia dimana una conexión entendida suficiente según los criterios de competencia aceptes en el orden interno e internacional; o que exceptuase ese reconocimiento no sólo en las situaciones actualmente previstas como también siempre que el tribunal verificase ser la conexión existente en la especie declaradamente insuficiente de acuerdo con los mismos criterios.

En esta línea de orientación se insiere el Código portugués de Insolvencia y de Recuperación de Empresas, de 2004, que consagró en su art. 288.°, n.° 1, apartado *a)*, la regla según la cual la declaración de insolvencia en proceso extranjero es reconocida en Portugal, salvo si la competencia del tribunal o autoridad extranjera no se funda en alguno de los criterios referidos en el artigo 7.° de ese Código «o en conexión equivalente».

4. Reconocimiento de sentencias extranjeras

a) Fuentes. En el Derecho vigente en Portugal, esta materia es disciplinada por normas constantes de fuentes internacionales, comunitarias y internas. Entre las fuentes internas, se destacan los arts. 1094.° a 1102.° del CPC, en los cuales se contiene el régimen del proceso especial de revisión de sentencias extranjeras.

El ámbito de aplicación de estos preceptos se define también negativamente: todas las sentencias extranjeras abarcadas por convenciones internacionales, reglamentos comunitarios o leyes especiales están sustraídas al régimen del reconocimiento de sentencias extranjeras en ellos consagrado. Es lo que resulta de lo dispuesto en el art. 1094.°, n.° 1, del CPC, que examinaremos a continuación.

b) Caracterización general del sistema. El art. 1094.°, n.° 1, del CPC consagra la necesidad de revisión y confirmación de las sentencias extranjeras con la finalidad de que estas puedan producir efecto en Portugal. Se dispone en él, con efecto: «Sin prejuicio do que se encuentre establecido en tratados, convenciones, reglamentos comunitarios y leyes especiales, ninguna decisión sobre derechos privados, proferida por tribunal extranjero o por árbitros en el extranjero, tiene eficacia en Portugal, cualquier que sea la nacionalidad de las partes, sin estar revista y confirmada».

Una de las cuestiones que este precepto suscita es la de saber cuales los efectos abarcados por la exigencia de revisión y confirmación. Veamos.

Cuanto al *efecto ejecutivo*, no sufre duda que sólo se produce después de esa revisión. Es lo que resulta de lo dispuesto en el art. 49.°, n.° 1, del Código.

También cuanto al *efecto probatorio* no existen grandes dudas, una vez que el art. 1094.°, n.° 2, del Código expresamente exenta las sentencias extranjeras de la necesidad de revisión con la finalidad de que él se pueda producir. Esta solución fue confirmada por el *Assento* del Supremo Tribunal de Justicia de 16 de Diciembre de 1988 (*in Diário da República*, I Serie, n.° 50, de 1 de Marzo de 1989), que prácticamente reproduce el texto del n.° 2 del art. 1094.°.

Relativamente a los demás efectos, sin embargo, el CPC nada dice.

En la doctrina, se viene entendiendo que el *efecto de caso juzgado* se encuentra sujeto a la necesidad de revisión y confirmación: con la finalidad de que se pueda invocar una sentencia extranjera como fundamento de la excepción de caso juzgado es necesario que ella sea previamente revista y confirmada. La redacción del art. 1094.°, n.° 1, dada la amplitud de sus términos, parece consentir este entendimiento.

En lo tocante al *efecto constitutivo*, hay que distinguir. Tratándose de decisiones de tribunales extranjeros relativas al estado o a la capacidad civil de portugueses o de extranjeros que se destinen a servir de base a un acto de registro a labrar por órganos de registro civil portugueses, es necesaria su revisión y confirmación. Lo dice expresamente el art. 7.° del Código del Registro Civil, en sus n.°s 1 y 2. En otros casos, es más dudoso que la revisión de una sentencia constitutiva sea necesaria. Así, por ejemplo, si apenas está en causa la invocación, en un proceso de matrimonio que transcurra en Portugal, de una sentencia de divorcio entre extranjeros, una vez que su registro en Portugal no es obligatorio, según resulta del art. 1.°, n.° 2, y del art. 2.° del Código del Registro Civil, parece que la revisión será dispensable.

Por lo que respeta a los efectos dichos *laterales*, la doctrina portuguesa viene entendiendo que no es necesaria la revisión y confirmación de la sentencia extranjera con la finalidad de que ellos se produzcan en Portugal, una vez que la sentencia no opera aquí como acto jurisdiccional, pero como simples hecho.

c) Tribunal competente. El tribunal competente para la revisión y confirmación de las sentencias extranjeras es, en los términos del art. 1095.° del CPC, la Relación del distrito judicial en que esté domiciliada la persona contra quien se pretende hacer valer la sentencia.

d) Requisitos de la confirmación. Los requisitos de la confirmación de las sentencias extranjeras se encuentran enunciados en el art. 1096.° del CPC. De este precepto resulta que el sistema de revisión de las sentencias extranjeras vigente en Portugal es fundamentalmente un sistema de *revisión formal*. Pero existen desviaciones a favor de la *revisión de mérito*, que figuran en el art. 1100.° del Código.

El primero de los mencionados requisitos es la *inexistencia de dudas sobre la autenticidad del documento del cual consta la sentencia* – o sea, de que el tribunal extranjero de que la sentencia dimana efectivamente la profirió – ni sobre la inteligibilidad de la decisión (apartado *a)* del art. 1096.°). Con la finalidad de aclarar eventuales dudas sobre la autenticidad del documento de que consta la sentencia extranjera puede ser exigida su legalización, en los términos del art. 540.° del Código, o la aposición en él de la apostilla prevista en la Convención de la Haya de 1961 Relativa a la Supresión de la Exigencia de la Legalización de los Actos Públicos Extranjeros, aprobada para ratificación, en Portugal, por el Decreto-Ley n.° 48.450, de 24 de Junio de 1968. Si la sentencia estuviera redactada en lengua extranjera, puede el juez ordenar, en los términos del art. 140.° del Código Civil, que su presentante junte su traducción.

El segundo requisito de la confirmación es el *transito en juzgado de la sentencia según la ley del país en que fue proferida* (apartado *b)* del art. 1096.°). La sentencia revidenda debe ser una sentencia definitiva, insusceptible de recurso ordinário.

En tercer lugar, se exige la *competencia internacional del tribunal de origen de la* sentencia. Consta del apartado *c)* del art. 1096.°, que examinamos *supra*.

Se requiere, en cuarto lugar, la *inoponibilidad de las excepciones de litispendencia y de caso juzgado*, con fundamento en causa afecta a tribunal portugués, excepto si fue el tribunal extranjero que previno la jurisdicción (apartado *d)* del art. 1096.°). Así, la sentencia extranjera no será confirmada si se verifica una de dos situaciones. La primera es la que ocurre cuando la misma acción se encuentra *pendiente* en Portugal y fue aquí intentada en primer lugar. Se visa de este modo asegurar el respeto por la litispendencia nacional por parte de los tribunales de otros países. La segunda se verifica cuando la misma acción ya *fue juzgada* en Portugal.

Se exceptúan, a este respeto, en el apartado *d)* del art. 1096.°, los casos en que la acción haya sido intentada primeramente ante tribunal extranjero. En estos casos la sentencia extranjera puede, por lo menos aparentemente, ser reconocida en Portugal de acuerdo con este precepto. Se suscita, sin embargo, a este respeto una duda. Es que el pedido de revisión puede ser impugnado, en los términos del art. 1100.°, n.° 1, conjugado con el art. 771.°, apartado *f)*, del CPC, para el cual el primero de estos preceptos remite, cuando la sentencia revidenda «[…] sea contraria a la otra que constituya caso juzgado para las partes, formado anteriormente». O sea, la existencia de una sentencia portuguesa, proferida en acción *juzgada antes* de la acción extranjera, aún que *intentada después* de esta, es fundamento de recusa del pedido de confirmación, en los términos de los arts. 1100.°, n.° 1, y 771.°, apartado *f)*. Parece, así, haber una *contradicción* entre el art. 771.°, apartado *f)*, y el art. 1096.°, apartado *d)*: el primero atribuye primacía a la sentencia que constituya *caso juzgado formado en primer lugar*; el segundo, a la sentencia proferida en *acción intentada en primer lugar*. Esta aparente contradicción tiene que ser resuelta con recurso a los principios generales. Ahora bien, el principio general en materia de casos juzgados contradictorios se encuentra enunciado en el art. 675.°, n.° 1, del CPC, según el cual «[h]abiendo dos decisiones contradictorias sobre la misma pretensión, se cumplirá la que pasó en juzgado en primer lugar». Vigora, así, el principio de la *prioridad temporal del caso juzgado*: de entre los casos juzgados contradictorios prevalece el que se formó primeramente. La solución para dicha cuestión apenas puede, por consiguiente, consistir en la prevalencia de la regla constante del art. 771.°, línea *f)*, visto que sólo la solución en él consagrada se muestra coherente con este principio. El reconocimiento de una sentencia extranjera contradictoria con una sentencia transitada en juzgado anteriormente en Portugal, aún que esta sentencia haya sido proferida en una acción intentada después, sería un acto inútil, visto que si la sentencia extranjera no fuese voluntariamente acatada por la parte a quién es opuesta sólo la sentencia portuguesa tendría que ser cumplida, atento lo dispuesto en el art. 675.°, n.° 1, del CPC. Por lo que, siendo pedida la revisión y confirmación de una sentencia extranjera contradictoria con una sentencia nacional transitada en primer lugar, e impugnando la parte requerida ese pedido con fundamento en lo dispuesto en el art. 771.°, apartado *f)*, debe ser rechazada la confirmación.

Otro requisito de la confirmación es la *citación regular del reo* para la acción que transcurrió ante el tribunal de origen y la observancia en el correspondiente proceso de los principios de lo contradictorio y de la igualdad de las partes (art. 1096.°, apartado *e)*). Se visa así asegurar derechos fundamentales de defensa del reo.

Finalmente, es necesario que la sentencia no contenga decisión cuyo reconocimiento conduzca a un resultado declaradamente incompatible con los *principios de orden pública internacional del Estado portugués* (apartado *f)* del art. 1096.°). Ofenderá esos principios, por ejemplo, la sentencia que prive los hijos naturales del *de cuius* de cualquier derecho sucesorio o que anule un matrimonio con fundamento en disparidad de razas o de cultos. Esta norma suscita dos observaciones. La primera es que hay que atender, según se dispone en ella, al resultado de la decisión, y no propiamente a esta o a las normas materiales en que se funda. No existe, así, cualquier revisión de mérito de la sentencia extranjera. La segunda es que la incompatibilidad tiene que manifestarse: sólo obstan al reconocimiento los casos más graves de disconformidad de aquel resultado con los valores fundamentales del ordenamiento jurídico del foro.

e) Otros fundamentos de impugnación del pedido de revisión. En el art. 1100.° del CPC se prevé que la parte contra la cual sea pedida la revisión de la sentencia extranjera puede impugnar ese pedido, no sólo por faltar alguno de los requisitos enunciados en el art. 1096.°, como también con base en la verificación de alguno de los fundamentos de impugnación del pedido de revisión previstos en los dos números de aquel precepto. Esos fundamentos son de dos órdenes.

Por un lado, la ocurrencia de uno de los casos de revisión especificados en las apartados *a), c) y f)* del art. 771.° del CPC. Uno de estos casos – aquel que el apartado *c)* prevé corresponde a una hipótesis de revisión de mérito de la sentencia extranjera: con la finalidad de verificar si el documento a que se alude en este precepto habría sido, por si sólo, suficiente para modificar la decisión en sentido más favorable a la parte vencida el tribunal portugués tiene que reproducir el *iter* decisorio percorrido por el tribunal extranjero.

Por otro lado, la impugnación del pedido de revisión puede aún fundarse, según el n.° 2 del art. 1100.°, en que el resultado de la acción habría sido más favorable al requerido en el proceso de revisión si el Derecho material portugués hubiese sido aplicado por el tribunal extranjero.

Para que la confirmación de la sentencia extranjera sea rechazada al amparo de este precepto, es necesario que se verifiquen cumulativamente tres condiciones: (i) Haber la sentencia sido proferida *contra* persona singular o colectiva de nacionalidad portuguesa (por tanto, se supone que la sentencia fue proferida en el ámbito de un proceso litigioso; si la sentencia ha sido proferida en el ámbito de un proceso de jurisdicción voluntaria – por ejemplo, un proceso de separación o divorcio por mutuo consentimiento –, este requisito no estará, en muchos casos, cumplido); (ii) Deber la cuestión ser resuelta por el Derecho material portugués, según las reglas de conflictos portuguesas (y también según las reglas portuguesas sobre devolución); (iii) Que el resultado de la acción hubiese sido más favorable al requerido si el tribunal extranjero hubiese aplicado el Derecho material portugués.

Se establece de este modo un caso más de revisión de mérito: para verificar si la decisión habría sido más favorable al portugués por aplicación de la ley portuguesa, el Tribunal de Relación tendrá que juzgar de nuevo los hechos a la luz de la ley portuguesa.

Se consagra en este precepto el llamado *privilegio de nacionalidad*, a favor de los ciudadanos y personas colectivas portuguesas. Parece que se pretende de este modo garantizar a los ciudadanos y a las personas colectivas portuguesas la protección que les confieren las normas del Derecho material portugués, cuando este se considere aplicable al caso y el Derecho extranjero efectivamente aplicado les sea menos favorable. El objetivo del precepto no es, declaradamente, asegurar al Derecho portugués el ámbito de aplicación que le reconocen las reglas de conflictos portuguesas, porque el art. 1100.°, n.° 2, no funciona si, a pesar de que el Derecho portugués es competente para regir el caso según nuestras normas de conflictos, el Derecho extranjero es más favorable al ciudadano o persona colectiva portuguesa.

La norma no es, sin embargo, inmune a la crítica. Contra ella pueden formularse, por lo menos, tres objeciones. En primer lugar, la revisión de mérito de la sentencia extranjera que ella implica envuelve el *riesgo de error judicial*, visto que el tribunal portugués no dispondrá, por vía de regla, de todos los elementos de prueba que fueron producidos ante el tribunal de origen, pero solamente de aquellos que le fueron presentes en el proceso de revisión. En segundo lugar, la solución consignada en el precepto es *incoherente con el espíritu del sistema*: ella tiene en su base una cierta desconfianza en relación al tribunal extranjero, cuya competencia para decidir la causa se aceptó previamente; el legislador portugués, que tan liberal se muestra en el apartado *c)* del art. 1096.° en lo tocante al reconocimiento de competencia internacional a los tribunales extranjeros, revela, en el art. 1100.°, n.° 2, un excesivo rigor en el control del resultado de la acción que transcurrió ante esos tribunales si la sentencia ha sido proferida contra portugués. En tercer lugar, la disposición implica una *discriminación* entre portugueses y extranjeros, pues sólo a los portugueses se confiere el derecho de invocar la solución más favorable del pleito según su Derecho nacional, con la finalidad de obstar al reconocimiento de la sentencia extranjera.

Dada la ausencia de un fundamento material en que se pueda apoyar esa discriminación, no es exenta de duda su compatibilidad sea con el art. 13.°, n.° 2, de la CRP sea con el art. 12.° del Tratado que instituye la Comunidad Europea, el cual, como se sabe, prohíbe en el ámbito de aplicación del Tratado toda y cualquier discriminación en razón de la nacionalidad.

De todo modo, cumple notarlo, una parte de la doctrina portuguesa viene preconizando que el art. 1100.°, n.° 2, sea interpretado restrictivamente, en el sentido de que este precepto no podrá ser accionado si la situación resultante de la sentencia extranjera debiese ser reconocida según la regla de conflictos contenida en el n.º 2 del art. 31.º del Código Civil, o sea, si hubiera sido aplicada, en materia de estatuto personal de las personas singulares, la ley de la residencia habitual del interesado.

BIBLIOGRAFÍA SUMARIA

Correia, António Ferrer – *Lições de Direito Internacional Privado*, vol. I, Coimbra, 2000, pp. 439 a 499.

Ramos, Rui Manuel de Moura – *A reforma do Direito Processual Civil Internacional*, Coimbra, 1998.

Pinheiro, Luís de Lima – *Direito Internacional Privado*, vol. III, Coimbra, 2003.

Santos, António Marques dos – «Revisão e confirmação de sentenças estrangeiras no novo Código de Processo Civil de 1997 (alterações ao regime anterior)», *in Estudos de Direito Internacional Privado e de Direito Processual Civil Internacional*, Coimbra, 1998, pp. 307 a 365.

Sousa, Miguel Teixeira de – *Estudos sobre o novo processo civil*, Lisboa, 1997, pp. 91 a 135.

Vicente, Dário Moura – *Direito Internacional Privado. Ensaios,* vol. I, Coimbra, 2002; vol. II, Coimbra, 2005.

BASES DE DATOS DE ACCESO LIBRE

http://www.dgsi.pt (*Instituto das Tecnologias da Informação na Justiça*).
http://www.dr.incm.pt (*Diário da República*).
http://www.gddc.pt (*Gabinete de Documentação e Direito Comparado*).
http://www.oa.pt (*Ordem dos Advogados*).

RECOGNITION AND ENFORCEMENT OF FOREIGN JUDGMENTS IN EUROPEAN-AMERICAN RELATIONS*

I
The European Approach to Jurisdiction and the Recognition and Enforcement of Foreign Judgments

1. The Brussels Convention

a. *Background*

Until recently the Brussels Convention on Jurisdiction and the Recognition and Enforcement of Foreign Judgments in Civil and Commercial Matters (Brussels Convention)[1] has served as the main vehicle ensuring the free movement of judgments in the European Union (EU). Its

---

* Conferência proferida em Washington, D.C, em 29 de Março de 2005, na *Quarta Conferência Sobre Direito Português e Americano,* realizada na *Columbus School of Law* da Universidade Católica da América. Originariamente publicada *in* Marshall J. Breger/ /Markus G. Puder (organizadores), *European Union Issues from a Portuguese Perspective,* Washington, D.C., 2007, pp. 91 ss.

[1] For a consolidated text of the Brussels Convention, see Brussels Convention on Jurisdiction and the Recognition and Enforcement of Foreign Judgments in Civil and Commercial Matters, Jan. 26, 1998, O.J. C 27/1 (1998). *See also* Paul Jenard, Report on the Convention of September 27, 1968 on Jurisdiction and the Enforcement of Judgments in Civil and Commercial Matters, Mar. 5, 1979, O.J. C 59/1 (1979). For scholarship, see, for example, Peter Kaye, Civil Jurisdiction and Enforcement of Foreign Judgments (1987); Peter Kaye, Civil Jurisdiction and Judgments in Europe, in Proceedings of the Colloquium on the Interpretation of the Brussels Convention by the Court of Justice Considered in the Context of the European Judicial Area (1992); Miguel Teixeira de Sousa & Dário Moura Vicente, Comentário à Convenção de Bruxelas (1994).

conclusion was promoted by Article 293 (ex-Article 220) of the Treaty Establishing the European Community (EC Treaty), which tasked the Member States with negotiating the simplification of formalities governing the reciprocal recognition and enforcement of judgments of courts or tribunals, and arbitration awards. Already by the time this treaty was entered into, the recognition of foreign judgments was perceived as an indispensable requirement for the formation of a common market in Europe.

The Brussels Convention was signed in 1968 by the original six Member States of the European Community – Belgium, France, Germany, Italy, Luxemburg and the Netherlands. The small number of Contracting States, the high degree of economic, social and cultural convergence, and the shared civil law heritage were crucial factors facilitating the basic rules of the Brussels Convention. The success story was not replicated in the 1990s when efforts to conclude a global convention on jurisdiction and the recognition and enforcement of judgments stalled.

The Brussels Convention entered into force in 1973. Since then, all incoming EU Member States have become parties to the Brussels Convention through special accession treaties. Tailored arrangements were necessary because the Brussels Convention, while part of the *acquis communautaire*, is not EU legislation. Therefore, it does not automatically apply to new Member States. Portugal acceded to the Brussels Convention in 1989. The accession instrument – the San Sebastian Convention – entered into force in Portugal in 1992.[2]

b. *Basic Features*

The Brussels Convention is a double or dual convention governing direct jurisdiction as well as the recognition and enforcement of foreign judgments. It thus differs from single or simple conventions addressing only the recognition and enforcement prong – like the Hague Convention on the Recognition and Enforcement of Foreign Judgments in Civil and Commercial Matters, which has been ratified by Cyprus, the Netherlands, and Portugal.[3]

---

[2] San Sebastian Convention, Oct. 3, 1989, O.J. L285/1 (1989).

[3] Convention of 1 February 1971 on the Recognition and Enforcement of Foreign Judgments in Civil and Commercial Matters, *available at* http://www.hcch.net/index_en.php?act=conventions.pdf&cid=78 (last visited Jan. 10, 2006).

The Brussels Convention prescribes uniform jurisdiction rules in the Contracting States. In consequence, pursuant to the recognition system under the Brussels Convention the jurisdiction of the court of the State where the judgment originated may not be reviewed by the courts of the State where recognition is requested (Article 28). This has been the hallmark of success of the Brussels Convention.

In principle, the domicile of the defendant determines jurisdiction (Article 2). Pursuant to the Brussels Convention the plaintiff must seek out the defendant (*actor sequitur forum rei*). Yet, alternative fora are available for specific cases, including contracts and torts (Article 5). These, however, have been construed rather narrowly by the European Court of Justice. The possibility to decline jurisdiction on the ground that a court is an improper forum (*forum non conveniens*) does not exist under the Brussels Convention – in contrast to the less rigid approach to the exercise of adjudicatory authority prevailing in the United States. Finally, parties may themselves choose the competent court (Article 17).

Recognition is in principle automatically granted (Article 26). In this sense, the Brussels Convention is comparable to the U.S. Constitution's full faith and credit clause. A simplified *exequatur* in the form of a declaration of enforceability is however necessary prior to the enforcement of judgments (Article 31). Recognition and enforcement may be disputed on a limited number of grounds, notably public policy of the recognition State, and failure of serving the defendant with the document that instituted the proceedings in the State of origin (Article 27). But this does never include a substantive review of the originating judgment (Article 29).

One of the outstanding features of the Brussels Convention is enshrined in the uniform interpretation of its provisions. A Protocol concluded in 1971 gave the European Court of Justice the jurisdiction to make rulings on the interpretation of the Brussels Convention. Requests must originate from the national supreme courts or other appellate courts.[4] The European Court of Justice has meanwhile handed down over one hundred rulings on the Brussels Convention.

---

[4] *See* Protocol concerning the interpretation by the Court of Justice of the Convention of 27 September 1968 on jurisdiction and the enforcement of judgments in civil and commercial matters, signed in Luxembourg on 3 June 1971, Aug. 2, 1975, O.J. L204/28 (1975).

c. *Scope of Application*

In what concerns its scope of application, the Brussels Convention makes a fundamental distinction between two types of rules. The jurisdictional rules are confined to proceedings involving defendants domiciled in Contracting States. Only these defendants benefit from the exclusion of exorbitant jurisdiction factors under Article 3 (for example, the nationality of the claimant, the location of the defendant's assets in the forum regardless of their significance to the dispute, or the defendant's temporary presence in the forum). In contrast, proceedings against defendants not domiciled in Contracting States are governed by the internal jurisdiction rules of the Contracting States, including exorbitant bases of jurisdiction (Article 4).

The recognition and enforcement rules apply to all judgments rendered in other Contracting States in civil and commercial matters, independent of the domicile of the defendant in the original proceedings (Article 26).

2. **Subsequent Instruments and the Trend towards Communitarization**

Since 1968, several other instruments have complemented or modified the Brussels Convention. For example, in 1980, the EC Convention on the Law Applicable to Contractual Obligations (Rome 1980) was concluded.[5] This convention contains uniform conflict-of-laws rules for international contracts. It ensures that in the EU the contract law of the same country will be applied irrespective of where the proceedings are begun. International harmony of judicial decisions can thus be achieved, and forum shopping avoided.

In 1988, the parallel Convention on Jurisdiction and the Enforcement of Foreign Judgments in Civil and Commercial Matters (Lugano 1988) was concluded.[6] It establishes similar rules for the relations between EU Member States and Iceland, Norway, Poland and Switzerland. The quartet

---

[5] *See* Convention on the law applicable to contractual obligations (consolidated version), Jan. 26, 1998, O.J. C 27/34 (1998).

[6] Convention 88/592/EEC on jurisdiction and the enforcement of judgments in civil and commercial matters, done at Lugano on 16 September 1988, Nov. 25, 1988, O.J. L 319/9.

Aspectos do Processo Civil Internacional 303

was linked into the scheme of the Brussels Convention, albeit without the right of appeal to the European Court of Justice.

In 2000, the Brussels Convention was complemented by Council Regulation (EC) No. 1347/2000 of 29 May 2000 on jurisdiction and enforcement of judgments in matrimonial matters and in matters of parental responsibility for joint children (Brussels Regulation II).[7] The regulation was subsequently replaced by Council Regulation (EC) No 2201/2003 concerning jurisdiction and the recognition and enforcement of judgments in matrimonial matters and the matters of parental responsibility (Brussels Regulation II *bis*).[8]

The content of the Brussels Convention was communitarized by Council Regulation (EC) No. 44/2001 on jurisdiction and the recognition and enforcement of judgments in civil and commercial matters (Brussels Regulation I), which entered into force in March 2002.[9] The Brussels Regulation I replaces the Brussels Convention within the scope of the judicial cooperation set up by the EC Treaty. This, for example, meant that the Brussels Convention continued to be fully operational vis-à-vis Denmark,

---

[7] Council Regulation (EC) No 1347/2000 of 29 May 2000 on the jurisdiction, recognition and enforcement of judgments in matrimonial matters and in matters of parental responsibility for joint children, June 30, 2000, O.J. L 160/19 (2000).

[8] Council Regulation (EC) No 2201/2003 of 27 November 2003 concerning jurisdiction and the recognition and enforcement of judgments in matrimonial matters and the matters of parental responsibility, repealing Regulation (EC) No 1347/2000, Dec. 23, 2003, O.J. L 338/1 (2003).

[9] Council Regulation (EC) No 44/2001 of 22 December 2000 on jurisdiction and the recognition and enforcement of judgments in civil and commercial matters, Jan. 16, 2001, O.J. L 12/1 (2001). For literature on the Brussels Regulation I, see, for example, Rui Manuel Moura Ramos, The New EC Rules on Jurisdiction and the Recognition and Enforcement of Judgments, in James A. R. Nafziger & Symeon C. Symeonides (eds.), Law and Multistate Justice in a Multistate World, Essays in Honor of Arthur T. von Mehren 201 (2002); Dário Moura Vicente, Competência judiciária e reconhecimento de decisões estrangeiras no Regulamento (CE) n.° 44/2001, in 1 Direito Internacional Privado: Ensaios 291 (2002); Miguel Teixeira de Sousa, Âmbito de aplicação do regulamento n.° 44/2001, de 22 de Dezembro de 2001 (regulamento Bruxelas I), in Rui de Moura Ramos et al. (eds.), 1 Estudos em homenagem à Professora Doutora Isabel de Magalhães Collaço 675 (2002); Helène Gaudemet-Tallon, Compétence et exécution des jugements en Europe (2002); Jan Kropholler, Europäisches Zivilprozessrecht, Kommentar zum EuGVO und Lugano-Übereinkommen (2002); Peter Schlosser, EU-Zivilprozessrecht, Kommentar (2003); Reinhold Geimer, Europäisches Zivilverfahrensrecht, Kommentar (2004).

which had opted out of the European Community's provisions governing judicial cooperation.[10]

The basic rules of Brussels Regulation I are almost identical in content to those of the Brussels Convention. Some improvements have been made in the areas of contract, tort, e-commerce and labour relations. In many instances, the Brussels Regulation I codified the case law of the European Court of Justice interpreting the Brussels Convention. For example, a person domiciled in a Member State may be sued in contracts before the courts of the place of performance of the obligation in question (Article 5 (1) (a)). Unless otherwise agreed, the place of performance of the obligation shall be, in the case of the sale of goods, the place in a Member State where, under the contract, the goods were delivered or should have been delivered; and in the case of the provision of services, the place in a Member State where, under the contract, the services were provided or should have been provided (Article 5 (1) (b)). In torts, the defendant may now be sued in the courts of the place where the harmful event occurred or may occur (Article 5 (3)). A consumer may bring proceedings against the other party to a contract in the courts of the Member State where the consumer is domiciled, *inter alia* if that party "directs its professional or commercial activities" to that Member State through the Internet (Article 15 (1) (c) and Article 16 (1)). Finally, an employee may also sue the employer in the courts of the place of employment (Article 19).

In 2004, Regulation (EC) No. 805/2004 of the European Parliament and of the Council of 21 April 2004 creating a European Enforcement Order for uncontested claims was enacted.[11] It abolished the requirement of *exequatur* for the enforcement of judgments on uncontested claims certified as European Enforcement Order in the Member State of origin.

These the regulations are, in sum, part of a larger trend towards communitarization of private international law in the European Union,[12] which

---

[10] *See* Treaty of Amsterdam Amending the Treaty on European Union, the Treaties Establishing the European Communities and Related Acts, Protocol on the Position of Denmark, arts. 1 & 2, Nov. 10, 1997, O.J. C 340/1 (1997). By an agreement concluded in Brussels on 19 October, 2005, in O.J. L 299/62 (2005), Denmark has, however, accepted that the Brussels Regulation I shall apply in its relations with the EC.

[11] Regulation (EC) No 805/2004 of the European Parliament and of the Council of 21 April 2004 creating a European Enforcement Order for uncontested claims, Apr. 30, 2004, O.J. L 143/15 (2004).

[12] For scholarship, see, for example, Christian Kohler, *Interrogations sur les sour-*

began in the wake of the new Title IV inserted into the EC Treaty by the Treaty of Amsterdam in 1997. The treaty reform gave the Council of Ministers the competence to adopt measures on judicial cooperation between Member States in civil matters required for the proper functioning of the internal market (Article 61 (c) and Article 65).

The Treaty of Amsterdam did not repeal the abovementioned Article 293 of the EC Treaty but shifted the lawmaking process in the area of judicial cooperation from intergovernmental to Community channels. This has considerably enhanced the efficiency of lawmaking because entering into force and amending legislation has become much easier. Moreover, accession treaties no longer need to contain special arrangements for ensuring uniform rules on judicial cooperation in new Member States.

3. Overall Significance

The Brussels Convention and the Brussels Regulation I have proven powerful regional instruments on judicial cooperation. They have made significant contributions to the establishment of the EU's internal market. They have given breath to a growing corpus of European private international law. In large measure, this dynamic will increasingly displace the

---

ces du droit international privé européen après le traité d'Amsterdam, 84 REVUE CRITIQUE DE DROIT INTERNATIONAL PRIVÉ 1 (1999); Christian Kohler, Vom EuGVÜ zur EuGVVO: Grenzen und Konsequenzen der Vergemeinschaftung, in Festschrift für Reinhold Geimer zum 65. Geburtstag 461 (2002); Jürgen Basedow, *The communitarization of the Conflict of Laws under the Treaty of Amsterdam*, 37 COMMON MKT. L. REV. 687 (2000); Katharina Boele-Woelki, Unification and Harmonization of Private International Law in Europe, in Private Law in the International Arena. Liber Amicorum Kurt Siehr 61 (2000); Th. M. Boer, Prospects for European Conflicts Law in the Twenty-First Century, in International Conflict of Laws for the Third Millenium. Essays in Honor of Friedrich Jünger 193 (2000); Erik Jayme & Christian Kohler, *Europäisches Kollisionsrecht 2002: Zur Wiederkehr des Internationalen Privatrechts*, 6 PRAXIS DES INTERNATIONALEN PRIVAT- UND VERFAHRENS-RECHT 461 (2002); Luís de Lima Pinheiro, *Federalismo e Direito Internacional Privado – algumas reflexões sobre a comunitarização do Direito Internacional Privado*, 2 CADERNOS DE DIREITO PRIVADO 3 (2003); Christian von Bar & Peter Mankowski, Internationales Privatrecht, 1 Allgemeine Lehren 133 (2003); Gerhard Kegel & Klaus Schurig, Internationales Privatrecht 211 (2004); Paul Lagarde, Rapport de synthèse, in Angelika Fuchs et al. (eds.), Les conflits de lois et le système juridique communautaire 284 (2004); Dário Moura Vicente, Cooperação judiciária em matéria civil na Comunidade Europeia, in 2 Direito Internacional Privado: Ensaios 235 (2005).

306 *Direito Intenacional Privado – Ensaios III*

autonomous private international law of the EU Member States. Paradoxically, however, those instruments may have slowed down the global unification of rules on jurisdiction, recognition and enforcement of judgments.

II
Overview of the Portuguese Approach to the Recognition and Enforcement of Foreign Judgments

1. Sources and Scope of Applicability

We shall now briefly examine the Portuguese approach to the recognition and enforcement of foreign judgments. Articles 1094 and following of the Code of Civil Procedure (CCP) provide the relevant law. These provisions date back to 1961, and were revised in 1995 and 2003.[13] They are triggered in cases that are not covered by EU law or applicable international instruments. Thus, judgments originating in a third country that is not an EU Member State, a Contracting State of the Lugano Convention, a party to a bilateral treaty with Portugal on the recognition and enforcement of foreign judgments are subject to the mechanisms provided by the CCP. For example, American judgments fall into this category.

2. Basic Features

Article 1094 of the CCP requires the confirmation of a foreign judgment before it can deploy any effects in Portugal. Confirmation proceedings are conducted before the court of appeal of the requesting party's domicile (Article 1095). The CCP thus precludes "automatic" recognition and enforcement of foreign judgments.

Article 1096 of the CCP provides the requirements governing confirmation. The judgment under consideration must not concern matters within the exclusive jurisdiction of Portuguese courts. Moreover, the proceedings of origin must have observed basic due process standards.

---

[13] For an unofficial translation, see Jan Paulsson et al., International Handbook of Commercial Arbitration 2005 (Annex II to the national report on Portugal).

Finally, the recognition of the judgment must not lead to a result which is manifestly incompatible with the principles of international public policy of the Portuguese State.

Revision on the merits is only exceptionally allowed. In certain cases, Article 1100 (2) of the CCP denies the confirmation of judgments rendered against Portuguese nationals (individuals or corporations). This bar is triggered when the court of origin applied foreign law, whilst Portuguese law, to the extent determined applicable under Portuguese conflict-of-law rules, yielded a more favourable result.[14]

III
The Need for a Global Convention on the Recognition and Enforcement of Foreign Judgments

1. Fundamental Bias in the Approaches of the European Union and Portugal

The legal mechanics for the recognition and enforcement of foreign judgments in the EU and Portugal exhibit a fundamental bias against persons who are not domiciled in the EU or Portuguese nationals.

In fact, the Brussels Convention and the Brussels I Regulation do not apply to the determination of jurisdiction in proceedings against third country domiciled defendants. Yet, both do allow the automatic recognition of judgments rendered in EU Member States against third country defendants and based on exorbitant jurisdictional factors. For example, a French judgment rendered against an individual domiciled in the United States or a corporation on the basis of the claimant's French nationality can be automatically enforced against the defendant's assets in England. In light of the proviso for revision on the merits, Portuguese law is also more lenient to Portuguese nationals than to foreigners.

One may, in sum, say that in the EU, American litigants are disadvantaged when compared to their European counterparts.

---

[14] *See* Rui Manuel de Moura Ramos, A reforma do Direito Processual Civil Internacional, 45 (1998); António Ferrer Correia, 1 Lições de Direito Internacional Privado 453 (2000); Luís de Lima Pinheiro, Direito Internacional Privado, 3 Competência internacional e reconhecimento de decisões estrangeiras 371 (2002).

2. **The situation in the United States**

This situation contrasts sharply with that in the United States. This country is not a party to any convention with the EU Member States on recognition and enforcement of foreign judgments. But the American approach, based on the idea of international comity among nations (*comitas gentium*), is more generous towards foreign judgments than the EU's approach. Judgments from foreign countries with impartial tribunals and procedures compatible with due process requirements are, in principle, enforceable in U.S. federal and state courts under the common law[15] or the Uniform Foreign Money-Judgments Recognition Act.[16]

Moreover, the exercise of adjudicatory authority by the court of origin may be controlled under the due process clause by the court receiving the recognition request. And all defendants, independent of their connections to the United States, benefit from that.[17] No differentiation is thus made vis-à-vis defendants who are not domiciled in the United States.

The same philosophy underlies the model Foreign Judgments Recognition and Enforcement Act,[18] which is presently being discussed at the American Law Institute. However, the liberalism of present American law seems somewhat restricted by the inclusion of a reciprocity requirement in the draft.[19]

3. **The U.S. Call for a Global Convention on the Recognition and Enforcement of Foreign Judgments**

The differences between the European and the American approaches have for a long time been criticized by American authors. Interestingly, however, Article 59 of the Brussels Convention opens the door to a solu-

---

[15] *See* Hilton v. Guyot, 159 U.S. 113 (1895).

[16] *See id.*

[17] *See* Eugene F. Scoles et al., Conflict of Laws 1329 (2004).

[18] The American Law Institute, International Jurisdiction and Judgments Project, Tentative Draft (revised) (2004). For scholarship, see Raymond B. Marcin, The Proposed Foreign Judgments Recognition and Enforcement Act, in Dário Moura Vicente (ed.) 1 Comparative Law: Portuguese-American Perspectives 301 (2006).

[19] Sec. 7 (a) reads: "[a] foreign judgment shall not be recognized or enforced in a court in the United States if the court finds that comparable judgments of courts in the United States would not be recognized or enforced in the courts of the state of origin."

tion by stating that the convention "shall not prevent a Contracting State from assuming, in a convention on the recognition and enforcement of judgments, an obligation towards a third State not to recognize judgments given in other Contracting States against defendants domiciled or habitually resident in the third State where, in cases provided for in Article 4, the judgment could only be founded on a ground of jurisdiction specified in the second paragraph of Article 3." The Brussels Regulation I adds that it shall not affect such conventions entered into prior to the entry into force of the Regulation (Article 72).

This explains why, in 1992, the United States called for the conclusion of a global convention on the recognition and enforcement of foreign judgments under the auspices of the Hague Conference on Private International Law.

According to the Department of State's Assistant Legal Adviser for Private International Law, the envisaged convention was to "level the international playing field for American litigants and fill a major gap in the legal infrastructure of the global marketplace. [Moreover,] presently there is no effective regime for coordinating and enforcing the work of national courts in resolving transnational legal disputes. If this widening gap between the global marketplace and the isolated national court systems is not addressed, it could well slow progress and inhibit growth in trade."[20] Professor van Mehren, one of the strongest U.S. advocates of the convention, wrote that "such a convention would clarify considerably the positions in international litigation of plaintiffs and defendants alike. By consulting the convention, plaintiffs could determine with relative ease and accuracy where they could bring an action capable of generating a judgment assured of recognition and enforcement in States parties to the convention. On the other hand, defendants would know in which convention States they could be sued. Accordingly, with respect to information, both plaintiffs and defendants would be better off than they now are."[21]

---

[20] *See* Jeffrey Kovar, Negotiations at the Hague Conference for a Convention on Jurisdiction and the Recognition and Enforcement of Foreign Civil Judgments (before the Subcommittee on Courts and Intellectual Property of the Committee on the Judiciary of the House of Representatives (June 29, 2000).

[21] *See* Arthur Taylor von Mehren, *The Case for a Convention-Mixte Approach to Jurisdiction to Adjudicate and Recognition and Enforcement of Foreign Judgments*, 61 RABELS ZEITSCHRIFT FÜR AUSLÄNDISCHES UND INTERNATIONALES PRIVATRECHT 86, 89 (1997). *See also* Arthur Taylor von Mehren, *Recognition of United States Judgments*

IV

The 1999 Draft Hague Convention on Jurisdiction and Foreign Judgments in Civil and Commercial Matters and the reasons for its Failure

1. Background

Preparatory work for the Convention on Jurisdiction and Foreign Judgments in Civil and Commercial Matters began in 1996, within the Hague Conference, which created a Special Commission for this purpose. More than 45 countries from around the world were involved in that work.

In October 1999, the Commission adopted the Preliminary Draft Convention on Jurisdiction and Foreign Judgments in Civil and Commercial Matters (1999 Hague Draft).[22] And a detailed report was drawn up by Professors Peter Nygh and Fausto Pocar.[23]

Abroad and Foreign Judgments in the United States: Would an International Convention Be Useful?, 57 RABELS ZEITSCHRIFT FÜR AUSLÄNDISCHES UND INTERNATIONALES PRIVATRECHT 449 (1993).

[22] Preliminary Draft Hague Convention on Jurisdiction and Foreign Judgments in Civil and Commercial Matters, Adopted by the Special Commission, and Report by Peter Nygh and Fausto Pocar, *available at* http://www.hcch.net/upload/wop/jdgmpd11.pdf (last visited Jan. 14, 2006). For literature on the Hague Draft, see Peter Nygh, The Preliminary Draft Hague Convention on Jurisdiction and Foreign Judgments in Civil and Commercial Matters, in International Conflict of Laws for the Third Millenium. Essays in Honor of Friedrich K. Juenger 261 (2000); Andreas F. Lowenfeld & Linda J. Silberman (eds.), The Hague Convention on Jurisdiction and Judgments. Records of the Conference Held at New York University Law School on the Proposed Convention, April 30-May 1, 1999 (2001); Stephen B. Burbank, *Jurisdictional Equilibration, the Proposed Hague Convention and Progress in National Law*, 2001 AM. J. COMP. L. 203 (2001); Samuel P. Baumgartner, The Proposed Hague Convention on Jurisdiction and Foreign Judgments (2003); Alegría Borras, *The 1999 Hague Preliminary Draft Convention on Jurisdiction, Recognition and Enforcement of Judgments: Agreements and Disagreements*, 40(1) RIVISTA DI DIRITTO INTERNAZIONALE PRIVATO E PROCESSUALE 5 (2003); Ronald A. Brand, *The 1999 Hague Preliminary Draft Convention Text on Jurisdiction and Judgments: A View From the United States*, 40(1) RIVISTA DI DIRITTO INTERNAZIONALE PRIVATO E PROCESSUALE 31 (2004).

[23] *See* Peter Nygh & Fausto Pocar, Report of the Special Commission, Hague Conference on Private International Law (2000), *available at* http://www.hcch.net/upload/wop/jdgmpd11.pdf (last visited Jan. 14, 2006).

2. Main Features

The 1999 Hague Draft embraced the concept of a "mixed convention," albeit not to the extent advocated by Professor Arthur T. von Mehren.[24] The model of a "simple" convention was rejected because the drafters desired that the convention also cover direct jurisdiction. On the other hand, a "closed" convention, modelled after the Brussels Convention and the Lugano Convention, was discarded because the Contracting States should not be prevented from applying national rules on jurisdiction in accordance with the applicable requirements of the envisaged convention.

Therefore, the 1999 Hague Draft was predicated on three jurisdictional categories – specified, forbidden, and other grounds. Specified grounds of jurisdiction would allow the courts of the Contracting States to take jurisdiction and hear a case ("white list" under Article 3). Forbidden grounds of jurisdiction would bar the Contracting States from taking jurisdiction ("black list" under Article 18). Other grounds under national law would enable the courts of the Contracting States to take jurisdiction, but disqualify the ensuing judgment from recognition pursuant to the convention ("grey area" under Article 17). The 1999 Hague Draft did not provide for the automatic recognition of foreign judgments, since the court receiving the request should verify and confirm the jurisdiction of the court of origin (Article 27).

The 1999 Hague Draft reflected a fundamental challenge faced by the Special Commission – reconciling different national conceptions on jurisdiction in international disputes. Most of the hard differences among the drafters can be explained with the chasm between common law and civil law. Common law countries traditionally grant their courts broader adjudicatory authority and discretion when determining jurisdiction – most notably through the *forum non conveniens* doctrine and other open-ended rules, which are not available in civil law countries.[25]

---

[24] *See* Arthur T. van Mehren, *The Case for a Convention-Mixte Approach to Jurisdiction to Adjudicate and Recognition and Enforcement of Foreign Judgments*, 61 RABELS ZEITSCHRIFT FÜR AUSLÄNDISCHES UND INTERNATIONALES PRIVATRECHT 86 (1997).

[25] For a comparison, see Peter Schlosser, Jurisdiction and International Judicial and Administrative Co-operation, 284 Collected Courses of The Hague Academy of International Law 9, 53 (2000); Arthur T. von Mehren, Theory and Practice of Adjudicatory Authority in Private International Law: A Comparative Study of the Doctrine, Policies and Practices of Common- and Civil-Law Systems. General Course on Private International Law (1996), 295 Collected Courses of The Hague Academy of International Law, 9, 315 (2002).

312 · *Direito Intenacional Privado – Ensaios III*

Another difficulty involved defining legal concepts that carry diffe-rent meanings in the Contracting States. In the EU this problem has been overcome through the uniform interpretation of the Brussels Convention by the European Court of Justice. At the global level, however, such a mechanism does not exist. A true "double" convention was therefore not realistically achievable in The Hague.

3. **Reasons for its failure**

A considerable effort was made at The Hague to bridge the gap bet-ween European and American approaches. And indeed certain compro-mise formulas were reached in 1999 – the inclusion of *forum non conve-niens* as a ground to decline jurisdiction,[26] and the insertion of provisions governing non-compensatory damages.[27]

Yet, the 1999 Hague Draft did not succeed in achieving consensus among the delegations at the Conference.[28] Several provisions of the 1999

---

[26] Art. 22 (1) states that "[i]n exceptional circumstances, when the jurisdiction of the court seized is not founded on an exclusive choice of court agreement valid under Article 4, or on Article 7, 8 or 12, the court may, on application by a party, suspend its proceedings if in that case it is clearly inappropriate for that court to exercise jurisdiction and if a court of another State has jurisdiction and is clearly more appropriate to resolve the dispute [...]."

[27] Art. 33 (1) provides that "[i]n so far as a judgment awards non-compensatory, including exemplary or punitive, damages, it shall be recognised at least to the extent that similar or comparable damages could have been awarded in the State addressed."

[28] *See* Arthur T. van Mehren, *The Hague Jurisdiction and Enforcement Convention Project Faces an Impasse – A Diagnosis and Guidelines for a Cure*, 6 PRAXIS DES INTER-NATIONALEN PRIVAT- UND VERFAHRENSRECHT 465 (2000); Arthur T. van Mehren, *La rédac-tion d'une convention universellement acceptable sur la compétence judiciaire internatio-nale et les effets des jugements étrangers: Le projet de la Conférence de La Haye peut-il aboutir?*, 90(1) REVUE CRITIQUE DE DROIT INTERNATIONAL PRIVÉ 85 (2001); Arthur T. von Mehren, *Drafting a Convention on International Jurisdiction and the Effects of Foreign Judgments Acceptable Worldwide : Can The Hague Conference Project Succeed?*, 49 AM. J. COMP. L. 191 (2001); Helène Gaudemet-Tallon, De quelques raisons de la difficulté d'une entente au niveau mondial sur les règles de compétence judiciaire internationale directe, in James A. R. Nafziger and Symeon C. Symeonides (eds.), Law and Multistate Justice in a Multistate World. Essays in Honor of Arthur T. von Mehren, New York 55 (2002); Peter Nygh, Arthur's Baby: The Hague Negotiations for a World-Wide Judgments Convention, in James A. R. Nafziger and Symeon C. Symeonides (eds.), Law and Multis-tate Justice in a Multistate World. Essays in Honor of Arthur T. von Mehren, New York

Hague Draft remained contentious. For example, Article 18 (2) (e) of the 1999 Hague Draft excluded to a large extent the American jurisdictional base of "doing business." Other provisions deemed unacceptable to American delegates included those giving jurisdiction to the courts of the consumer's habitual residence in contracts cases (Article 7 (a) of the 1999 Hague Draft), and courts of the State where an injury in tort occurred (Article 10 (b) of the 1999 Hague Draft).

In the meantime, new issues surfaced in the contexts of Internet use and e-commerce, which the 1999 Hague Draft did not specifically cover.[29] Some commentators emphasized that the recognition in the United States of foreign judgments curtailing Internet information perfectly legal in the United States but outlawed abroad, could have a chilling effect on Web-based free speech.[30] The combination of the *Yahoo!* decision handed down in 2000, by a French court,[31] and the response of the Californian Internet service provider offers a useful case study for this proposition.

Interest groups also voiced concerns over the enforcement of foreign judgments on intellectual property rights. It was feared that certain over-protective regimes would be unduly extended beyond the country of ori-

---

151 (2002); Fausto Pocar, The Drafting of a World-Wide Convention on Jurisdiction and the Enforcement of Judgments: Which Format for the Negotiations in The Hague?, James A. R. Nafziger and Symeon C. Symeonides (eds.), Law and Multistate Justice in a Multistate World. Essays in Honor of Arthur T. von Mehren, New York 191 (2002); Linda J. Silberman/Andreas F. Lowenfeld, The Hague Judgments Convention – And Perhaps Beyond, James A. R. Nafziger and Symeon C. Symeonides (eds.), Law and Multistate Justice in a Multistate World. Essays in Honor of Arthur T. von Mehren, New York 121 (2002).

[29] *See generally*, Avril D. Haines, The Impact of the Internet on the Judgments Project: Thoughts for the Future, Hague Conference on Private International Law (2002).

[30] *See, e.g.*, Chris Sprigman, Why the Hague Convention on Jurisdiction Threatens to Strangle E-Commerce and Internet Free Speech, *available at* http://writ.news.findlaw.com/scripts/printer_friendly.pl?page=/commentary/20010927_sprigman.html (last visited Jan. 14, 2006).

[31] See Tribunal de Grande Instance de Paris, Licra et UEJF c. Yahoo!Inc. et Yahoo France (Nov. 20, 2000), available at http://www.gigalaw.com/library/france-yahoo-2000-11-20-lapres.html (last visited Jan. 14, 2006). For scholarship discussing the problems raised by this judgment and its recognition in the U.S., see Horatia Muir Watt, *Yahoo! Cyber-Collision of Cultures: Who Regulates?*, MICH. J. INTL. L. 673 (2003); Lothar Determann & Saralyn M. Ang-Olson, *Recognition and Enforcement of Foreign Injunctions in the U.S. Yahoo! Inc, v. La Ligue Contre Le Racisme et L'Antisemitisme – Influential Precedent for Freedom of Speech on the Internet or Routine Confirmation of Long Established Principles Regarding Equitable Reflief?*, COMP. L. REV. INTL. 129 (2002).

314 *Direito Intenacional Privado – Ensaios III*

gin. This might be the case of European *sui generis* rights of database generators, a concept which is not universally accepted.[32]

In 2000, the U.S. Department of State concluded that the 1999 Hague Draft was "not close to being ratifiable in the United States and could not be an effective vehicle for final negotiations.[33] Accordingly, the United States opposed the actual convening of the diplomatic conference in The Hague already scheduled for the fall of 2000. Despite the many amendments proffered in a new interim text in 2001,[34] the blockage among the delegations proved insurmountable, and eventually, the negotiations broke down.

Certainly, the political, economical and cultural conditions responsible for the success of the Brussels Convention and the Brussels Regulation I did not exist at the global level. Moreover, it seems that the EU Member States, which now tend to vote as a block in The Hague,[35] did not feel compelled to reach a consensus with the United States. Unified enforcement rules have long been a reality in Europe. In addition, enforcement of judgments originating from the EU is to a large extent granted in the United States.

---

[32] *See* Letter from James Love (Consumer Project on Technology (CPT)) to Elizabeth Shaw (U.S. Patents and Trademark Office (USTPO)), CPT's Comments to USPTO on the Hague Conference on Private International Law's Proposed Convention on Jurisdiction and Foreign Judgments in Civil and Commercial Matters (Nov. 21, 2000), *available at* http://www.cptech.org/ecom/jurisdiction/uspto-comments.html (last visited Jan. 16, 2006).

[33] *See* Letter from, Jeffrey D. Kovar (Assistant Legal Adviser for Private International Law, U.S. Department of State, Head of the U.S. Delegation to the Hague Conference on Private International Law) to Hans van Loon, Secretary General of Hague Conference on Private International Law (Feb. 22, 2000), *available at* http://www.cptech.org/ecom/hague/kovar2loon22022000.pdf (last visited Jan. 16, 2006).

[34] *See* Summary of the Outcome of the Discussion in Commission II of the First Part of the Diplomatic Conference 6-20 June 2001, Interim Text Prepared by the Permanent Bureau and the Co-Reporters, *available at* http://www.hcch.net/upload/wop/gen_pd16e.pdf (last visited Jan. 14, 2006).

[35] *See* Alegría Borrás, La incidencia de la comunitarización del Derecho Internacional Privado en la elaboración de los convenios internacionales, in Rui de Moura Ramos et al. (eds.), 1 Estudos em homenagem à Professora Doutora Isabel de Magalhães Collaço 45 (2002).

V
The 2005 Hague Convention on Choice of Court Agreements

1. Background

In 2002, a new approach was tried in The Hague. Pursuant to a "bottom up" method, a working group chaired by the late Allan Philip of Denmark searched for those jurisdiction bases that had won consensus in the previous negotiations. Very soon, one base was identified – the agreement of the parties on the exclusive jurisdiction of a given court. One may in fact say that when the parties to an international contract agree to have their disputes resolved by the courts of a designated country the acceptance of the jurisdictional choice agreement is a common denominator of European and American law.

To be sure, unlike U.S. practice, the Brussel Convention, the Lugano Convention, and the Brussels Regulation I restrict the choice of court in consumer and employment contracts. But the working group overcame those differences by focusing on business-to-business transactions. In 2003, the efforts of the working group culminated in the Preliminary Draft Convention on Exclusive Choice of Court Agreements. A Special Commission revised the draft and produced a new document, which was distributed in May 2004.[36] In December 2004, Professors Masato Dogauchi and Trevor Hartley published a detailed report on the new draft.[37] And on June 30, 2005, the diplomatic conference at The Hague approved the final version of the Convention on Choice of Court Agreements (2005 Hague Convention).[38]

---

[36] Special Commission on Jurisdiction, Recognition and Enforcement of Foreign Judgments in Civil and Commercial Matters, Draft on Exclusive Choice of Court Agreements, Hague Conference on Private International Law, Work. Doc. No. 110 E (May 2004), *available at* http://www.hcch.net/upload/wop/jdgm_wd110_e.pdf (last visited Jan. 14, 2006).

[37] *See* Masato Dogauchi & Trevor C. Hartley, Preliminary Draft Convention on Exclusive Choice of Court Agreements. Draft Report, Hague Conference on Private International Law, Prel. Doc. No. 26 (2004), *available at* http://www.hcch.net/upload/wop/jdgm_pd26e.pdf (last visited Jan. 14, 2006).

[38] Hague Conference on Private International Law, Convention on the Choice of Court Agreements, *available at* http://hcch.e-vision.nl/index_en.php?act=conventions.pdf &cid=98 (last visited Jan. 16, 2006). For scholarship, *see* Gisela Rühl, *Das Haager Übe-*

316   *Direito Intenacional Privado – Ensaios III*

2. Main Features

The new 2005 Hague Convention applies to exclusive choice of court agreements concluded in civil or commercial matters (Article 1 (1) of the 2005 Hague Convention). Family, consumer and employment cases are excluded. Controversies over the validity or the infringement of intellectual property rights other than copyright or related rights are also excluded, unless they are (or could have been) brought for breach of a contract between the parties relating to such rights (Article 2 (1) and (2) of the 2005 Hague Convention). The scope of the 2005 Hague Convention is thus restricted to business-to-business transactions.

The 2005 Hague Convention contains three basic sets of rules. The court of a Contracting State, which the parties designate in an exclusive choice of court agreement, has jurisdiction and must exercise it, unless the agreement is null and void under the law of that State (Article 5 of the 2005 Hague Convention). Most importantly, the choice of court agreement will be deemed exclusive, unless the parties have expressly provided otherwise (Article 3 (b) of the 2005 Hague Convention). Moreover, once the parties have entered into such an agreement, all courts across the Contracting States other than the chosen court must suspend or dismiss the proceedings subject to certain exceptions (Article 6 of the 2005 Hague Convention). Finally, the judgment given by the designated court must be recognized and enforced in the other Contracting States subject to certain exceptions (Article 8 of the 2005 Hague Convention). Judgments are never reviewed on their merits.

In sum, one may say that the original "white list" of the 1999 Hague Draft has been reduced to a single jurisdictional ground – the exclusive choice of court agreement. The "grey area" has been considerably expanded in light of the large number of situations when a court may exercise

---

reinkommen über die Vereinbarung gerichtlicher Zuständigkeiten: Rückschritt oder Fortschritt?, 5 PRAXIS DES INTERNATIONALEN PRIVAT- UND VERFAHRENSRECHT 410 (2005); Andrea Schulz, *The Hague Convention of 30 June 2005 on Choice of Court Agreements*, 7 YEARBOOK OF PRIVATE INTERNATIONAL LAW 1 (2005); Louise Ellen Teitz, *The Hague Choice of Court Convention: Validating Party Autonomy and Providing an Alternative to Arbitration*, 53 AM. J. COMP. L. 543 (2005); Catherine Kessedjian, *La Convention de La Haye du 30 juin 2005 sur l'élection de for*, 133 (3) JOURNAL DU DROIT INTERNATIONAL 813 (2006); Trevor Hartley, *The Hague Choice-of-Court Convention*, 31 EUROPEAN LAW REVIEW 414 (2006).

jurisdiction on the basis of the applicable national law. They include all cases not covered by exclusive choice of court agreements, and all choice of court agreements in consumer and employment contracts, which, as previously mentioned, are not covered by the 2005 Hague Convention. The 2005 Hague Convention tries to strike a balance between the recognition of party autonomy and the protection of the interests of the weaker parties and the States.

In this sense, the 2005 Hague Convention resembles the New York Convention on the Recognition and Enforcement of Foreign Arbitral Awards of 1958.[39] Presently in force in over 130 countries, including the United States and all EU Member States, it is commonly held to be the most successful private international law convention ever concluded.

VI
Outlook

In the 20th Century, the unification of rules on jurisdiction and enforcement of judgments has been a regional success story – notably in Europe. Similar efforts, however, have failed on a worldwide scale. Yet, due to the globalization of trade and other economic activities, the reasons to advocate a universal convention on foreign judgments seem increasingly powerful. Once ratified by a large number of Signatory States, the new 2005 Hague Convention will make significant contributions to certainty and predictability in international trade. The EU and America must now work together to this end.

---

[39] United Nations Commission on International Trade Law, 1958 – Convention on the Recognition and Enforcement of Foreign Arbitral Awards – the "New York" Convention, *available at* http://www.uncitral.org/pdf/english/texts/arbitration/NY-conv/XXII_1_e.pdf (last visited Jan. 16, 2006).

IV
A RESOLUÇÃO EXTRAJUDICIAL DE LITÍGIOS

PORTUGAL E AS CONVENÇÕES INTERNACIONAIS EM MATÉRIA DE ARBITRAGEM*

I

É há muito reconhecido o papel fundamental que as convenções internacionais desempenham na afirmação da arbitragem como meio eficaz de resolução dos litígios emergentes do comércio internacional.

Essas convenções prosseguem, de um modo geral, dois objectivos principais: por um lado, harmonizar ou unificar os Direitos nacionais neste domínio; por outro, assegurar o reconhecimento das convenções de arbitragem e das sentenças arbitrais submetidas a Direitos estrangeiros. É inequívoca a relevância de qualquer deles. Ao reduzir-se, através da harmonização ou unificação de Direitos, a incerteza sobre o regime aplicável à arbitragem, reduzem-se também, nas situações internacionais, os custos das transacções. A diversidade dos Direitos é, por certo, em muitos domínios inevitável – e até desejável –, na medida em que dela resulta um estímulo à inovação e ao progresso dos sistemas jurídicos nacionais. Mas tem, em muitos casos, um custo para os agentes económicos, que potencialmente neutraliza ou reduz os benefícios da integração económica. É esse custo que se procura atenuar por via da harmonização e da unificação de Direitos através de convenções ou outros instrumentos internacionais. Quanto ao reconhecimento internacional das convenções e sentenças arbitrais, trata-se, como é bom de ver, de uma condição de eficácia da arbitragem como meio de composição dos litígios que transcendem as fronteiras de um Estado, pois só através dele se consegue evitar que, a fim de exe-

---

* Conferência proferida em 15 de Junho de 2007 no *I Congresso do Centro de Arbitragem da Câmara de Comércio e Indústria Portuguesa*. Originariamente publicada *in I Congresso do Centro de Arbitragem da Câmara de Comércio e Indústria Portuguesa (Centro de arbitragem comercial)*. *Intervenções*, Coimbra, 2008, pp. 71 ss.

cutar em certo país uma sentença arbitral estrangeira, ou de que ela possa ser nele invocada como fundamento da excepção de caso julgado, o litígio haja de ser de novo julgado pelos tribunais locais, com as delongas e os custos a isso inerentes.

Importa todavia notar que os instrumentos utilizados com vista à harmonização e à unificação dos Direitos nacionais nesta matéria não se resumem hoje às convenções internacionais; o que bem se compreende, atentas as dificuldades que muitas vezes suscitam a sua ratificação ou adesão e a entrada em vigor das respectivas disposições nos Estados que delas são partes. Nos últimos anos, tem-se recorrido em muitos domínios a instrumentos mais flexíveis, como a *Lei-Modelo da Comissão das Nações Unidas Para o Direito do Comércio Internacional Sobre a Arbitragem Comercial Internacional*, publicada em 1985. Da relevância desta dá conta a circunstância de, nos vinte anos subsequentes à sua publicação, ter servido de base às leis de arbitragem de mais de 50 países e territórios (posto que não da lei portuguesa de 1986). Outra modalidade dos referidos instrumentos consiste nas Recomendações emanadas da Comissão Europeia, entre as quais sobressaem as respeitantes à resolução extrajudicial de conflitos de consumo, adoptadas em 1998 e 2001.

Não pode, aliás, ignorar-se a relevância neste domínio do Direito Comunitário. Em 1994, o Parlamento Europeu declarou, numa Resolução então adoptada, que se impunha a criação, sob proposta da Comissão, de um processo unificado de arbitragem de diferendos transfronteiriços entre consumidores e empresas. Por seu turno, o Tratado de Amesterdão, celebrado em 1997, introduziu no Tratado da Comunidade Europeia novas disposições (os arts. 61.º, 65.º e 67.º), que conferiram aos órgãos da Comunidade poderes legislativos importantes em matéria de reconhecimento e execução de decisões em matéria civil e comercial, incluindo as decisões extrajudiciais. A Comunidade está hoje, assim, habilitada a legislar sobre esta matéria. Não foram, é certo, ainda adoptados actos comunitários de âmbito geral sobre a arbitragem. Mas diversos actos de Direito Comunitário têm-se referido a ela, assim como a outros meios extrajudiciais de resolução de litígios. Tal o caso, nomeadamente, da Directiva 2000/31/CE sobre o comércio electrónico, que expressamente previu que os Estados-Membros devem assegurar que, em caso de desacordo entre o prestador de um serviço da sociedade da informação e o destinatário desse serviço, a sua legislação não impeça a utilização de mecanismos de resolução extrajudicial de litígios, inclusive através de meios electrónicos (art. 17.º,

A *Resolução Extrajudicial de Litígios* 323

n.º 1). Acresce que o *princípio do paralelismo* entre a competência interna e a competência externa da Comunidade Europeia implicou a atribuição de competência a esta para negociar e concluir acordos com terceiros Estados sobre as matérias para as quais tenha competência legislativa na ordem interna. O Tribunal de Justiça das Comunidades tem por isso entendido (por último no parecer 1/03, de 7 de Fevereiro de 2006, sobre a competência para celebrar a nova *Convenção de Lugano Relativa à Competência Judiciária, ao Reconhecimento e à Execução de Decisões em Matéria Civil e Comercial*) que, uma vez que a Comunidade tenha exercido a sua competência na ordem interna, *maxime* adoptando disposições que fixem regras comuns a respeito de determinada matéria, a competência comunitária passa a ser exclusiva na ordem internacional, no sentido de que os Estados-Membros perdem o direito de contrair, individual ou colectivamente, obrigações com terceiros países que afectem essas disposições. Assim se compreende, por exemplo, que em Abril de 2007 a Comunidade Europeia se haja tornado membro da Conferência da Haia de Direito Internacional Privado. Eis, em suma, por que se nos afigura que também a arbitragem internacional deverá, mais cedo ou mais tarde, conhecer um processo de *comunitarização* análogo ao verificado em tantos outros domínios do Direito.

II

Mas qual a posição de Portugal relativamente às convenções internacionais em matéria de arbitragem?

Como é sabido, nos anos 20 do século pretérito foram celebradas em Genebra, sob a égide da Sociedade das Nações, duas importantes convenções internacionais sobre este tema: o *Protocolo Relativo às Cláusulas de Arbitragem*, de 1923, e a *Convenção para a Execução das Sentenças Arbitrais Estrangeiras*, de 1927. Estas Convenções, na medida em que previram o reconhecimento pelos Estados contratantes das convenções de arbitragem e sentenças arbitrais estrangeiras, excluindo quanto a estas a revisão de mérito pelos tribunais do Estado onde são invocadas, representaram um inequívoco progresso relativamente à situação anterior. Não obstante isso, padeciam de algumas insuficiências. Estas prendiam-se essencialmente com dois aspectos: por um lado, a sujeição dos interessados no reconhecimento de uma sentença arbitral estrangeira ao ónus de provarem, no país onde pediam o reconhecimento, que se encontravam preenchidas todas as condições para o efeito exigidas pela Convenção de 1927; por outro, a inclusão entre essas condições da exigência de que a sentença fosse definitiva no país onde havia sido pronunciada – o que não raro conduzia ao chamado *duplo exequatur*, visto que os tribunais de vários países interpretaram essa exigência no sentido de que os interessados tinham para o efeito de obter primeiro uma decisão confirmatória da exequibilidade da sentença no respectivo país de origem, proporcionando-se assim à contraparte o ensejo de disputar o bem fundado da sentença perante os tribunais judiciais desse país. Em 1930, Portugal ratificou ambas as convenções, não obstante as aludidas insuficiências, tendo elas constituído, durante várias décadas, os principais instrumentos internacionais em vigor entre nós sobre a matéria.

Em 10 de Junho de 1958, numa conferência internacional que teve lugar em Nova Iorque sob a égide da ONU, foi concluída a *Convenção Sobre o Reconhecimento e a Execução de Sentenças Arbitrais Estrangeiras*. Apesar da sua designação, esta convenção regula não apenas o reconhecimento das sentenças arbitrais, mas também das convenções de arbitragem. A Convenção de Nova Iorque facilitou consideravelmente o reconhecimento de sentenças arbitrais estrangeiras. Por um lado, porque, graças à eliminação do referido duplo *exequatur*, deixou de ser necessário ao requerente demonstrar que a sentença é definitiva no país de origem, a fim de que possa ser executada noutro país: exige-se agora apenas que seja obrigatória para as partes (i.é, que tenha transitado em julgado de acordo com a lei que lhe é aplicável). Por outro lado, porque, devido à inversão do ónus da prova dos fundamentos de recusa do reconhecimento, a demonstração do preenchimento destes no caso concreto passou a caber à parte contra a qual a sentença é invocada. A sentença arbitral é, assim, na Convenção de Nova Iorque, um título que não carece da demonstração de quaisquer elementos a ela extrínsecos a fim de produzir os seus efeitos normais como acto jurisdicional. Em todo o caso, deixou-se na Convenção certo espaço aos Direitos nacionais, ao prever-se, no art. VII, n.º 1, que as suas disposições não prejudicam o direito que qualquer das partes interessadas possa ter de invocar a sentença arbitral ao abrigo da lei do país onde essa invocação for feita, quando as regras locais se mostrem mais favoráveis ao reconhecimento.

A Convenção de Nova Iorque revelou-se, ao longo de quase cinco décadas, um instrumento extremamente eficaz; ela é em larga medida responsável pelo êxito que a arbitragem conheceu na segunda metade do século XX como meio de resolução de litígios emergentes do comércio internacional. São hoje partes dela 142 Estados, sendo a proporção de sentenças arbitrais cujo reconhecimento é recusado nesses Estados, em média, inferior a 5%. Como nenhuma convenção internacional sobre o reconhecimento de sentenças judiciais estrangeiras logrou até hoje alcançar semelhante número de ratificações ou adesões, nem conseguiu assegurar tão elevada percentagem de reconhecimentos, pode afirmar-se que é hoje mais fácil obter, ao abrigo da Convenção de Nova Iorque, o reconhecimento e a execução de uma sentença arbitral estrangeira do que de uma sentença judicial. E outro tanto pode dizer-se das convenções de arbitragem abrangidas pelas disposições dessa convenção, no confronto com os pactos de jurisdição ordinariamente celebrados em litígios com carácter internacional.

A verdade, porém, é que durante muito tempo Portugal se manteve à margem da Convenção de Nova Iorque, cuja ratificação apenas veio a ocorrer em 1994, tendo a mesma entrado em vigor no nosso país a 16 de Janeiro de 1995. Isto apesar de em 1986 – quase uma década antes – ter sido publicada entre nós uma lei relativamente moderna sobre a arbitragem voluntária. Supomos que a situação periférica do país em matéria de arbitragem internacional se ficou a dever, pelo menos em parte, a esse facto. Nenhum país que queira posicionar-se como local privilegiado para a realização de arbitragens internacionais – e é bem conhecida a importância que isso tem tido no desenvolvimento da advocacia e de serviços conexos em vários países – pode, na verdade, ignorar a importância da Convenção de Nova Iorque.

Mas se é certo que Portugal manteve durante muito tempo a referida atitude de distanciamento relativamente à principal convenção internacional sobre arbitragem, o mesmo não sucedeu com duas outras convenções de alcance muito mais restrito.

A primeira é a *Convenção para a Resolução de Diferendos Relativos a Investimentos entre Estados e Nacionais de Outros Estados*, celebrada em Washington em 1965, sob a égide do Banco Mundial, aprovada para ratificação em 1984 e em vigor em Portugal desde 1 de Agosto de 1984. Esta convenção instituiu o Centro Internacional para a Resolução de Diferendos Relativos a Investimentos entre Estados Contratantes e Nacionais de outros Estados Contratantes (CIRDI), tendo consagrado o reconhecimento automático, nos respectivos Estados contratantes, das sentenças arbitrais proferidas sob a égide desse Centro, as quais devem ser executadas nesses Estados como se de decisões finais dos tribunais locais se tratasse (art. 54.°, n.° 1).

A segunda é a *Convenção Interamericana sobre Arbitragem Comercial Internacional*, feita no Panamá em 30 de Janeiro de 1975, de que são partes vários Estados membros da Organização de Estados Americanos e que se baseia em larga medida na Convenção de Nova Iorque. Foi ratificada por Portugal e publicada no jornal oficial em 2002. O instrumento de ratificação desta Convenção ainda não foi, todavia, depositado na Secretaria-Geral da Organização de Estados Americanos, como exige o seu art. 9.°. Pelo que, a nosso ver, ela não vincula internacionalmente o Estado português. Donde, aliás, não resultará particular inconveniente: a principal vantagem que esta convenção apresentava para Portugal – a que consistia em facilitar o reconhecimento das sentenças arbitrais nas relações com o Brasil – desapareceu após a adesão deste país, em 2002, à Convenção de Nova Iorque.

Uma palavra agora sobre as convenções bilaterais. Há duas ordens de convenções desta natureza celebradas pelo nosso país com relevância no domínio da arbitragem: os *acordos de cooperação jurídica e judiciária com os países de língua oficial portuguesa*, entre os quais se destacam, por último, o acordo com Angola, concluído em Luanda em 1995, que entrou em vigor em 5 de Maio de 2006, e o acordo com Cabo Verde, celebrado na Praia em 2003 e ratificado por Portugal em 2005, em vigor desde 8 de Julho de 2005; e os *acordos sobre promoção e protecção recíproca de investimentos* celebrados com outros países, de que são exemplos os que foram concluídos com a Tunísia, em 2002 (em vigor desde 10 de Novembro de 2006), e com a Argélia, em 2004 (em vigor desde 8 de Setembro de 2005).

Em ambas as categorias de acordos encontramos disposições – nem sempre inteiramente coerentes entre si – sobre a arbitragem. No caso dos acordos de cooperação com os países de língua oficial portuguesa, mandam-se aplicar ao reconhecimento das sentenças arbitrais as disposições sobre a revisão e confirmação de sentenças judiciais estrangeiras deles constantes. Sucede que os requisitos gerais dessa confirmação se acham geralmente enunciados, nos acordos em questão, em preceitos que praticamente reproduzem o art. 1096.° do Código de Processo Civil português, na sua redacção originária. Como, aquando da reforma deste Código empreendida em 1995/1996, o legislador português aligeirou substancialmente as exigências formuladas neste diploma em matéria de confirmação de decisões estrangeiras (nomeadamente pelo que respeita à competência internacional do tribunal de origem e à susceptibilidade de confirmação de decisões proferidas contra cidadãos e pessoas colectivas nacionais), o regime constante destes acordos é hoje por vezes mais restritivo do que aquele que é aplicável às decisões oriundas de outros países com os quais Portugal não celebrou acordos semelhantes. O que não tem sentido, pois o objectivo precípuo dos acordos em apreço é precisamente o oposto: visa-se facilitar, e não dificultar, o reconhecimento de decisões oriundas dos respectivos Estados contratantes. A situação é particularmente grave nas relações com Angola, porque este país ainda não aderiu à Convenção de Nova Iorque. Só no caso do acordo com Cabo Verde se corrigiu a referida situação, através da eliminação da revisão de mérito das sentenças estrangeiras proferidas contra cidadãos nacionais.

Relativamente aos acordos sobre protecção de investimentos, a análise das disposições sobre arbitragem deles constantes revela uma total falta de uniformidade no tocante às instâncias arbitrais competentes, às regras processuais aplicáveis, ao Direito aplicável ao mérito da causa e à articulação da arbitragem com o recurso a outros meios de resolução de litígios, a qual é também dificilmente explicável.

III

Que balanço pode fazer-se de quanto até aqui se disse acerca da posição de Portugal em matéria de convenções internacionais sobre arbitragem?

Supomos que a conclusão mais evidente é a ausência de uma verdadeira política do Estado português nesta matéria. No tocante às convenções multilaterais, Portugal pecou algumas vezes por defeito, noutras por excesso; quase sempre actuou tardiamente na ratificação dessas convenções. Relativamente às convenções bilaterais, as disposições que as integram mostram-se por vezes incoerentes e desajustadas das finalidades através delas prosseguidas, entre as quais avulta a facilitação do intercâmbio comercial com os países que delas são partes.

Portugal reúne hoje condições para se posicionar como um importante local de realização de arbitragens internacionais, não só em virtude das relações privilegiadas que mantém com o Brasil e os demais países de língua oficial portuguesa, mas também por dispor de um número razoável de centros de arbitragem institucionalizada, cuja capacidade está longe de se encontrar esgotada. Mas para isso será necessário que o país esteja atento às necessidades do comércio internacional e às tendências mais recentes do regime da arbitragem e de outros meios de resolução extrajudicial de litígios, que se desprendem das convenções e dos demais instrumentos internacionais acima referidos.

Importa por isso determinar estas tendências. Supomos ser possível resumi-las a três. A primeira consiste no reforço da eficácia da convenção de arbitragem, *maxime* pela simplificação dos requisitos formais a que a mesma deve obedecer e pelo alargamento do âmbito das matérias em que é admitida a sua celebração. A segunda, na ampliação da esfera de competência do tribunal arbitral e na concomitante restrição ao mínimo indispensável da intervenção dos tribunais judiciais no processo arbitral. A terceira, na diversificação dos meios de resolução extrajudicial de litígios, mormente através da admissão, como figuras adicionais ou complementares da arbitragem, da conciliação ou mediação e de meios *sui generis,* como os procedimentos que são presentemente observados, em matéria de nomes de domínio, no âmbito da Organização Mundial da Propriedade Intelectual (OMPI).

Precisemos este último ponto. A conciliação e a mediação apresentam actualmente grandes vantagens relativamente à arbitragem, dados os seus baixos custos e os riscos mínimos que envolvem. Trata-se, na verdade, de meios de composição de litígios que permitem às partes preservarem um elevado grau de controlo sobre o respectivo resultado, o que não sucede na arbitragem. Por seu turno, os meios *sui generis* têm-se mostrado particularmente eficazes na resolução da elevada conflitualidade gerada nos últimos anos em torno dos chamados nomes de domínio, sobretudo na medida em que as decisões emanadas dos órgãos para o efeito constituídos sob a égide da OMPI têm a sua execução assegurada por via do cancelamento ou da transferência dos registos desses nomes. São expressões normativas desta terceira tendência a *Lei-Modelo da Comissão das Nações Unidas Para o Direito do Comércio Internacional Sobre a Conciliação Comercial Internacional,* de 2002; o *Código de Conduta para Mediadores,* adoptado pela Comissão Europeia em 2004; a proposta de Directiva do Parlamento Europeu e do Conselho relativa a certos aspectos da mediação em matéria civil e comercial, também de 2004; e o Regulamento (CE) n.º 874/2004, de 28 de Abril de 2004, que instituiu um procedimento alternativo de resolução de litígios relativo aos nomes de domínio registados sob «.eu».

IV

Aproxima-se uma *modernização* da legislação nacional sobre arbitragem, que tem sido preconizada por diversos autores. Nesse processo, haverá que ter em conta as tendências internacionais a que acabamos de aludir.

Isso implicaria, em primeiro lugar, a revisão do critério de *arbitrabilidade* dos litígios enunciado no art. 1.º da Lei da Arbitragem Voluntária, cuja referência à disponibilidade dos direitos se afigura hoje excessivamente restritiva e desajustada da confiança que os tribunais arbitrais merecem à sociedade. Recorde-se, a este respeito, que a referida *Lei-Modelo Sobre a Arbitragem Comercial Internacional*, de 1985, prevê a admissibilidade da sujeição a arbitragem de quaisquer questões suscitadas por uma *relação de natureza comercial*, contratual ou extracontratual, independentemente de os direitos subjectivos disputados serem disponíveis ou não. Por outro lado, o *favor arbitrandum* tem levado a jurisprudência e as legislações de diversos países a um progressivo alargamento das matérias susceptíveis de serem decididas por árbitros, sem sujeição ao referido critério. Não se vê, aliás, que exista qualquer relação necessária entre a disponibilidade de um direito subjectivo e a admissibilidade da sujeição a árbitros de um litígio a ele respeitante.

Em segundo lugar, conviria atribuir expressamente ao tribunal arbitral competência para a adopção de providências cautelares relacionadas com o objecto do litígio, como prevê a mencionada Lei-Modelo e fazem diversas legislações estrangeiras (*v.g.* a suíça, a alemã e a espanhola). Dentro do mesmo espírito, dever-se-iam restringir os meios de impugnação da decisão arbitral perante os tribunais judiciais, cingindo-os, à imagem do que estabelece a Lei-Modelo, a uma acção de anulação fundada em vícios particularmente graves da convenção de arbitragem, do processo ou da decisão arbitral.

Finalmente, seria útil que, como o têm feito outros países (da Bélgica aos Estados Unidos da América), se regulassem entre nós, em termos gerais, a conciliação e a mediação, no sentido de se incentivar o recurso a esta forma de resolução extrajudicial de litígios.

Uma modernização nestes moldes da Lei da Arbitragem Voluntária permitiria não apenas dar resposta a algumas necessidades da vida jurídica nacional, mas também assegurar que a legislação portuguesa mantenha a função, que há vários anos vem desempenhando neste e noutros domínios, de modelo inspirador dos Direitos dos países e territórios de expressão portuguesa (com destaque para Angola e Moçambique cujas leis sobre arbitragem se baseiam largamente na nossa); o que se afigura essencial à preservação dos laços culturais e económicos que Portugal mantém com esses países e territórios. Paralelamente, seria necessário aperfeiçoar os instrumentos bilaterais de cooperação jurídica e judiciária, na parte em que se referem à arbitragem, ou celebrar com os referidos países novos acordos que regulem especificamente a arbitragem e os demais meios de resolução extrajudicial de litígios.

VOLUNTARY ARBITRATION IN PORTUGAL*

I
Introduction

1. The law on arbitration

a. Forms of arbitration in Portuguese law

Portuguese law draws a distinction between voluntary and compulsory arbitration, on the one hand, and between private law arbitration and public law arbitration, on the other.

Voluntary arbitration is a form of non-judicial settlement of disputes that is based upon the parties' free will, expressed in an arbitration agreement. *Compulsory arbitration* occurs when there is a legal duty to submit the resolution of a dispute to arbitration. This is the case of the arbitration contemplated in Art. 221(4) of the Code of Copyright and Neighbouring Rights, last amended by Law no. 50/2004 of 24 August 2004, concerning the settlement of disputes that stem from the use of technological measures restricting the access to copyrighted works available in digital form. Procedural rules on this kind of arbitration are set forth in Arts. 1525 to 1528 of the Code of Civil Procedure (hereinafter CCP), as well as, for copyright matters, in Arts. 28 to 34 of Law no. 83/2001 of 3 August 2001.

Private law arbitrations are those having as their object disputes arising from private law relationships, such as civil, commercial, labour or consumer relationships. *Public law arbitrations* aim at solving disputes arising from public law relationships (i.e., relationships in which one of

---

* Texto, com actualizações, do relatório publicado no *International Handbook on Commercial Arbitration,* suplemento 45 (Janeiro de 2006), em colaboração com João Morais Leitão, a cuja memória se presta aqui homenagem.

332 *Direito Intenacional Privado – Ensaios III*

the parties is vested with powers of *jus imperium* and carries out assignments of public interest). Such is the case of the arbitration contemplated in Arts. 180 to 187 of the Code of Procedure in Administrative Courts approved by Law no. 15/2002 of 22 February 2002, as amended by Law no. 4-A/2003 of 19 February 2003.

The scope of this report is limited to the Portuguese legal system on *private voluntary arbitration*, both domestic and international.

b. Sources of the law on arbitration

Law no. 31/86, dated 29 August 1986 (hereinafter referred to as "Law no. 31/86"), in force since 29 November 1986, is the basic source of regulation of voluntary arbitration in the Portuguese legal system.[1] It has significantly influenced the arbitration laws of several other Portuguese-speaking countries.[2]

This Law was amended in 2003, by Decree-Law no. 38/2003 of 8 March 2003, which eliminated the need to resort to state courts in case the parties do not reach an agreement on the specification of the subject matter of the dispute submitted to arbitration – an aspect which was often pointed out by commentators and practitioners as a hindrance to the development of arbitration in Portugal.[3]

Law no. 31/86 follows several of the solutions adopted in the UNCITRAL Model Law of 1985, but was also influenced by other modern laws on private arbitration, such as the French one (*i.e.*, Book IV of the French Code of Civil Procedure). It is complemented by Decree-Law no. 425/86

---

[1] An English translation of the Law is available online at http://arbitragem.pt/legislacao/lavtradingl.pdf.

[2] The texts of which are collected in Miguel Cancella de Abreu, Filipe Lobo d'Ávila, Arafam Mané and Clara Moreira Campos (eds.), *A arbitragem voluntária e a mediação de conflitos. Legislação comentada dos espaços de língua portuguesa (Angola, Brasil, Cabo Verde, Guiné-Bissau, Macau, Moçambique, Portugal, S. Tomé e Príncipe e Timor)* (Coimbra 2008).

[3] For an evaluation of the first twenty years of applicability of Law no. 31/86 and of the need for further changes in the Law, see Armindo Ribeiro Mendes, "Balanço dos vinte anos de vigência da Lei de Arbitragem Voluntária (Lei n.° 31/86, de 29 de Agosto): sua importância no desenvolvimento da arbitragem e necessidade de alterações", in *I Congresso do Centro de Arbitragem da Câmara de Comércio e Indústria Portuguesa (Centro de arbitragem comercial). Intervenções* (Coimbra 2008) pp. 13 et seq.

of 27 December 1986 (dealing with the organization and recognition of arbitral institutions), by Arts. 90(2), 812-A(1)(a), 812-A(3)(c) and 815 of the CCP (concerning the enforcement of foreign arbitral awards) and by Arts. 1094 to 1102 of the CCP (dealing with the recognition of foreign awards outside the scope of the 1958 New York Convention).

A draft new law on voluntary arbitration has been prepared in 2009 under the auspices of the Portuguese Arbitration Association[4].

Moreover, the following international treaties dealing specifically with arbitration, having been ratified by Portugal, are also in force in this country:[5]

(a) The *Protocol on Arbitration Clauses*, done in Geneva on 24 September 1923, as ratified and published in the Diário do Governo I series (hereinafter DG I), no. 10, of 13 January 1931, pp. 60 et seq.;

(b) The *Convention on the Execution of Foreign Arbitral Awards*, done in Geneva on 26 September 1927, ratified in 1930 and published in DG I, no. 10, of 13 January 1931, pp. 69 et seq.;

(c) The *Convention on the Settlement of Investment Disputes between States and Nationals of Other States*, done in Washington on 18 March 1965, ratified and published in Diário da República I series (hereinafter DR I), no. 79, of 3 April 1984, pp. 1102 et seq.; and

(d) The *Convention on the Recognition and Enforcement of Foreign Arbitral Awards*, done in New York on 10 June 1958, ratified on 8 July 1994 and in force since 16 January 1995, published in DR I, no. 3642, of 8 January 1994, pp. 3642 et seq.

The *Inter-American Convention on International Commercial Arbitration*, done in Panama on 30 January 1975, was ratified on 13 March 2002 by a Decree of the President of the Portuguese Republic published in DR I, no. 79, of 4 April 2002, pp. 3025 et seq. The Portuguese accession instrument to this Convention was, however, not deposited with the General Secretariat of the Organization of American States, as required by Arti-

---

[4] Available online in English at http://arbitragem.pt/projectos/lav/lav-traducao.pdf.

[5] See, for further details, Dário Moura Vicente, "Portugal e as convenções internacionais em matéria de arbitragem", in *I Congresso do Centro de Arbitragem da Câmara de Comércio e Indústria Portuguesa (Centro de arbitragem comercial). Intervenções* (Coimbra 2008) pp. 71 et seq.

334   *Direito Intenacional Privado – Ensaios III*

cle 9 of the Convention. Therefore, it does not bind the Portuguese State internationally.

The impact of these international conventions on the legal system applicable to the recognition and enforcement of arbitral awards will be explained below, in no. VII.

2. Practice of arbitration

The use of arbitration in Portugal as a method for settling disputes has become more and more extensive since the entering into force of the above-mentioned Law of 1986.

Under Decree-Law no. 425/86 of 27 December 1986, the Portuguese Ministry of Justice has registered thirty-four professional associations, chambers of commerce and other organizations as appointing and sometimes also as administering authorities of domestic and international arbitrations.[6]

However, many of the most important commercial arbitrations in this country are still being referred to "ad hoc" arbitral tribunals, with the remainder submitted to institutional arbitration[7].

II
Arbitration Agreement

1. Form and contents of the agreement

a. Types of agreements

Art. 1(2) of Law no. 31/86 makes a distinction between a submission agreement (*compromisso arbitral*, i.e., an agreement to submit an already existing dispute to arbitration) and an arbitration clause (*cláusula compro-*

---

[6] The full list is available at http://www.portaldocidadao.pt/PORTAL/entidades/MJ/GRAL/pt/SER_centros+de+arbitragem.htm?tab=3.

[7] E.g. the arbitration of the *Centro de Arbitragem Comercial da Associação Comercial de Lisboa/Câmara de Comércio e Indústria Portuguesa*, the rules of which are available at http://www.port-chambers.com.

missória, i.e., an agreement to refer future disputes to arbitration). However, in present Portuguese law these two types of arbitration agreements have basically the same effects (see below, no. 5), an arbitration clause being a sufficient basis to set up an arbitral tribunal.[8]

b. Form of the agreement

Art. 2(1) of Law no. 31/86 requires arbitration agreements to be in writing. This requirement is deemed to be fulfilled not only by an agreement made in writing (whether or not signed by the parties) but also by an agreement made through an exchange of letters, telexes, telegrams or any other means of telecommunication of which there is written evidence.

By virtue of Art. 26(1) of Decree-Law no. 7/04 of 7 January 2004, which regulates E-commerce, an arbitration agreement concluded by electronic means should be held to satisfy the requirement of written form if it is kept in a record that offers the same guarantees of trustworthiness, inteligibility and preservation.[9]

Art. 2(1) of the Law also expressly allows the situation where the aforesaid written instrument does not contain the arbitration agreement itself but only a clause referring to another document where an arbitration agreement is included, for example, a set of general conditions.[10]

In addition, given the terms of Art. 21(3), according to which «a plea that the arbitral tribunal lacks jurisdiction may only be raised up to the moment of the submission of the statement of defence on the merits of the dispute or jointly with it», an exchange of written submissions in the con-

---

[8] See generally Luís Carvalho Fernandes, *Cláusula compromissória e compromisso arbitral* (Lisbon 1961); Raúl Ventura, "Convenção de Arbitragem", *Revista da Ordem dos Advogados* (1986) pp. 289 et seq; Luís de Lima Pinheiro, "Convenção de arbitragem (aspectos internos e transnacionais)", *Revista da Ordem dos Advogados* (2004) pp. 125 et seq.; and Carlos Ferreira de Almeida, "Convenção de arbitragem: conteúdo e efeitos", in *I Congresso do Centro de Arbitragem da Câmara de Comércio e Indústria Portuguesa (Centro de arbitragem comercial). Intervenções* (Coimbra 2008) pp. 81 et seq.

[9] See, on this, Dário Moura Vicente, "A manifestação do consentimento na convenção de arbitragem", *Revista da Faculdade de Direito da Universidade de Lisboa* (2002) pp. 1001 et seq.

[10] See Raúl Ventura, "Convenção de arbitragem e cláusulas contratuais gerais", *Revista da Ordem dos Advogados* (1986) pp. 5 et seq. (p. 36).

text of either arbitral or legal proceedings in which an arbitration agreement not made in writing is invoked by one party and not denied by the other in its response has the same effect as an arbitration agreement in writing.

2. Parties to the agreement

a. Capacity

Law no. 31/86 does not contain any special rule regarding the capacity of physical or legal persons who may conclude an arbitration agreement. All natural or legal persons with general contractual capacity may therefore enter into an arbitration agreement.

Under Portuguese conflict of laws rules, capacity to enter into a contract is governed by each party's personal law, which is, in principle, the law of the nationality for individuals and the law of the country where the seat of the main and effective administration is located for legal persons, including corporations (Arts. 31 and 33 Civil Code (hereinafter CC) and Art. 3 Commercial Companies Code).

Persons affected by some incapacity can only be bound by arbitration agreements which have been entered into, on their behalf, by their legal representatives, or which they have been previously authorised to enter into.

Legal persons (companies, associations and foundations) may only commit themselves to arbitration through their legal or contractual representatives.

An arbitration agreement is not terminated by the death of a party, unless otherwise previously agreed.

A declaration of insolvency of an individual domiciled in or of a company seated in Portugal suspends the effects of arbitration agreements to which the insolvent person is a party and which relate to disputes the outcome of which may affect the value of its estate, notwithstanding the applicable international treaties: see Art 87 (1) of the Code of Insolvency and Recovery of Companies approved by Decree-Law no. 53/04 of 18 March 2004. Nevertheless, the administrator of the insolvency may submit requests and claims or defence pleadings in arbitration proceedings which are pending at the time of declaration of insolvency, even without the leave of the court.

An insolvent person cannot thus enter into an arbitration agreement related to the aforementioned disputes.

b. State and State Agencies

Art. 1(4) of Law no. 31/86 allows the Portuguese State and other public entities to enter into arbitration agreements either with nationals or foreign persons or entities, provided that they are authorized thereto by a special law or if the dispute which is the subject matter of the arbitration agreement arises out of a private law relationship.

Concerning public law relationships, Art. 180 of the aforementioned Code of Procedure in Administrative Courts expressly allows the setting up of an arbitral tribunal in order to decide disputes related to administrative contracts, extracontractual liability of the State or other administrative bodies, as well as those related to administrative acts that may be revoked on grounds other than their invalidity.

Decree-Law no. 203/2003, of 10 September 2003, which regulates the granting by the Portuguese State, through investment contracts, of certain benefits (fiscal, financial and other) to the promotors (either national or foreign) of large investment projects, also allows the settlement by arbitration of disputes concerning the interpretation and application of such contracts, with the exception of questions related to fiscal benefits (Art. 9(1)). For this purpose, the State shall be represented by the Portuguese Investment Agency (*Agência Portuguesa de Investimento*) (Art. 9(2)).

3. Domain of arbitration

a. In general

According to Law no. 31/86 (Art. 1), an arbitration agreement is unlawful if it submits to the decision of arbitrators a dispute falling within the exclusive jurisdiction of state courts (e.g., insolvency proceedings or criminal law issues) or a dispute involving rights of which the parties cannot dispose (such as, for example, those pertaining to the matrimonial and civil status).[11]

---

[11] For criticism of this rule, see António Sampaio Caramelo, "A disponibilidade do

338   *Direito Intenacional Privado – Ensaios III*

b. *Arbitration of intellectual property and competition disputes*

By virtue of Arts. 39 and 48(1) of the Code of Industrial Property (CIP) approved by Decree-Law no. 63/2003 of 5 March 2003, an arbitral tribunal may be constituted to review the decisions rendered by the National Institute of Industrial Property (*Instituto Nacional de Propriedade Industrial*) that grant or refuse industrial property rights or that relate to transmissions, licences, declarations of forfeiture or to any other acts that affect, modify or terminate industrial property rights. If there are other interested parties, such an arbitration may only proceed if they accept the submission agreement (CIP, Art. 48 (2)). Arbitrators may also decide on violations of industrial property rights as incidental questions to the principal issue in dispute, e.g. the non-contractual liability arising from such violations. Disputes concerning licence agreements and other contracts related to industrial property rights may equally be arbitrated. The annulment and the declaration of nullity of patents, utility models and registrations of industrial property rights may, however, only be done by a court judgment (CIP, Art. 35 (1)), which means that disputes related thereto may not be the principal object of an arbitration.[12]

Copyright disputes may, according to Art. 229 of the Code of Copyright and Neighbouring Rights, as modified by Law no. 50/2004 of 24 August 2004, give rise to voluntary arbitration proceedings, as long as they do not relate to non-disposable rights (as is the case, e.g., of authors' moral rights).

Although the determination of anti-competitive practices and the granting of exemptions from the application of competition laws is primarily the exclusive jurisdiction of the state agency which administers the application of antitrust and competition laws – the *Autoridade da Concorrência* (Competition Authority), created by Decree-Law no. 10/2003, of 10 January 2003 –, the arbitral tribunal to which a contract issue was submitted, may assess (as would a court) the violation of the aforesaid laws as

---

direito como critério de arbitrabilidade do litígio – Reflexões *de jure condendo*", *Revista da Ordem dos Advogados* (2006) pp. 1233 et seq.

[12] See, on this, Dário Moura Vicente, *A tutela internacional da propriedade intellectual* (Coimbra 2009), pp. 425 et seq.; and César Bessa Monteiro, "A arbitragem na propriedade industrial", in *II Congresso do Centro de Arbitragem da Câmara de Comércio e Indústria Portuguesa (Centro de arbitragem comercial). Intervenções* (Coimbra 2009) pp. 93 et seq.

an incidental question to the decision of the principal issue to be resolved by the same arbitral tribunal.

c. Filling of gaps and adaptation of contracts

Arbitrators may determine the precise meaning, complete, update or even review the contracts or legal relationships which give rise to the arbitration agreement, if the parties or the law applicable to the merits of the dispute allow them to do so (Art. 1(3) Law no. 31/86). Failing such authorization, arbitrators, like judges, according to Art. 239 CC, may nevertheless fill gaps in contracts in accordance with the presumed will of the parties or the principle of good faith.

Furthermore, Art. 437 CC allows the courts (as well as arbitral tribunals) to adapt contracts in cases of abnormal changes of the circumstances on which the parties based their decision to enter into contract, provided that the specific performance of the contractual obligations would seriously affect the principle of good faith and the change of circumstances is not covered by the particular risks of the contract.

The award thus rendered has the same effect of any arbitral award (see below, no. V.10).

d. Binding expertise

Although, as seen above, under Portuguese Law arbitration is not exclusively aimed at the settlement of disputes and may also be used for the adaptation and supplementation of contracts, it should not be confused with a binding expertise, which is a procedure akin to arbitration that does not deploy the same legal effects.

Such is the case, according to the Supreme Court of Portugal, of a procedure stipulated in an agreement whereby the parties have entrusted an auditing company to be appointed by a third person with the task of assessing the pecuniary value of the shares of a company which one of the parties promised to sell to the other, both parties having undertaken in writing to comply with the result of such assessment and having also stipulated that a given amount would be paid by the seller to the buyer in case of non-compliance with the assessment.[13]

---

[13] See the decision of the Supreme Court of 21 January 2003, in *Cadernos de Direito Privado*, no. 8 (2004) pp. 44 et seq., with a note by Dário Moura Vicente at pp. 52 et seq.

4. Separability of arbitration clause

Law no. 31/86 clearly adopts the principle of autonomy or separability of the arbitration clause from the main contract in which it is found or to which it relates, such principle meaning that the fate of the arbitration agreement is dissociated from that of the main contract.

One of the consequences of this principle is recognized in Art. 21(2) of Law no. 31/86, which provides that the nullity of the main contract does not entail the nullity of the arbitration clause, unless there is evidence that the parties would not have concluded the contract without this clause. In this legal provision, "nullity" comprises not only the invalidity but also the non-existence of the main contract.

Another (indirect) consequence of the principle of autonomy or separability of the arbitration clause is recognized in Art. 21(1), which provides that the arbitrators have the power to rule on their own jurisdiction. This is the well-known principle of *compétence-compétence* referred to below.

5. Effect of the arbitration agreement

A valid arbitration agreement has both positive and negative effects. The negative effect is that the courts are prohibited from hearing disputes covered by an arbitration agreement: a court should therefore stay an action which was brought before it and refer the parties to arbitration when one of them expressly invokes the arbitration agreement, as is specifically provided in Arts. 493(2) and 494(1) (*j*) CCP. The lack of jurisdiction of the court due to the existence of an arbitration agreement may only be invoked before the respondent presents the first submission of his defence on the merits (Art. 489(1) CCP) (usually within thirty days after the respondent has been served with a copy of the complaint filed in court).

As to the positive effect of an arbitration agreement, Law no. 31/86 provides mechanisms to overcome the lack of co-operation of a party which has signed the arbitration agreement but no longer wishes to take part in the arbitration, so that the arbitration can go ahead in spite of the refusal of that party to participate in the arbitral procedure. In this context, Art. 12(1) to (3) provides for the courts to appoint the arbitrator(s) that a party (or the parties) has (have) failed to appoint.

The power of the courts to determine the subject matter of the arbitration when the parties fail to reach agreement in this respect, provided for in the original version of Art. 12(4), was suppressed by Decree-Law no. 38/2003 of 8 March 2003. Since then, it is within the jurisdiction of the arbitrators to determine the subject matter of the dispute, on the basis of the parties' submissions.

III
Arbitrators

1. Qualifications

Arbitrators should be individuals enjoying full legal capacity (Art. 8 of Law no. 31/86). There are no other restrictions as to who may act as an arbitrator. Thus, there are no requirements regarding the individual's legal training or admittance to the local bar, the individual's nationality or as a result of current or previous experience or responsibilities.

The parties may however stipulate positive and negative qualifications for arbitrators in their arbitration agreement, within the principles of Portuguese public policy.

Law no. 31/86 (Art. 10) provides for the impartiality and the independence of the arbitrators by imposing (except to those who are appointed through agreement of the parties) the same requirements on them that apply to judges in this connection.

The aforesaid requirements entail the obligation for a person who is approached and/or appointed to be an arbitrator to disclose facts which may raise doubts about his impartiality or independence.[14]

---

[14] See, on this topic, Augusto Lopes Cardoso, "Da deontologia do árbitro", *Boletim do Ministério da Justiça*, vol. 456 (1996) pp. 31 et seq.; António Pires de Lima, "Independência dos árbitros e ética arbitral", *Revista Internacional de Arbitragem e Conciliação* (2008) pp. 61 et seq.; and José Miguel Júdice, "A constituição do tribunal arbitral: características, perfis e poderes dos árbitros", in *II Congresso do Centro de Arbitragem da Câmara de Comércio e Indústria Portuguesa (Centro de arbitragem comercial). Intervenções* (Coimbra 2009) pp. 103 et seq.

2. Challenge of arbitrators

Arbitrators who have not been appointed by agreement of the parties may be challenged on the same grounds as provided in the CCP for challenging judges (Art. 10(1) of Law no. 31/86). Accordingly, an arbitrator is barred from performing his functions if he is a party to the dispute or the legal representative, spouse or relative of a party to the dispute; or if he or his spouse or relative is a creditor or debtor of a party to the dispute or has a legal interest in the dispute being decided in favour of one of the parties to the dispute; or if his spouse or relative has intervened in the dispute as a lawyer or expert; or if a party to the dispute has initiated a civil action for damages or has filed criminal charges against him; or if he is to be a witness in the dispute (Art. 122 CCP).

Arbitrators who have been appointed by agreement of the parties may be challenged on the same grounds if the parties become aware of the existence of the above referred facts following the appointment of the arbitrators.

According to Art. 123 of the CCP, also applicable on the basis of the reference in Art. 10(1) of Law no. 31/86, if a ground for challenge exists, the arbitrator must consider himself barred. If he does not do so ex officio, either party may request it and the parties may apply to the court if he refuses to comply. When the parties or the designated appointing entity have failed to appoint an arbitrator or arbitrators, the appointment of arbitrators made by the court may not be challenged (Art. 12(3) Law no. 31/86).

The parties may jointly revoke the authority of an arbitrator or even the arbitration agreement. Consequently, the arbitrator shall be replaced according to the rules applicable to the appointment, appropriately adapted.

3. Number of arbitrators

The arbitral tribunal must be composed of a sole or an uneven number of arbitrators (Art. 6(1) Law no. 31/86). Unless the number of arbitrators is established in the arbitration agreement or in a subsequent document signed by the parties, the tribunal shall be composed of three arbitrators (Art. 6(2) Law no. 31/86). If the arbitral tribunal is composed of an even number of arbitrators, its award may be challenged before the courts on this ground (Art. 27(1)(*b*) of Law no. 31/86: "tribunal irregularly constituted").

4. Appointment of arbitrators

In the arbitration agreement or a subsequent written document signed by them, the parties may either appoint the arbitrator or arbitrators who will compose the arbitral tribunal or determine the method for their appointment (Art. 7(1) of Law no. 31/86). If the parties have neither appointed the arbitrator or arbitrators nor determined the method of their appointment and they fail to agree on such appointment, each party shall appoint one arbitrator, unless they agree that each of them shall appoint more than one arbitrator in equal number, and the arbitrators thus appointed shall agree upon the arbitrator who will complete the composition of the arbitral tribunal (Art. 7(2) Law no. 31/86). Whenever an arbitrator or arbitrators have not been appointed according to the foregoing provisions, such appointment shall be made by the president of the Court of Appeal at the place of arbitration or, if that place has not yet been established, at the domicile of the applicant (Art. 12(1) Law no. 31/86). If the arbitration agreement is manifestly void, the court shall refuse to appoint the arbitrators or specify the subject matter of the dispute (Art. 12(5) Law no. 31/86).

If it becomes necessary to replace an arbitrator due to death, refusal to accept the mandate, permanent inability to carry out the mandate or the appointment ceasing to have effect and the arbitrator is not replaced in accordance with the above-mentioned provisions (Art. 13 Law no. 31/86), the arbitration agreement shall lapse (Art. 4(1)(*a*) Law no. 31/86).

5. Liability of arbitrators

An arbitrator who, having accepted his mandate, unjustifiably withdraws from office, shall be liable for the damages he has caused (Art. 9(3) Law no. 31/86). The arbitrators who unjustifiably obstruct the rendering of the award within the determined time limit shall be liable for the damages they have caused (Art. 19(5) Law no. 31/86). In principle, arbitrators may, according to the provisions of the Civil Code on contractual liability (Art. 798 et seq.), be liable for breach of the contract that they concluded with the parties when they accepted their appointment.[15] However, arbitrators

---

[15] See, in this sense, Manuel Henrique Mesquita, "Arbitragem: competência do tribunal arbitral e responsabilidade civil do árbitro", *Ab uno ad omnes. 75 anos da Coimbra*

344   *Direito Intenacional Privado – Ensaios III*

cannot be held liable for the decision they render, except in cases of wilful misconduct or fraud, because they benefit from an immunity similar to that protecting judges since they exercise a jurisdictional function.

Notwithstanding, the arbitrators can be held liable if they intentionally or negligently breach their other related obligations, such as those of confidentiality.

IV
Arbitral Procedure

1. Place of arbitration

The parties may choose the place of arbitration either in the arbitration agreement or in a subsequent written document (Art. 15(1) Law no. 31/86). If the parties have agreed to arbitrate under the arbitration rules of an arbitral institution authorized under Decree-Law no. 425/86 of 27 December 1986 (see above no. I.2), the place of arbitration may be determined according to those rules (Art. 15(2) Law No. 31/86). If they have not followed any of these alternatives, the arbitrators shall determine the place (Art. 15(3) Law no. 31/86).

The parties and the arbitrators may jointly agree to hold the hearings or other arbitral procedures in a place other than the place of arbitration which has been determined by the parties.

The determination of the place of arbitration has several important consequences, the first of which arises from the applicability of the Portuguese arbitration law to all arbitrations taking place in Portuguese territory (Art. 37 of Law no. 31/86). The second consequence is that, subject to the parties' agreement on a procedure for the appointment of arbitrators, the appointing authority is the Court of Appeal of the place of arbitration if any of the parties fail to appoint an arbitrator (Art. 12(1) Law no. 31/86). Also, the arbitral award must, in principle, be deposited with the registry of the court of the place of arbitration. The territorial jurisdiction of the courts to accept an action for setting aside the arbitral award (Art. 27 Law

---

Editora (Coimbra 1998) pp. 1381 et seq. A different view is held by Pedro Romano Martinez, "Análise do vínculo jurídico do árbitro em arbitragem voluntária ad hoc", *Estudos em memória do Professor Doutor António Marques dos Santos* (Coimbra 2005) vol. I, pp. 827 et seq.

no. 31/86), to consider an appeal of the award (Art. 29 Law no. 31/86) (see below no. VI.1) and to enforce the award (Art. 30 Law no. 31/86) depends upon the place of arbitration as well.

2. **Arbitral proceedings in general**

The general rule is that parties are free to choose the rules to be followed in the proceedings, either directly or by reference to the rules of an authorized arbitral institution (Art. 15(1) and (2) Law no. 31/86). If the parties fail to make such a choice, the arbitrators shall determine the applicable procedural rules themselves (Art. 15(3) Law no. 31/86).

Despite the parties' autonomy, as described above, four basic principles must be observed, namely: equal treatment of the parties; summoning of the respondent regarding the submission of his defence; strict compliance with the principle of contradiction; and granting to both parties the opportunity to present their case, orally or in writing before the final award is rendered (Art. 16 of Law no. 31/86). A serious breach of any of these four principles can make the award subject to setting aside (Art. 27(1)(*c*) Law no. 31/86) (see below no. VI.2.*a*.).

Portuguese law stipulates the parties' duty to comply with the principle of good faith in their procedural acts. The arbitrators are obliged to perform their functions impartially and fairly. Furthermore, their jurisdiction is limited by the terms and matters contained in the jurisdictional mandate granted by the parties. By virtue of Art. 15(3) Law no. 31/86, arbitrators may apply court practice to their proceedings. In Portugal, an ordinary procedure is commenced by filing an application in court stating the identity of the parties, the facts and the legal grounds of the dispute, its purpose and value. Documentary evidence is attached. The respondent is then summoned to answer within thirty days. He may present a counterclaim, which must in turn be answered.

Subsequently, the court decides which facts are proved and which ones remain to be proved. Parties are summoned to produce such evidence at a court hearing. This hearing is concluded with oral pleadings on factual questions, which are then decided by the court. Next, lawyers present oral or written pleadings on the legal issues raised in the dispute. Once the discussion of those issues is closed, the court renders, within a given time, its final judgment.

3. Evidence

All evidence allowed by the law of civil procedure may be produced before the arbitral tribunal (Art. 18(1) Law no. 31/86).[16] The applicable rules on the taking of evidence may be chosen by the parties or by the arbitrators, in accordance with Art. 15. If one of the parties or a third person refuses to cooperate in the taking of evidence, a party may, with the consent of the arbitral tribunal, request the court to take the evidence and the court shall then send the results to the arbitral tribunal (Art. 18(2) Law no. 31/86).[17] Arbitrators can require witnesses to take oaths, but only courts may apply the legal sanctions stated in Art. 519(2) CCP for refusal to comply with such requests.

Law no. 31/86 does not contain any specific provisions on the admissibility and on the assessment of the weight of evidence by the arbitrators. Therefore, the arbitrators (with or without the consent of the parties) are free either to follow the rules of the CCP governing proceedings in judicial courts or to opt out from strict compliance with such rules and to adopt more flexible rules for this purpose.

However, two principles are paramount with respect to the admissibility and the determination of the weight of evidence. The first of these principles is that the parties, as far as the presentation of evidence is concerned, should be treated with absolute equality (Art. 16(*a*) Law no. 31/86).

The second principle, set out in the CCP (Art. 655(1)) but also applicable to arbitration, is that an arbitral tribunal is entitled to assess freely the evidence produced and that arbitrators (like judges) shall decide according to their prudent conviction on each fact or issue.

As regards the procedure for the hearing of witnesses, Portuguese law provides that depositions are, in principle, to be made orally. This rule has very few exceptions (President of the Republic, Members of the

---

[16] On the interpretation of this rule, see Filipe Alfaiate, "A prova em arbitragem: perspectiva de direito comparado", in *II Congresso do Centro de Arbitragem da Câmara de Comércio e Indústria Portuguesa (Centro de arbitragem comercial). Intervenções* (Coimbra 2009) pp. 131 et seq.

[17] See, on this, João Raposo, "A intervenção do tribunal judicial na arbitragem: nomeação de árbitros e produção de prova", in *I Congresso do Centro de Arbitragem da Câmara de Comércio e Indústria Portuguesa (Centro de arbitragem comercial). Intervenções* (Coimbra 2008) pp. 109 et seq.

Government, High Court Judges, the State Prosecutor and his Deputy, Armed Forces Generals, high-ranking officers from religious institutions and a few other entities).

However, in light of the discretion granted to arbitrators to determine the method by which the parties shall produce evidence in the arbitration, arbitrators are empowered to order, for example, that witnesses submit written statements on which they may be cross-examined and subsequently re-examined before the tribunal.

4. Experts

Expertise is one of the means of evidence allowed by Art. 568 of the CCP. Written opinions by experts may also be produced by the parties as evidence, according to Art. 525 of the CCP.

According to Arts. 264, 523, 570 and 572(3) CCP, both forms of evidence may be either produced by the parties or ordered *ex officio* by the court. The same options exist in an arbitration (Art. 18(1) Law no. 31/86). If an expert is appointed by the arbitral tribunal, both parties must be heard on the expert's opinion (Art. 16(*c*) Law no. 31/86). This is a fundamental corollary of the adversarial system which, as provided in Art. 517(1) CCP, is also relevant regarding the taking of evidence.

When the expertise is ordered *ex officio* by the arbitral tribunal, the appointment of the expert is not subject to the consent of the parties, although the arbitral tribunal may accept suggestions from the latter, regarding the selection of the person or entity to be appointed.

5. Interim measures of protection

Interim measures of protection are not expressly provided for in the Portuguese arbitration law.[18] If the problem arises before the arbitral tribunal is constituted, parties should be allowed to seek provisional measu-

---

[18] On this subject, see Paula Costa e Silva, "A arbitrabilidade de medidas cautelares", *Revista da Ordem dos Advogados* (Lisbon 2003) pp. 211 et seq.; and João Calvão da Silva, "Tribunal arbitral e providências cautelares", in *I Congresso do Centro de Arbitragem da Câmara de Comércio e Indústria Portuguesa (Centro de arbitragem comercial). Intervenções* (Coimbra 2008), pp. 99 et seq.

348 *Direito Intenacional Privado – Ensaios III*

res of protection from the courts, because otherwise they would have to await the constitution of the tribunal, a solution which might greatly endanger their rights. The CCP contains provisions on several measures of protection which may be ordered before an award is rendered, such as restoring the possession of goods (Art. 393 et seq. CCP); the suspension of corporate deliberations (Art. 396 et seq. CCP); attachment (Art. 406 et seq. CCP); the suspension of works (Art. 412 et seq. CCP); and the inventory of goods or documents (Art. 421 et seq. CCP). In general, the CCP allows courts to order the measures of protection that are deemed adequate (Art. 381 et seq. CCP).

After the constitution of the arbitral tribunal, one may infer from the parties' and the arbitrators' freedom to determine the applicable procedural rules that it may also render a provisional or interlocutory award ordering one of the measures referred to. The enforcement of such an award would only be possible through the competent court (Art. 30 Law no. 31/86). It might therefore be advisable for parties to seek such measures directly from the court, since it can immediately enforce them.

Considering the special nature of these measures, which do not directly envisage solving a dispute, such a request would not be a violation of the arbitration agreement.[19]

6. Representation and legal assistance

Parties may be represented or assisted before the arbitral tribunal by a person appointed by them (Art. 17 Law no. 31/86). A power of attorney is necessary to give someone a mandate to represent a party judicially (Art. 35 CCP) including before arbitral tribunals (Art. 2 of Law no. 49/2004 of 24 August 2004).[20]

Regarding representation by foreign legal counsel, Portugal has transposed Directive no. 77/249/EEC on the freedom of lawyers to provide services in Member-States of the Community through Decree Law no. 119/86, 28 May 1986, and Directive no. 98/5/EC to facilitate practice of the pro-

---

[19] See, in this sense, the decision of the Court of Appeal of Lisbon dated 3 February 1998, *Boletim do Ministério da Justiça*, vol. 474 (1998) p. 542.

[20] See, on this, João Luís Lopes dos Reis, *Representação Forense e Arbitragem* (Coimbra 2001).

fession of lawyer on a permanent basis in a Member State other than that in which the qualification was obtained, through Law no. 80/2001, of 20 July 2001, both of which amended the by-laws of the *Ordem dos Advogados* (Portuguese Bar Association). According to Art. 197(2) of these by-laws, as last amended by Law no. 15/2005 of 26 January 2005, advocates, barristers and solicitors of other Member-States of the European Union (EU) are allowed to practice in Portuguese courts using their original professional titles, but they must be supervised by a lawyer who is a member of the Portuguese Bar Association. As an alternative, they may exercise their activity in Portugal with the title of *Advogado*, subject to prior registration in the Portuguese Bar Association (Art. 197(3) of the by-laws). According to para. 1 of Art. 198 of the by-laws, they must also inform the Portuguese Bar Association of any services occasionally rendered in Portugal. If they wish to establish themselves permanently in Portugal, they must register in the Portuguese Bar Association (Art. 198(2)).

Non-EU lawyers who are not members of the Portuguese Bar Association are not allowed to represent parties in arbitrations in Portugal (Arts. 61(1) and 62(1) of the by-laws of the Portuguese Bar Association and Art. 1(1) and (5) of the aforementioned Law no. 49/2004).

7. **Default**

Once the arbitral tribunal has been constituted, if a duly summoned party fails to present its defence or fails by any other means to intervene in the proceedings, the tribunal may nevertheless go on with the proceedings and render a binding award, as a court may do in case of default of the respondent (Art. 483 et seq. CCP).

V
Arbitral Award

1. **Types of awards**

Law no. 31/86 basically deals with final awards (see, for instance, Art. 23(1)). However, a reference to an interim award on the matter of the tribunal's jurisdiction is made in Art. 21.

350   *Direito Intenacional Privado – Ensaios III*

Furthermore, since parties and arbitrators are free to determine how the proceedings shall evolve, there is no reason why partial or interim awards should not be allowed.[21] The CCP itself contains provisions regarding interim decisions by courts (see, for example, Art. 510 et seq.) (see below no. V.10).

2. The making of the award

Parties may determine the time limit within which the arbitral tribunal shall render the award (Art. 19(1) Law No. 31/86). If the parties fail to do so, the time limit to render the award is six months (Art. 19(2) Law no. 31/86), counted from the day of the appointment of the last arbitrator (Art. 19(3) Law no. 31/86). This time limit may be extended up to twice its original duration by written agreement of the parties (Art. 19(4) Law No. 31/86). If the award is not made within the required time limit, the arbitration agreement lapses (Art. 4(c) Law no. 31/86).

The arbitral tribunal's decision is taken by a majority of votes. Parties may, however, require a qualified majority for the decision. They may also agree that, failing to achieve the necessary majority, the decision shall be taken by the president of the tribunal (Art. 20(1)-(2) Law no. 31/86). If no other provision has been made, the failure of the arbitrators to reach a majority decision will result in the lapsing of the arbitration agreement (Art. 4(b) Law no. 31/86).

Dissenting opinions are allowed and they must be included in the award (Art. 23(2) Law no. 31/86) (see below no. V.3).

3. Form of the award

The final award must be in writing (Art. 23(1) Law no. 31/86). It shall include the identity of the parties, a reference to the arbitration agreement, the subject matter of the dispute, the identity of the arbitrators, the place of arbitration and the place and time of the making of the award (Art.

---

[21] This point of view is also held by António Sampaio Caramelo, "Decisões interlocutórias e parciais no processo arbitral. Seu objecto e regime", in *II Congresso do Centro de Arbitragem da Câmara de Comércio e Indústria Portuguesa (Centro de arbitragem comercial). Intervenções* (Coimbra 2009) pp. 173 et seq.

23(1) (*a*)-(*e*) Law no. 31/86). It must be signed by the arbitrators (Art. 23(1) (*f*) Law no. 31/86).

Furthermore, the award must contain a reference to the arbitrators who were unable to sign the award or refused to do so (Art. 23(1)(*g*) Law no. 31/86). It must be signed by the majority of the arbitrators and shall include any dissenting opinion (Art. 23(2) Law no. 31/86). The award must also contain the reasons on which it is based (Art. 23(3) Law no. 31/86). If the provisions of Art. 23(1) (*f*), (2) and (3) are not complied with, they may constitute a ground for setting aside the award (Art. 27(1) (*d*) Law no. 31/86).

4. Pleas as to the arbitrators' jurisdiction

The arbitral tribunal may decide on its own jurisdiction, even if, for that purpose, it has to decide on the existence, validity or effectiveness of the arbitration agreement or of the contract of which the arbitration agreement is a part. It may also decide on the applicability of the arbitration agreement (Art. 21(1) Law no. 31/86), i.e., whether the subject matter of the dispute falls within the scope of the arbitration agreement.

An objection to the jurisdiction of the arbitral tribunal may be raised only until the statement of defence on the merits is submitted by the respondent or jointly with it (Art. 21(3) Law no. 31/86). If a party is aware of the lack of jurisdiction and fails to raise this objection in a timely fashion, it will no longer be able to invoke the lack of jurisdiction in an action for setting aside or in a request for refusal of enforcement (Art. 27(2) Law no. 31/86).

The arbitral tribunal's decision on its own jurisdiction may only be examined by the court after the arbitral award has been rendered, in an action to set aside the award or in a request for the refusal of its enforcement (Art. 21(4) Law no. 31/86).

5. Applicable law

a. Domestic arbitration

As far as domestic arbitration is concerned, arbitrators shall decide in accordance with the law, unless the parties have authorized them to

352   *Direito Intenacional Privado – Ensaios III*

decide according to equity (*segundo a equidade*) (Art. 22 of Law no. 31/86).[22]

Under Portuguese law, an arbitrator empowered to decide according to equity is not bound by strictly legal criteria. Instead, he may render the decision which seems most appropriate to the circumstances of the specific case. This does not mean, however, that he is free from any reference to the applicable rules of law. An arbitrator with such powers must first determine those rules and, if he decides to turn away from them, justify his award by stating the reasons that led him to do so.

b. International arbitration

Regarding international arbitration (which is defined in Art. 32 of Law no. 31/86 as an arbitration that implicates the interests of international trade), parties may choose the applicable substantive law unless they have authorized the arbitrators to decide according to equity (Art. 33(1) of Law no. 31/86). Failing such a choice, arbitrators shall apply the most appropriate law (*direito mais apropriado*) to the dispute (Art. 33(2) of Law no. 31/86). It is important to stress that, unlike several foreign statutes and international conventions, the new Portuguese arbitration law does not allow simply a choice of rules of law, but rather requires that a law (i.e., a legal system) be applied. In our opinion, it is arguable whether only national legal systems are included or also public international law. In any case, *lex mercatoria* and the general principles of law are excluded since they are not true systems of law.[23]

---

[22] See João Antunes Varela, «Valor da equidade como fonte de Direito», *Ciência e Técnica Fiscal* (1966) pp. 7 et seq.; Fernando Pires de Lima and João Antunes Varela, *Código Civil Anotado*, vol. I, 4th edition (Coimbra 1987) note to Art. 4; António Menezes Cordeiro, "A decisão segundo a equidade", *O Direito* (1990) p. 276; José de Oliveira Ascensão, *O Direito. Introdução e teoria geral*, 13th edition (Coimbra 2005) pp. 245 et seq; António Sampaio Caramelo, "Arbitration in Equity and *Amiable Composition* under Portuguese Law", *Journal of International Arbitration* (2008) pp. 569 et seq.

[23] For a detailed discussion, see Dário Moura Vicente, *Da arbitragem comercial internacional. Direito aplicável ao mérito da causa* (Coimbra 1990) pp. 134-214; Rui de Moura Ramos, *Da lei aplicável ao contrato de trabalho internacional* (Coimbra 1991) pp. 495-515. A different view is taken by Isabel de Magalhães Collaço, "L'arbitrage international dans la recente loi portugaise sur l'arbitrage volontaire (Loi no. 31/86, du 29 août 1986). Quelques réflexions", in *Droit International et Droit Communautaire. Actes du Col-*

On the other hand, Art. 33(2) allows a direct determination of the applicable law (the so-called *voie directe*), since arbitrators are not first obliged to ascertain the applicable conflict of laws rule. According to one point of view,[24] the most "appropriate law" is not the "better" rule of substantive law, but rather the one that has the closest connection with the subject matter of the dispute.[25] So far as contracts are concerned, arbitrators should place particular emphasis on the country of habitual residence or of the central administration of the party subject to the duty to effect the *characteristic performance*: e.g., the vendor in a contract of sale. This is the solution adopted by the 1980 Rome Convention on the Law Applicable to Contractual Obligations between the Member-States of the European Community[26] and, although under a somewhat different set of conditions, by Regulation (EC) no. 593/2008 («Rome I Regulation»).

This does not mean that the arbitrators are prevented from considering the material consequences of the application of the various laws connected with the case in question. They may, for example, under the principle of *favor negotii*, decide that the most appropriate of those laws is the only one which considers the contract to be formally valid.

It also does not mean that arbitrators cannot take into account the usages of international trade. This can occur in two types of circumstances. When the parties have made express reference to those usages in the contract or in the arbitration agreement, the arbitrators are required to apply them, to the extent that they do not conflict with the mandatory provisions of the applicable national law, determined as mentioned before; usages can thus be the object of a substantive reference, but not of a conflictual one (i.e., they cannot be the sole criterion according to which the subject mat-

---

loque Paris 5-6 avril 1990 (Paris 1991) pp. 62-63; and Luís de Lima Pinheiro, "Direito aplicável ao mérito da causa na arbitragem transnacional", *Estudos de Direito Comercial Internacional* vol. I (Coimbra 2004), p. 31; id. *Arbitragem Transnacional. A determinação do estatuto da arbitragem* (Coimbra 2005), pp. 234 et seq.

[24] See António Ferrer Correia, "O problema da lei aplicável ao fundo ou mérito da causa na arbitragem comercial internacional", *Liber Amicorum Pérez Montero* (Oviedo 1988) p. 515.

[25] See also Ferrer Correia, "Da arbitragem comercial internacional", *Revista de Direito e Economia*, 1984/1985, p. 46; Dário Moura Vicente, op. cit. supra, pp. 240-252. For a different view see Magalhães Collaço, op. cit. supra, p. 63.

[26] To which Portugal became a party by the Funchal Convention of 18 May 1992, as ratified by the Decree of the President of the Republic no. 1/94 of 3 March 1994. The Convention has been in force in Portugal since 1 September 1994.

ter of the dispute is to be decided). In the event that the parties have made no provision regarding this question, usages may still be taken into consideration by the arbitrators as aids in the construction and the filling of gaps of the contract.

The same applies to non-legislative sets of rules, such as the *Unidroit Principles of International Commercial Contracts*[27], the *Principles of European Contract Law*[28] and the *Draft Common Frame of Reference*.[29]

6. Settlement

Law no. 31/86 does not specifically provide for the possibility that the parties reach a settlement during the proceedings. Nevertheless, considering parties' and arbitrators' freedom to determine the rules applicable to the proceedings, it should be permissible. According to Art. 293(2) of the CCP, parties may at any time during the proceedings conclude a settlement on the subject matter of the dispute. Art. 294 of the CCP states that such a settlement implies either the modification of the claimant's claim or the termination of the proceedings, according to its terms. As provided in Art. 300(1) of the CCP, the settlement may be recorded either in the proceedings or in a public deed. Once this formality has been completed, the judge shall render a judgment declaring whether the settlement is valid or not and, if it is valid, deciding for or against the claim, in accordance with the terms of the settlement (Art. 300(3) CCP). If the settlement is reached through conciliation of the parties by the judge, the judgment shall confirm the settlement and decide the claim accordingly (Art. 300(4) CCP). Such judgment is enforceable. The same should apply to an arbitral award confirming a settlement reached during the arbitral proceedings.

---

[27] See International Institute for the Unification of Private Law, *Principles of International Commercial Contracts*, 2nd ed. (Rome 2004).

[28] See The Commission on European Contract Law, *Principles of European Contract Law*, Parts I & II combined and revised (The Hague 2000); Part III (The Hague 2003).

[29] See Christian von Bar *et al.* (eds.), *Principles, Definitions and Model Rules on EC Private Law. Draft Common Frame of Reference. Interim Outline Edition* (Munich 2008).

7. Correction and interpretation of the award; additional award

The arbitrators' jurisdictional power terminates upon the notification of the deposit of the award that has settled the dispute or, if the tribunal has been relieved of the necessity of making such a deposit, upon the notification of the award to the parties (Art. 25 of Law no. 31/86). A similar rule, as stated in Art. 666(1) of the CCP, applies to judges. Nevertheless, they are empowered by para. 2 of the same provision to rectify clerical errors, to cure nullities, to clarify doubts and to reform the award regarding costs and procedural fines. The same rule should apply to arbitral tribunals, although the arbitration law contains no express provision with regard to this.

The possibility of the arbitrators making an additional award seems to be excluded.

8. Fees and costs

The award shall contain a decision on the amount of the costs of the proceedings and their apportionment among the parties (Art. 23(4) of Law no. 31/86). Art. 446 of the CCP sets out as a general rule that the costs of the proceedings shall be borne by the unsuccessful party. This provision does not bind arbitrators, but is an important guideline for them.

a. Deposit

The parties' and the arbitrators' autonomy in the determination of the applicable procedural rules enables them to agree or to demand that one or more deposits for the costs of the proceedings, including the arbitrators' fees, shall be made by the parties. If a party does not comply with the request, it can only be compelled to fulfil it through the enforcement by the competent court of an interim award on this matter by the arbitral tribunal.

b. Fees

The arbitrators' fees may, in the first place, be settled by agreement between the parties and the arbitrators. Failing such agreement, the arbitral tribunal's power to determine and apportion the costs of the proceedings should include the power to decide on their own fees. Court control of this decision is possible if appeals have not been excluded.

c. Costs of legal assistance

According to Art. 447-D of the CCP (inserted in this Code by Decree-Law no. 34/2008 of 26 February 2008), the winning party's costs, including the fees and expenses of its lawyers, are borne by the losing party, in the same proportion of its loss. However, if the winning party has chosen to submit its case to State courts, notwithstanding the fact that it could use alternative dispute resolution structures, it shall bear its own costs, whatever the outcome of the case.

9. Delivery of the award and registration

The chairman of the tribunal shall order that a copy of the award is sent to each of the parties (Art. 24(1) Law no. 31/86). The original of the award shall be deposited with the registry of the court at the place of arbitration, unless the parties have relieved the tribunal of the necessity of such a deposit or if the rules of the institution that supervised the arbitration provide for another form of deposit (Art. 24(2) Law no. 31/86). The deposit must be notified to the parties (Art. 24(3) Law no. 31/86).

10. Enforcement of the award

An arbitral award rendered in Portugal shall be enforced as if it were a judgment rendered by the Court of First Instance (Art. 26(2) Law no. 31/86).[30] The proceedings for the enforcement of the arbitral award shall take place at the Court of First Instance and follow the requirements pro-

---

[30] See Paula Costa e Silva, "A execução em Portugal de decisões arbitrais nacionais e estrangeiras", in *I Congresso do Centro de Arbitragem da Câmara de Comércio e Indústria Portuguesa (Centro de arbitragem comercial). Intervenções* (Coimbra 2008) pp. 131 et seq.

vided in the law of civil procedure (Art. 30 Law no. 31/86). If the award was rendered in Portugal, the competent court for enforcement is the Court of First Instance at the place of arbitration (Art. 90(2) CCP).

By virtue of Arts. 812-A(1) and 812-B(1) of the CCP, inserted in this Code by Decree-Law no. 38/2003 of 8 March 2003, the enforcement of a judgment or award is automatically granted and the attachment of the respondent's property may take place without a previous court order and a notice to him. If, however, the court clerk has doubts as to the admissibility of an arbitral award on the disputed matter, he shall raise the matter before the judge (Art. 812-A(3)(c)).

The respondent may also oppose the enforcement within twenty days following notice of the enforcement proceedings.

According to Art. 31 of the Law and Art. 815 of the CCP, as amended by the said Decree-Law no. 38/2003, the grounds for setting aside of the award (listed in Art. 27 of Law no. 31/86) may be invoked in the opposition to the enforcement, even if the time limit for an application for setting aside has lapsed.

A party may also contest the enforcement of the award by invoking the grounds generally stated in Art. 814 of the CCP dealing with the refusal of enforcement of judicial decisions. The grounds mentioned include several procedural and substantive grounds, namely:

(a) Non-enforceability of the judgment (or award);

(b) Falsehood of the proceedings or of the certificate on which the enforcement proceedings are based, liable to influence their terms;

(c) Absence of any requirement of the enforcement proceedings (such as the legal capacity of the parties or their representatives to sue or to be sued);

(d) Absence or nullity of the summoning of the respondent, unless he has intervened in the proceedings;

(e) Uncertainty, non-liquidity or non-demandability of the obligation to be enforced;

(f) Res judicata prior to the judgment (or award) being enforced;

(g) Any fact that has extinguished or modified the obligation subsequently to the pleadings and which is liable to be proved by a document (prescription may, however, be proved by any means of evidence); and

(h) If the enforcement proceedings are based on a settlement confirmed by judgment, any cause of invalidity of those acts.

If an unsuccessful party's request is admitted by the court, the party seeking enforcement is notified to answer it, according to Art. 817(2) of the CCP. The proceedings will then follow the course of the summary civil procedure leading to a judgment on the request.

If a partial or interim award is rendered under the parties' or the arbitrators' freedom to determine the applicable procedural rules, and if it complies with the formal requirements regarding arbitral awards generally provided in the law, the aforementioned rules should apply to its enforcement as well.

11. Publication of the award

Presently, the only arbitral awards that are regularly published in Portugal are those rendered under the auspices of the Arbitration Centre for Consumer Disputes of Lisbon (*Centro de Arbitragem de Conflitos de Consumo de Lisboa*).[31] Parties' names are left out of the published version of those awards.

VI
Means of Recourse

1. Appeal from an arbitral award

a. Appeal to a second arbitral instance

Portuguese arbitration law does not expressly provide for an appeal to a second arbitral instance. Nevertheless, the basic principle of party autonomy should allow the parties to agree on the possibility of such an appeal.

---

[31] The first volume of the collected awards of this Centre was published under the title *Sinopse da Acção e Colectânea de Jurisprudência (1990-1999)* (Lisboa 2000).

b. Appeal to a court

In domestic arbitration, an appeal on the merits of the award may be brought before the Court of Appeal (Art. 29(1) Law no. 31/86).[32] Parties may, however, as stated in Art. 29(1), waive the right to appeal. Permitting the arbitrators to decide according to equity implies a waiver of the right to appeal (Art. 29(2) Law no. 31/86).

According to Art. 715 of the CCP, the Court of Appeal shall render a new judgment on the subject matter of the appeal. It may not, therefore, simply annul the award and remit it to the arbitrators.

No appeal is allowed in international arbitration, unless the parties have agreed on this possibility and its terms (Art. 34 Law no. 31/86).

2. Setting aside of the arbitral award (action for annulment of the award)

a. Grounds for setting aside

According to Art. 27(1) of Law no. 31/86, the arbitral award may only be set aside on grounds of:

(a) Non-arbitrability of the dispute;

(b) Lack of jurisdiction or irregular constitution of the tribunal;

(c) A breach of the procedural principles set forth in Art. 16 which has decisively influenced the outcome of the dispute;

(d) A breach of the provisions of Article 23(1)(*f*), (2) and (3), i.e, the lack of signature by the majority of the arbitrators, the failure to mention the arbitrators who could not or did not want to sign the award or the failure to state the reasons upon which the award is based; and

(e) Non-compliance with the tribunal's mandate, by virtue of the tribunal having dealt with matters beyond that mandate or having failed to decide matters it should have decided.

---

[32] See Miguel Teixeira de Sousa, "A recorribilidade das decisões arbitrais", *O Direito* (1988) pp. 561 et seq.; Luís Carvalho Fernandes, "Dos recursos em processo arbitral", *Estudos em homenagem ao Professor Doutor Raúl Ventura* (Lisbon 2003) vol. II, pp. 139 et seq.

A party is estopped from invoking the lack of jurisdiction of the arbitrators or the irregular constitution of the tribunal if it knew of this during the proceedings and did not invoke those grounds of annulment at the time (Art. 27(2) Law no. 31/86). If an appeal against the arbitral award is possible and if it has effectively been lodged, the mentioned grounds for setting aside may only be examined in that appeal (Art. 27(3) Law no. 31/86).[33]

b. Procedure

The action for setting aside must be brought within one month of the notification of the award (Art. 28(2) Law no. 31/86). However, the grounds for setting aside may also be invoked when the unsuccessful party contests the enforcement of the award, even if the time limit for an application for setting aside has lapsed (Art. 31 Law no. 31/86).

The application must be brought before the Court of First Instance (Art. 27(1) Law no. 31/86).

The arbitration law specifically provides that the right to request the setting aside of the award may not be excluded (Art. 28(1) Law no. 31/86).

VII
Foreign Arbitral Awards

1. Conventions and treaties

The multilateral conventions presently in force in Portugal, which govern the enforcement of foreign arbitral awards, are the Geneva Convention for the Execution of Foreign Arbitral Awards, 1927, the New York

---

[33] See on this subject Paula Costa e Silva, "Anulação e recursos da decisão arbitral", *Revista da Ordem dos Advogados* (1992) pp. 893 et seq., id., "Os meios de impugnação de decisões proferidas em arbitragem voluntária no direito interno português", *Revista da Ordem dos Advogados* (1996) pp. 179 et seq.; and Luís de Lima Pinheiro, "Recurso e anulação de decisão arbitral: admissibilidade, fundamentos e consequências", in *I Congresso do Centro de Arbitragem da Câmara de Comércio e Indústria Portuguesa (Centro de arbitragem comercial). Intervenções* (Coimbra 2008) pp. 181 et seq.; id., "Apontamento sobre a impugnação da decisão arbitral", *Revista da Ordem dos Advogados* (2007) pp. 1025 et seq.

Convention on the Recognition and Enforcement of Foreign Arbitral Awards, 1958, and the Washington Convention on the Settlement of Investment Disputes between States and Nationals of Other States, 1965. The Inter-American Convention on International Commercial Arbitration, 1975, was ratified by Portugal, but its accession instrument has not been deposited (see above no. I.1).

A number of bilateral treaties which also provide for the enforcement of foreign arbitral awards have been entered into between Portugal and other countries, such as São Tomé e Príncipe (in 1976), Guinea-Bissau (in 1988), Mozambique (in 1990), Brazil (in 1994), Angola (in 1995), Tunisia (in 2002) Cape Verde (in 2003) and Algeria (in 2004).

2. Convention or treaty applies

According to the Portuguese Constitution (Art. 8 (2)), the rules contained in international conventions duly ratified or approved by Portugal enter into force in the internal legal order after their publication in the Republic's official journal. No implementing legislation is thus required for the purpose of incorporating international conventions ratified by Portugal into the Portuguese legal system.

Portugal has made a reciprocity reservation pursuant to Art. I (3) of the New York Convention, which is stated in Art. 2 of the Parliament's Resolution No. 37/94, passed on 10 March 1994, and in the text of the President's of the Republic's Decree no. 52/94, signed on 1 June 1994. By virtue of this reservation, the Convention only applies in Portugal to the recognition and enforcement of awards made in the territory of another Contracting State.[34]

The Washington Convention contains, in Arts. 53 to 55, special provisions on the recognition and enforcement of arbitral awards made in pursuance of the Convention. Execution of such awards is, nevertheless, governed by the laws concerning the execution of judgments in force in the State in whose territories such execution is sought (Art. 54 (3) of the

---

[34] For an analysis of the New York Convention from a Portuguese point of view, see Cristina Pimenta Coelho, "A Convenção de Nova Iorque de 10 de Junho de 1958 Relativa ao Reconhecimento e Execução de Sentenças Arbitrais Estrangeiras", *Revista Jurídica* (Lisbon 1996) pp. 37 et seq.

Washington Convention). If the Geneva Convention applies, the enforcement of a foreign award follows the rules of procedure of the Portuguese Code of Civil Procedure (Art. I Geneva Convention). This is also the case for all aspects of procedure not expressly provided for in the New York Convention (see below no. VII.3).

Hierarchically, the competent courts to recognize an arbitral award to which the New York Convention applies are, according to the Supreme Court of Portugal, the Courts of First Instance, and not the Courts of Appeal, the latter being solely competent for the recognition of foreign judgements under Art. 1095 of the CCP.[35]

The subsequent enforcement proceedings shall take place, according to Arts. 91 and 95 of the CCP, as amended by Decree-Law no. 38/2003 of 8 March, at the Court of First Instance of the place where the respondent is domiciled.

3. No convention or treaty applies

Arts. 1094 to 1102 CCP govern the procedure and the requirements for the recognition of foreign arbitral awards when no international conventions ratified by Portugal apply (Art. 1094(1) CCP).

In conformity with Arts. 1098 to 1102 of the CCP, the procedure for the recognition of foreign awards and judgments includes a request for confirmation, the summoning of the requested party and the submission of its defence, the submission of a response by the requesting party, the submission of evidence, the submission of trial briefs and a decision of the court.

According to Art. 1096 of the CCP, Portuguese courts do not, in principle, have the power to review foreign awards as to their merits. The court may not, therefore, refuse the recognition and enforcement of foreign arbitral awards on the basis of non-compliance with Portuguese law, but rather on the ground of non-fulfillment of the following conditions:

---

[35] See the decision rendered by the Supreme Court on 22 April 2004, *Colectânea de Jurisprudência do Supremo Tribunal de Justiça* (2004) tome II, pp. 50 et seq., and, on this, António Sampaio Caramelo, "Questões de arbitragem comercial – II. Anotação ao acórdão do STJ, de 22 de Abril de 2004", *Revista de Direito e Estudos Sociais*, (2005), pp. 361 et seq.

(a) The authenticity of the document containing the award and intelligibility of the decision;

(b) That the award has the force of *res judicata* according to the law of the country where it was rendered;

(c) That the jurisdiction of the tribunal that rendered the award was not elicited by fraud and that the award does not refer to matters pertaining to the exclusive jurisdiction of Portuguese courts;

(d) That the same case is not pending before or has not been tried by a Portuguese court, unless it was first brought before the foreign tribunal;

(e) That the respondent was duly summoned according to the law of the country of its origin and that the adversarial system and the principle of equal treatment of the parties have been observed in the proceedings; and;

(f) That the award contains no decisions the recognition of which leads to a result manifestly incompatible with the principles of international public policy of the Portuguese State.

An exception to the general rule of a purely formal review of foreign awards adopted in the CCP is the case in which the requested party is a Portuguese national (either an individual or a company), and Portuguese law should be applied, according to Portuguese conflict of laws rules (Art. 1100(2) CCP). In this event, if a more favourable result would flow from Portuguese substantive law, the confirmation of the award can be contested.

Considering the rather liberal rule contained in Art. 33 of Law no. 31/86 regarding the applicable law in international arbitration, it is not very probable that the enforcement of a foreign award will be refused on this ground. In any case, such a requirement does not apply to awards rendered in contracting States of the Geneva Convention of 1927 and the New York Convention of 1958, since the enforcement of these awards is exclusively subjected to the conditions stated in these instruments' provisions.

The court must examine *ex officio* whether the document containing the award is authentic and the decision is intelligible as well as whether Portuguese international public policy is not violated. It shall also deny *ex officio* the confirmation whenever it finds that the remaining conditions stated in Art. 1096 CCP are not fulfilled (Art. 1101 CCP).

In the absence of special rules, the proceedings for the enforcement of foreign arbitral awards duly confirmed by the competent court are governed by the rules concerning the enforcement of judgments and other enforceable titles, which are contained in Arts. 801 et seq. of the CCP.

364   *Direito Intenacional Privado – Ensaios III*

4. Rules of public policy

As mentioned, in order to be enforced in Portugal, a foreign arbitral award must not contain decisions the recognition of which leads to a result manifestly incompatible with Portuguese international public policy (Art. 1096(f) of the CCP). The latter comprises, according to the Supreme Court, the fundamental principles of Portuguese law, such as *pacta sunt servanda* and the principle according to which no one should be denied the possibility to defend his or her rights and legitimate interests before a court or other forms of rendering justice[36]; but not, according to the Court of Appeal of Lisbon, the legal interest rate in force in Portugal.[37]

VIII
Conciliation

1. In general

Interest in conciliation and mediation as a means for the settlement of disputes is rising in Portugal[38]. Several arbitration centers now offer conciliation and mediation services[39]; and new centers have been created exclusively for this purpose.[40]

Also, in a Resolution adopted in 2001 (no. 175/2001 of 28 December 2001) the Portuguese Government stated as its purpose "to promote and encourage the settlement of disputes by alternative means, such as media-

---

[36] See the decisions of the Supreme Court of 9 October 2003 and 2 February 2006, available at http://www.dgsi.pt.

[37] See the decision rendered by the Court of Appeal of Lisbon on 17 December 1998, published in *Colectânea de Jurisprudência,* vol. XXIII (1998), tome V, pp. 125 et seq.

[38] See, on this subject, Dário Moura Vicente, "Mediação comercial internacional", *Cuestiones actuales del Derecho Mercantil Internacional* (Madrid 2005) pp. 801 et seq.; and José Miguel Júdice, "Arbitragem e mediação: Separados à nascença?", *Revista Internacional de Arbitragem e Conciliação* (Lisbon 2008) pp. 61 et seq.

[39] For example, the above-mentioned *Centro de Arbitragem Comercial* has adopted in 1994 a set of Rules on Mediation and Conciliation, vailable at http://www.port-chambers.com.

[40] This is, e.g., the case of *Concórdia – Centro de Conciliação e Mediação de Conflitos*, the rules of which are available online at http://www.concordia.com.pt.

tion", including in relationships between the State and its citizens or other organizations.

2. Applicable legal provisions

Law no. 31/86 contains no general provisions concerning conciliation. Although Art. 35 (which applies only to international arbitration) provides that, if so empowered by the parties, the arbitral tribunal may decide the dispute by appealing to a reconciliation of the parties on the basis of a balancing of the interests at stake, this should not be confused with conciliation because, unlike a conciliator, an *amiable compositeur* must decide a dispute by way of an enforceable award.

Art. 509(1) of the CCP provides that when a dispute submitted to State courts relates to disposable rights an attempt to conciliate the parties may take place at any stage of the proceedings, as long as the parties jointly request it or the judge considers it appropriate, although parties may not be summoned for this purpose more than once. This conciliation attempt ordinarily takes place at the preliminary hearing provided for in Art. 508-A of the CCP. Such a hearing may also take place in arbitral proceedings.

Portugal has transposed Directive 2008/52/EC of the European Parliament and of the Council of 21 May 2008, on certain aspects of mediation in civil and commercial matters, through Law no. 29/2009 of 29 June 2009, which has added Articles 249-A to 249-C and 279-A to the CCP. According to these provisions, parties may resort to mediation systems prior to submitting any dispute to a court. The use of pre-judicial mediation systems foreseen in a Regulation (*Portaria*) of the Minister of Justice suspends the counting of caducity and prescription periods as of the date on which a mediator was asked to intervene. The counting of those periods is resumed as of the moment when one of the parties refuses to submit to or to go on with a mediation procedure, as well as when the mediator determines the end of the mediation procedure. Upon the parties' request, an agreement ensuing from a mediation procedure may be confirmed by a judge, which shall verify its conformity with the applicable legislation. The contents of mediation sessions are confidential and may not be used as evidence before a court, save in exceptional circumstances, such as when the protection of physical or psychic integrity of a person is at stake.

366   *Direito Intenacional Privado – Ensaios III*

A judge may at any moment of the proceedings and whenever he deems appropriate determine that mediation shall take place and suspend the proceedings for this purpose, except if any of the parties opposes thereto. Parties may also jointly choose to settle their dispute by mediation and agree to suspend the judicial proceedings for up to six months.

Conciliation and mediation are also foreseen in legal provisions concerning specific types of disputes. Such is the case of disputes arising from consumer relations,[41] securities,[42] small claims submitted to the judicial system,[43] labour relations,[44] and credit relations.[45]

BIBLIOGRAPHY

Abreu, Miguel Cancella de, Filipe Lobo d'Ávila, Arafam Mané and Clara Moreira Campos (eds.)
   A arbitragem voluntária e a mediação de conflitos. Legislação comentada dos espaços de língua portuguesa (Angola, Brasil, Cabo Verde, Guiné-Bissau, Macau, Moçambique, Portugal, S. Tomé e Príncipe e Timor) (Almedina, Coimbra 2008).
Alfaiate, Filipe
   "A prova em arbitragem: perspectiva de direito comparado", in *II Congresso do Centro de Arbitragem da Câmara de Comércio e Indústria Portuguesa (Centro de arbitragem comercial). Intervenções* (Almedina, Coimbra 2009) pp. 131 et seq.
Almeida, Carlos Ferreira de
   "Convenção de arbitragem: conteúdo e efeitos", in *I Congresso do Centro*

---

[41] See Decree-Law no. 146/99 of 4 May 1999, which follows closely the Recommendation of the European Commission no. 98/257/CE of 30 March 1998. The registration of entities providing mediation services in consumer disputes is done according to the rules contained in Regulation (*Portaria*) no. 328/2000 of 9 June 2000.

[42] See Art. 33 of the Securities Code approved by Decree-Law no. 486/99 of 13 November 1999.

[43] See Law no. 78/2001 of 13 July 2001, concerning the jurisdiction, organization and functioning of the so-called *Julgados de Paz*. The organization and functioning of the mediation services of the *Julgados de Paz* have been redefined by Regulation (*Portaria*) no. 1112/2005 of 28 October 2005.

[44] See Arts. 523 to 528 of the Labour Code approved by Law no. 7/2009 of 12 February 2009.

[45] See Decree-Law no. 144/2009 of 17 June 2009.

de Arbitragem da Câmara de Comércio e Indústria Portuguesa (Centro de arbitragem comercial). Intervenções (Almedina, Coimbra 2008) pp. 81 et seq.

Brito, Maria Helena
Direito do Comércio Internacional (Almedina, Coimbra 2004).

Campos, Diogo Leite de
"A arbitragem voluntária (jurisdição dos cidadãos) nas relações tributárias", in *I Congresso do Centro de Arbitragem da Câmara de Comércio e Indústria Portuguesa (Centro de arbitragem comercial). Intervenções* (Almedina, Coimbra 2008) pp. 223 et seq.

Caramelo, António Sampaio
"Recent Amendment to the Portuguese Law on Voluntary Arbitration", *Arbitration International* (London 2003) pp. 507 et seq.
"Jurisprudência comentada: questões de arbitragem comercial", *Revista de Direito e Estudos Sociais* (Lisbon 2004) pp. 307 et seq.
"Questões de arbitragem comercial – II. Anotação ao acórdão do STJ, de 22 de Abril de 2004", *Revista de Direito e Estudos Sociais* (Lisbon 2005) pp. 361 et seq.
"A disponibilidade do direito como critério de arbitrabilidade do litígio – reflexões *de jure condendo*", *Revista da Ordem dos Advogados* (Lisbon 2006) pp. 1233 et seq.
"Arbitration in Equity and *Amiable Composition* under Portuguese Law", *Journal of International Arbitration,* vol. 25(5) (2008), pp. 569 et seq.
"Decisões interlocutórias e parciais no processo arbitral. Seu objecto e regime", in *II Congresso do Centro de Arbitragem da Câmara de Comércio e Indústria Portuguesa (Centro de arbitragem comercial). Intervenções* (Almedina, Coimbra 2009) pp. 173 et seq.

Cardoso, Augusto Lopes
"Da deontologia do árbitro", *Boletim do Ministério da Justiça*, vol. 456 (Lisbon 1996) pp. 31 et seq.

Caupers, João
"A arbitragem nos litígios entre a administração pública e os particulares", *Cadernos de Justiça Administrativa*, no. 18 (Braga 1999) pp. 3 et seq.

Coelho, Cristina Pimenta
"A Convenção de Nova Iorque de 10 de Junho de 1958 Relativa ao Reconhecimento e Execução de Sentenças Arbitrais Estrangeiras", *Revista Jurídica* (Lisbon 1996) pp. 37 et seq.

Collaço, Isabel de Magalhães
"L'arbitrage international dans la recente loi portugaise sur l'arbitrage volontaire (Loi no. 31/86, du 29 août 1986). Quelques réflexions", *Droit international et droit communautaire. Actes du colloques Paris, 5-6 Avril 1990* (Fondation Calouste Gulbenkian, Paris 1991) pp. 55 et seq.

368 *Direito Intenacional Privado – Ensaios III*

Cordeiro, António Menezes
"A decisão segundo a equidade", *O Direito* (Lisbon 1990) pp. 261 et seq.
Correia, António Ferrer
"Da arbitragem comercial internacional", *Temas de Direito Comercial e Direito Internacional Privado* (Almedina, Coimbra 1989) pp. 173 et seq. [first published in *Revista de Direito e Economia* (Coimbra 1984/1985) pp. 3 et seq.].
"O problema da lei aplicável ao fundo ou mérito da causa na arbitragem comercial internacional", in *ibidem*, pp. 231 et seq. [first published in *Liber Amicorum. Collección de Estudios Jurídicos en Homenaje al Prof. Dr. D. José Pérez Montero* (Universidad de Oviedo, Oviedo 1988) pp. 503 et seq.]
"O Direito aplicável pelo árbitro internacional ao fundo da causa", *Boletim da Faculdade de Direito da Universidade de Coimbra* (Coimbra 2001) pp. 1 et seq.
Correia, José Manuel Sérvulo
"A arbitragem voluntária no domínio dos contratos administrativos", *Estudos em memória do Professor Doutor João de Castro Mendes* (Lisbon 1995) pp. 227 et seq.
"A resolução de litígios sobre investimento estrangeiro em direito arbitral comparado", in *I Congresso do Centro de Arbitragem da Câmara de Comércio e Indústria Portuguesa (Centro de arbitragem comercial). Intervenções* (Almedina, Coimbra 2008) pp. 199 et seq.
Cortez, Francisco
"A arbitragem voluntária em Portugal. Dos 'ricos homens' aos tribunais privados", *O Direito* (Lisbon 1992) pp. 365 et seq., pp. 541 et seq.
Fernandes, Luís Carvalho
Cláusula compromissória e compromisso arbitral (Lisbon 1961)
"Dos recursos em processo arbitral", *Estudos em homenagem ao Professor Doutor Raúl Ventura* (Lisbon 2003) vol. II, pp. 139 et seq.
Júdice, José Miguel
"Arbitragem e mediação: Separados à nascença?", *Revista Internacional de Arbitragem e Conciliação* (Lisbon 2008) pp. 61 et seq.
"A constituição do tribunal arbitral: características, perfis e poderes dos árbitros", in *II Congresso do Centro de Arbitragem da Câmara de Comércio e Indústria Portuguesa (Centro de arbitragem comercial). Intervenções* (Almedina, Coimbra 2009) pp. 103 et seq.
Lima, António Pires de
"Independência dos árbitros e ética arbitral", *Revista Internacional de Arbitragem e Conciliação* (Lisbon 2008) pp. 61 et seq.
Martinez, Pedro Romano
"Análise do vínculo jurídico do árbitro em arbitragem voluntária ad hoc",

Estudos em memória do Professor Doutor António Marques dos Santos (Almedina, Coimbra 2005) vol. I, pp. 827 et seq.

Mendes, Armindo Ribeiro
"Balanço dos vinte anos de vigência da Lei de Arbitragem Voluntária (Lei n.º 31/86, de 29 de Agosto): sua importância no desenvolvimento da arbitragem e necessidade de alterações", in *I Congresso do Centro de Arbitragem da Câmara de Comércio e Indústria Portuguesa (Centro de arbitragem comercial). Intervenções* (Almedina, Coimbra 2008) pp. 13 et seq.

Mesquita, Manuel Henrique
"Arbitragem: competência do tribunal arbitral e responsabilidade civil do árbitro", *Ab uno ad omnes. 75 anos da Coimbra Editora* (Coimbra Editora, Coimbra 1998) pp. 1381 et seq.

Monteiro, César Bessa
"A arbitragem na propriedade industrial", in *II Congresso do Centro de Arbitragem da Câmara de Comércio e Indústria Portuguesa (Centro de arbitragem comercial). Intervenções* (Almedina, Coimbra 2009) pp. 93 et seq.

Nogueira, José Artur Duarte
"A arbitragem na história do Direito português (subsídios)", *Revista Jurídica* (Lisbon 1996) pp. 9 et seq.

Oliveira, Ana Perestrelo
Arbitragem de litígios com entes públicos (Almedina, Coimbra 2007)

Otero, Paulo
"Admissibilidade e limites da arbitragem voluntária nos contratos públicos e nos actos administrativos", in *II Congresso do Centro de Arbitragem da Câmara de Comércio e Indústria Portuguesa (Centro de arbitragem comercial). Intervenções* (Almedina, Coimbra, 2009) pp. 81 et seq.

Pereira, José Nunes
"Direito aplicável ao fundo do litígio na arbitragem comercial internacional", *Revista de Direito e Economia* (Coimbra 1986) pp. 241 et seq.

Pinheiro, Luís de Lima
"Direito aplicável ao mérito da causa na arbitragem transnacional", *Estudos de Direito Comercial Internacional*, vol. I (Almedina, Coimbra 2004) pp. 11 et seq.
"Convenção de arbitragem (aspectos internos e transnacionais)", *Revista da Ordem dos Advogados* (Lisbon 2004) pp. 125 et seq.
Arbitragem Transnacional. A determinação do estatuto da arbitragem (Almedina, Coimbra 2005)
"Apontamento sobre a impugnação da decisão arbitral", *Revista da Ordem dos Advogados* (Lisbon 2007) pp. 1025 et seq.
"Recurso e anulação de decisão arbitral: admissibilidade, fundamentos e consequências", in *I Congresso do Centro de Arbitragem da Câmara de*

370   *Direito Intenacional Privado – Ensaios III*

Comércio e Indústria Portuguesa (Centro de arbitragem comercial). Intervenções (Almedina, Coimbra 2008) pp. 181 et seq.
"A Arbitragem CIRDI e o Regime dos Contratos de Estado", *Revista Internacional de Arbitragem e Conciliação* (Lisbon 2008) pp. 75 et seq.

Ramos, Rui de Moura
"Aspectos recentes do Direito Internacional Privado Português", *Das relações privadas internacionais. Estudos de Direito Internacional Privado* (Private International Relations. Studies on Private International Law) (Coimbra Editora, Coimbra 1995) pp. 85 et seq. [French version "Aspects récents du droit international privé portugais", *Revue Critique de Droit International Privé* (Paris 1988) pp. 473 et seq.]
Da lei aplicável ao contrato de trabalho internacional (Coimbra 1991)

Raposo, João
"A intervenção do tribunal judicial na arbitragem: nomeação de árbitros e produção de prova", in *I Congresso do Centro de Arbitragem da Câmara de Comércio e Indústria Portuguesa (Centro de arbitragem comercial). Intervenções* (Almedina, Coimbra 2008) pp. 109 et seq.

Reis, João Luís Lopes dos
"A excepção de preterição do tribunal arbitral (voluntário)", *Revista da Ordem dos Advogados* (Lisbon 1998) pp. 1115 et seq.
Representação Forense e Arbitragem (Judicial Representation and Arbitration) (Coimbra Editora, Coimbra 2001).

Santos, António Marques dos
"Nota sobre a nova lei portuguesa relativa à arbitragem voluntária", *Estudos de Direito Internacional Privado e de Direito Processual Civil Internacional* (Almedina, Coimbra 1998) pp. 255 et seq. [first published in *Revista de la Corte Española de Arbitraje* (Madrid 1987) pp. 15 et seq.].
As normas de aplicação imediata no Direito Internacional Privado. Esboço de uma teoria geral (Almedina, Coimbra 1991).
Direito Internacional Privado. Introdução – I volume (AAFDL, Lisbon 2001).

Silva, João Calvão da
"Tribunal arbitral e providências cautelares", in *I Congresso do Centro de Arbitragem da Câmara de Comércio e Indústria Portuguesa (Centro de arbitragem comercial). Intervenções* (Almedina, Coimbra 2008) pp. 99 et seq.

Silva, Manuel Botelho da
Arbitragem voluntária. A hipótese da relatividade da posição do árbitro perante o direito de conflitos de fonte estatal (Almedina, Coimbra 2004).
"Pluralidade de partes em arbitragens voluntárias", *in Estudos em homenagem à Professora Doutora Isabel de Magalhães Collaço,* (Almedina, Coimbra 2002), pp. 499 et seq.

Silva, Paula Costa e

"Anulação e recursos da decisão arbitral", *Revista da Ordem dos Advogados* (Lisbon 1992) pp. 893 et seq.

"Os meios de impugnação de decisões proferidas em arbitragem voluntária no direito interno português", *Revista da Ordem dos Advogados* (Lisbon 1996) pp. 179 et seq.

"A arbitrabilidade de medidas cautelares", *Revista da Ordem dos Advogados* (Lisbon 2003) pp. 211 et seq.

"A execução em Portugal de decisões arbitrais nacionais e estrangeiras", in *I Congresso do Centro de Arbitragem da Câmara de Comércio e Indústria Portuguesa (Centro de arbitragem comercial). Intervenções* (Almedina, Coimbra 2008) pp. 131 et seq.

Soares, Maria Ângela and Ramos, Rui de Moura

"Arbitragem comercial internacional. Análise da Lei-Modelo da CNUDCI de 1985 e das disposições pertinentes do direito português", *Contratos Internacionais. Compra e Venda. Cláusulas penais. Arbitragem* (Almedina, Coimbra 1986) pp. 315 et seq.

Sousa, Miguel Teixeira de

"A recorribilidade das decisões arbitrais", *O Direito* (Lisbon 1988) pp. 561 et seq.

Varela, João Antunes

"Valor da equidade como fonte de Direito", *Ciência e Técnica Fiscal* (1966) pp. 7 et seq.

Ventura, Raúl

"Convenção de arbitragem e cláusulas contratuais gerais", *Revista da Ordem dos Advogados* (Lisbon 1986) pp. 5 et seq.

"Convenção de Arbitragem", *Revista da Ordem dos Advogados* (Lisbon 1986) pp. 289 et seq.

Vicente, Dário Moura

Da arbitragem comercial internacional. Direito aplicável ao mérito da causa (Coimbra Editora, Coimbra 1990).

"L'évolution récente du droit de l'arbitrage au Portugal", *Revue de l'Arbitrage* (Paris 1991) pp. 419 et seq.

"Applicable Law on Voluntary Arbitrations in Portugal", *The International and Comparative Law Quarterly* (London 1995) pp. 179 et seq.

"A Convenção de Bruxelas de 27 de Setembro de 1968 Relativa à Competência Judiciária e à Execução de Decisões em Matéria Civil e Comercial e a arbitragem", *Revista da Ordem dos Advogados* (Lisboa 1996) pp. 595 et seq.

"International Arbitration and the Recognition of Foreign Arbitral Awards in Portugal", *The Arbitration and Dispute Resolution Law Journal* (London 2000) pp. 270 et seq.

"Resolução extrajudicial de conflitos de consumo com carácter transfronteiriço" *Direito Internacional Privado. Ensaios*, vol. I (Almedina, Coimbra 2002) pp. 393 et seq.

"A manifestação do consentimento na convenção de arbitragem", *Revista da Faculdade de Direito da Universidade de Lisboa* (Lisbon 2002) pp. 987 et seq.

"Arbitragem de conflitos colectivos de trabalho", *Estudos do Instituto de Direito do Trabalho*, vol. IV (Almedina, Coimbra 2003) pp. 249 et seq.

"Resolução extrajudicial de conflitos no sector bancário", *Revista da Banca* (Lisbon Jan./Jun. 2003) pp. 57 et seq.

"Portugal e a arbitragem internacional", *Revista de Arbitragem e Mediação*, no. 2 (São Paulo 2004) pp. 209 et seq.

"Meios extrajudiciais de composição de litígios emergentes do comércio electrónico", *Direito da Sociedade da Informação*, vol. V (Coimbra Editora, Coimbra 2004) pp. 145 et seq.

"Arbitragem OHADA", *Boletim da Faculdade de Direito de Bissau,* no. 6 (Bissau 2004) pp. 473 et seq.

"A arbitragem privada internacional no direito português", *Derecho del comercio internacional*, vol. 2 (Buenos Aires 2004) pp. 413 et seq.

"Convenção de arbitragem, perícia contratual e avaliação vinculante", *Cadernos de Direito Privado*, no. 8 (Braga 2004) pp. 44 et seq.

"Mediação comercial internacional", *Cuestiones actuales del Derecho Mercantil Internacional* (Colex, Madrid 2005) pp. 801 et seq.

"Portugal e as convenções internacionais em matéria de arbitragem", *I Congresso do Centro de Arbitragem da Câmara de Comércio e Indústria Portuguesa (Centro de arbitragem comercial). Intervenções* (Almedina, Coimbra 2008) pp. 71 et seq.

A tutela internacional da propriedade intelectual (Almedina, Coimbra 2009)

A EXECUÇÃO DE DECISÕES ARBITRAIS
EM PORTUGAL*

I
Traços fundamentais do regime português
de execução de decisões arbitrais

a) À decisão arbitral assiste em Portugal, nos termos dos arts. 26.º, n.º 2, da Lei da Arbitragem Voluntária e 48.º, n.º 2, do Código de Processo Civil, a mesma força executiva de que goza a sentença do tribunal judicial de primeira instância. A decisão arbitral é assim, entre nós, um *título executivo*[1].

Esse título beneficia de um regime simplificado de execução. Por força do disposto nos arts. 812.º-A, n.º 1, e 812.º-B, n.º 1, do Código de Processo Civil, introduzidos neste diploma pelo D.L. n.º 38/2003, de 8 de Março, não há lugar a despacho liminar, nem a citação prévia do executado, nas execuções baseadas em decisão arbitral, tendo lugar a imediata penhora dos bens do executado. Apenas se o funcionário judicial duvidar de que o litígio podia ser cometido à decisão de árbitros – quer por estar submetido, por lei especial, exclusivamente a tribunal judicial ou a arbitragem necessária, quer por o direito litigioso não ser disponível pelo seu titular –, deve por ele ser suscitada a intervenção do juiz (art. 812.º-A, n.º 3, alínea *c)*, do Código).

Significa isto que em Portugal uma decisão arbitral não está sujeita, a fim de poder ser aqui executada, à prévia concessão do *exequatur* por um tribunal português.

---

* Conferência proferida em 7 de Outubro de 2008, no I seminário do *Capítulo Português do Club Español de Arbitraje*.

[1] Neste sentido também Paula Costa e Silva, «A execução em Portugal de decisões arbitrais nacionais e estrangeiras», *in I Congresso do Centro de Arbitragem da Câmara de Comércio e Indústria Portuguesa. Intervenções,* Coimbra, 2008, pp. 131 ss. (pp. 136 ss.).

O mesmo sucede em Espanha, onde a lei de arbitragem de 2003 configura o *laudo arbitral* como um título executivo[2].

Diferentemente, na Alemanha, em França e em Itália a sentença arbitral, a fim de que possa ser executada em território nacional, carece de um acto de confirmação por um tribunal estadual, ainda que haja sido aí proferida[3].

b) Agora pergunta-se: a que decisões arbitrais se aplica aquele regime português?

A fim de responder a este quesito, há que atender ao disposto no art. 37.° da Lei da Arbitragem Voluntária, segundo o qual:

> «O presente diploma aplica-se às arbitragens que tenham lugar em território nacional.»

O regime português de execução aplica-se, assim, a todas as decisões arbitrais proferidas em arbitragens realizadas em Portugal, independentemente do seu carácter interno ou internacional.

Nos termos do art. 1094.° do Código de Processo Civil, a revisão e a confirmação de uma decisão arbitral apenas são exigidas, como condições da respectiva eficácia em Portugal, relativamente às decisões arbitrais proferidas no estrangeiro (ou, como nos parece mais exacto dizer desde a entrada em vigor da Lei da Arbitragem Voluntária, às decisões arbitrais proferidas em arbitragens que hajam decorrido em território estrangeiro).

Não há na lei portuguesa, a este respeito, qualquer contraposição entre arbitragem interna e arbitragem internacional: a decisão proferida numa arbitragem internacional que haja decorrido em Portugal é equiparada, sob o ponto de vista dos seus efeitos, à decisão proferida numa arbitragem interna, pelo que tem efeito executivo nos mesmos termos que esta.

c) Em contrapartida, a decisão arbitral, para beneficiar do referido regime de execução, tem de obedecer a certos requisitos previstos na lei

---

[2] Cfr. Jesús Remón Peñalver/Javier Mendieta Grande, *in* Alberto de Martín Muñoz/ /Santiago Hiero Anibarro (coordenadores), *Comentário a la ley de arbitraje,* Madrid, 2006, p. 578.

[3] Cfr., quanto ao Direito alemão, o § 1060 da *Zivilprozessordnung*; relativamente ao Direito francês, o art. 1477 do Código de Processo Civil; e a respeito do Direito italiano, o art. 825 do Código de Processo Civil.

portuguesa quanto à arbitrabilidade do litígio, à constituição do tribunal arbitral, aos princípios fundamentais a observar no processo e aos elementos obrigatoriamente incluídos na decisão.

A decisão arbitral proferida em arbitragem que haja decorrido em território nacional que não obedeça a estes requisitos pode ser anulada nos termos do art. 27.° da Lei. Sendo que o direito de requerer essa anulação é irrenunciável.

Estes vícios podem, por outro lado, também ser invocados em sede de oposição à execução, nos termos do art. 815.° do Código de Processo Civil.

Uma decisão arbitral proferida numa arbitragem que decorra em Portugal beneficia, em suma, de um regime simplificado de execução, mas está sujeita ao controlo pelos nossos tribunais no processo de anulação.

A possibilidade deste controlo da decisão arbitral pelos tribunais judiciais é condição fundamental da exequibilidade da decisão; e esta só tem força executiva por causa daquela.

É porque a decisão arbitral proferida em arbitragem que decorra em Portugal, assim como o processo que lhe deu origem, oferecem as garantias que resultam da sua impugnabilidade perante os tribunais portugueses com fundamento em vícios formais, que ela pode ser admitida à execução sem passar pelo crivo de um reconhecimento ou *exequatur* prévio.

II
Concepção que se desprende do regime português
a respeito da execução da decisão arbitral

Que concepção sobre a natureza da arbitragem se desprende deste regime?

Pensamos que há dois aspectos fundamentais a salientar a este respeito.

O primeiro é que em Portugal a arbitragem é uma forma de exercício da função jurisdicional.

A arbitragem assenta, decerto, na autonomia da vontade, como o reconhece amplamente a Lei n.° 31/86 no tocante à constituição do tribunal arbitral, à delimitação do objecto do litígio e à determinação das regras processuais e substantivas aplicáveis, matérias em que se apela, antes de mais, àquilo que for estipulado pelas partes.

Mas ela partilha também da natureza jurisdicional das decisões judiciais, pois a sua eficácia executiva é a mesma de que estas gozam e a sua execução obedece, fundamentalmente, ao mesmo regime que se aplica a elas. Em Portugal, a arbitragem é, nesta medida, uma figura híbrida ou mista.

O segundo aspecto a salientar é que a Lei da Arbitragem Voluntária não reconhece a admissibilidade, em território nacional, de arbitragens internacionais «deslocalizadas» ou «anacionais», i. é, exclusivamente fundadas na vontade das partes e subtraídas a qualquer legislação nacional[4].

No sistema da lei portuguesa, os poderes jurisdicionais do árbitro decorrem não apenas da vontade das partes, mas também da própria lei. O adágio *lex facit arbitrum*[5] vale também, nesta medida, para a lei portuguesa.

É justamente esta circunstância que explica o regime específico da execução das sentenças arbitrais vigente entre nós. Neste ponto, o regime da Lei da Arbitragem Voluntária situa-se, aliás, na esteira de uma velha tradição portuguesa – hoje decerto muito mitigada – que levava a que, no regime constante do Código de Processo Civil até 1984, a nomeação dos árbitros tivesse lugar em audiência judicial sempre que uma das partes se mostrasse remissa em celebrar o compromisso arbitral, o processo decorresse no tribunal de comarca e os árbitros prestassem juramento perante o juiz de comarca.

Tudo isto desapareceu, é certo, da lei portuguesa; mas a filosofia do sistema é ainda, em larga medida, a mesma.

O art. 26.°, n.° 2, da Lei da Arbitragem Voluntária corresponde, aliás, ao art. 1522.° do Código de Processo Civil, que também atribuía à decisão dos árbitros a mesma força que uma sentença proferida pelo tribunal de comarca.

Neste aspecto, houve evolução, mas não ruptura, no regime português da arbitragem voluntária.

---

[4] Sobre o ponto veja-se, para mais desenvolvimentos, o nosso *Da arbitragem comercial internacional. Direito aplicável ao mérito da causa*, Coimbra, 1990, pp. 42 ss.

[5] Ver F.A. Mann, «*Lex Facit Arbitrum*», *in* Pieter Sanders (org.), *International Arbitration. Liber Amicorum for Martin Domke,* Haia, 1967, pp. 157 ss. Para uma formulação mais recente da mesma tese, veja-se Pieter Sanders, *Quo Vadis Arbitration? Sixty Years of Arbitration Practice. A Comparative Study*, Haia, 1999, p. 248, que escreve: «arbitration can only exist and as such be recognised when based on a law, which regulates this private form of dispute settlement and exercises control over it as, in the case of arbitration, the jurisdiction of the court is ousted».

III
Uma concepção alternativa

a) Um relance pelos sistemas jurídicos de outros países demonstra-nos, todavia, que esta concepção acerca da natureza e efeitos da arbitragem está longe de ser consensual.

Em França, por exemplo, continua a prevalecer, tanto na lei como na doutrina e na jurisprudência, a tese de *deslocalização* das decisões arbitrais proferidas em arbitragens internacionais[6].

De acordo com a concepção francesa, a arbitragem é uma actividade privada, cujo resultado – a decisão arbitral – pode ser ou não reconhecido pelo Estado, mas que não tem lugar por via de uma delegação de poderes jurisdicionais deste nos árbitros.

É o que nos revelam as duas decisões proferidas em 29 de Junho de 2007 pela Cassação francesa, no caso *Putrabali*[7]. Nelas admitiu aquele tribunal francês o reconhecimento e a execução em França de uma decisão arbitral anulada no país de que era originária (o Reino Unido); e considerou que uma decisão posterior, proferida sobre o mesmo caso no país de origem e eficaz nele, não podia ser reconhecida em França, devido ao efeito de caso julgado da primeira decisão. Para tanto, invocou o tribunal:

> «La sentence internationale [...] n'est rattachée à aucun ordre juridique étatique, est une décision de justice internationale dont la régularité est examinée au regard des règles applicables dans le pays où sa reconnaissance et son exécution sont demandées.»

Eis aqui, sumariamente enunciada, uma concepção acerca da arbitragem internacional que está nos antípodas da portuguesa[8].

b) Ora bem: levada ao limite, esta concepção deveria implicar a própria eliminação, pelo menos na arbitragem internacional, da possibilidade de anulação da sentença arbitral, restringindo-se ao processo de *exequatur*

---

[6] Ver, por último, Emmanuel Gaillard, *Aspects philosophiques du droit de l'arbitrage international,* Leiden/Boston, 2008, pp. 60 ss.

[7] Cfr. *PT Putrabali Adyamulia v. Rena Holding Ltd., Revue de l'arbitrage*, 2007, pp. 507 e ss., com uma anotação de Emanuel Gaillard.

[8] Para uma crítica dessa concepção, veja-se, entre nós, Luís de Lima Pinheiro, *Arbitragem transnacional. A determinação do estatuto da arbitragem,* Coimbra, 2005, pp. 456 ss.

o controlo pelos tribunais estaduais do processo arbitral e da decisão nele proferida.

De facto, se os poderes dos árbitros na arbitragem internacional lhes advêm exclusivamente da vontade das partes, e se a sentença não «pertence» a nenhum Estado, o único problema que a seu respeito se coloca é o do reconhecimento ou não de efeitos à mesma no seio da ordem jurídica estadual, nomeadamente mediante a sua execução coactiva.

Antes de ser declarada executória, a decisão é, nesta óptica, destituída de eficácia executiva, mas também não está sujeita a anulação pelos tribunais judiciais de qualquer país.

Assim se libertaria a arbitragem de toda a interferência indesejável por parte dos poderes estaduais.

É este o resultado a que algumas leis hoje conduzem, ao consagrarem a possibilidade de as partes excluírem não só os recursos, mas também a anulação da decisão arbitral.

Acolhe-a, por exemplo, a lei suíça de Direito Internacional Privado, no art. 192.°, n.° 1[9], ainda que apenas nas situações em que nenhuma das partes tenha domicílio, residência habitual ou estabelecimento na Suíça. Nesta hipótese, a execução na Suíça da decisão arbitral proferida neste país fica dependente do seu reconhecimento nos termos da Convenção de Nova Iorque, aplicável por analogia (art. 192.°, n.° 2[10]).

Soluções análogas foram adoptadas pela Bélgica[11] e pela Suécia[12].

---

[9] Que dispõe: «Si les deux parties n'ont ni domicile, ni résidence habituelle, ni établissement en Suisse, elles peuvent, par une déclaration expresse dans la convention d'arbitrage ou un accord écrit ultérieur, exclure tout recours contre les sentences du tribunal arbitral; elles peuvent aussi n'exclure que pour l'un ou l'autre des motifs énumérés à l'article 190, 2e alinéa».

[10] Estabelece este preceito : «Lorsque les parties ont exclu tout recours contre les sentences et que celles-ci doivent être exécutées en Suisse, la convention de New York du 10 juin 1958 pour la reconnaissance et l'exécution de sentences arbitrales étrangères s'applique par analogie».

[11] Art. 1717, n.° 4, do Código Judiciário, na redacção dada em 1998: «Les parties peuvent, par une déclaration expresse dans la convention d'arbitrage ou par une convention ultérieure, exclure tout recours en annulation d'une sentence arbitrale lorsque aucune d'elle n'est soit une personne physique ayant la nationalité belge ou une résidence en Belgique, soit une personne morale ayant en Belgique son principal établissement ou y ayant une succursale».

[12] Secção 51 da Lei de Arbitragem de 1999: «Where none of the parties is domiciled or has its place of business in Sweden, such parties may in a commercial relationship

Mais cauteloso revelou-se o legislador inglês, que consagrou na secção 69, n.º 1, do *Arbitration Act* de 1996 a possibilidade de as partes excluírem os recursos da decisão arbitral, mas não a impugnação desta fundada em vícios formais.

Também aqui terá pesado a tradição inglesa, que aceita uma intervenção muito mais acentuada dos tribunais judiciais na arbitragem – inclusive, por via do denominado *case stated procedure*, na decisão de questões de mérito[13].

c) Como é bom de ver, a referida orientação acolhida na lei suíça tem como objectivo principal atrair ao território nacional as arbitragens internacionais. Parte-se do princípio de que, liberta das peias que a prendiam às jurisdições nacionais, mesmo pelo que respeita a vícios processuais, a arbitragem internacional florescerá, pois é isso que as partes pretendem. Em contrapartida, não é necessário assegurar o efeito executivo automático da decisão arbitral, bastando prever, a fim de que ela possa ser executada localmente, um processo de reconhecimento.

Esta orientação apresenta todavia uma dificuldade não despicienda: se a decisão arbitral viciada tiver julgado improcedente a acção, o demandante não pode remediar esse vício no processo de reconhecimento e execução da decisão arbitral porventura instaurado noutro país. A decisão consolida-se assim neste país, sem que o demandante possa reagir contra ela. Se entretanto for proferida, no país de origem, nova decisão sobre o mesmo litígio, que dê razão ao demandante, esta não poderá ser reconhecida e executada no país onde a decisão viciada foi reconhecida e onde, por hipótese, o demandado tem todos os seus bens penhoráveis. A exe-cução de uma decisão válida torna-se assim inviável no único país onde tem interesse promovê-la. Foi o que sucedeu no caso *Putrabali*, referido acima[14].

---

through an express written agreement exclude or limit the application of the grounds for setting aside na award as are set forth in section 34. An award which is subject to such an agreement shall be recognised and enforced in Sweden in accordance with the rules applicable to a foreign award» (tradução disponível no *International Handbook on Commercial Arbitration*, suplemento 32, Dezembro de 2000).

[13] O *case stated procedure*, previsto na secção 21 do *Arbitration Act 1950,* foi, é certo, abolido pelo *Arbitration Act 1979* (secção 8, n.º 3); mas mantém-se em vigor noutros sistemas de *Common Law*, como o de Gibraltar (cfr. a secção 33, n.º 1, do *Arbitration Act* vigente neste território).

[14] Para uma crítica dessa decisão, sob este ponto de vista, veja-se Richard W. Hul-

380   *Direito Intenacional Privado – Ensaios III*

Por outro lado, a possibilidade de renúncia à acção de anulação apenas é oferecida, nos países atrás mencionados, a sujeitos domiciliados, residentes ou estabelecidos no estrangeiro; o que constitui uma discriminação relativamente aos sujeitos radicados no Estado do foro difícil de justificar no plano dos princípios.

IV
Perspectivas de evolução futura

Tem sido preconizada entre nós uma reforma da Lei da Arbitragem Voluntária[15]. Pergunta-se, pois: deverá a concepção acabada de expor ser acolhida na futura legislação portuguesa sobre arbitragem, eliminando-se o efeito executivo automático da decisão arbitral, permitindo-se a exclusão pelas partes da acção de anulação e estabelecendo-se como crivo fundamental da decisão arbitral, pelo menos na arbitragem internacional, o processo de reconhecimento?

Temos dúvidas de que daqui adviesse qualquer benefício real para o desenvolvimento deste instituto. O exemplo suíço é disso elucidativo: o art. 192.º da Lei de Direito Internacional Privado – que não ficou imune à crítica na doutrina especializada[16] – não teve praticamente nenhuma aplicação; o que bem se compreende, atentos os riscos que uma renúncia antecipada a quaisquer recursos envolve para as partes. Dele não terá, pois, resultado qualquer vantagem para a arbitragem internacional na Suíça. O mesmo se terá passado na Bélgica, que não logrou tornar-se no «paraíso das arbitragens comerciais internacionais» a que aludia Marcel Storme[17], autor da reforma de 1985 do Código Judiciário, que excluiu, independentemente de acordo das partes, a anulação das sentenças arbitrais naquele país sempre que ambas as partes fossem estrangeiras[18]. Em contrapartida,

---

bert, «When the Theory Doesn't fit the Facts. A Further Comment on Putrabali», *Arbitration International,* 2009, pp. 157 ss.

[15] Ver António Sampaio Caramelo, «A reforma da lei da arbitragem voluntária», em curso de publicação na *Revista Internacional de Arbitragem e Conciliação,* 2009.

[16] Ver Jean-François Poudret/Sébastien Besson, *Droit comparé de l'arbitrage international,* Zurique, etc., 2002, pp. 828 s.

[17] Cfr., do autor citado, «Belgium: A Paradise for International Commercial Arbitration», *International Business Lawyer,* 1986, pp. 294 ss.

[18] Esta regra foi entretanto alterada, tendo passado a exigir-se, em 1998, um acordo expresso das partes como condição da exclusão do recurso de anulação: cfr. *supra,* nota 9.

no Reino Unido a inadmissibilidade de exclusão pelas partes da anulação da decisão arbitral não parece ter afectado a relevância de Londres como um dos principais centros mundiais de arbitragem comercial.

A arbitragem, emanação da sociedade civil, depende sobretudo desta para singrar, e não do Estado. O funcionamento dos tribunais arbitrais deve, por isso, ser liberto de toda a interferência desnecessária dos tribunais estaduais; e às partes deve ser reconhecido, dentro de certos limites, o poder de escolherem as regras processuais aplicáveis pelo tribunal arbitral. A susceptibilidade de a arbitragem excluir a jurisdição dos tribunais do Estado, assim como o efeito executivo das decisões arbitrais, radicam todavia em determinada ordem jurídica estadual. A esta cabe, por conseguinte, também regular a organização e o funcionamento da arbitragem, devendo ser recusada a execução da decisão arbitral sempre que a mesma se não conforme com ela[19].

---

[19] Não é outra a orientação que obteve acolhimento na Convenção de Nova Iorque de 1958 sobre o Reconhecimento e a Execução de Sentenças Arbitrais Estrangeiras: cfr. o art. V, n.º 1, alínea *e)*, por força do qual o reconhecimento e a execução da sentença serão recusados se a sentença arbitral tiver sido anulada por uma autoridade competente do país em que, ou segundo a lei do qual, a sentença foi proferida.

A DIRECTIVA SOBRE A MEDIAÇÃO EM MATÉRIA CIVIL E COMERCIAL E A SUA TRANSPOSIÇÃO PARA A ORDEM JURÍDICA PORTUGUESA*

Sumário

   I. Introdução
      1. A tendência para a «desjudiciarização» dos conflitos sociais e as suas manifestações no Direito contemporâneo.
      2. A mediação como modo de composição de litígios e os problemas que levanta.
      3. Razões e legitimidade de uma harmonização comunitária do regime jurídico da mediação.
   II. A Directiva Comunitária
      4. Traços fundamentais do regime comunitário da mediação.
         a) Admissibilidade da mediação.
         b) Efeitos do recurso à mediação.
         c) Confidencialidade da mediação.
         d) Efeitos dos acordos obtidos em processos de mediação.
      5. Algumas questões em aberto.
   III. A transposição da Directiva para a ordem jurídica portuguesa
      6. Antecedentes.
      7. Forma da transposição.
      8. Âmbito do regime instituído.
      9. Linhas gerais do novo regime.
         a) Admissibilidade da mediação.
         b) Efeitos da instauração de processos de mediação.
         c) Limites à utilização em processos judiciais de prova baseada em processos de mediação.
         d) Efeitos dos acordos concluídos em processos de mediação.
      10. Balanço e conclusões.

---

   * Trabalho elaborado para os *Estudos em homenagem ao Professor Doutor Paulo de Pitta e Cunha*.

I
Introdução

1. A tendência para a «desjudiciarização» dos conflitos sociais e as suas manifestações no Direito contemporâneo

É bem conhecida a contemporânea tendência para o recurso a meios extrajudiciais de composição de litígios, para os quais a doutrina anglo-saxónica cunhou a expressão, sem dúvida sugestiva mas um tanto equívoca, *alternative dispute resolution* (ADR)[1].

Este fenómeno encontra-se decerto ligado à actual crise das instituições judiciárias do Estado: dada a morosidade e a onerosidade dos processos judiciais, a composição de litígios num lapso de tempo razoável e em termos economicamente eficientes passou a reclamar o reconhecimento aos particulares da possibilidade de recorrerem a meios extrajudiciais a fim de obterem tutela para os seus direitos. Ao próprio Estado interessa, de alguma sorte, subtrair aos seus tribunais uma parte do contencioso que lhes está legalmente cometido, em ordem a descongestioná-los e a conter os custos da administração pública da justiça.

Mas o recurso crescente a meios extrajudiciais de composição de litígios, que as estatísticas disponíveis documentam[2], prende-se também com a contemporânea internacionalização das relações económicas, propiciada, além do mais, pela integração dos mercados e pela disseminação das redes electrónicas de comunicação. É, com efeito, o carácter internacional da relação material litigada que frequentemente determina as partes a atribuírem competência a instâncias extrajudiciais, dada não só a acrescida segurança que essa estipulação envolve no tocante ao modo pelo qual os seus litígios serão resolvidos, mas também em virtude das maiores garantias de neutralidade que tais instâncias oferecem.

Redução de custos, maior celeridade processual, certeza e neutralidade da instância decisória – estas, em suma, algumas das razões determi-

---

[1] Ver Frank E. A. Sander, «Alternative Methods of Dispute Resolution: An Overview», *University of Florida Law Review*, 1985, pp. 1 ss.; Peter Schlosser, «"Alternative Dispute Resolution" (uno stimulo alla riforma per l'Europa?)», *Rivista di Diritto Processuale*, 1989, pp. 1005 ss.

[2] Cfr. «2007 Statistical Report», *in ICC International Court of Arbitration Bulletin*, vol. 19, n.º 2 (2008), pp. 5 ss.

nantes da crescente utilização de procedimentos extrajudiciais de composição de litígios. A elas podem ainda acrescentar-se: a possibilidade de as partes escolherem os terceiros chamados a intervir nesses procedimentos; a confidencialidade destes (de crucial importância para a preservação da imagem de muitas empresas); e a prossecução das relações comerciais entre as partes desavindas, que os mesmos favorecem.

Entre as formas de «desjudiciarização» dos conflitos sociais a que vimos aludindo sobressai a *mediação*, que tomamos aqui como o processo voluntário através do qual as partes procuram, com a assistência de um ou mais terceiros desprovidos de poderes de decisão, alcançar um acordo a fim de porem termo a um litígio.

Desta figura distingue-se a arbitragem: diferentemente do árbitro, o mediador não julga um litígio, limitando-se (quando muito) a propor uma solução para o mesmo, que as partes aceitam ou não, conforme entenderem. Na sua essência, a mediação é uma negociação conduzida com a assistência de um terceiro. Trata-se, pois, de uma forma de composição de litígios que se baseia integralmente na vontade das partes. Estas podem pôr-lhe termo a todo o tempo, o que não é possível na arbitragem. A mediação é, assim, um meio de *auto-regulação* de litígios, ainda que com o auxílio de um terceiro. Diferentemente, o processo arbitral culmina numa decisão, que no Direito português é susceptível de ser executada coactivamente pelos tribunais judiciais[3]. Há pois, nesse processo, uma *heteroregulação* de um litígio.

A mediação também não se confunde com a denominada *composição amigável* («amiable composition»), oriunda do Direito francês, que a lei portuguesa da arbitragem voluntária expressamente prevê. Estabelece-se, com efeito, nesse diploma legal a possibilidade de os árbitros, caso as partes lhes hajam confiado essa função, decidirem os litígios que lhes sejam submetidos «por apelo à composição das partes na base do equilíbrio dos interesses em jogo»[4]. Tal como a composição amigável, a mediação visa possibilitar uma solução aceitável para ambas as partes, que reflicta os seus interesses e necessidades e favoreça a reconciliação e a prossecução das relações negociais entre elas. Mas ao *amiable compositeur* compete julgar um litígio, sendo a sua decisão vinculativa para as partes. Não se

---

[3] Lei n.º 31/86, art. 26.º, n.º 2.

[4] *Ibidem*, art. 35.º.

386   *Direito Intenacional Privado – Ensaios III*

trata, pois, de uma forma de mediação, mas antes de um modo específico de o árbitro julgar o mérito da causa.

Mais complexa é a delimitação da mediação relativamente à conciliação. Entre nós, a lei parece reservar ao mediador um papel mais activo do que aquele que pertence ao conciliador, na medida em que, pelo menos em certas matérias, só ao primeiro compete apresentar propostas de acordo[5] ou recomendações[6] às partes desavindas; o conciliador limita-se a estimular o diálogo entre elas. Porém, noutros sistemas jurídicos, como o alemão, é antes o conciliador quem influencia mais decisivamente a composição do litígio[7]. Não falta, por outro lado, quem sublinhe que só o conciliador exerce poderes de autoridade, sendo o mediador apenas o prestador de um serviço[8]. Assim sucede também entre nós na conciliação promovida pelos tribunais. Seja como for, parece-nos que ambas as figuras designam a mesma actividade fundamental e visam os mesmos objectivos precípuos. Entre mediação e conciliação existirá porventura uma diferença de grau, mas não de natureza, na intervenção cometida a terceiros, tendo em vista a resolução de um litígio[9]. Daí, aliás, que os principais textos normativos internacionais sobre a mediação e a conciliação admitam a aplicabilidade das suas disposições a processos que sejam designados de outra forma nas legislações internas, mas que visem as mesmas finalidades essenciais[10].

---

[5] Haja vista, designadamente, aos arts. 526.º e seguintes do Código do Trabalho.

[6] Veja-se, por último, o art. 7.º do D.L. n.º 144/2009, de 17 de Junho, que instituiu, junto do Banco de Portugal, o *mediador do crédito*.

[7] Cfr. Nadja Alexander/Juliane Ade/Constantin Olbrisch, *Mediation, Schlichtung, Verhandlungsmanagement. Formen konsensualer Streitbeilegung,* Münster, 2005, p. 73.

[8] Cfr. Frijthof Haft, «Mediation – Palaver oder neuen Streitkultur?», *in Festschrift für Rolf A. Schütze,* Munique, 1999, pp. 255 ss. (p. 266).

[9] Assim também Charles Jarrosson, «Les modes alternatifs de règlement des conflits: présentation génerale», *Revue Internationale de Droit Comparé,* 1997, pp. 325 ss. (p. 330); e Robert B. Davidson, «International Mediation Basics», *in* Rufus v. Rhoades/Daniel M. Kolkey/Richard Chernick, *Practitioner's Handbook on International Arbitration and Mediation,* 2.ª ed., Nova Iorque, 2007, pp. 401 ss. (p. 403).

[10] Referimo-nos ao art. 1, n.º 3, da *Lei Modelo sobre Conciliação Comercial Internacional* da Comissão das Nações Unidas Para o Direito Comercial Internacional e ao art. 3.º, alínea *a)*, da Directiva 2008/52/CE, relativa a certos aspectos da mediação em matéria civil e comercial, de que nos ocuparemos *ex professo* adiante.

2. A mediação como modo de composição de litígios e os problemas que levanta

É muito significativa a relevância que a mediação e a conciliação assumem como modos de composição de litígios nas sociedades tradicionalmente mais hostis ao recurso aos tribunais do Estado. Assim sucede, por exemplo, na China[11] e no Japão[12], onde uma larga proporção dos conflitos sociais é ainda hoje resolvida desta forma.

A partir dos anos 70, a mediação passou a ter também ampla aceitação nos sistemas de *Common Law*, em particular os dos Estados Unidos da América[13] e da Inglaterra[14]; ao que não foram evidentemente alheios, entre outros factores, os altos custos do acesso à justiça pública nestes países e a enorme litigiosidade que os caracteriza.

Outra é a orientação que tem prevalecido na Europa continental[15], onde o Estado se arrogou há muito o monopólio da função jurisdicional – tida aí como a forma primordial de assegurar o interesse público na paz social – e proclamou os meios extrajudiciais de composição de litígios como excepções ou desvios a esse monopólio, confinando-os às matérias sujeitas à livre disponibilidade das partes.

---

[11] Cfr. John Shijian Mo, «Non-Judicial Means of Dispute Settlement», *in* Giguo Wang/John Mo (orgs.), *Chinese Law*, Haia/Londres/Boston, 1999, pp. 757 ss.; Knut B. Pissler, «China», *in* Klaus J. Hopt/Felix Steffek (orgs.), *Mediation. Rechtstatsachen, Rechtsvergleich, Regelungen*, Tubinga, 2008, pp. 601 ss.

[12] Cfr. Yasuhei Taniguchi, «Extra-judicial disputes settlement in Japan», *in* Hein Kötz/Reynald Ottenhof (orgs.), *Les conciliateurs. La conciliation. Une étude comparative*, Paris, 1983, pp. 109 ss.; Harald Baum/Eva Schwittek, «Japan», *in* Hopt/ Steffek, ob. cit., pp. 483 ss.

[13] Cfr. Richard Birke/Louise Ellen Teitz, «US Mediation in the Twenty-first Century. The Path that brought America to Uniform Laws and Mediation in Cybespace», *in* Nadja Alexander (org.), *Global Trends in Mediation*, 2.ª ed., Haia, etc., 2006, pp. 359 ss.; Rainer Kulms, «USA», *in* Hopt/ Steffek, ob. cit., pp. 403 ss.

[14] Cfr. Loukas A. Mistelis, «ADR in England and Wales: A Successful Case of Public Private Partnership», *in* Nadja Alexander, ob. cit., pp. 137 ss.; Jens M. Scherpe/Birthe Vollers, «England», *in* Hopt/ Steffek, ob. cit., pp. 259 ss.

[15] Exceptua-se, porém, o Direito dos Países-Baixos, onde a mediação obteve consagração como meio de resolução de litígios antes de qualquer outro sistema romanístico: cfr. Annie de Roo/Rob Jagtenberg, «The Netherlands Encouraging Mediation», *in* Nadja Alexander, ob. cit., pp. 233 ss.; *idem*, «Mediation in the Netherlands: Past – Present – Future», *Electronic Journal of Comparative Law*, vol. 6.4 (2002), disponível em http://www.ejcl.org; Liane Schmiedel, «Niederlande», *in* Hopt/Steffek, ob. cit., pp. 329 ss.

388   *Direito Intenacional Privado – Ensaios III*

À medida, porém, que se tornou evidente a falibilidade das instituições processuais do Estado, a justificação desse monopólio viu-se crescentemente contestada. Concomitantemente, intensificou-se o recurso aos meios extrajudiciais, incluindo a mediação. Disso dá testemunho, por exemplo, o aumento exponencial da oferta de serviços de mediação e conciliação que se tem registado nos últimos anos, inclusive por parte de instituições que até há pouco se orientavam essencialmente para a arbitragem[16].

O que bem se compreende: no confronto com a arbitragem, a mediação apresenta vantagens inequívocas, entre as quais o seu baixo custo e o risco mínimo a ela associado, dado o controlo do processo que assegura às partes em todos os momentos da sua tramitação. Na mediação, são as próprias partes quem, em última análise, define a solução do litígio por mediação. As oportunidades de *criação de valor* mediante uma solução em que ambas as partes saiam beneficiadas («*win-win solution*») são assim mais vastas na mediação do que na arbitragem e noutros meios contenciosos de resolução de litígios, em que ao ganho de uma das partes corresponde frequentemente uma perda da outra – situação que a Teoria dos Jogos caracteriza como um «jogo de soma zero» («*zero-sum game*»)[17].

Por outro lado, a mediação revela-se particularmente apropriada nos domínios em que a *solução normativa* dos litígios se mostra mais inadequada, de que talvez os conflitos matrimoniais sejam o exemplo mais flagrante[18].

Não são todavia poucos, nem particularmente fáceis, os problemas jurídicos que a mediação suscita enquanto modo de composição de litígios. A respeito dela pode, designadamente, perguntar-se:

---

[16] Haja vista, por exemplo, ao *Règlement ADR* adoptado pela Câmara de Comércio Internacional (disponível em http://www.iccwbo.org) e, entre nós, ao *Regulamento de Mediação e Conciliação* da Associação Comercial de Lisboa (disponível em http://www.port-chambers.com).

[17] Cfr. Stephan Breidenbach, *Mediation. Struktur, Chancen und Risiken von Vermittlung im Konflikt*, Colónia, 1995, pp. 71 ss.; *idem*, «Mediation – Komplementäre Konfliktbehandlung durch Vermitlung», *in* Stephan Breidenbach/Martin Hessler, *Mediation für Juristen. Konfliktbehandlung ohne gerichtliche Entscheidung*, Colónia, 1997, pp. 1 ss. (p. 5); Horst Eidenmüller, «Ökonomische und spieltheoretische Grundlagen von Verhandlungen/ /Mediation», *in ibidem*, pp. 31 ss.; e David Plant, *Resolving International Intellectual Property Disputes*, Paris, 1999, p. 101; *idem, We Must Talk Because We Can. Mediating International Intellectual Property Disputes*, Paris, 2008, p. 16.

[18] Ver, sobre o ponto, em especial, Lon L. Fuller, «Mediation – Its Forms and its Functions», *California Law Review,* 1970/71, pp. 305 ss. (pp. 330 ss.).

A *Resolução Extrajudicial de Litígios*

– Quais as condições de que depende a sua admissibilidade;
– Quais os efeitos do recurso à mediação sobre o exercício dos direitos subjectivos disputados pelas partes;
– Quais as regras processuais a que deve obedecer; e
– Quais os efeitos dos acordos obtidos por via de mediação.

Por certo que, tal como a arbitragem, este é um domínio em que avulta a autonomia privada; às partes deve, por isso, ser reconhecido um papel preponderante na definição das regras a que obedece a mediação, directamente ou por remissão para regulamentos de mediação institucionalizada. Mas os interesses relevantes nesta não são apenas os que se ligam à autodeterminação das partes. Porquanto também nela há que acautelar interesses públicos e da parte mais fraca, os quais reclamam, designadamente, a institucionalização de mecanismos de salvaguarda da *imparcialidade*, *neutralidade* e *independência* dos mediadores, bem como da *confidencialidade* dos procedimentos de mediação. Daí a atenção que o tema tem ultimamente merecido por parte dos legisladores, tanto no plano nacional[19] como no internacional[20].

---

[19] Cfr. as leis adoptadas em 1996 em França (*Décret n.° 96-652 du 22 juillet 1996 relatif à la conciliation et à la médiation judiciaires*), em 2003 nos Estados Unidos (*Uniform Mediation Act*), na Áustria (*Bundesgesetz über Mediation in Zivilrechtssachen*) e em Itália (*Decreto Legislativo 17 gennaio 2003, n. 5*, e *Legge 18 giugno 2009, n. 69*) e em 2005 na Bélgica (*Loi modifiant le code judiciaire en ce qui concerne la médiation*). Sobre as tendências contemporâneas nesta matéria, vejam-se: Mauro Cappelletti/Bryant Garth, «Settlement of Disputes out of Court: A Comparative Report on the Trend Toward Conciliation», *in* Hein Kötz/Reynald Ottenhof (dirs.), *Les conciliateurs. La conciliation. Une étude comparative*, Paris, 1983, pp. 1 ss.; Hein Kötz, «Le règlement des litiges en dehors des tribunaux. Synthèse et conclusions», *in ibidem*, pp. 187 ss.; Gérard Cornu, «Les modes alternatifs de règlement des conflits. Présentation générale», *Revue Internationale de Droit Comparé*, 1997, pp. 313 ss.; Nadja Alexander, «Global Trends in Mediation: Riding the Third Wave», *in eiusdem* (org.), *Global Trends in Mediation*, 2.ª ed., Haia, etc., 2006, pp. 1 ss.; e Klaus J. Hopt/Felix Steffek, «Mediation – Rechtsvergleich, Regelungsmodelle, Grundsatzprobleme», *in eiusdem* (orgs.), *Mediation. Rechtstatsachen, Rechtsvergleich, Regelungen*, Tubinga, 2008, pp. 3 ss.

[20] Referimo-nos, em particular, à *Lei Modelo sobre Conciliação Comercial Internacional*, adoptada pela Comissão das Nações Unidas Para o Direito Comercial Internacional em 2002. Ver, sobre esta, *UNCITRAL Model Law on International Commercial Conciliation with Guide to Enactment and Use*, Nova Iorque, 2005.

390   *Direito Intenacional Privado – Ensaios III*

3. Razões e legitimidade de uma harmonização comunitária do regime jurídico da mediação

É inequívoca, à luz do que dissemos acima, a relevância que a mediação hoje assume como modo de facilitar a composição dos litígios emergentes de relações plurilocalizadas: dado que permite evitar a álea e os custos geralmente associados aos processos judiciais (e também, não raro, aos processos arbitrais), a sua admissibilidade favorece a oferta de bens e serviços além-fronteiras, e portanto também a integração económica internacional.

Nesta ordem de considerações se funda a Directiva 2008/52/CE, do Parlamento Europeu e do Conselho, de 21 de Maio de 2008, relativa a certos aspectos da mediação em matéria civil e comercial[21], que os Estados-Membros da União Europeia se encontram obrigados a transpor para as respectivas ordens jurídicas internas até 21 de Maio de 2011[22]: invoca-se, com efeito, neste acto comunitário a melhoria do acesso à justiça no espaço judiciário europeu, imprescindível ao correcto funcionamento do mercado interno, como razão precípua da sua adopção[23].

Aduzem-se, por outro lado, como preceitos legitimadores do exercício pelo Parlamento Europeu e pelo Conselho da sua competência para a adopção dessa Directiva, os arts. 61.º, n.º 1, e 67.º, n.º 5, do Tratado que Institui a Comunidade Europeia (relativos, como se sabe, às medidas no domínio da cooperação judiciária em matéria civil que tenham incidência transfronteiriça e se destinem a assegurar o bom funcionamento do mercado interno).

Daí que – ao contrário do que se preconizava na proposta de Directiva publicada em 2004[24] – este acto comunitário apenas seja aplicável aos «litígios transfronteiriços em matéria civil e comercial»[25], embora se espe-

---

[21] Publicada no *Jornal Oficial da União Europeia*, n.º L 136, de 24 de Maio de 2008, pp. 3 ss.

[22] Cfr. o art. 12.º, n.º 1.

[23] Cfr., em especial, o considerando 5 da Directiva. No mesmo sentido, veja-se o *Livro Verde sobre os modos alternativos de resolução de litígios em matéria civil e comercial*, publicado pela Comissão Europeia em 2002, documento COM (2002) 196 final, p. 7.

[24] Cfr. *Proposta de Directiva do Parlamento Europeu e do Conselho relativa a certos aspectos da mediação em matéria civil e comercial,* doc. COM (2004) 718 final, de 22 de Outubro de 2004.

[25] Art. 1.º, n.º 2.

cifique no respectivo preâmbulo que «nada deverá impedir os Estados-
-Membros de aplicar igualmente estas disposições a processos de mediação internos»[26].

Por «litígio transfronteiriço» deve entender-se, segundo a Directiva:

«um litígio em que pelo menos uma das partes tenha domicílio ou residência habitual num Estado-Membro distinto do de qualquer das outras partes,
à data em que:

a) As partes decidam, por acordo, recorrer à mediação após a ocorrência de um litígio,

b) A mediação seja ordenada por um tribunal,

c) A obrigação de recorrer à mediação se constitua ao abrigo do
direito interno, ou

d) Para efeitos do artigo 5.º, seja dirigido um convite às partes.»[27]

Mas pode igualmente tomar-se como tal, para os efeitos das disposições da Directiva relativas à confidencialidade e aos efeitos do processo
de mediação sobre prazos de prescrição e caducidade, um litígio puramente interno ao tempo da instauração desse processo, que haja adquirido
posteriormente carácter internacional, em virtude da propositura de uma
acção perante um tribunal judicial ou arbitral num país distinto daquele
onde as partes tinham o seu domicílio ou a sua residência habitual[28].

II
A Directiva Comunitária

4. Traços fundamentais do regime comunitário da mediação

a) *Admissibilidade da mediação*

Consideremos agora os traços fundamentais do regime da mediação
instituído pela Directiva. Esta não contém qualquer regra geral sobre a
admissibilidade do recurso à figura em apreço; mas o art. 1.º, n.º 2, exclui

---

[26] Considerando 8.

[27] Art. 2.º, n.º 1.

[28] Art. 2.º, n.º 2.

a aplicação da Directiva aos litígios que se refiram a direitos e obrigações de que as partes não possam dispor ao abrigo do Direito aplicável. A *disponibilidade dos direitos subjectivos* objecto do litígio surge assim, tal como na lei portuguesa da arbitragem voluntária[29], como critério fundamental de delimitação do âmbito material de aplicação das regras da Directiva.

Como exemplos de matérias em que são particularmente frequentes os direitos e obrigações indisponíveis apontam-se no preâmbulo da Directiva as questões de Direito da Família e de Direito do Trabalho[30]. Daqui não deve contudo inferir-se uma exclusão absoluta da mediação de litígios que versem sobre tais questões[31]. Embora entre nós os direitos pessoais familiares e os direitos dos trabalhadores por conta de outrem sejam indisponíveis, a mediação de crises matrimoniais, ainda que resultantes da violação de deveres conjugais, bem como de conflitos laborais, deve ser tida como admissível mesmo após a transposição da Directiva – consoante, aliás, sucede em vários países europeus[32]. Apenas será de afastar, a nosso ver, a executoriedade de eventuais acordos obtidos por via de mediação em que as partes renunciem a tais direitos, que é aquilo que a Directiva, se a interpretamos correctamente, tem em vista evitar.

Tão-pouco nos parece que possa extrair-se da referida regra da Directiva a insusceptibilidade de mediação dos litígios que versem sobre direitos subjectivos consagrados por normas legais com carácter imperativo ou injuntivo (como, por exemplo, as que se referem aos direitos dos consumidores[33]). Também neste caso é no plano da executoriedade dos acordos concluídos no termo dos processos de mediação, e não no da admissibilidade destes últimos, que deve ser tomada em consideração a natureza imperativa daquelas normas legais[34].

---

[29] Art. 1.º, n.º 1. Ver, sobre este preceito, António Sampaio Caramelo, «A disponibilidade do direito como critério de arbitrabilidade do litígio – reflexões *de jure condendo*», *Revista da Ordem dos Advogados,* 2006, pp. 1233 ss.

[30] Cfr. o considerando 10.

[31] Neste sentido se pronunciam também Gerhard Wagner/Christoph Thole, «Die europäische Mediations-Richtlinie. Inhalt, Probleme und Umsetzungsperspektiven», *in* Dietmar Baetge/Jan von Hein/Michael von Hinden (orgs.), *Die Richtige Ordnung. Festschrift für Jan Kropholler zum 70. Geburtstag,* Tubinga, 2008, pp. 915 ss. (p. 921).

[32] Ver o *Livro Verde sobre os modos alternativos de resolução de litígios em matéria civil e comercial*, cit., pp. 22 ss.

[33] Cfr. o disposto no art. 16.º da Lei n.º 24/96.

[34] Ver, sobre o ponto, *infra*, n.º 4, alínea *d)*.

A Directiva exclui ainda a sua aplicação às matérias fiscais, aduaneiras e administrativas, assim como à responsabilidade do Estado por actos ou omissões no exercício da sua autoridade (*acta iure imperii*)[35]; o que bem se compreende à luz da circunstância, já referida, de as normas habilitantes da Directiva apenas conferirem competência legislativa ao Conselho da União Europeia em matéria de cooperação judiciária civil[36].

Observe-se por fim, a este propósito, que a mediação é admitida pela Directiva não apenas antes da propositura de uma acção judicial ou arbitral, mas também no decurso dela. Neste último caso, prevê-se, aliás, que o próprio tribunal perante o qual foi proposta a acção pode, quando o entender adequado, convidar as partes a recorrerem à mediação[37]. Por outro lado, a Directiva não exclui a possibilidade de as legislações dos Estados-Membros preverem o recurso obrigatório à mediação, antes ou depois da instauração de um processo judicial, contanto que daí não resulte a inibição do acesso ao sistema judiciário[38].

b) *Efeitos do recurso à mediação*

Aspecto fulcral do regime comunitário da mediação é o que se prende com o impacto da abertura de processos de mediação sobre os prazos de prescrição e caducidade dos direitos disputados. Importa, com efeito, assegurar que, caso da mediação não resulte um acordo, as partes não fiquem precludidas de submeter o mesmo litígio a instâncias judiciais ou extrajudiciais, em virtude do decurso desses prazos. Através deste meio de resolução de litígios tem-se em vista, com efeito, ampliar o acesso dos particulares à justiça, e não restringi-lo.

Ora, é justamente isso o que a Directiva procura acautelar, ao dispor que:

> «Os Estados-Membros devem assegurar que as partes que optarem pela mediação numa tentativa de resolver um litígio não fiquem impedidas

---

[35] Art. 1.º, n.º 2, 2.º período.
[36] Cfr. os arts. 61.º, alínea *c)*, e 67.º, n.º 5, do Tratado que Institui a Comunidade Europeia.
[37] Art. 5.º, n.º 1.
[38] Art. 5.º, n.º 2.

394   *Direito Intenacional Privado – Ensaios III*

de, posteriormente, instaurarem um processo judicial ou iniciarem um processo de arbitragem relativo a esse litígio por terem expirado os prazos de prescrição ou de caducidade durante o processo de mediação.»[39]

c) *Confidencialidade da mediação*

Outro ponto de relevo no regime da mediação é o que contende com a confidencialidade das informações obtidas pelos mediadores e outras pessoas nela envolvidas: dela depende em alguma medida a confiança dos interessados neste meio de resolução extrajudicial de litígios e, reflexamente, a sua eficácia como tal.

É esse o desiderato prosseguido pelo art. 7.°, n.° 1, da Directiva, no qual se determina que os Estados-Membros assegurem que essas pessoas não sejam obrigadas a revelar tais informações em processos judiciais ou arbitrais. Apenas se exceptuam os casos em que as partes hajam convencionado outra coisa ou em que tal revelação seja necessária por razões imperiosas de ordem pública do Estado-Membro em causa ou para efeitos de aplicação ou execução de um acordo obtido por via de mediação.

De notar que a Directiva não prevê neste preceito a imposição às referidas pessoas de um dever de segredo quanto às informações obtidas em razão das suas funções. Tão-pouco se restringe nela a possibilidade de as partes revelarem, em processos judiciais ou arbitrais ulteriores, informações veiculadas no decurso da mediação ou concessões nela feitas pela outra parte. Ressalva-se contudo, no n.° 2 do art. 7.°, a possibilidade de os Estados-Membros aplicarem «medidas mais rigorosas para proteger a confidencialidade da mediação».

Também não está excluído na Directiva que as partes e os demais intervenientes no processo de mediação convencionem entre si deveres de confidencialidade mais amplos do que aqueles que a própria Directiva estabelece – o que, à luz do exposto, pode revelar-se aconselhável. A sujeição a um dever de segredo quanto às informações obtidas no decurso da mediação pode ainda resultar de um Código Deontológico a que os mediadores se encontrem sujeitos[40].

---

[39] Art. 8.°, n.° 1.

[40] Como o *Código Deontológico Europeu dos Mediadores* (disponível em http://ec.europa.eu/civiljustice/adr/adr_ec_code_conduct_en.pdf), lançado pela Comissão Europeia em 2004, que expressamente prevê esse dever no n.° 4. Sobre as obrigações dos

A Resolução Extrajudicial de Litígios

d) *Efeitos dos acordos obtidos em processos de mediação*

Não menos relevante é a definição dos efeitos dos acordos obtidos em processos de mediação. Do regime instituído para esta matéria depende também o interesse da mediação como «meio alternativo» de resolução de litígios: embora em muitos casos as partes cumpram voluntariamente aqueles acordos, a possibilidade de os mesmos servirem de base a uma acção executiva é essencial sempre que deles resultem obrigações duradouras (*v.g.* de pagamento de pensões de alimentos por uma das partes à outra) e o credor não disponha de garantia especial.

Ora, a este respeito a Directiva limita-se a estabelecer que:

> «Os Estados-Membros devem assegurar que as partes, ou uma das partes com o consentimento expresso das outras, tenham a possibilidade de requerer que o conteúdo de um acordo escrito, obtido por via de mediação, seja declarado executório.»[41]

A declaração de executoriedade assim prevista pode resultar, segundo a Directiva, de sentença, decisão ou acto autêntico de um tribunal ou de outra autoridade competente, de acordo com o Direito do Estado-Membro em que o pedido é apresentado[42].

Portanto, no regime da Directiva, os acordos concluídos em processos de mediação não são, por si sós, títulos executivos: apenas se faz recair sobre os Estados-Membros a obrigação de preverem no respectivo Direito interno a aposição de um *exequatur* a esses acordos, por decisão judicial ou acto notarial. Ainda assim, este deve ser requerido por ambas as partes ou por uma delas com o consentimento expresso das outras; e pode ser recusado «se, no caso em questão, o conteúdo desse acordo for contrário ao direito do Estado-Membro onde é feito o pedido ou se o direito desse Estado-Membro não previr a sua executoriedade»[43].

Neste ponto, a Directiva fica, pois, bastante aquém da lei portuguesa, nos termos da qual os acordos em questão podem servir de base a acções

---

Estados-Membros da Comunidade Europeia no tocante à promoção de tais códigos, veja-se o disposto no art. 4.º da Directiva.

[41] Art. 6.º, n.º 1, 1.º período.

[42] Art. 6.º, n.º 2.

[43] Art. 6.º, n.º 1, 2.º período. Para este efeito, entende-se que o Direito dos Estados-Membros inclui tanto o Direito substantivo como o Direito Internacional Privado: cfr. o considerando 19 da Directiva.

executivas, ainda que constem de documentos particulares, nas condições previstas no art. 46.°, alínea c), do Código de Processo Civil, ou seja, se estiverem assinados pelo devedor e importarem a constituição ou o reconhecimento de obrigações pecuniárias, cujo montante seja determinado ou determinável por simples cálculo aritmético, ou de obrigação de entrega de coisas ou de prestação de facto.

Naturalmente que a Directiva não preclude a aplicação desta regra[44]; mas é manifesto que o seu efeito harmonizador é, quanto a este aspecto, mais limitado.

5. Algumas questões em aberto

A regra comunitária sobre a aposição de *exequatur* aos acordos concluídos em processos de mediação não distingue consoante estes hajam sido concluídos no Estado do foro ou em país estrangeiro; a obrigação que da Directiva resulta para os Estados-Membros nesta matéria vale, assim, para ambas as situações[45].

Coloca-se, porém, a questão de saber qual a eficácia transfronteiras dos acordos concluídos em processos de mediação, que hajam obtido o necessário *exequatur* no Estado-Membro de origem: ficarão esses acordos dispensados de novo *exequatur* a fim de poderem produzir efeitos noutro país?

A este respeito, a Directiva apenas prevê que o disposto no respectivo art. 6.° sobre a executoriedade dos acordos obtidos por via de mediação «em nada prejudica as regras aplicáveis ao reconhecimento e à execução noutro Estado-Membro de um acordo que tenha sido declarado executório nos termos do n.° 1»[46].

Ressalvam-se assim as disposições dos actos comunitários que actualmente disciplinam o reconhecimento e a execução de actos autênticos e transacções judiciais celebrados em Estados-Membros da Comunidade Europeia[47]. Entre estes incluem-se:

---

[44] Neste sentido, veja-se o considerando 22 da Directiva.

[45] Neste sentido depõe, aliás, a redacção do art. 6.°, n.° 2, 2.° período, reproduzido acima. O ponto de vista expendido no texto é partilhado por Gerhard Wagner/Christoph Thole, est. cit., p. 933.

[46] Art. 6.°, n.° 4.

[47] Cfr., a este respeito, o considerando 20 da Directiva.

– O Regulamento (CE) n.° 44/2001, relativo à competência judiciária, ao reconhecimento e à execução de decisões em matéria civil e comercial[48];
– O Regulamento (CE) n.° 2201/2003, relativo à competência, ao reconhecimento e à execução de decisões em matéria matrimonial e de responsabilidade parental[49]; e
– O Regulamento (CE) n.° 4/2009, relativo à competência, à lei aplicável, ao reconhecimento e à execução das decisões e à cooperação em matéria de obrigações alimentares[50].

Quando gozem de força executiva no respectivo Estado de origem, os actos e transacções em apreço podem ser executados nos demais Estados partes destes actos comunitários, mediante a prévia declaração da respectiva executoriedade por uma jurisdição do Estado onde a respectiva execução for solicitada, a requerimento de qualquer parte interessada. O acto autêntico ou transacção é declarado executório sem verificação prévia da ocorrência de qualquer motivo de recusa dessa declaração e sem audição da parte contra a qual a execução é promovida, desde que tenham sido apresentados pelo requerente os documentos exigíveis. Em sede de recurso da decisão que for proferida sobre o pedido de declaração de executoriedade, esta pode, no entanto, ser recusada ou revogada por a execução ofender a ordem pública do Estado onde a execução é requerida. Está, em qualquer caso, excluída, nos termos daqueles actos comunitários, uma revisão de mérito do acto ou transacção lavrado noutro Estado-Membro. O *exequatur* não pode, assim, ser recusado com fundamento em o conteúdo do acordo ser contrário ao Direito interno do Estado-Membro onde é feito o pedido de declaração de executoriedade, consoante prevê o art. 6.°, n.° 1, 2.° período, da Directiva.

Há, por esta via, uma certa simplificação da execução além-fronteiras de acordos que tenham sido declarados executórios no Estado-Membro de origem. Mas a Directiva não conseguiu prevenir completamente a neces-

---

[48] Publicado no *Jornal Oficial da União Europeia*, n.° L 12, de 16 de Janeiro de 2001, pp. 1 ss.

[49] Publicado no *Jornal Oficial da União Europeia*, n.° L 338, de 23 de Dezembro de 2003, pp. 1 ss. Foi alterado pelo Regulamento (CE) n.° 2116/2004, *in ibidem*, n.° L 367, de 14 de Dezembro de 2004, pp. 1 ss.

[50] Publicado no *Jornal Oficial da União Europeia*, n.° L 7, de 10 de Janeiro de 2009, pp. 1 ss.

398 *Direito Intenacional Privado – Ensaios III*

sidade de um duplo *exequatur* a fim de que os acordos em questão possam ser executados num Estado-Membro diferente daquele de que são originários, dada a exigência, constante dos referidos Regulamentos, de que os mesmos gozem de força executiva no respectivo Estado-Membro de origem.

E se é certo que esse duplo *exequatur* pode, em princípio, ser evitado mediante a solicitação, nos termos do art. 6.°, n.° 1, da Directiva, da declaração de executoriedade directamente no Estado-Membro em que se pretenda fazer valer o acordo, o certo é que essa declaração tem de ser requerida, como notámos, por ambas as partes ou por uma delas com o consentimento da outra; e que a mesma se sujeita naquele Estado-Membro a um controlo pelas autoridades locais da conformidade do acordo com o Direito nacional, o que, nos domínios em que as regras materiais aplicáveis não se encontrem harmonizadas no seio da Comunidade Europeia, poderá revelar-se mais problemático do que a obtenção da declaração de executoriedade cumulativamente nos países de origem e de execução.

Por outro lado, nas matérias não abrangidas pelos referidos Regulamentos (*v.g.* as sucessões por morte), os acordos concluídos em processos de mediação não podem beneficiar do regime simplificado de execução constante desses actos comunitários, ficando, por conseguinte, a sua eficácia além-fronteiras sujeita às disposições do Direito interno dos Estados-Membros e às regras mais rigorosas sobre o reconhecimento de actos públicos estrangeiros nele consignadas.

Eis aqui algumas questões em aberto, que no futuro o legislador comunitário não poderá deixar de enfrentar.

III
A transposição da Directiva para a ordem jurídica portuguesa

6. Antecedentes

Em Portugal, a mediação ou conciliação extrajudicial era já admitida antes da Directiva comunitária.

Com efeito, o Código Civil previu expressamente o contrato de transacção, que definiu como aquele pelo qual as partes previnem ou terminam um litígio mediante recíprocas concessões[51], apenas tendo excluído a sua

---

[51] Art. 1248.°, n.° 1.

A Resolução Extrajudicial de Litígios   399

admissibilidade no que respeita a direitos de que às partes não é permitido dispor e a questões respeitantes a negócios jurídicos ilícitos[52].

A extinção da instância em virtude da celebração de uma transacção é, por outro lado, também admitida na lei portuguesa, desde que não importe a afirmação da vontade das partes relativamente a direitos indisponíveis[53]. A transacção deve nesse caso ser feita por documento autêntico ou particular ou por termo lavrado no processo a pedido dos interessados; de todo o modo, está sujeita a um exame da sua validade, devendo esta última, se for caso disso, ser declarada na sentença, condenando-se ou absolvendo-se nos respectivos termos[54].

A lei instituiu ainda serviços de mediação nos Julgados de Paz, definindo-a no regime destes como:

> «uma modalidade extrajudicial de resolução de litígios, de carácter privado, informal, confidencial, voluntário e natureza não contenciosa, em que as partes, com a sua participação activa e directa, são auxiliadas por um mediador a encontrar, por si próprias, uma solução negociada e amigável para o conflito que as opõe.»[55]

A apresentação de um requerimento visando a sujeição de determinada causa a um Julgado Paz determina a interrupção da prescrição, nos termos gerais[56]. A mediação que tem lugar nestes tribunais aproveita, assim, dessa interrupção. Se as partes chegarem a acordo, deve o mesmo ser homologado pelo juiz de paz, adquirindo desse modo o valor de sentença[57]. Caso esse acordo falhe, deve ainda assim ser tentada a conciliação das partes pelo juiz, antes de proceder ao julgamento da causa[58]. A informação obtida no decurso da mediação está, em qualquer caso, sujeita a um princípio de confidencialidade[59].

---

[52] Art. 1249.º.

[53] Art. 299.º, n.º 1, do Código de Processo Civil.

[54] Art. 300.º, n.º 3.

[55] Cfr. a Lei n.º 78/2001, de 13 de Julho, art. 35.º, n.º 1. Ver, sobre esse diploma legal, J. O. Cardona Ferreira, *Julgados de paz. Organização, competência e funcionamento*, Coimbra, 2001; João Miguel Galhardo Coelho, *Julgados de paz e mediação de conflitos*, Lisboa, 2003; e João Pedroso/Catarina Trincão/João Paulo Dias, *Por caminhos da(s) reforma(s) da Justiça*, Coimbra, 2003, pp. 255 ss.

[56] Lei n.º 78/2001, art. 43.º, n.º 8.

[57] *Ibidem*, art. 56.º, n.º 1.

[58] *Ibidem*, art. 26.º, n.º 1.

[59] *Ibidem*, art. 52.º.

400   *Direito Intenacional Privado – Ensaios III*

Independentemente do exposto, confere-se entre nós força executiva, como já notámos, aos documentos particulares assinados pelo devedor, que importem a constituição ou o reconhecimento de certas obrigações, entre os quais se devem considerar incluídos aqueles que contenham acordos concluídos em processos de mediação.

Não obstante isso, a lei portuguesa era até recentemente omissa quanto a diversos aspectos relevantes do regime da mediação empreendida à margem dos Julgados de Paz, como a suspensão ou interrupção dos prazos de prescrição e caducidade em virtude da instauração de processos de mediação, a possibilidade de suspensão da instância pelo mesmo motivo e a confidencialidade das informações obtidas nesses processos. A transposição da Directiva 2008/52/CE para a ordem jurídica portuguesa reclamava, assim, uma iniciativa legislativa.

7. Forma da transposição

Essa iniciativa consumou-se com a Lei n.º 29/2009, de 29 de Junho, que aprovou o regime jurídico do processo de inventário, alterando diversos diplomas legais.

O art. 79.º desta Lei aditou, na verdade, ao Código de Processo Civil os arts. 249.º-A a 249.º-C e 279.º-A, tendo em vista dar execução às obrigações assumidas pelo Estado português em virtude daquela Directiva.

Esta forma de transposição não deixa de suscitar algumas reservas.

À uma, porque a mesma teve lugar através de um diploma legal cujo objecto precípuo – o processo de inventário – nenhuma relação possui com a figura jurídica de que a Directiva se ocupa.

Depois, porque se perdeu deste modo a oportunidade de introduzir no ordenamento jurídico português uma lei que discipline especificamente a mediação em matéria civil e comercial (como se fez na Áustria[60]), o que conferiria por certo maior visibilidade a este instituto como meio de resolução extrajudicial de litígios.

Finalmente, porque se regulou no Código de Processo Civil a suspensão dos prazos de prescrição e caducidade, quando era entre nós o Código Civil a sede legislativa desta matéria – em conformidade, de resto, com a natureza substantiva, e não processual, que essas figuras têm no ordenamento jurídico português.

---

[60] Cfr. *supra*, n.º 2.

8. Âmbito de aplicação do regime instituído

Pelo que respeita ao âmbito de aplicação do novo regime legal, a nota fundamental a salientar consiste no facto de que, embora a Directiva comunitária apenas tenha por objecto, como observámos, a mediação de litígios com carácter internacional, o diploma português que a transpôs, ao não estabelecer semelhante limitação, implementou o regime comunitário também pelo que respeita a litígios puramente internos.

Está certo que assim seja, pois aquela restrição do regime comunitário apenas se justifica, como vimos, por razões ligadas à competência dos órgãos da União Europeia para a adopção de medidas no domínio da cooperação judiciária em matéria civil e não há diferenças substantivas entre os interesses em jogo na mediação interna e na internacional que reclamem uma diferenciação dos respectivos regimes.

9. Linhas gerais do novo regime

a) *Admissibilidade da mediação*

O novo regime da mediação não restringe o seu âmbito de aplicação aos litígios que versem sobre direitos disponíveis. Pelo contrário: o art. 249.°-A, n.° 1, do Código de Processo Civil admite o recurso à mediação previamente à apresentação de «qualquer litígio» em tribunal.

Os direitos ao divórcio e à separação de pessoas e bens, assim como os dos trabalhadores por conta de outrem, são, por certo, indisponíveis entre nós; mas isso não importa a exclusão da mediação familiar ou laboral, que tem aliás sido incentivada pela lei[61] e por acordos entre parceiros sociais[62].

Se, porém, resultar da mediação um acordo e as partes requererem a sua homologação por um juiz, nos termos do art. 249.°-B do Código de Processo Civil, esta não poderá deixar de ser recusada, conforme resulta

---

[61] Cfr. o art. 1774.° do Código Civil e o art. 2.°, alínea *g)*, da Lei n.° 76/2009, de 13 de Agosto, que autoriza o Governo a alterar o Código de Processo do Trabalho.

[62] Veja-se o *Protocolo sobre mediação laboral* celebrado em 2006 entre o Ministério da Justiça e diversas associações patronais e sindicais (disponível em http://www.mj. gov.pt/sections/documentos-e-publicacoes/doc-e-pub-2/protocolo-de-acordo-de/).

402 *Direito Intenacional Privado – Ensaios III*

do disposto no n.º 3 desse preceito, conjugado com o art. 1249.º do Código Civil, caso as partes hajam transigido sobre direitos de que não lhes é permitido dispor.

A mediação é admitida, como decorre do preceito acima citado em primeiro lugar, antes da instauração de uma acção judicial e no decurso desta. Neste último caso, tanto pode ser iniciada por decisão do juiz (salvo se alguma das partes a isso se opuser)[63] como por acordo das partes[64].

b) *Efeitos da instauração de processos de mediação*

Em conformidade com a Directiva, o novo regime português da mediação prevê a suspensão dos prazos de caducidade e prescrição a partir da data em que for solicitada a intervenção do mediador.

Essa suspensão cinge-se, porém, aos casos em que sejam utilizados «sistemas de mediação pré-judicial previstos em portaria do membro do Governo responsável pela área da Justiça»[65]. A inclusão de um sistema de mediação nesta portaria depende da verificação da sua idoneidade, bem como da da respectiva entidade gestora[66].

Subordina-se assim a mediação a um controlo oficial que não tem paralelo na arbitragem, pois relativamente a esta a interrupção da prescrição do direito que se pretenda tornar efectivo não depende do recurso a instituições de arbitragem autorizadas pelo Governo[67]. Reflexamente, exclui-se a possibilidade de as partes optarem por uma mediação *«ad hoc»*, levada a cabo por personalidades por elas directamente escolhidas, à margem de qualquer esquema institucionalizado de mediação.

O referido controlo não deixará, por outro lado, de suscitar dificuldades sempre que se recorra entre nós a entidades de mediação internacionais ou sedeadas no estrangeiro, como é o caso da Câmara de Comércio Internacional e da Organização Mundial da Propriedade Intelectual. A exequibilidade do novo regime legal suscita, neste particular, as maiores dúvidas.

---

[63] Art. 279.º-A, n.º 1, do Código de Processo Civil.

[64] *Ibidem*, n.º 2.

[65] Art. 249.º-A, n.º 2, do Código de Processo Civil.

[66] *Ibidem*, art. 249.º-A, n.º 5.

[67] Cfr. o art. 324.º do Código Civil.

Naturalmente que enquanto não for publicada a portaria referida naquele preceito não será sequer possível a suspensão dos prazos em questão.

A contagem destes é retomada a partir do momento em que uma das partes recuse a mediação ou em que o mediador determine a cessação desta[68].

A lei prevê igualmente a possibilidade de suspensão da instância nos casos em que a mediação tenha lugar quanto a um litígio já afecto a tribunal judicial, quer por determinação do juiz (quando a remessa do processo para mediação resulte de decisão deste), quer por acordo das partes[69].

Curiosamente, o efeito suspensivo do recurso à mediação não depende nestes casos da utilização de sistemas de mediação oficialmente autorizados.

Se houver a acordo no termo do processo de mediação, o mesmo deve ser remetido ao tribunal, aplicando-se as regras já referidas que valem para a transacção judicial[70]. De contrário, o mediador deve dar conhecimento do facto ao tribunal, cessando automaticamente a suspensão da instância[71].

c) *Limites à utilização em processos judiciais de prova baseada em processos de mediação*

A lei estabeleceu também, como exigia a Directiva, um princípio de confidencialidade da mediação extrajudicial: nos termos do novo art. 249.°-C do Código de Processo Civil, o conteúdo das sessões de mediação é confidencial, não podendo ser valorado como prova em tribunal, salvo em situações excepcionais.

De notar que o alcance desta regra é mais vasto do que o que era requerido pela Directiva, uma vez que não cinge o princípio da confidencialidade às informações obtidas pelos mediadores e pelas outras pessoas envolvidas na mediação; solução que, à luz do que dissemos acima, se nos afigura correcta.

---

[68] Art. 249.°-A, n.° 3, do Código de Processo Civil.
[69] Ver o art. 279.°-A, n.ºs 1 a 3, do mesmo Código.
[70] *Ibidem*, n.° 5.
[71] *Ibidem*, n.° 4.

404 Direito Intenacional Privado – Ensaios III

d) *Efeitos dos acordos concluídos em processos de mediação*

Os acordos concluídos em processos de mediação têm entre nós os efeitos que a lei geral lhes atribui; neste ponto, o novo diploma nada acrescentou ao que decorre das disposições legais atrás mencionadas.

Prevê-se todavia no novo art. 249.º-B do Código de Processo Civil a homologação dos acordos obtidos em mediação pré-judicial. Como vimos, esta formalidade não é exigida em Portugal como requisito da execução desses acordos, quando os mesmos constem de documentos particulares, desde que importem a constituição ou o reconhecimento de obrigações pecuniárias, cujo montante seja determinado ou determinável por simples cálculo aritmético, ou de obrigação de entrega de coisa certa ou de prestação de facto. Não obstante isso, ela terá interesse quando, tendo esses acordos sido exarados em Portugal e devendo ser aqui executados, não preencham os requisitos legais de exequibilidade dos documentos particulares; bem como quando as partes queiram fazer-se valer dos Regulamentos comunitários a que fizemos referência acima, a fim de obterem a respectiva execução noutro Estado-Membro da Comunidade Europeia[72]; e ainda quando, tendo tais acordos sido exarados em país estrangeiro, não tenham neles força executiva e ambas as partes, ou uma delas com o consentimento da outra, pretendam que sejam aqui declarados executórios.

10. Balanço e conclusões

O novo regime da mediação constitui um inequívoco progresso, pelo reforço a que procedeu da eficácia e da fiabilidade deste instituto. Para tanto, contribuem especialmente a regulação nele instituída dos efeitos dos processos de mediação sobre a contagem de prazos de prescrição e de caducidade e a consagração que nele se faz de um princípio de confidencialidade.

Mas esse regime ficou, em alguns aspectos, aquém do que seria desejável.

Em parte, as insuficiências que a este propósito registámos decorrem da própria Directiva comunitária, a qual não assegurou de modo inteiramente satisfatório a execução além-fronteiras dos acordos concluídos em

---

[72] Cfr. *supra*, n.º 5.

processos de mediação, pois que a fez depender seja de um duplo *exequatur*, a obter no país de origem e naquele onde se pretendam fazer valer esses acordos, seja de uma revisão de mérito do acordo em causa neste último país.

Noutra parte, essas insuficiências resultam da lei portuguesa de transposição, e em particular da exigência nela formulada (que a Directiva não continha) de que as partes se sujeitem a sistemas autorizados pelo Governo, a fim de que os processos de mediação em que participem possam surtir a plenitude dos seus efeitos jurídicos.

V
FONTES E PRINCÍPIOS GERAIS

SOURCES AND GENERAL PRINCIPLES
OF PORTUGUESE PRIVATE INTERNATIONAL LAW:
AN OUTLINE*

I
Sources

The recent history of Portuguese Private International Law reveals three basic trends regarding its sources: the *codification* of conflict of laws rules, the major achievement in this area being the provisions of the 1966 Civil Code[1]; the *specialization* of conflict of laws rules through specific enactments in matters such as general conditions of contracts, arbitration, agency contracts, time-share contracts, sale of consumer goods, and e-commerce, etc.; and the *europeanisation* of rules on jurisdiction, conflict of laws, and the recognition of foreign judgements by virtue of the European Union's adoption of several acts pertaining to this field that are directly applicable in Portugal.[2]

At the top of the hierarchy of Private International Law sources in this country are international treaties and conventions to which Portugal is a party. They include, *inter alia*, the following categories of instruments:

---

* Trabalho originariamente publicado no *Yearbook of Private International Law*, Lausanne, 2007, pp. 257 ss.

[1] See articles 14 to 65 of the Civil Code. See also the German translation appended to NEUHAUS P./RAU H., 'Das internationale Privatrecht im neuen portugiesischen Zivilgesetzbuch', *RabelsZ* 1968, pp. 500 *et seq*. A French translation, established with the contribution of Taborda Ferreira and Jean Lisbonne, was published in: *Rev. crit. dr. int. pr.* 1968, pp. 369 *et seq*. (a partially updated version was inserted in *ibidem*, 1978, pp. 598 *et seq.*, with a note by MOURA RAMOS R.).

[2] See the compilation of these sources in MARQUES DOS SANTOS A., *Direito Internacional Privado. Colectânea de textos legislativos de fonte interna e internacional*, Coimbra 2002.

a) Conventions originating in The Hague Conference on Private International Law[3]; *b)* Conventions made under the auspices of the United Nations Organisation[4]; *c)* Conventions of the International Commission on Civil Status[5]; *d)* Conventions entered into with other Member States of the European Union or the European Economic Space[6]; *e)* Bilateral treaties on legal and judicial cooperation entered into with other nations[7]; and *f)* Agreements on the promotion and reciprocal protection of foreign investments.[8]

According to article 8, paragraph 2, of the Portuguese Constitution (adopted in 1976 and subsequently modified several times), the rules contained in these treaties and conventions are in force in Portugal upon their ratification or approval by the competent organ and official publication, and they remain in force as long as they bind the Portuguese State internationally; their transformation into internal law through a Governmental act is thus unnecessary. Insofar as they are self-executing, they may be invoked by any interested person in support of his/her claims deduced before Portuguese courts or administrative organs. Furthermore, they also prevail over all internal legal rules, even if enacted subsequent to the relevant convention's ratification or approval.

---

[3] Since 1951, Portugal has ratified 16 such conventions. On their relationship with Portuguese Private International Law, see MOURA RAMOS R., 'The Impact of The Hague Conventions on Portuguese Private International Law', in: *Das relações privadas internacionais,* Coimbra 1995, pp. 277 *et seq.*

[4] Such as the New York Convention on the Recognition and the Enforcement of Foreign Arbitration Awards, in force in Portugal since 1995.

[5] To which Portugal acceded in 1973. Eleven conventions emanating from this organisation were so far ratified by this country.

[6] Which include the Brussels and the Lugano Conventions on Jurisdiction and the Enforcement of Judgements in Civil and Commercial Matters, both of which are in force in Portugal since 1992, and the Rome Convention on the Law Applicable to Contractual Obligations, ratified in 1994. See MOURA RAMOS R., 'L'adhésion du Portugal aux conventions communautaires en matière de droit international privé', in: *Das relações privadas internacionais* (note 3), pp. 143 *et seq.*

[7] E.g. the agreements with S. Tomé and Príncipe (1976), France (1983), Guinea-Bissao (1988), Mozambique (1990), Luxembourg (1992), Angola (1995) and Cape Verde (2003).

[8] Such as the ones concluded in 1980 with Germany, in 1994 with Brazil, in 1990 with Cape Verde, in 1991 with Guinea-Bissao, in 1994 with Venezuela, in 1995 with Mozambique and with S. Tomé and Príncipe, in 2002 with Tunisia, and in 2004 with Algeria.

The same principle applies to rules contained in European Union acts, by virtue of article 8, paragraph 4 of the Constitution (as revised in 2004), according to which such rules are applicable in the internal legal order "in the terms defined by the law of the Union, with respect for the fundamental principles of the democratic rule of law." The primacy of European Union law, as defined by European Court of Justice case law, is thus constitutionally accepted in Portugal.

Given the widening scope of Private International Law rules contained in European Union acts, many of which are of "universal" application, the scope of application of internal legislative conflict of laws rules is gradually being reduced. Nevertheless, internal legislation is still the major source of Portuguese Private International Law. Due to the enactment, over the past few years, of many special conflict of laws rules concerning particular subjects, which are not included in the Civil Code but dispersed throughout particular acts, the ideal of a *system*, which was highly regarded at the time of the adoption of the Civil Code, has suffered a certain erosion.[9]

As for case law, its relevance is much more restricted in Portugal, particularly since the normative rulings (*assentos*) of the Supreme Court (*Supremo Tribunal de Justiça*) whereby it could adopt new rules on points of law which had been the object of conflicting judgments by superior courts were abolished in 1995. This does not mean, however, as we shall see below, that Portuguese courts do not play a creative role when they decide Private International Law cases. Also, decisions of the Supreme Court and of the Courts of Appeal (*Tribunais de Relação)* tend to exercise considerable influence over the lower courts.

Legal doctrine is particularly influential in this country, among other reasons because the major legal codes were drafted by scholars. Such was the case of the 1966 Civil Code, the conflict of laws provisions of which were drafted by the late Professors Ferrer Correia and Baptista Machado of the University of Coimbra[10]. Not surprisingly, the Code has sometimes been pointed out as an example of *Professorenrecht*.

---

[9] This is also noted by MOURA RAMOS R., 'Linhas gerais da evolução do direito internacional privado português posteriormente ao Código Civil de 1966', in: *Estudos de Direito Internacional Privado e de Direito Processual Civil Internacional*, vol. II, Coimbra 2007, pp. 275 *et seq.* (at pp. 320 *et seq.*).

[10] See the 1951 and 1964 drafts in FERRER CORREIA A./FERREIRA PINTO F., *Direito Internacional Privado. Leis e projectos de leis. Convenções internacionais*, Coimbra 1988, pp. 20 *et seq.* and 79 *et seq.*

II
Relevance of general principles

We shall now attempt to determine what values are at the basis of Portuguese Private International Law and to define the legal principles that express those values. The relevance of such values is threefold. First, they allow us to determine the ultimate purposes of Portuguese Private International Law – that is, the *idea of law* (*Rechtsidee*) that underscores it – and thus enable us to better understand this part of the legal system. Second, they are of utmost importance in the interpretation of specific conflict of laws and jurisdiction rules, which must be construed, according to article 9 of the Civil Code, in the light of their purposes. Finally, according to article 10 of the Civil Code, gaps in the law must be filled, absent a rule applicable to an analogous case, according to the rule that the court would create if it had to legislate in conformity with the system's spirit – that is, with its general principles.

III
Human dignity

The safeguard of human dignity constitutes the essential basis of the Portuguese legal system.[11] From this basis stems, *inter alia*, the recognition of legal personality to all human beings and a certain number of personality rights that Portuguese law ensures.[12]

Portuguese Private International Law reflects this personalism at different levels. On the one hand, it explains the fact that foreign citizens have the possibility of enjoying rights in Portugal.[13] On the other hand,

---

[11] See article 1 of the Portuguese Constitution. On this subject, see also GOMES DA SILVA M., *Esboço de uma concepção personalista do Direito*, Lisboa 1965, specially pp. 131 *et seq.*; and, in a Constitutional Law perspective, OTERO P., *Instituições políticas e constitucionais*, vol. I, Coimbra 2007.

[12] See OLIVEIRA ASCENSÃO J., *Direito Civil. Teoria Geral*, vol. I, *Introdução. As pessoas. Os bens*, Coimbra 1997, p. 64; CARVALHO FERNANDES L., *Teoria geral do Direito Civil*, vol. I, 3rd. ed., Lisboa 2001, pp. 72 *et seq.*; MOTA PINTO C., *Teoria geral do Direito Civil*, 4th ed., Coimbra 2005 (by PINTO MONTEIRO A./MOTA PINTO P.), pp. 98 *et seq.*; PAIS DE VASCONCELOS P., *Teoria geral do Direito Civil*, 3rd ed., Coimbra 2005, p. 11.

[13] See article 14, paragraph 1, of the Civil Code. In Portuguese doctrine, see FERRER

Fontes e Princípios Gerais

one may see it as the underlying reason for subjecting the personal status of individuals to their personal law. Indeed, in Portugal status, capacity, and personality rights of natural persons are subject to a law that is, in principle, permanently applicable: i.e., always the same regardless of where such persons are located or where they act.[14] This is so not only because of the practical inconveniences that would arise for individuals should the territorial law or the *lex fori* be applied to these matters, but above all because these solutions might deprive them of certain aspects of their legal status, qualities, or situations (e.g. those of spouse and of child) which are a part of their identity.[15]

IV

Party autonomy

Another fundamental feature of Portuguese Private International Law is the possibility, in certain areas, for parties to choose the law applicable to their private international relationships.

Such a choice highly contributes to the certainty of which legal regime will be applicable to cross-border relationships[16]; but, it also allows parties to choose the law that, in their view, is best suited to their specific situation and aims.[17] Therefore, the principle of autonomy in Pri-

---

CORREIA A., commentary on article 1 of the draft legislative project relating to Private International Law, of 1951, in: FERRER CORREIA A./FERREIRA PINTO F., *Direito Internacional Privado. Leis e projectos de leis. Convenções internacionais* (note 7), p. 22; MAGALHÃES COLLAÇO I., *Direito Internacional Privado*, vol. I, Lisboa 1966, p. 239; MOURA RAMOS R., 'Estrangeiro', in: *Polis*, vol. 2, columns 1215 *et seq.* (column 1217); and MARQUES DOS SANTOS A., *Direito Internacional Privado. Sumários*, Lisboa 1987, pp. 34 and 241.

[14] See articles 25, 26 and 27 of the Civil Code.

[15] See FERRER CORREIA A., 'Unidade do estatuto pessoal', in: *Estudos jurídicos III. Direito Internacional Privado*, Coimbra 1970, pp. 291 *et seq.* (pp. 296 *et seq.*); *idem*, *Lições de Direito Internacional Privado. Aditamentos. I. Nacionalidade: doutrina geral e direito português. II. Lei reguladora do estatuto pessoal*, Coimbra 1975, p. 118.

[16] See in this sense MOURA RAMOS R., *Da lei aplicável ao contrato de trabalho internacional*, Coimbra 1991, pp. 461 *et seq.*

[17] See MAGALHÃES COLLAÇO I., *Da compra e venda em Direito Internacional Privado*, vol. I, Lisboa 1954, p. 49; FERRER CORREIA A., 'Algumas considerações acerca da Convenção de Roma de 18 de Junho de 1980 Sobre a Lei Aplicável às Obrigações Contratuais', in: *Revista de Legislação e Jurisprudência*, vol. 122 (1989/90), pp. 289 *et seq.* (pp. 291 e 362); LIMA PINHEIRO L., *Contrato de empreendimento comum (joint venture) em*

vate International Law is not a mere expedient aimed at overcoming the "embarrassment" created by the need to determine the law applicable to international contracts. Rather, it guarantees the freedom required to achieve personal aspirations and develop one's own personality,[18] both of which should be ensured by the legal system as long as they do not run counter to the common good or rights of third parties.

Private autonomy is especially upheld in Portuguese Private International Law in determining the law applicable to obligations arising from a juridical act (*negócio jurídico*).[19] Autonomy should, however, also be allowed in other areas. For example, the State could allow foreign nationals residing in Portugal to choose the law of their habitual residence to govern their personal status; this is because article 31, paragraph 2, of the Civil Code allows for recognition of juridical acts pertaining to personal status, when they have been made according to a foreign *lex domicilii*. There is no reason why the same possibility should not be granted for the benefit of Portuguese law, at least where the interested person has had his/her habitual residence in Portugal for a reasonable length of time.[20] This solu-

---

Direito Internacional Privado, Lisboa 1998, p. 460; *idem, Direito Internacional Privado*, vol. II, 2nd ed., Coimbra, 2002, p. 182; MAYER P./HEUZÉ V., *Droit International Privé*, 8th ed., Paris 2004, pp. 513 *et seq.;* and KROPHOLLER J., *Internationales Privatrecht*, 6th ed., Tübingen 2006, pp. 295 *et seq.*

[18] Which is a fundamental right since the constitutional revision of 1997: see article 26, paragraph 1, of the Constitution. In the sense of the inclusion of private autonomy within the protective scope of this provision, see: SOUSA RIBEIRO J., *O problema do contrato. As cláusulas contratuais gerais e o princípio da liberdade contratual*, Coimbra 1999, pp. 145 ss., note 350, and MOTA PINTO P., 'O direito ao livre desenvolvimento da personalidade', in: *Portugal-Brasil ano 2000. Tema Direito*, Coimbra 1999, pp. 149 *et seq.* (p. 214).

[19] See articles 34 and 41 of the Civil Code; article 33, paragraph 1, of the Law on Voluntary Arbitration; articles 188, paragraph 2, 189, 190 and 191, paragraph 1, of Decree-Law no. 94-B/98, of April 17th, 1998 (which regulates the conditions of access to and exercise of the insurance and reinsurance activities); and article 3, paragraph 1, of the Rome Convention on the Law Applicable to Contractual Obligations.

[20] Indeed, article 31, paragraph 2, of the Civil Code states that «juridical acts concluded in the country of the habitual residence of the person making the declaration, in conformity with that country's law, are recognised in Portugal, as long as that law considers itself applicable». According to FERRER CORREIA A., *Direito Internacional Privado. Alguns problemas*, Coimbra 1981, p. 258 (Portuguese version of the author's lectures delivered at the Academy of International Law in The Hague, entitled 'Les problèmes de codification en droit international privé', in: *Recueil des Cours*, tome 145, 1975-II, pp. 57 *et seq.*), and to BAPTISTA MACHADO J., *Lições de Direito Internacional Privado*, 3rd ed., reprint, Coimbra 2002, p. 177, an act concluded abroad may also be recognized if it was made in con-

tion is entirely justified in light of the demographical changes that have occurred in this country in the past decades (during which it evolved from being fundamentally an emigration country to being also an immigration country). To a certain extent, it is already enshrined in article 53, paragraph 3, of the Civil Code. We would also allow the parties to choose the applicable law regarding tortious liability (except when this liability derives from the violation of a legal rule aimed at protecting non-disposable private interests, such as those protected by Criminal Law rules), *negotiorum gestio*, and unjust enrichment, as long as that choice is made after the facts which gave rise to the corresponding obligations and does not affect the rights of third parties.[21]

The so-called doctrine of facultative conflict rules (*fakultatives Kollisionsrecht*) goes even farther in allowing private autonomy. According to it, parties may choose the *lex fori* in any matter by not invoking the foreign law that would otherwise be applicable according to local conflict rules[22] or by reaching a procedural agreement to that purpose. In Portugal, however, this solution is not admissible *de jure constituto*, considering the provisions of article 664 of the Code of Civil Procedure[23] and article 348,

---

formity with the law of a third country that is applicable according to the rules of Private International Law of the State of the declarant's domicile. The said provision does not, however, foresee the possibility that foreign citizens residing in Portugal could conclude juridical acts in this country valid according to Portuguese law but that their national law considers invalid. This last scenario will only be possible if, as foreseen in article 18 of the Code, *in casu* the Private International Law of the *lex patriae* orders the application of Portuguese internal law.

[21] We have already held this point of view in our book *Da arbitragem comercial internacional*, Coimbra 1990, pp. 127 *et seq.*, and in «Applicable Law in Voluntary Arbitrations in Portugal», in: *I.C.L.Q.* 1995, pp. 179 *et seq.* (at p. 188). Recently, article 14 of Regulation (EC) no. 864/2007 of the European Parliament and the Council of 11 July 2007 concerning the Law Applicable to Non-Contractual Obligations ("Rome II") has expressly allowed for such a choice of the applicable law.

[22] See the presentation of this doctrine in FLESSNER A., 'Fakultatives Kollisionsrecht', in: *RabelsZ* 1970, pp. 547 *et seq.*; *idem, Interessenjurisprudenz im Internationalen Privatrecht*, Tübingen 1990, pp. 119 *et seq.* For criticism, see, in Portuguese doctrine, MOURA RAMOS R., *Da lei aplicável ao contrato de trabalho internacional* (note 16), pp. 131 *et seq.*; and MARQUES DOS SANTOS A., *As normas de aplicação imediata no Direito Internacional Privado*, vol. I, Coimbra 1991, pp. 60 *et seq.*

[23] Which states: "The judge is not subject to the allegations of the parties in what concerns the determination, interpretation and application of the rules of law [...]."

416   *Direito Intenacional Privado – Ensaios III*

paragraph 2, of the Civil Code,[24] and also because it would potentially imply a breach of international commitments assumed by the Portuguese State through the above-mentioned treaties and conventions. Thus, a Portuguese judge is not restricted to the parties' allegations regarding the determination, interpretation, and application of conflict of laws rules and foreign law designated by them. The abovementioned solution would furthermore not be acceptable *de jure constituendo* since it could be detrimental to both the social values pursued by Private International Law and the certainty of the law applicable to international legal relationships. In addition, that doctrine would be a powerful incentive for fraud in situations in where the forum State has no relevant connection to the disputed relationship.

V

Reliance

Another fundamental aim of Portuguese Private International Law is to protect reliance in cross-border relationships.

Generally, protecting party reliance is one of the main functions of any legal system.[25] It is indispensable for maintaining social peace,[26] which is largely dependent upon the fulfilment of legitimate expectations. If a legal system failed in protecting party reliance, legal relationships would be deprived of security and a peaceful and cooperative collective life would be impossible.

---

[24]According to which the court must *ex officio* take cognizance of the applicable foreign law, even if none of the parties has invoked it.

[25] See LARENZ K., *Richtiges Recht. Grundzüge einer Rechtsethik*, München 1979, pp. 80 *et seq.*; LUHMANN N., 'Die Funktion des Rechts: Erwartungssicherung oder Verhaltenssteuerung', in: *Ausdifferenzierung des Rechts. Beiträge zur Rechtssoziologie und Rechtstheorie*, Frankfurt a.M. 1981, pp. 73 *et seq.*; *idem*, *Vertrauen. Ein Mechanismus der Reduktion sozialer Komplexität*, 3rd. ed., Stuttgart 1989, *passim*; BAPTISTA MACHADO J., 'Tutela da confiança e *"venire contra factum proprium"'*, in: *Obra Dispersa*, vol. I, Braga 1991, pp. 345 *et seq.* (p. 346); HAYEK F., *Law, Legislation and Liberty*, London 1993, vol. I, p. 98, and vol. II, p. 37; MOTA PINTO P., *Declaração tácita e comportamento concludente no negócio jurídico*, Coimbra 1995, p. 425; PAIS DE VASCONCELOS P., *Teoria geral do Direito Civil* (note 12), pp. 19 *et seq.*

[26] In this sense LARENZ K., *Richtiges Recht* (note 25), p. 80.

Fontes e Princípios Gerais 417

In Portuguese law, protecting reliance constitutes an essential principle derived from the rule of law (*Estado de Direito*).[27] Its corollaries include the non-retroactivity of laws[28] and the *res judicata* effect of judgments.[29] This principle is also the reason for the adoption of objective criteria regarding the construction of juridical acts, the assessment of parties' consent,[30] the protection of *bona fides* acquirers of property belonging to another person,[31] and of the person who in good faith enters into a contract with an agent who acts without sufficient powers of representation.[32] Reliance is so dear to the Portuguese legal system that, because of it, certain situations created unlawfully – e.g. possession without title – may become lawful when maintained for a certain period of time. This is the case, for example, in a possessor's acquisition of the right of ownership over the thing or things possessed.[33]

On the other hand, protecting reliance is an ethical and legal imperative, expressed in the rules that enshrine the principle of good faith.[34] Because of it, whoever truly believes in the righteousness of his/her own legal position deserves certain legal protection[35]; whereas deceitful or abusive behaviour *in contrahendo* in performing obligations and in exercising rights in general are forbidden, as is also *venire contra factum proprium*.[36]

---

[27] See Gomes Canotilho J./Moreira V., *Fundamentos da Constituição*, Coimbra, 1991, p. 84; Gomes Canotilho J., *Direito Constitucional e Teoria da Constituição*, 7th ed., reprint, Coimbra 2003, pp. 256 *et seq.*

[28] See articles 18, paragraph 3, and 29 of the Constitution and 12, paragraph 1, of the Civil Code.

[29] See article 671 of the Code of Civil Procedure.

[30] See articles 236, paragraph 1, 239, 244 and 257 of the Civil Code.

[31] See articles 892 to 904 and 956 of the Civil Code.

[32] See article 23 of Decree-Law no. 178/86, of July 3rd, 1986 (which regulates the agency or commercial representation contract).

[33] See articles 1287 to 1301 of the Civil Code. On the protection of reliance as a value safeguarded through the legal institution of possession, see Menezes Cordeiro A., *A posse: perspectivas dogmáticas actuais*, 2nd ed., Coimbra 1999, pp. 49 *et seq.*

[34] See, in this sense, Menezes Cordeiro A., *Da boa fé no Direito Civil*, vol. II, Coimbra 1985, pp. 753 *et seq.*, 1234 *et seq.* and 1298 *et seq.*, and *Tratado de Direito Civil Português*, vol. I, tome I, 3rd ed., Coimbra 2005, pp. 409 *et seq.*

[35] See articles 243, paragraphs 1 and 2, 612, 1269 to 1275, 1294 to 1296, 1298, 1299, 1647 and 1648 of the Civil Code.

[36] See articles 227, paragraph 1, 272, 275, paragraph 2, 334 and 762, paragraph 2, of the Civil Code.

Protecting reliance is typically required by consumerist economies. These are characterised by the use of standard form-mass produced-contracts; the technical sophistication of many products placed on the market, which their acquirers are incapable of evaluating; and the use of powerful marketing tools. In this context, obtaining certainty in legal relationships requires protecting the contracting parties' reliance on the correctness of information provided for the purpose of creating a contractual agreement. This is perhaps why the clearest legal formulation of the principle for protecting reliance in Portugal concerns general conditions of contracts.[37]

Protecting reliance is strictly connected to the idea of autonomy. In two senses: on the one hand, because reliance translates to a large extent into the expectation that the other party will use his/her freedom to act according to what one may legitimately expect from him/her; on the other hand, because defrauding reliance often affects the other person's self--determination[38].

Furthermore, protecting reliance is indispensable to the normal functioning of societies based on the division of labour – and even more so the greater their degree of functional specialisation. Such a social structure is only compatible with self-determination insofar as each individual may rely upon the information provided by others in areas that transcend his/her personal aptitudes and where, consequently, he/she requires the cooperation of others in order to satisfy his/her needs. Hence the tendency of contemporary legal systems, including Portugal's,[39] to impose on professionals both the duty to provide consumers of their goods and services the information deemed necessary for the formation of their consent, as well as liability for damages for the infringement of this duty.

---

[37] In article 16, paragraph *a)*, of the Legal Regime of General Conditions of Contracts, approved by Decree-Law no. 446/85, of October 25th, 1985 (as revised by Decree-Law no. 220/95, of August 31st, 1995, and by Decree-Law no. 249/99, of July 7th, 1999) it is indeed stated that one should consider "the reliance spurred in the parties by the global sense of the contractual clauses in question, by the process of formation of the individual contract which was concluded, by its contents and by any other relevant elements."

[38] In the case of a conflict between the protection of reliance and the freedom of individual action, Portuguese Law tends to prioritize the former over the latter. See, for example, articles 227, 899, and 909 of the Civil Code, which allow for pre-contractual liability in very wide terms.

[39] See, for example, article 8 of Law no. 24/96, of July 31st, 1996 (consumer protection law).

If reliance is protected in internal legal relationships, it should equally be so in international ones. Indeed, international legal relationships favour to the highest degree the creation of situations in which one or more legal systems award a right to a certain person, which its holder expects that the remaining legal systems connected with the same situation will recognize.

In Private International Law, protecting reliance takes on multiple meanings:

a) First, it is one of the main reasons why national courts apply foreign laws. If private international situations were systematically subjected to the *lex fori* legitimate expectations would inevitably be disrupted. People must be able to know in advance the law applicable to cross-border relationships to which they are parties, so that they will know what rules they must comply with and, as a result thereof, what goods they may lawfully dispose of or to what extent they may intervene in another person's legal sphere.

b) Second, protecting reliance requires avoiding a situation where cross-border relationships are awarded certain legal effects in one State but not in others to which they are significantly connected. In order to achieve this objective, the forum State must recognise rights awarded by foreign legal systems relevantly connected to the facts at stake; the same principle also requires that legal situations created in the forum State be recognized in countries where those situations are aimed at producing their normal effects.

c) Third, reliance may, in certain cases, require protecting an individual's erroneous assessment of the validity or efficacy of a juridical act that is based on the rules of one of the legal systems with which it is connected, because he is unaware of a defect of that act according to the law applicable under the forum's conflict of laws rules.[40]

d) Finally, protecting reliance requires preventing, in the forum State, private international situations from being subjected to rules contrary to those stipulated by all other legal systems with which those situations are connected.

---

[40] See, on this point, JOBARD-BACHELLIER M.-N., *L'apparence en droit international privé. Essai sur le rôle des représentations individuelles en droit international privé*, Paris 1984, pp. 377 *et seq.*

For some authors, the very basis or key issue of Private International Law is protecting an individual's natural and reasonable expectations.[41] Without going so far, it may be said that the principle of reliance justifies several solutions of the Private International Law in force in Portugal.

Concerning, for example, the regulation of personal status, the reliance principle is the reason for certain limits to the applicability of the personal law of individuals[42] and legal persons.[43] Such limits are aimed at ensuring the application of a law that those persons presumably relied upon, *inter alia*, because it was the law in force in the social and legal milieu in which a certain act was carried out. This principle is also at the core of certain Portuguese legal provisions regulating the so-called *conflit mobile*,[44] which allows for the maintenance of legal positions acquired under a previous personal law.

Protecting reliance also justifies certain limits to the applicability of the *lex contractus* concerning whether conduct or omissions can be given the effect of a declaration of intent[45] and certain alternative connecting factors on the formal validity of juridical acts.[46]

---

[41] This perspective was particularly adopted in Italian doctrine: see for example BETTI E., *Problematica del Diritto Internazionale*, Milano 1956, p. 162; and QUADRI R., *Lezioni di Diritto Internazionale Privato*, 5th ed., Napoli 1969, pp. 147 *et seq*. In Portugal, BAPTISTA MACHADO J. wrote that the protection of the natural expectation of individuals (of the interested parties in certain legal positions or situations and of third parties) is the "primary objective of the Law of Conflicts, both in space and in time": see *Âmbito de eficácia e âmbito de competência das leis*, Coimbra 1970, p. 180; and *Lições de Direito Internacional Privado* (note 20), p. 49. The same fundamental conception is shared by FERRER CORREIA A., *Direito Internacional Privado. Alguns problemas* (note 20), at pp. 24 and 109 *et seq*.; *Lições de Direito Internacional Privado*, vol. I, Coimbra 2000, p. 31; and MOURA RAMOS R., *Da lei aplicável ao contrato de trabalho internacional* (note 16), pp. 201 and 306.

[42] Such as those contained, *e.g.,* in article 28, paragraph 1, of the Civil Code and in article 11 of the Rome Convention.

[43] See article 3, paragraph 1, of the Code of Commercial Corporations ("Código das Sociedades Comerciais," adopted in 1986, last revised in 2006), according to which: "The personal law of commercial corporations shall be the law of the State where the principal and effective seat of their administration is located. A corporation whose seat according to its by-laws is in Portugal may not, however, oppose to third parties its subjection to a law other than the Portuguese one."

[44] See for example article 29 of the Civil Code, according to which a change of personal law does not affect the majority already reached by someone according to his/her previous personal law.

[45] See articles 35, paragraphs 2 and 3, of the Civil Code and article 8, paragraph 2, of the Rome Convention.

The principle of reliance is also at the basis of article 15 of the Civil Code, insofar as it excludes any *lege fori* primary classification of private international situations.[47]

Reliance is frequently associated with the need for legal certainty.[48] In the field of Private International Law, this is correct to the extent that protecting reliance aims at both ensuring the predictability of the applicable law and allowing every person the possibility of knowing the law to which he/she is subject, so that he/she may exercise his/her freedom; also, respecting legitimate expectations contributes to the fluidity of cross-border legal relationships. But protecting reliance is much more than that: It is a requirement of justice when what is at stake is the forum State's recognition of subjective rights or other legal situations validly created under foreign legal systems to which those situations are relevantly connected. For this reason, we believe that the principle of reliance brings together the axial values, or ultimate goals, of Private International Law: the very *idea of law* which inspires it.

Protecting reliance presupposes the fulfilment of certain requisites that make up, according to the terminology suggested by Claus Canaris, the so-called *Vertrauenstatbestand*.[49] Generally, these requisites may be listed as follows: *a)* An expectation by a given person; *b)* The legitimacy of that expectation, consisting of the subjective good faith of the relying person and the existence of objective elements abstractly capable of lea-

---

[46] See articles 36, paragraph 1, and 65, paragraph 1, of the Civil Code and article 9, paragraphs 1 and 2, of the Rome Convention.

[47] On the problem of classification in Portuguese Private International Law, see MAGALHÃES COLLAÇO I., *Da qualificação em Direito Internacional Privado*, Lisboa 1964; FERRER CORREIA A., *Direito Internacional Privado. Alguns problemas* (note 20), pp. 166 *et seq.*); *idem*, *Lições de Direito Internacional Privado*, vol. I (note 38), pp. 199 *et seq.*; LIMA PINHEIRO L., *Direito Internacional Privado*, vol. I, Coimbra 2001, pp. 391 *et seq.*; and MOURA VICENTE D., *Da responsabilidade pré-contratual em Direito Internacional Privado*, Coimbra 2001, pp. 381 *et seq.*

[48] See, in this sense, for example, BAPTISTA MACHADO J., 'Tutela da confiança e "*venire contra factum proprium*"' (note 25), p. 362.

[49] See *Die Vertrauenshaftung im deutschen Privatrecht*, München 1971, pp. 503 ss. In Portuguese doctrine, one may consult in this respect: MENEZES CORDEIRO A., *Da boa fé no direito civil* (note 34), vol. II, p. 1248; *idem*, *Tratado de Direito Civil Português* (note 34), vol. I, tome I, pp. 411 *et seq.*; BAPTISTA MACHADO J., 'Tutela da confiança e "*venire contra factum proprium*"' (note 25), pp. 416 *et seq.*; and CARNEIRO DA FRADA M., *Uma "terceira via" no Direito da responsabilidade civil?*, Coimbra 1997, pp. 103 *et seq.*

ding to that expectation; *c)* An investment based on the reliance, consisting of acts or omissions that demonstrate the person's expectation and the damage that the person would suffer were his/her reliance not protected; *d)* A causal link between the expectation and the above-mentioned acts or omissions; and *e)* When protecting a reliance negatively affects another person (*maxime* the person responsible for the investment made by the relying person), the imputable nature of that reliance to this person.

Let us now consider the possible applications of these requisites to cross-border relationships.

a) In this domain, an expectation normally consists of the hope that the forum State will recognise the allocation of a good to a certain person under one of the legal systems connected with the situation in question. Typically, it derives from situations where a juridical act appears to be valid or effective, and, indeed, is valid under the legal system of either the forum country or of another country where it was concluded, but is invalid under the law applicable. It may also derive from the existence of a right to compensation for a given damage under the law of a country other than the one where the damaging act or omission occurred.

b) Reliance may be justified, in the above mentioned cases, by the existence of a relevant spatial connection with the legal system under which either the expectation in question was created or where the decision or act to be recognised originated.

c) A reliance-based investment is based, for example, in the fact that the relying person disposes of his/her property or changes his/her personal status in the belief that those acts will be recognised as valid in the forum State.

d) The causal link between the relationship and the reliance-based investment is generally that the relying person has acted in accordance with the substantive rules, the conflict of laws rules, or the jurisdictional rules in force in one of the legal systems to which the situation is connected. Naturally, that link will have to be assessed on the basis of objective criteria – e.g. the normal course of things in analogous situations –; it should not be required that the relying person demonstrates that his/her actions were as a matter of fact determined by the expectation formed in his/her spirit.

e) Reliance may be invoked against anyone who, through acts or omissions, promoted it, instigated it, or in any other way gave rise to it, and who, at the same time, foresaw or should have foreseen that this would be result of his/her conduct. This occurs, *e.g.*, if in a consumer contract someone conceals from the other party to that he/she is a national of (or resides in) a foreign country and is legally incapable under its legal system, whereas he/she would be legally capable under the law of the country where the contract is executed.

It should be stressed that these conditions do not have to occur simultaneously. There is, for example, no issue regarding the imputation of reliance to another person when no one is burdened by the protection of such reliance. Such is the case when the recognition of a marriage concluded between Portuguese citizens in a foreign country is requested under article 31, paragraph 2, of the Civil Code on the basis that the marriage is deemed valid in the country of the spouses habitual residence, although it would be null and void under Portuguese law.

Naturally, in Private International Law one may not raise the expectations of parties to the same level as conflict of laws rules so that the former are allowed to systematically derogate the latter: otherwise, these rules would only be applicable when the parties had actually foresaw the applicability of the law they indicated. Also, parties' expectations must be assessed on the basis of objective criteria: the forum's common conflict rules may only be derogated on that basis when the parties could have reasonably expected the application of a different law.[50]

VI
Equality

Portuguese Private International Law also pays tribute to the principle of equality before the law.

Equality requires a uniform valuation of social relationships, both at the internal and at the international levels: Similar situations must be treated similarly. Cross-border relationships must therefore be subjected, as much as possible, to the same rules regardless of the country before whose courts the ensuing disputes are brought to trial.

---

[50] In this sense, see Andreas BUCHER, 'L'attente légitime des parties', in: MEIER I./SIEHR K. (editors), *Rechtskollisionen. Festschrift für Anton Heini zum 65. Geburtstag*, Zürich 1995, p. 95; *idem, Droit International Privé Suisse*, vol. I/2, *Partie générale*, Basel 1995, p. 87.

It is often the case, however, that multiple national jurisdictions deem themselves competent to rule on the same disputes. When this happens, it is important to ensure that the claimant is not granted the possibility of unilaterally choosing the most favourable law to his/her claims by commencing legal proceedings in the country where that law is in force – i.e. *forum shopping*. Conflict rules must therefore ensure that, in spite of the diversity of national legal systems, the solution given to the said disputes in the countries with which they are connected is as uniform as possible. *International legal harmony* is therefore required by the principle of equality.

This principle is relevant both for the formulation of conflict of laws rules and for the solution of the so-called conflicts of systems. In the first case, connecting factors should be adopted that are capable of being accepted by other national conflict of laws systems. In the second case, *renvoi* and other mechanisms giving relevance to foreign conflict of laws rules should be allowed by the national legal system.

However, the importance of equality in this sense is limited: it cannot prevent the relevant national legislature from freely determining the law applicable to private international situations. These may indeed require applying a given law even if its applicability is not accepted by other relevant legal systems: this is, we think, the basis of article 16 of the Portuguese Civil Code, which states that, in principle, the substantive law provisions of the applicable foreign law shall be applied, not its conflict of laws provisions (thereby adopting the system of *materiellrechtliche Verweisung*).

Hence, from our perspective, *renvoi* should only be admitted if it does not frustrate the policy reasons underlying the applicability of a given law according to the conflict of laws rule at stake – at least when these reasons must be held to equal or higher importance than those that justify *renvoi*.[51] This idea surfaces in articles 17, paragraph 2, and 18, paragraph 2, of the Portuguese Civil Code.[52] However, we believe that it should be extended to other situations not contemplated by these provisions.

---

[51] A solution which is explicitly adopted in article 4, paragraph 1, of the Introductory Law to the German Civil Code (*Einführungsgesetz zum Bürgerlichen Gesetzbuche*).

[52] Indeed, the Code excludes *renvoi* in the first of these provisions and subjects it to special conditions in the second one, so as to avoid the application, in what concerns the

Fontes e Princípios Gerais 425

On the other hand, it should be noted that, within certain limits, *forum shopping* may be deemed acceptable because it allows the interested parties to take advantage of different solutions for the same legal issues enshrined in distinct legal systems, thus ensuring, *e.g.*, that the weaker party to the dispute is better protected.[53]

Equality also implicates a uniform treatment of private international issues within the same legal system, an idea that authors have attempted to express by referring to the principles of *substantive or internal legal harmony*[54] and, more recently, *coherence*.[55] Any application of rules extracted from different legal systems to a private international situation, to the extent that it ignores the ties between those rules and the remaining rules of their respective systems, may lead to a different result than the one that would arise from the application *in toto* of any of those systems. This is what occurs, for example, if one legal system grants compensation to someone who suffered damages and another legal system grants additional compensation for the same fact, but on different grounds, while both systems reject the accumulation of compensations. Such a result – allowed

---

personal status of natural persons, of a law other than that of their nationality or habitual residence. These are, in the Portuguese conflict of laws system, the main connecting factors in this respect.

[53] That is the case, *e.g.*, of insured persons, consumers, and workers to whom Regulation (EC) no. 44/2001, of 22 December 2000, concerning jurisdiction, recognition, and the enforcement of foreign decisions in civil and commercial matters grants access to alternative jurisdictions.

[54] See specially the works of WENGLER W., 'Die Vorfrage im Kollisionsrecht', in: *RabelsZ* 1934, pp. 148 *et seq.* (p. 204); 'Les principes généraux du droit international privé et leurs conflits', *Rev. crit. dr. int. pr.* 1952, pp. 595 *et seq.* (pp. 602 *et seq.*); 'The General Principles of Private International Law', in: *Recueil des Cours*, tome 104 (1961-III), pp. 273 *et seq.* (pp. 398 *et seq.*); and *Internationales Privatrecht*, vol. I, Berlin/New York 1981, p. 70. In Portuguese doctrine, see MAGALHÃES COLLAÇO I., foreword to CORTES ROSA M., *A questão incidental em Direito Internacional Privado*, Lisboa 1960, p. xx; BAPTISTA MACHADO J., *Âmbito de competência e âmbito de eficácia das leis* (note 41), p. 177; *idem, Lições de Direito Internacional Privado* (note 20), 49; FERRER CORREIA A., *Direito Internacional Privado. Alguns problemas* (note 20), pp. 113 *et seq.*; and António MARQUES DOS SANTOS A., *Direito Internacional Privado. Sumários,* Lisboa 1987, p. 42.

[55] See, in this respect, JAYME E., 'Identité culturelle et intégration: le droit international privé postmoderne. Cours général de droit international privé', in: *Recueil des Cours*, tome 251 (1995), pp. 9 *et seq.* (pp. 129 *et seq.*); and BRITO M. H., *A representação nos contratos internacionais. Um contributo para o estudo do princípio da coerência em Direito Internacional Privado*, Coimbra 1999, pp. 571 *et seq.* and 747.

426   *Direito Intenacional Privado – Ensaios III*

by Private International Law due to its specific method of regulating life situations (i.e. *dépeçage*) – must be corrected, since it is necessarily harmful to the principle of equality.

VII
Social values

In the previous sections we have already made it clear that, in our view, private autonomy in Private International Law is not unbounded. Indeed, this branch of the law restricts private autonomy in several areas where the legal system as a whole protects social values.[56] Among these is the protection of weaker parties against the risk of abuses by those in a position of economic or social power.

This objective is enshrined in contemporary Portuguese conflict of laws rules relating to contracts entered into by consumers,[57] individual working contracts,[58] agency or commercial representation contracts,[59] time-share contracts,[60] financial intermediation contracts concluded with non-institutional investors,[61] contracts for the sale of consumer goods,[62] and distance contracts relating to financial services rendered to consumers.[63] Although through different techniques, all these provisions aim at ensuring the weaker party the protection granted to him/her by the law of one of the countries with which those contracts are connected (particularly

---

[56] The phenomenon was already pointed out, in begining of the seventies, by ZWEIGERT K., in: 'Zur Armut des Internationalen Privatrechts an sozialen Werten', *RabelsZ* 1973, pp. 435 *et seq.* (especially pp. 443 *et seq.*).

[57] See article 5 of the Rome Convention and, in Portugal, article 23 of the Legal Regime of General Conditions of Contracts, as revised by Decree-Law no. 249/99, of July 7th, 1999.

[58] See article 6 of the Portuguese Labour Code ("Código do Trabalho," adopted in 2003) and article 6 of the Rome Convention.

[59] See article 38 of Decree-Law no. 178/86, of July 3rd, 1986.

[60] See article 60, paragraphs 7 and 8, of Decree-Law no. 275/93, of August 5th, 1993, as revised by Decree-Law no. 22/2002, of January 31st, 2002.

[61] See article 321, paragraph 3, of the Securities Code ("Código dos Valores Mobiliários," adopted in 1999).

[62] See article 11 of Decree-Law no. 67/2003, of 8 April, 2003.

[63] See article 40 of Decrce-Law no. 95/2006, of 29 May, 2006.

the one whose legal provisions would be applicable if no law had been chosen by the parties).

One can see herein a tendency to return to the personal status of individuals as the criterion for determining the rules applicable to their relationships. As a result, the rights and duties of certain categories of persons are derived more from their individual economic or social conditions than from what they have freely agreed to.

The *principle of subsidiarity* in transnational adoptions[64] is yet another example of conflict of laws solutions aimed at satisfying particular needs for social protection. Its aim is to preserve the well-being of the adopted child and to guarantee the child deprived of a normal family environment the protection that he is entitled to according to article 69, paragraph 2, of the Portuguese Constitution.

Social values – *inter alia* the safeguarding of national sovereignty, which presupposes that each country has some degree of self-determination in matters of economic and social organisation[65] – are also partly at the basis of Portuguese conflict of laws rules that determine the applicability of the *lex rei sitae* to the creation and transfer of rights *in rem* over corporeal property.[66] In fact, such rules grant the State the power to regulate the ownership of means of production and, generally, the enjoyment of moveable and immoveable property located on its territory, particularly by way of defining the rights *in rem* which may be created over such property and by regulating their content, by the imposition of limits on the acquisition or disposition of the said rights and by the adoption of nationalisation, expropriation, requisition, confiscation, or other measures relating to such property.

In this respect, one should also mention the rules that (1) grant effects to the legal provisions of the forum State (or of another State closely con-

---

[64] Enshrined in article 15, paragraph 1, of Decree-Law no. 185/93, of May 22nd, 1993, as revised by Decree-Law no. 120/98, of May 8th, 1998, and Law no. 28/2007, of August 2nd, 2007.

[65] See GOMES CANOTILHO J./MOREIRA V., *Fundamentos da Constituição* (note 27), p. 75.

[66] See article 46 of the Civil Code. On the policy reasons for this rule and, in general, on the applicability of the *lex sitae*, see, in Portuguese doctrine, FERRER CORREIA A., 'Conflitos de leis em matéria de direitos sobre as coisas corpóreas', in: *Revista de Legislação e Jurisprudência*, tome 117 (1984/85), pp. 298 *et seq.*; and LIMA PINHEIRO L., *Direito Internacional Privado*, vol. II (note 17), p. 258.

428 *Direito Intenacional Privado – Ensaios III*

nected to the situation) that are mandatory in regulating the specific case at issue, regardless of the law applicable to the contract[67] and (2) determine the application of Portuguese law to practices restricting competition, mergers of companies occurred on national territory or having had effects in it,[68] and to securities offers directed specifically at persons residing or established in Portugal.[69] These rules aim at ensuring the application of mandatory provisions that pursue a vast array of social interests – such as the normal functioning of markets and the stability of prices and exchange rates – that fall into the notion of common good.

Among the social values pursued by Private International Law, one should also include the preservation of *cultural identity*. In the regulation of cross-border relationships, this ideal may require, aside from the recognition of the plurality and diversity of legal systems, the application of an individual's national law to the issues comprised in their personal status.[70]

VIII
Conclusions

Having sketched the ultimate objectives of Portuguese Private International Law, we may now, as a conclusion, try to answer the following questions: Is there an idea of justice (*Gerechtigkeitsidee*) specific to this field? If so, what are its contents?

The first question is answered affirmatively by authors according to whom Private International Law basically aims at applying the law that is most suited because of its spatial connections with the dispute at stake, rather than the best law from the perspective of the substantive regulation of the legal issues that it addresses.

In this line of reasoning, Savigny wrote, over a century and a half ago, that one "should seek out for each legal relationship the legal system

---

[67] See *e.g.* article 6, paragraph 5, of the Labour Code.

[68] See article 1, paragraph 2, of Law no. 18/2003, of June 11th, 2003 (which adopts the legal regime on antitrust competition).

[69] See article 108, paragraph 1, of the Securities Code.

[70] As determined by article 31, paragraph 1, of the Portuguese Civil Code. See, on the point addressed in the text, JAYME E., 'Identité culturelle ct intégration: le droit international privé postmoderne. Cours général de droit international privé' (note 55), p. 253.

to which, according to its own nature, that relationship belongs or to which it is subjected (where it has its seat)."[71] Within a similar frame of thought, it was stated more recently that, according to the so-called "principle of proximity" or the "closest connection," legal relationships should be governed by the law of the country with which they show the closest ties.[72] However, it was especially under the influence of the works of Kegel[73] that a part of legal doctrine accepted the view that the distinction between Private International Law and substantive law should be drawn on the basis of the different interests they are deemed to pursue. According to this perspective, Private International Law's idea of justice would be "eminently formal" or "materially neutral", its *ex libris* being the principle of harmony of judgments.

However, contemporary Private International Law's idea of justice – that is, the ultimate principles and values that inspire it – is not limited to a formal directive on how to find the law applicable to cross-border situations. It must include guidelines on the court's own modelling of the substantive solutions required by those situations.

On the other hand, the choice of the legal system competent to govern private international situations is not exclusively guided by the idea of spatial proximity; instead, the relevant connecting factors are highly sensitive to the prevailing policy aims or values in each branch or sector of substantive law and the principles that express them.[74] This is simply an

---

[71] «Dass bei jedem Rechtsverhältniss dasjenige Rechtsgebiet aufgesucht werde, welchem dieses Rechtsverhältniss seiner eigenthümlichen Natur nach angehört oder unterworfen ist (worin dasselbe seinen Sitz hat)»: see *System des heutigen römischen Rechts*, vol. 8, Berlin 1849, p. 108. See also *ibidem*, at pp. 28 and 118.

[72] See, in this sense, LAGARDE P., 'Le principe de proximité dans le droit international privé contemporain', in: *Recueil des Cours*, tome 196 (1986-I), pp. 9 *et seq.* (p. 29).

[73] See 'Begriffs- und Interessenjurisprudenz im Internationalen Privatrecht', in: *Festschrift für Hans Lewald*, Basel 1953, pp. 259 ss. (pp. 270 *et seq.*); and *Internationales Privatrecht*, 9th ed., München 2004 (with SCHURIG K.), pp. 131 *et seq.*

[74] See already, in this sense, WENGLER W., 'Les principes généraux du droit international privé et leurs conflits', in: *Rev. crit. dr. int. pr.* 1952, pp. 595 *et seq.* (pp. 606 *et seq.*), and 1953, pp. 37 *et seq.* (pp. 49 *et seq.*); and BATIFFOL H., *Aspects philosophiques du Droit International Privé*, Paris 1956, p. 39, holding the existence of a *"lien organique"* between internal law and conflicts rules. In more recent literature, see: SCHURIG K., *Kollisionsnorm und Sachrecht. Zur Struktur, Standort und Methode des internationalen Privatrechts*, Berlin 1981, pp. 94 *et seq.*, 102 and 210 *et seq.*; AUDIT B., 'Le caractère fonctionnel de la règle de conflit (sur la "crise des conflits de lois")', in: *Recueil des Cours*, tome

430 — Direito Intenacional Privado – Ensaios III

expression of the *unity of the legal system*, conceived as an axiological or teleological order of general legal principles.[75]

This openness of Private International Law to substantive values is particularly visible in the so-called "substantial connection" conflicts rules,[76] which designate the applicable law in view of a substantive result deemed to be desirable. It is equally so in those rules that require, by way of cumulative connections, that certain legal effects be recognised by two or more systems so that they may be produced in an internal legal system.[77] In both cases, the aim of the conflicts rule is to ensure the attainment of certain objectives of substantive law (such as, for example, the preservation of juridical acts, the protection of the weaker party, or the institutional stability of the family).

But this phenomenon is also visible in conflict of laws rules which designate the applicable law based on the spatial location of the facts in dispute, since also in this case the choice of the relevant connecting factors is often determined by the fundamental values which shape the internal legal system in the field in question – as is demonstrated, for example, by the changes introduced in Portuguese Private International Law rules concerning family relationships after the entry into force of the 1976 Constitution[78] and several subsequent legislative acts.[79]

---

186 (1984), pp. 270 *et seq.*; *idem*, 'Le Droit International Privé à fin du XXe siècle: progrès ou recul', in: *Revue Internationale de Droit Comparé* 1998, pp. 421 *et seq.* (pp. 423 *et seq.* and 437 *et seq.*); *idem*, *Droit International Privé*, 4th ed., Paris 2006, p. 85; VON BAR C./MANKOWSKI P., *Internationales Privatrecht*, 2nd ed., München 2003, vol. I, pp. 218 *et seq.*; SCHWANDER I., 'Der Wandel des Privatrechts und seine Rückwirkungen auf das internationale Privatrecht', in: *Annuaire Suisse de Droit International* 1989, pp. 247 *et seq.*; KROPHOLLER J., *Internationales Privatrecht* (note 17), pp. 33 *et seq.*; and CALVO CARAVACA A.-L./CARRASCOSA GONZÁLEZ J., *Derecho Internacional Privado*, vol. I, 8th ed., Granada 2007, p. 209. In Portuguese doctrine, see MOURA RAMOS R., *Direito Internacional Privado e Constituição*, Coimbra 1980, p. 169, and António MARQUES DOS SANTOS A., *Defesa e ilustração do Direito Internacional Privado*, Coimbra 1998, p. 165, note 933.

[75] *Sic*, CANARIS C., *Systemdenken und Systembegriff in der jurisprudenz*, 2nd ed., Berlin 1983, Portuguese translation, pp. 77 and 280.

[76] See PATOCCHI P., *Règles de rattachement localisatrices et règles de rattachement à caractère substantiel*, Genève 1985, pp. 241 *et seq.*

[77] This is what occurs, for example, in the fields of divorce and international adoption: see, respectively, articles 55, paragraph 2, and 60, paragraph 4, of the Portuguese Civil Code.

[78] See, articles 52, 53, and 56 to 61 of the Civil Code. See also paragraphs 5 and 11 of the preamble of Decree-Law no. 496/77, of November 25th, 1977, which revised that

Fontes e Princípios Gerais 431

Of course, the law most suited to regulate a multi-located situation is not necessarily the one that leads to the best result from the perspective of the forum's substantive law. But in Portugal the values that preside over the solution of conflict of laws largely correspond, as was seen above, to the regulatory basis of the legal system in general and, in particular, Private Law.

To sum up: in Portuguese Private International Law, conflict rules are not "neutral." Rather, they express the fundamental principles of the Private Law system, which they adapt using a specific technique, to the necessities of the specific situations that they envisage and the specific function awarded to them by the legal system.

Private International Law rules serve, in their own field, the "idea of law" that is at the basis of their respective legal system. This can be seen both in the choice of law rules' connecting factors, the limits to the application of the law designated by these rules, and the regulation of several general conflict of laws problems. Hence, there is no antinomy between the so-called justice of Private International Law and that of substantive Private Law, but rather a diversity of means of expression and action.

---

code, where it is explicitly recognised that the modifications introduced in those rules were imposed by the new principles inserted in the Constitution in 1976.

[79] On this, see MOURA RAMOS R., *Aspectos recentes do Direito Internacional Privado português*, Coimbra 1995, pp. 9 *et seq.*; *ibidem, op. cit.* (note 9), at pp. 305 *et seq.*

ÍNDICE

I
A INTEGRAÇÃO ECONÓMICA E AS SITUAÇÕES PRIVADAS INTERNACIONAIS

Liberdades comunitárias e Direito Internacional Privado 7
Perspectivas da harmonização e unificação do Direito Privado numa época de globalização da economia 87
Ofertas públicas de aquisição internacionais 115
Direito de Autor e comércio electrónico: aspectos internacionais 147

II
OS CONTRATOS INTERNACIONAIS E O SEU REGIME SUBSTANTIVO

Direito aplicável aos contratos públicos internacionais 171
A unificação do Direito dos Contratos em África: seu sentido e limites 199
La formación de los contratos internacionales 213

III
ASPECTOS DO PROCESSO CIVIL INTERNACIONAL

Insolvência internacional: Direito aplicável 243
A cooperação judiciária civil nas relações luso-espanholas 269
Competencia internacional y reconocimiento de sentencias extranjeras en el derecho autónomo portugués 281
Recognition and Enforcement of Foreign Judgments in European-American Relations 299

IV
A RESOLUÇÃO EXTRAJUDICIAL DE LITÍGIOS

Portugal e as convenções internacionais em matéria de arbitragem 321
Voluntary arbitration in Portugal 331

434   *Direito Intenacional Privado – Ensaios III*

A execução de decisões arbitrais em Portugal 373
A Directiva sobre mediação em matéria civil e comercial e a sua transposição para
    a ordem jurídica portuguesa 383

V

FONTES E PRINCÍPIOS GERAIS

Sources and General Principles of Portuguese Private International Law: an
    Outline 409